국어의 중요성은 아무리 강조해도 지나치지 않다. 국어가 학교 내신이나 대입 수학 능력시험에서 차지하는 비중이 매우 크기도 하지만, 나아가 국어 과목은 말하기, 읽기, 듣기, 쓰기 등 커뮤니케이션 능력을 배양하는 과목이기 때문이다. 커뮤니케이션 능력 특히 독해력이 떨어지는 학생은 글을 읽고도 그 내용을 정확하게 파악하지 못하고 문제가 요구하는 사항도 정확히 포착하지 못한다.

대체로 국어는 시간 대비 효율이 높지 않은 과목으로 알려져 있다. 열심히 공부해도 그다지 성과가 잘 나오지 않아 고등학교에 가서 아무리 열심히 공부해도 국어 성적 향상은 기대하기 어렵다는 게 정설처럼 받아들여지고 있기까지 하다. 일리가 있다. 하지만 반드시 그런 것은 아니다.

국어 공부의 핵심은 독해력에 있다. 짧은 시간 안에 지문을 읽고 정확히 이해하고 답해야 한다. 한 번 지문을 읽으면 그 내용을 정확히 파악할 수 있어야 한다. 이러한 역량은 문제 풀이를 많이 해 본다고 습득할 수 있는 것이 아니다. 올바른 방향성을 가지고 꾸준히 연습해야 실력을 쌓을 수 있다.

독해력을 기르기에 가장 좋은 학습법은 다양한 주제의 지문에서 핵심어와 중심 문장을 찾는 연습을 하는 것이다. 지문을 읽으며 각 문단별 주제와 핵심어를 찾는 노력을 하다 보면 어느 순간에 자신의 독해력이 놀랄 만큼 향상되어 있는 모습을 확인하게 될 것이다.

이번에 자이스토리에서 핵심어와 중심 문장을 찾는 훈련을 할 수 있는 책이 나왔다. 이 책에서 제시된 방법으로 독해 훈련을 한다면 탄탄한 국어 능력을 배양할 수 있으리라 확신한다. 문단별 핵심어 찾기와 중심 문장을 찾는 훈련을 지속하기 바란다. 핵심어와 중심 문장을 찾는 훈련이야말로 국어 실력을 근본적으로 향상시킬 수 있는 유일한 대안이다. 잘 정돈된 좋은 지문으로 꾸준히 노력하다 보면 비문학뿐 아니라, 문학 문제를 해결하는 능력도 눈에 띄게 향상될 것이다. 더불어 이런 노력을 기울이다 보면 지문을 읽고 질문에 대답하는 형태의 면접 시험에서도 남다른 역량을 갖추게 될 것이다.

지니국어논술 학원(대치, 반포, 분당, 압구정) 대표 윤 진 성

자이스토리 **국어 공부 로드맵** [수능 ↑ 초등]

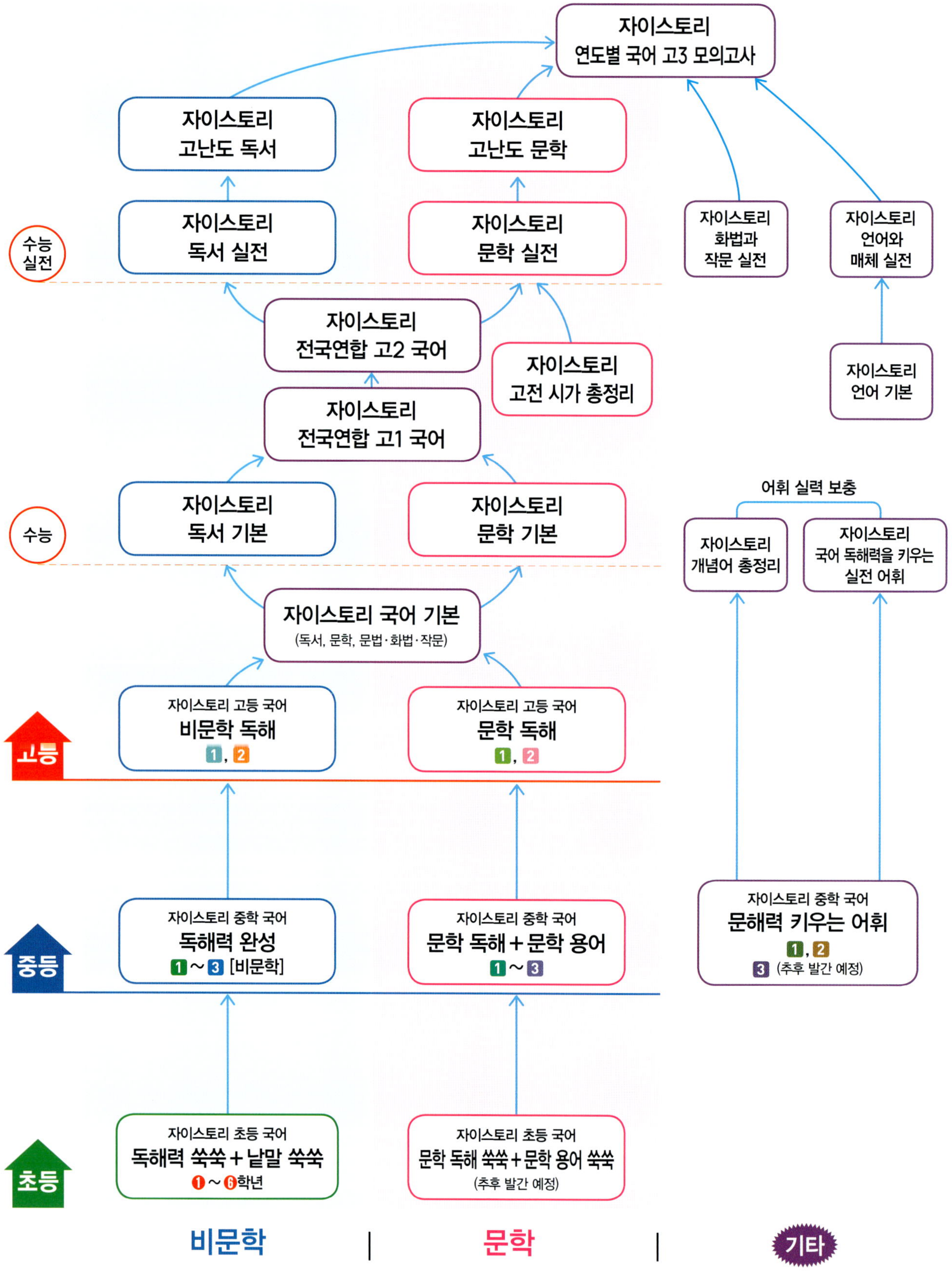

자이스토리

중학
국어 **독해력 완성** 2

[비문학]

수경출판사

모든 공부의 시작은 '글 읽기'입니다!

왜 독해를 공부해야 할까요?

모든 교과서는 잘 짜여진 '비문학 지문'과도 같습니다. 글을 읽고 이해하고 정리하는 훈련이 제대로 되어 있지 않으면 교과서 내용을 이해할 수 없고, 흥미를 붙이기도 쉽지 않아 공부를 하기 어렵습니다. 그래서 올바른 독해법을 연습해야 합니다.

올바른 독해 연습은 어떻게 시작해야 할까요?

친구들과 대화를 한다고 생각해 봅시다. 대화가 이어지려면 가장 먼저 친구가 '무엇을 말하고자 하는지' 파악해야겠죠? 글 읽기도 마찬가지입니다. 글에서 말하고자 하는 바, 즉 주제를 파악하는 것이 글을 독해하는 핵심입니다. 따라서 글을 읽고 올바른 독해를 하려면 결국 글의 주제를 찾는 연습을 해야 합니다.

우리가 시험에서 마주하는 글은 보통 길기 때문에 글의 주제를 한번에 찾는 것은 많이 어렵습니다. 그래서 체계적인 훈련을 거쳐야 합니다. 긴 글을 통째로 이해하는 것이 아니라, '문단'별로 쪼개서 이해한 후에 각 '문단 간의 관계'를 파악합니다. 쪼개서 이해한 문단들이 머릿속에서 서로 연결되면 '글 전체'의 핵심을 이해할 수 있게 되는 것이죠

글을 읽고 어떤 이야기를 하는지 잘 이해하게 되면 수학 서술형 문제도 쉽게 풀 수 있고, 영어 단어를 조금 몰라도 영어 지문을 충분히 독해할 수 있게 됩니다. 그 뿐인가요? 사회 현상이나 과학 원리를 배울 때도 이를 설명하고 있는 글을 잘 이해하면 해당 개념이나 법칙, 현상을 쉽게 익힐 수 있어요. 그래서 글을 잘 이해하면 모든 과목의 성적이 오르게 되는 것입니다.

자이스토리 중학 국어 독해력 완성

계단식으로 올바른 독해를 연습할 수 있어요!

"Follow Me!"에서는 마치 과외 선생님이 옆에서 나의 수준에 맞춰 설명해 주듯이 각 STEP별로 학습할 사항을 안내하고 있어요. 지문에서 어떤 것을 먼저 찾아야 글을 쉽게 이해할 수 있는지, 그 이후에는 어떤 과정을 거쳐야 독해를 제대로 하게 되는지를 차근차근 설명해 줍니다. "Follow Me!"에서 알려준 방법대로 지문을 읽는 연습을 하면 글의 내용을 정확히 이해하기 위해서는 어떤 것들을 먼저 파악해야 하는지 알게 되고, 문제를 쉽게 풀 수 있게 됩니다.

STEP Ⅲ
글의 구조 파악하기,
주제 찾기

STEP Ⅱ
문단 요약하기,
문단 간의 관계 파악하기

STEP Ⅰ
핵심어 찾기,
중심 문장 찾기

- **중학 국어 자이스토리 독해력 완성 1** [비문학] 중학 국어 독해 기초 연습 (중2~예비 중1)
- **중학 국어 자이스토리 독해력 완성 2** [비문학] 중학 국어 독해 집중 훈련 (중3~중1)
- **중학 국어 자이스토리 독해력 완성 3** [비문학] 중학 국어 독해 심화 학습 (예비 고1~중2)

문제를 쉽게 이해할 수 있는 친절하고 자세한 입체 첨삭 해설

- 혼자 공부하더라도 어렵지 않도록 모든 지문을 분석하고 입체 첨삭으로 시각화했으며, '왜 정답', '왜 오답'을 통해 모든 문제의 정답과 오답의 근거를 제시하였습니다.
- 수업 및 학습 지도 자료로 활용할 때 큰 효과를 거둘 수 있도록 지문 해제, 문단 요약, 주제, 정답 풀이, 오답 풀이 등도 상세하게 수록하였습니다.

구성과 특징

❶ 하루 2개 지문으로 재미있게 독해 시작!

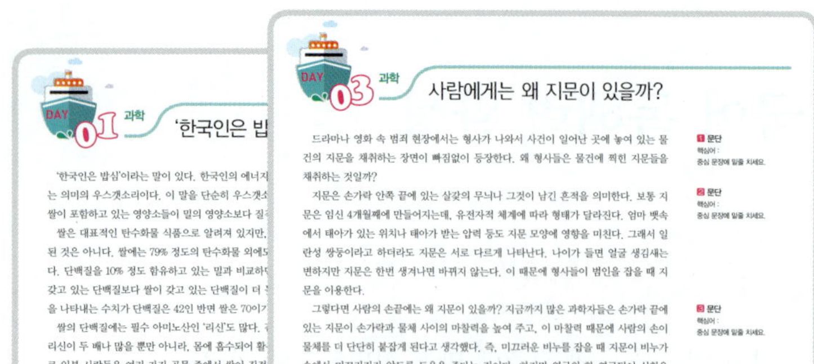

▶ **눈높이에 맞는 흥미로운 내용으로 구성**
교과서 지문 속 소재를 중심으로 중학생이 흥미롭게 생각하는 내용을 난이도에 따라 구성했습니다.

▶ **매일 서로 다른 제재의 지문으로 학습**
비슷한 제재로 학습하여 지루함을 느끼지 않도록 서로 다른 2개 영역의 제재를 선택하여 수록했습니다.

▶ **STEP별 독해틀 제공**
각 단계에 따라 연습해야 하는 학습 요소를 지문 옆에 기본틀로 제공하였습니다. 지문을 읽고 직접 해당 내용을 찾고, 쓰면서 독해의 단계를 차근차근 익혀 보세요.

❷ 독해 방법을 단계별로 알려주는 나만의 과외 선생님 "Follow Me!"

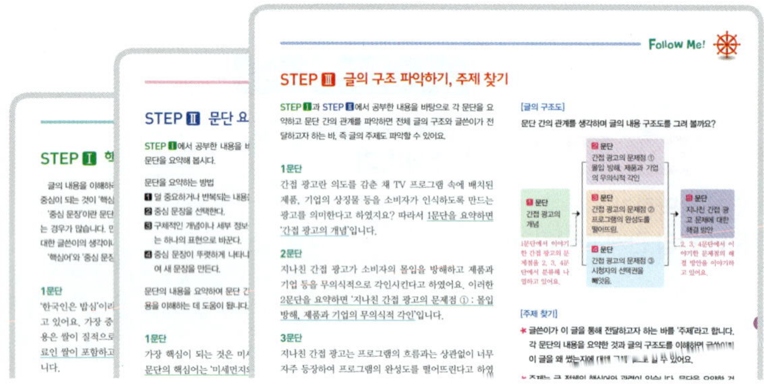

▶ **STEP별로 아주 쉽게 설명하는 Follow Me!**
지문을 독해하기 위해서 STEP이 필요한 이유와 STEP별로 제시된 학습 내용을 어떻게 적용해야 하는지 구체적인 방법을 알려줍니다.

▶ **STEP별 2일씩 Follow Me 과외 선생님**
STEP별 학습 방법을 지문에 구체적으로 적용한 내용을 보여 줌으로써 혼자 지문을 독해 할 때에도 쉽게 따라 할 수 있습니다.

❸ 독해력 향상을 위한 STEP Ⅰ~Ⅲ [각 8일씩 구성]

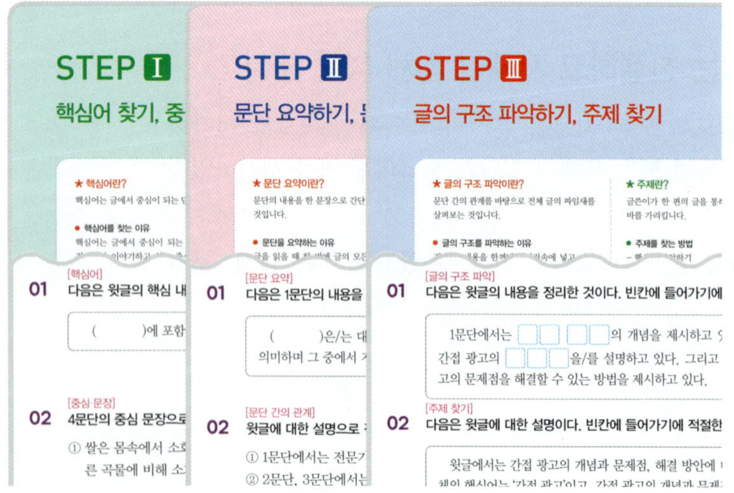

STEP Ⅰ – 핵심어 찾기, 중심 문장 찾기
글의 중심 소재인 핵심어와 글의 중심이 되는 중심 문장을 찾는 훈련을 합니다.

STEP Ⅱ – 문단 요약하기, 문단 간의 관계 파악하기
각 문단의 중심 내용을 요약하고 문단 간의 관계를 파악해 봅니다.

STEP Ⅲ – 글의 구조 파악하기, 주제 찾기
문단 간의 관계를 바탕으로 전체 글의 짜임새인 구조를 파악하고, 주제를 찾아봅니다.

● STEP별 학습 요소를 Day별 문제 01~02번, 06~07번을 통해 훈련할 수 있게 했습니다.
● STEP별로 각각 8일씩, 16지문을 학습하게 했습니다.

4 지문 이해를 돕는 어휘, 문제 풀이 팁 제공!

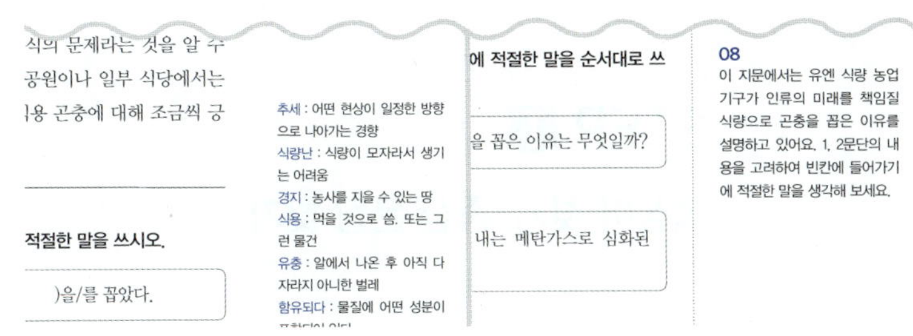

▶ **지문과 문제의 어휘 풀이 수록**

지문 및 문제에 나온 어려운 어휘와 개념어는 지문 바로 옆과 아래에 수록하여 쉽고 빠르게 찾아볼 수 있게 했습니다.

▶ **문제를 이해하는 방법 제시**

문제에서 묻는 핵심이 무엇인지, 지문에서 참고해야 할 부분이 어디인지 등을 알려줌으로써 문제 자체를 이해하지 못해서 풀지 못하는 일이 없도록 했습니다.

5 Review 어휘+배경지식으로 복습과 심화 학습까지!

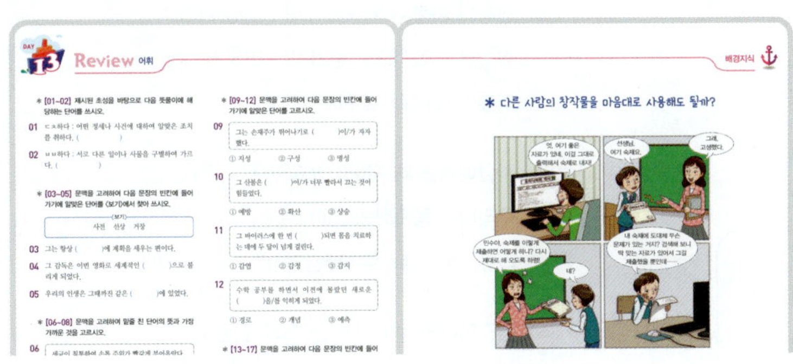

▶ **어휘 테스트**

Day별 어휘를 십자말풀이, 괄호 넣기, 유사어 찾기 등의 다양한 유형으로 테스트해 봄으로써 어휘를 쉽고 정확하게 익힐 수 있습니다.

▶ **지문과 관련된 배경지식**

- 지문에서 궁금했던 내용이나 비슷한 제재로 출제가 가능한 내용, 심화 학습이 필요한 내용으로 구성했습니다.
- 만화, 대화 등 다양한 시각적 자료로 구성하여 쉽고 재미있게 읽고, 오랫동안 기억할 수 있습니다.

6 다시는 틀리지 않게 완벽히 이해시키는 입체 첨삭 해설

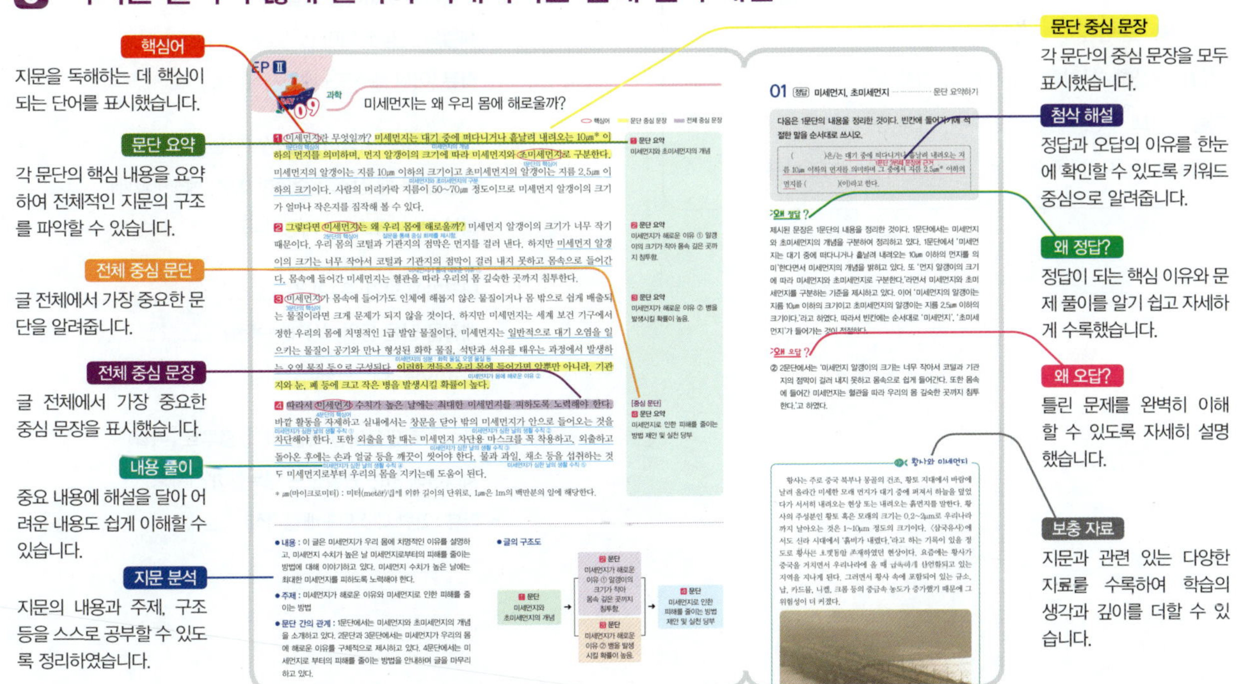

핵심어

지문을 독해하는 데 핵심이 되는 단어를 표시했습니다.

문단 요약

각 문단의 핵심 내용을 요약하여 전체적인 지문의 구조를 파악할 수 있습니다.

전체 중심 문단

글 전체에서 가장 중요한 문단을 알려줍니다.

전체 중심 문장

글 전체에서 가장 중요한 중심 문장을 표시했습니다.

내용 풀이

중요 내용에 해설을 달아 어려운 내용도 쉽게 이해할 수 있습니다.

지문 분석

지문의 내용과 주제, 구조 등을 스스로 공부할 수 있도록 정리하였습니다.

문단 중심 문장

각 문단의 중심 문장을 모두 표시했습니다.

첨삭 해설

정답과 오답의 이유를 한눈에 확인할 수 있도록 키워드 중심으로 알려줍니다.

왜 정답?

정답이 되는 핵심 이유와 문제 풀이를 알기 쉽고 자세하게 수록했습니다.

왜 오답?

틀린 문제를 완벽히 이해할 수 있도록 자세히 설명했습니다.

보충 자료

지문과 관련 있는 다양한 자료를 수록하여 학습의 생각과 깊이를 더할 수 있습니다.

차례

★ 글의 소재는 이렇게 구분해요!

- **인문** : 인간의 사상이나 문화를 대상으로 하는 언어, 역사, 철학, 윤리학, 논리학 등
- **사회** : 우리 사회와 관련된 정치, 경제, 법, 심리학, 제도, 복지, 언론, 사회 문화 등
- **예술** : 아름다움을 창조하는 구체적인 행위인 미술, 음악, 건축, 공연 등
- **과학** : 생물학, 물리학, 지구 과학, 화학 등
- **기술** : 정보 통신, 에너지 및 자원, 기계 등
- **복합** : 인문, 사회, 예술, 과학, 기술을 복합적으로 다룸.

STEP I
핵심어 찾기, 중심 문장 찾기

STEP Ⅱ

문단 요약하기, 문단 간의 관계 파악하기

STEP Ⅲ

글의 구조 파악하기, 주제 찾기

꾸준함이 독해력을 길러 줍니다.

1. Day별 일정 분량을 꾸준히 공부하세요!

- 매일 2개의 지문을 읽으며 글과 친숙해져 보세요.
- 아무리 지문을 많이 읽어도 눈으로만 읽으면 무엇을 말하고 있는지 이해할 수 없어요. 글쓴이가 말하고자 하는 것이 무엇인지 집중해서 읽고 스스로 정리해 보아야 해요.

2. 문제를 풀면서 글쓴이의 생각을 확인해 봐요!

- 지문을 읽고 문제를 푸는 것은 글쓴이의 생각을 제대로 이해했는지 점검하는 과정이에요.
- 문제를 풀면서 내가 이해한 것이 맞는지, 어떤 부분을 잘못 이해했는지 등을 꼼꼼히 확인하세요.

3. 글을 읽다가 궁금한 점은 찾아봐요!

- 잘 모르는 어휘는 풀이를 보고 문맥을 고려하여 그 뜻을 다시 생각해 보세요.
- 모르는 내용을 짐작만 하지 말고 정확하게 이해할 수 있도록 노력해 보세요.
- 이미 알고 있는 내용의 글은 이해하기에 어렵지 않은 것처럼, 배경지식이 쌓이면 글의 내용을 쉽게 이해할 수 있어요.

4. STEP Ⅰ~Ⅲ에 맞춰 연습하면 글을 더 쉽게 이해할 수 있어요!

- STEP 1~3에서는 글을 읽을 때 어떤 부분에 집중해야 하는지 안내해 줍니다.
- 핵심어는 어떻게 찾아야 하는지, 문단은 어떻게 요약하고 주제는 어떻게 찾는지 각 STEP에 따라 연습해 보세요.
- "Follow Me"를 통해 STEP 1~3의 과정을 자세하게 설명하고 있어서 스스로 지문을 읽고 쉽게 독해할 수 있는 힘이 생겨요!
- 국어 독해력이 높아지면 수학 서술형 문제, 영어 지문, 사회·과학의 원리를 쉽게 이해할 수 있어서 모든 과목의 성적이 올라갑니다.

- 매일 2개의 지문을 읽고 정리하며, 리뷰(어휘 테스트+배경지식)를 통해 복습하는 학습 계획표입니다.
- 계획표대로 공부한 날은 빨간 펜으로 Day 칸에 X 표시해 보세요. X가 늘어날수록 독해력이 쑥쑥 높아질 거예요.

Day	틀린 문제 / 헷갈리는 문제 번호 적기	날짜		복습 날짜	
01		월	일	월	일
02		월	일	월	일
03		월	일	월	일
04		월	일	월	일
05		월	일	월	일
06		월	일	월	일
07		월	일	월	일
08		월	일	월	일
09		월	일	월	일
10		월	일	월	일
11		월	일	월	일
12		월	일	월	일
13		월	일	월	일
14		월	일	월	일
15		월	일	월	일
16		월	일	월	일
17		월	일	월	일
18		월	일	월	일
19		월	일	월	일
20		월	일	월	일
21		월	일	월	일
22		월	일	월	일
23		월	일	월	일
24		월	일	월	일

STEP I

핵심어 찾기, 중심 문장 찾기

★ 핵심어란?

핵심어는 글에서 중심이 되는 단어입니다.

● 핵심어를 찾는 이유

핵심어는 글에서 중심이 되는 단어이므로 글 전체에서 이야기하고 있는 중심 대상일 확률이 높습니다. 따라서 이 글이 무엇을 이야기하고 있는지를 파악하려면 핵심어를 찾는 것이 중요합니다.

● 핵심어를 찾는 방법

- 글에서 가장 많이 등장하는 말 찾기
- 글에서 가장 중심이 되는 말 찾기

★ 중심 문장이란?

중심 문장은 문단 또는 글을 대표하는 핵심 내용이 들어 있는 문장입니다. 보통 중심 문장은 문단의 처음이나 끝에 제시되는 경우가 많습니다.

● 중심 문장을 찾는 이유

하나의 문단에서는 보통 하나의 중심 내용을 이야기하므로, 중심 문장을 찾으면 그 문단에서 이야기하고자 하는 내용을 쉽게 파악할 수 있습니다.

● 중심 문장을 찾는 방법

- 가장 핵심이 되는 문장 찾기
- 그 문단의 내용을 요약하고 있는 문장 찾기
- 중심 문장이 구체적으로 나타나 있지 않은 경우에는 문단의 핵심어를 찾고 그 핵심어에 대한 글쓴이의 생각이나 태도를 파악하여 문장으로 구성하기

'한국인은 밥심'이라는 말은 진짜일까?

'한국인은 밥심'이라는 말이 있다. 한국인의 에너지는 한국인의 주식인 밥에서 나온다는 의미의 우스갯소리이다. 이 말을 단순히 우스갯소리로만 볼 수는 없다. 밥의 재료인 쌀이 포함하고 있는 영양소들이 밀의 영양소보다 질적으로 더 우수하기 때문이다.

쌀은 대표적인 탄수화물 식품으로 알려져 있지만, 그렇다고 쌀이 탄수화물로만 구성된 것은 아니다. 쌀에는 79% 정도의 탄수화물 외에도 7% 정도의 단백질이 함유되어 있다. 단백질을 10% 정도 함유하고 있는 밀과 비교하면 낮은 수준이지만, 영양가는 밀이 갖고 있는 단백질보다 쌀이 갖고 있는 단백질이 더 높다. 실제로 단백질의 체내 이용률을 나타내는 수치가 밀은 42인 반면 쌀은 70이기도 하다.

쌀의 단백질에는 필수 아미노산인 '리신'도 많다. 같은 양의 밀가루나 옥수수, 조보다 리신이 두 배나 많을 뿐만 아니라, 몸에 흡수되어 활용되는 정도도 높다. 이러한 이유들로 일부 사람들은 여러 가지 곡물 중에서 쌀이 질적으로 가장 뛰어난 곡물이라고 여긴다. 그래서 그들은 쌀에 함유된 단백질의 질이 좋기 때문에 쌀을 주식으로 하는 사람들은 따로 고기를 많이 챙겨 먹을 필요가 없다고 생각하기도 한다.

쌀의 장점은 여기서 끝이 아니다. 쌀은 몸속에서 소화되어 흡수되는 비율이 아주 높고, 수분이 많아서 밀가루나 다른 곡물에 비해 소화도 잘 된다. 그래서 우리는 어린아이부터 노인에 이르기까지, 큰 부담을 느끼지 않고 쌀을 먹을 수 있다. 심지어는 갓 태어난 신생아들에게 처음으로 먹이는 이유식도 쌀로 만든다.

쌀에는 칼슘과 철, 인, 칼륨, 나트륨, 마그네슘 같은 미네랄도 풍부하게 함유되어 있다. 또 쌀에는 섬유질이나 비타민 등의 영양분도 함유되어 있어서 우리 몸속에 있는 좋지 않은 독소를 몸 밖으로 배출시키는 역할을 하기도 한다. 이처럼 우리가 매일 먹는 쌀은 아주 훌륭한 곡물이다. 이를 고려하면 '한국인은 밥심'이라는 말은 사실이라고 볼 수 있을 것이다.

---

1 문단
핵심어 :
중심 문장에 밑줄 치세요.

2 문단
핵심어 :
중심 문장에 밑줄 치세요.

3 문단
핵심어 :
중심 문장에 밑줄 치세요.

4 문단
핵심어 :
중심 문장에 밑줄 치세요.

5 문단
핵심어 :
중심 문장에 밑줄 치세요.

밥심 : 밥을 먹고 나서 생긴 힘
주식 : 밥이나 빵과 같이 끼니에 주로 먹는 음식
함유되다 : 물질이 어떤 성분을 포함하고 있다.
체내 : 몸의 내부
이유식 : 젖을 뗄 때는 시기의 아기에게 먹이는 젖 이외의 음식. 특히 부드럽게 만든 음식을 이른다.
독소 : 해로운 요소
배출 : 안에서 밖으로 밀어 내보냄.

[핵심어]

01 다음은 윗글의 핵심 내용을 정리한 것이다. 빈칸에 들어가기에 적절한 말을 쓰시오.

> (   )에 포함된 영양소들은 밀의 영양소보다 질적으로 더 우수하다.

[중심 문장]

02 4문단의 중심 문장으로 가장 적절한 것은?

① 쌀은 몸속에서 소화되어 흡수되는 비율이 아주 높고, 수분이 많아서 밀가루나 다른 곡물에 비해 소화도 잘 된다.

② 심지어는 갓 태어난 신생아들에게 처음 먹이는 이유식도 쌀로 만든다.

STEP Ⅰ 핵심어 찾기, 중심 문장 찾기

글의 내용을 이해하려면 첫 번째로 핵심어와 중심 문장을 찾아야 합니다. 보통 글에 가장 많이 등장하고, 중심이 되는 것이 '핵심어'입니다.

'중심 문장'이란 문단 또는 글 전체의 핵심 내용이 들어 있는 문장으로, 대개 문단의 처음이나 끝에 제시되는 경우가 많습니다. 만약 중심 문장이 구체적으로 드러나 있지 않다면 문단의 핵심어를 찾고 그 핵심어에 대한 글쓴이의 생각이나 태도를 파악하여 문장을 새로 구성해야 해요.

'핵심어'와 '중심 문장'을 찾으면 문단에서 이야기하고자 하는 내용을 쉽게 파악할 수 있습니다.

1문단

'한국인은 밥심'이라는 말을 들어 밀보다 밥의 재료인 쌀이 질적으로 더 우수하다고 설명하고 있어요. 가장 중심이 되는 말이 쌀이므로 1문단의 핵심어는 '쌀'입니다. 1문단의 핵심 내용은 쌀이 질적으로 우수하다는 것이므로, 이 내용을 포함하고 있는 중심 문장은 '밥의 재료인 쌀이 포함하고 있는 영양소들이 밀의 영양소보다 질적으로 더 우수하기 때문이다.'입니다.

2문단

가장 많이 등장하는 말은 바로 쌀 속의 단백질이므로 2문단의 핵심어는 '쌀이 갖고 있는 단백질'입니다. 쌀 속 단백질의 질이 좋다는 것이 2문단의 핵심 내용이므로, 중심 문장은 '단백질을 10% 정도 함유하고 있는 밀과 비교하면 낮은 수준이지만, 영양가는 밀이 갖고 있는 단백질보다 쌀이 갖고 있는 단백질이 더 높다.'입니다.

3문단

쌀의 단백질에 대해 설명하고 있습니다. 가장 중심이 되는 말이 쌀의 단백질이므로 3문단의 핵심어는 '쌀의 단백질'입니다. 쌀 속 단백질의 질이 좋다는 것이 3문단의 핵심 내용이므로 3문단의 중심 문장은 '쌀의 단백질에는 필수 아미노산인 '리신'도 많다.'입니다.

4문단

쌀이 수분도 많고 몸속에서 소화되어 흡수되는 비율이 높다고 하였어요. 가장 중심이 되는 것이 핵심어이므로, 4문단의 핵심어는 '소화'입니다. 이 문단의 핵심 내용은 쌀이 소화가 잘 된다는 것이므로, 중심 문장은 '쌀은 몸속에서 소화되어 흡수되는 비율이 아주 높고, 수분이 많아서 밀가루나 다른 곡물에 비해 소화도 잘 된다.'입니다.

5문단

쌀이 아주 훌륭한 곡물이라고 하였으므로, 5문단의 중심이 되는 핵심어는 '쌀'입니다. 이러한 내용을 포함하고 있는 5문단의 중심 문장은 '이처럼 우리가 매일 먹는 쌀은 아주 훌륭한 곡물이다.'입니다.

* 이 글의 문단별 핵심어를 정리하면 '쌀', '쌀이 갖고 있는 단백질', '쌀의 단백질', '소화', '쌀'입니다. 가장 많이 등장하면서 중심이 되는 말이 쌀이므로 이 글 전체의 핵심어는 '쌀'입니다.
* 이 글의 핵심 내용은 쌀의 우수성이므로, 이 글 전체의 중심 문장은 '이처럼 우리가 매일 먹는 쌀은 아주 훌륭한 곡물이다.'입니다.

제품 가격에 숨겨진 기업의 전략

마트나 홈쇼핑에서 판매되는 물건의 가격을 보면 10,000원과 같이 딱 떨어지는 경우보다 9,900원과 같이 900원 단위로 끝나는 경우가 많다. 이처럼 물건 가격의 끝자리가 홀수, 특히 9로 끝나는 가격을 단수 가격이라고 한다. 그렇다면 ㉠마트나 홈쇼핑에서 제품의 가격을 단수 가격으로 정하는 이유는 무엇일까?

이는 소비자들에게 해당 제품이 저렴하다는 생각을 심어 주어 구매를 유도하기 위함이다. 사실 10,000원짜리 제품과 9,900원짜리 제품의 가격 차이는 100원밖에 안 된다. 그러나 소비자들은 그 차이를 더 크게 인식하기 때문에 9,900원짜리 제품이 10,000원짜리 제품보다 훨씬 더 저렴하다고 느끼게 된다.

단수 가격과 비슷한 예로는 왼쪽 자릿수 효과가 있다. 왼쪽 자릿수 효과는 소비자들이 가격을 인식할 때 가장 왼쪽 자리의 숫자만 보고 전체적인 가격을 판단하는 경향을 말한다. 예를 들어, 소비자들은 똑같이 1,100원을 할인한 가격이라도 제품 가격이 5,100원에서 4,000원으로 낮아질 때는 1,000원 정도 할인받은 것으로 생각하는 반면에 4,000원에서 2,900원으로 낮아질 때는 마치 2,000원 정도 할인받은 것으로 생각하는 경향이 있다는 것이다.

이와 같은 현상이 일어나는 공통적인 이유는 사람들이 제품의 가격 수준을 인식할 때 무의식적으로 가장 왼쪽 자리의 숫자에 더 큰 영향을 받기 때문이다. 실제로 많은 기업들은 제품의 가격을 정할 때 단수 가격이나 왼쪽 자릿수 효과를 활용하고 있다. 기업의 입장에서는 이를 통해 적은 금액만 할인하고도 소비자들의 구매 심리를 더 쉽게 이끌어 내서 판매량을 더 높일 수 있기 때문이다.

이처럼 제품의 가격에는 소비자들의 심리를 이용하여 매출을 늘리기 위한 기업들의 치밀한 가격 전략이 반영되어 있다. 따라서 주체적이고 현명한 소비 생활을 하려면 눈에 보이는 가격에 쉽게 현혹되지 않으려고 노력해야 한다.

---

1 문단
핵심어 :
중심 문장에 밑줄 치세요.

2 문단
핵심어 :
중심 문장에 밑줄 치세요.

3 문단
핵심어 :
중심 문장에 밑줄 치세요.

4 문단
핵심어 :
중심 문장에 밑줄 치세요.

5 문단
핵심어 :
중심 문장에 밑줄 치세요.

전략 : 사회적 활동을 할 때, 어떤 일을 이루어 내기 위해 사용하는 교묘한 방법
유도하다 : 사람이나 물건을 목적한 장소나 방향으로 이끌다.
인식하다 : 사물을 분별하고 판단하여 알다.
경향 : 현상이나 사상, 행동 따위가 어떤 방향으로 기울어짐.
매출 : 물건 따위를 내다 파는 일
치밀하다 : 자세하고 꼼꼼하다.
주체적 : 어떤 일을 실천하는 데 자유롭고 자주적인 성질이 있는. 또는 그런 것
현혹되다 : 정신을 빼앗겨 하여야 할 바를 잊어버리다.

[핵심어]

03 다음은 윗글의 핵심 내용을 정리한 것이다. 빈칸에 들어가기에 적절한 말을 쓰시오.

> 많은 기업들이 판매량을 높이기 위한 전략으로 (   ) 가격과 왼쪽 자릿수 효과를 사용한다.

[중심 문장]

04 2문단의 중심 문장으로 가장 적절한 것은?

① 이는 소비자들에게 해당 제품이 저렴하다는 생각을 심어 주어 구매를 유도하기 위함이다.

② 사실 10,000원짜리 제품과 9,900원짜리 제품의 가격 차이는 100원밖에 안 된다.

05 윗글을 읽고 빈칸에 공통적으로 들어가기에 적절한 말을 쓰시오.

> '단수 가격'은 물건 가격의 끝자리가 홀수, 특히 9로 끝나는 가격을 의미하고, '(   ) 자릿수 효과'는 소비자들이 가격을 인식할 때 가장 (   ) 자리의 숫자만 보고 전체적인 가격을 판단하는 경향을 말한다.

05
'단수 가격'과 '왼쪽 자릿수 효과'를 요약하여 제시하고 있네요. 따라서 지문의 어느 부분에서 '단수 가격'과 '왼쪽 자릿수 효과'의 의미를 설명하고 있는지 찾아보면 쉽게 정답을 알 수 있어요.

06 ㉠에 대한 대답으로 가장 적절한 것은?

① 인아 : 소비자들의 심리를 이용하여 수익을 늘리기 위해서야.
② 윤정 : 단수 가격을 가진 제품이 일반적으로 더 저렴하기 때문이야.
③ 기문 : 사람들이 가격을 판단할 때 딱 떨어지는 가격을 선호하기 때문이야.
④ 서영 : 제품 가격을 크게 할인해 줌으로써 판매량을 좀 더 높이기 위해서야.
⑤ 준영 : 사람들은 물건 가격의 끝자리가 짝수인 것을 더 선호하기 때문이야.

06
단수 가격의 의미를 고려하여 마트나 홈쇼핑에서 제품의 가격을 단수 가격으로 정하는 이유가 무엇인지를 파악해야 해요. ㉠의 바로 뒷부분인 2문단에서 그 이유를 설명하고 있어요.

07 글쓴이가 윗글을 통해 궁극적으로 말하고자 하는 바로 가장 적절한 것은?

① 단수 가격과 왼쪽 자릿수 효과를 알면 제품을 싸게 살 수 있다.
② 현명한 소비 생활을 하려면 눈에 보이는 가격에 현혹되지 말아야 한다.
③ 제품의 가격을 살펴볼 때는 왼쪽 자릿수뿐만 아니라 오른쪽 자릿수도 확인해야 한다.
④ 단수 가격이나 왼쪽 자릿수 효과를 사용하여 가격을 제시한 제품은 사지 말아야 한다.
⑤ 기업은 제품의 가격을 정할 때 단수 가격이나 왼쪽 자릿수 효과를 사용하지 말아야 한다.

07
글쓴이의 의견은 글의 중심 내용과 관련이 있어요. 따라서 중심 내용을 파악하고, 그 내용과 관련하여 글쓴이가 독자에게 하고 싶은 말이 무엇인지를 생각해 보아야 해요. 일반적으로 글의 중심 내용이나 글쓴이의 주된 의견은 글의 마지막 부분에 나타나는 경우가 많아요. 5문단의 중심 문장에 주목해 보세요.

수익 : ① 이익을 거두어들임. 또는 그 이익 ② 기업이 경제 활동의 대가로서 얻은 경제 가치
선호하다 : 여럿 가운데서 특별히 가려서 좋아하다.
현명하다 : 어질고 슬기로워 사리에 밝다.

★ 정답은 [해설편 표지] 안쪽에 있습니다.

✻ [01~03] 제시된 초성과 뜻풀이를 참고하여 다음 문장의 빈칸에 들어가기에 알맞은 단어를 쓰시오.

01 ㅂㅅ : 밥을 먹고 나서 생긴 힘
例 요즘은 거의 (   )(으)로 버티고 있다.

02 ㅎㅇ되다 : 물질이 어떤 성분을 포함하고 있다.
例 카페인이 많이 (   )된 음료는 건강에 좋지 않다.

03 ㄷㅅ : 해로운 요소
例 내 몸 안의 (   )을/를 없애기 위해 식단을 채식 위주로 바꿨다.

✻ [04~07] 문맥을 고려하여 다음 문장의 빈칸에 들어가기에 알맞은 단어를 〈보기〉에서 찾아 쓰시오.

〈보기〉
유도   인식   현혹   경향

04 행사를 공개적으로 열어서 일반인의 참여를 (   ) 하였다.

05 그는 장사꾼의 말에 (   )되어 필요 없는 물건을 가득 샀다.

06 그러한 상황에서 현실을 (   )하기란 너무 어려운 일이다.

07 평균 결혼 연령이 과거에 비해 높아지는 (   ) 을/를 보인다.

✻ [08~09] 제시된 사전적 의미에 맞는 단어를 고르시오.

08
안에서 밖으로 밀어 내보냄.

① 배출   ② 배추   ③ 출구

09
어질고 슬기로워 사리에 밝다.

① 현명하다   ② 선명하다   ③ 분명하다

✻ [10~12] 제시된 글자들을 조합하여 다음 뜻풀이에 해당하는 단어를 쓰시오.

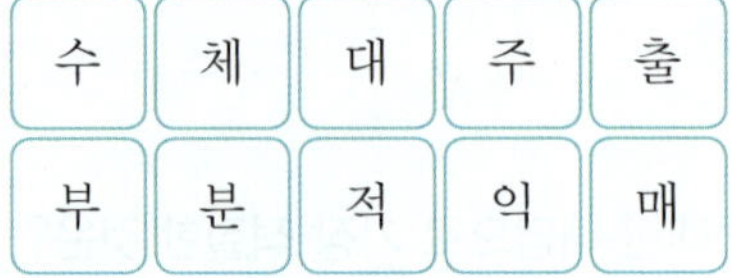

10 ① 이익을 거두어들임. 또는 그 이익 ② 기업이 경제 활동의 대가로서 얻은 경제 가치 (   )

11 물건 따위를 내다 파는 일 (   )

12 어떤 일을 실천하는 데 자유롭고 자주적인 성질이 있는. 또는 그런 것 (   )

✻ [13~14] 〈보기〉에 제시된 초성과 뜻풀이를 참고하여 다음 문장의 빈칸에 들어가기에 알맞은 단어를 쓰시오.

〈보기〉
• ㅇㅇㅅ : 젖을 떼는 시기의 아기에게 먹이는 젖 이외의 음식. 특히 부드럽게 만든 음식을 이른다.
• ㅈㅅ : 밥이나 빵과 같이 끼니에 주로 먹는 음식

13 우리나라 사람들은 대부분 (   )(으)로 밥을 먹지만, 서양 사람들은 빵을 먹는 경우가 많다.

14 젖을 막 뗀 아기는 부드럽게 만든 죽 등의 (   ) 을/를 먹여야 한다.

✳ 단수 가격의 또 다른 효과

▲ 단수 가격을 사용하지 않을 때

▲ 단수 가격을 사용할 때

　단수 가격은 소비자에게 제품이 저렴하다는 인식을 주어 매출을 올리는 효과도 있지만, 미국에서는 종업원들의 절도 행위를 방지하는 효과도 있었어요. 달러를 사용하는 미국의 마트에서는 10달러나 100달러짜리 물건을 판매하면 거스름돈을 내줄 필요가 없기 때문에 금전 등록기를 열 필요가 없었죠. 그래서 매출 내역을 기록하지 않아도 됐기 때문에 계산원들이 실수로 매출을 기록하지 않거나, 간혹 돈을 가지고 가는 일도 있었대요.

　하지만 제품의 가격을 9달러나 99달러로 정하자, 판매원들은 계산 후 손님에게 거스름돈을 주기 위해 금전 등록기를 매번 열고 매출 내역을 일일이 기록해야 했어요. 이 과정에서 판매원들의 실수나, 도둑질로 인해 매출이 기록되지 않는 일을 방지할 수 있었다고 합니다.

한옥의 지붕

지붕은 집의 모양과 기능을 결정하는 중요한 요소 중 하나이다. 특히 기와집, 초가집, 너와집 등 우리 전통 가옥들의 이름도 지붕과 관련이 있다. 그만큼 우리의 건축사에서 지붕은 중요한 부분으로 여겨져 왔다.

가장 대표적인 한옥 두 가지는 기와집과 초가집이다. 기와집은 기와로 지붕을 만든 집을 가리키고, 초가집은 짚이나 갈대 등으로 지붕을 만든 집을 가리킨다. 일반적으로 사람들은 초가지붕보다는 기와지붕이 더 좋다고 생각한다. 그 이유는 초가지붕을 만드는 재료는 농사짓는 사람들이 구하기 쉬운 것들이어서 농민이나 가난한 백성들이 주로 사용했고, 비교적 비싼 재료로 만드는 기와지붕은 양반이나 부자들이 많이 사용했다고 여기기 때문이다. 확실히 짚이나 갈대 같은 풀보다는 기와가 더 튼튼하기 때문에 기와지붕이 더 견고하기는 하다.

하지만 초가지붕이 꼭 나쁘지만은 않다. 일단 초가지붕의 서까래는 다른 지붕의 서까래보다 훨씬 경제적이다. 초가지붕의 서까래는 가벼워도 괜찮고, 숲에 있는 곧은 나무를 베어서 다듬은 뒤 바로 지붕 위에 올려도 될 만큼 크게 가공을 하지 않아도 된다. 또한 초가지붕은 환풍이 잘 되며, 집안의 온도도 적절히 조절해 준다.

그렇다면 기와지붕과 초가지붕은 어떻게 만들까? 기와지붕은 먼저 나무로 지붕의 뼈대를 만들고, 그 위에 판을 깔아 흙을 두껍게 바른 후에 기와를 이어서 만든다. 초가지붕을 만드는 방법도 이와 비슷하다. 지붕을 얹을 자리에 보토라는 흙을 깔아 주고, 그 위에 풀을 썰어 넣어 고르게 반죽한 진흙을 올린다. 그리고 위에 볏짚을 엮어서 이어 준다.

이렇게 만들어진 한옥의 지붕들은 대부분 아래쪽의 실제 거주하는 공간에 비해 힐씬 크고 넓다. 이것은 우리나라의 기후를 고려한 것이다. 우리나라는 여름과 겨울의 날씨 차이가 뚜렷한데, 넓은 지붕은 여름에는 시원한 그늘을 만들어 주고, 겨울에는 눈과 바람을 막아 집안을 따뜻하게 해 준다. 이와 같이 한옥의 지붕은 보기에만 멋스러운 것이 아니라 우리 조상들의 삶의 지혜가 담긴 소중한 유물이다.

---

01 [핵심어]
다음은 윗글의 핵심 내용을 정리한 것이다. 빈칸에 들어가기에 적절한 말을 쓰시오.

> 우리 한옥의 대표적인 지붕에는 (　　　　　)와/과 초가지붕이 있다.

02 [중심 문장]
1문단의 중심 문장으로 가장 적절한 것은?

① 지붕은 집의 모양과 기능을 결정하는 중요한 요소 중 하나이다.
② 특히 기와집, 초가집, 너와집 등 우리 전통 가옥들의 이름도 지붕과 관련이 있다.

1 문단
핵심어 :
중심 문장에 밑줄 치세요.

2 문단
핵심어 :
중심 문장에 밑줄 치세요.

3 문단
핵심어 :
중심 문장에 밑줄 치세요.

4 문단
핵심어 :
중심 문장에 밑줄 치세요.

5 문단
핵심어 :
중심 문장에 밑줄 치세요.

너와집 : 지붕을 일 때 너와(얇은 돌 조각이나 나뭇조각)로 지붕을 올린 집
가옥 : 사람이 사는 집
건축사 : 건축과 관련된 역사. 또는 그것을 연구하는 분야
일반적 : 일부에 한정되지 아니하고 전체에 걸치는 것
견고하다 : 굳고 단단하다.
서까래 : 마룻대에서 기둥을 건너질러 놓은 나무에 걸친 나무
경제적 : 돈이나 시간, 노력을 적게 들이는 것
가공 : 원료가 되는 자재 등을 사람의 힘으로 처리하여 새로운 제품을 만들거나 제품의 질을 높임.
환풍 : 건물 안의 탁한 공기를 밖의 맑은 공기와 바꿈.
볏짚 : 벼의 낟알을 떨어낸 줄기

STEP Ⅰ 핵심어 찾기, 중심 문장 찾기

1문단

우리 전통 가옥들의 이름이 지붕과 관련이 있다면서 지붕이 집의 모양과 기능을 결정하는 중요한 요소임을 설명하고 있어요. 가장 중심이 되는 말이 지붕이므로 1문단의 핵심어는 '지붕'입니다. 1문단의 핵심 내용은 지붕이 집의 모양과 기능을 결정한다는 것이므로, 이 내용을 포함하고 있는 중심 문장은 '지붕은 집의 모양과 기능을 결정하는 중요한 요소 중 하나이다.'입니다.

2문단

주로 등장하는 말은 바로 초가지붕과 기와지붕이므로 2문단의 핵심어는 '초가지붕'과 '기와지붕'입니다. 사람들이 초가지붕보다 기와지붕이 좋다고 생각한다는 것이 2문단의 핵심 내용이므로, 중심 문장은 '일반적으로 사람들은 초가지붕보다는 기와지붕이 더 좋다고 생각한다.'입니다.

3문단

초가지붕의 장점에 대해 설명하고 있습니다. 가장 중심이 되는 말이 초가지붕이므로 3문단의 핵심어는 '초가지붕'입니다. 초가지붕에 장점이 많다는 것이 3문단의 핵심 내용이므로, 3문단의 중심 문장은 '하지만 초가지붕이 꼭 나쁘지만은 않다.'입니다.

4문단

기와지붕과 초가지붕을 만드는 방법에 대해 설명하고 있습니다. 가장 중심이 되는 말이 핵심어이므로, 4문단의 핵심어는 '기와지붕'과 '초가지붕'입니다. 이 문단의 핵심 내용은 기와지붕과 초가지붕을 만드는 방법이므로, 중심 문장은 '그렇다면 기와지붕과 초가지붕은 어떻게 만들까?'입니다.

5문단

우리나라의 기후를 고려한 한옥의 지붕에는 조상들의 지혜가 담겼다고 설명하고 있으므로, 5문단의 중심이 되는 핵심어는 '한옥의 지붕'입니다. 이러한 내용을 포함하고 있는 5문단의 중심 문장은 '이와 같이 한옥의 지붕은 보기에만 멋스러운 것이 아니라 우리 조상들의 삶의 지혜가 담긴 소중한 유물이다.'입니다.

＊ 이 글의 문단별 핵심어를 정리하면 '지붕', '초가지붕', '기와지붕', '한옥의 지붕'입니다. 가장 중심이 되는 말이 '한옥의 지붕'이므로 이 글 전체의 핵심어는 '한옥의 지붕'입니다.

＊ 이 글의 핵심 내용은 한옥의 지붕에는 조상들의 삶의 지혜가 담겨 있다는 것이므로, 이 글 전체의 중심 문장은 '이와 같이 한옥의 지붕은 보기에만 멋스러운 것이 아니라 우리 조상들의 삶의 지혜가 담긴 소중한 유물이다.'입니다.

좌절을 긍정적으로 평가하는 이유

'좌절'하는 것을 좋아하는 사람은 없다. 그만큼 대부분의 사람들은 '좌절'을 되도록 피하고 싶은 부정적인 경험으로 여긴다. 하지만 일부 사람들은 좌절을 경험하는 것이 유익하며, 좌절이 인간의 삶에 꼭 필요한 것이라고 주장하기도 한다. ㉠이 사람들이 보통은 가혹한 시련으로만 여겨지는 좌절의 경험을 긍정적으로 평가하는 이유는 무엇일까?

인간이 겪는 좌절, 즉 가혹한 시련과 관련하여 재미있는 역사 이론을 펼쳤던 역사학자가 있다. 바로 인류 문명의 역사를 연구했던 역사학자 토인비이다. 토인비는 그의 저서 〈역사의 연구〉에서 인류의 문명은 인간이 가혹한 환경에 맞서 싸우는 과정에서 발전해 왔다면서 고대 중국 문명의 발전을 예로 들었다.

과거에도 양쯔강과 황허강은 중국을 대표하는 강이었다. 양쯔강 주변 지역은 기후가 따뜻하고 땅이 기름져서 농사를 짓기에 아주 좋은 환경이었다. 반면 황허강 주변 지역은 너무 추워서 겨울이면 강물이 얼고, 강이 자주 범람하여 농사를 지어도 항상 피해가 매우 큰 곳이었다. 하지만 중국의 고대 문명이 생겨난 곳은 양쯔강이 아니라 황허강이 있는 지역이었다. 이를 근거로 토인비는 인간에게 좌절을 경험하게 하는 가혹한 환경이 없었다면 인류 문명이 지금처럼 발전할 수 없었을 것이라고 주장했다.

1960년대 초, 어느 생물학자는 갓 태어난 쥐 여러 마리를 데리고 실험을 했다. 그는 쥐들을 두 무리로 구분하여, 한쪽 무리의 쥐들을 작은 우리 속에 넣어 어미 쥐와 격리하였다가 다시 어미에게 보내 주는 일을 21일 동안 반복했다. 그동안 다른 무리의 쥐들은 별다른 조치 없이 어미 쥐들과 함께 두었다. 그랬더니 21일 후에 두 쥐들은 다른 성향을 보였다. 어미와 격리되었던 경험을 반복한 쥐들은 여러 가지 스트레스 자극을 주어도 크게 반응하지 않았고, 도전하는 것을 두려워하지 않고 새로운 환경에 금방 적응했다. 반면 어미와 떨어져 본 경험이 없는 쥐들은 작은 스트레스 자극에도 민감하게 반응하며 괴로워했다. 이 실험을 근거로 적절한 좌절을 경험하면 앞으로의 새로운 시련을 더 잘 극복해 낼 확률이 높다고 주장하게 되었다.

이처럼 좌절을 경험하는 것을 긍정적으로 평가하는 사람들은 좌절을 통해 심리적으로 더 단단해질 수 있다고 생각한다. 이제 우리에게 좌절할 일이 생긴다고 해도 너무 절망적으로 생각하지 말고, 이를 잘 견뎌 내면 스스로가 더욱 성숙해질 것이라고 긍정적으로 생각해 보면 어떨까?

---

1 문단
핵심어 :
중심 문장에 밑줄 치세요.

2 문단
핵심어 :
중심 문장에 밑줄 치세요.

3 문단
핵심어 :
중심 문장에 밑줄 치세요.

4 문단
핵심어 :
중심 문장에 밑줄 치세요.

5 문단
핵심어 :
중심 문장에 밑줄 치세요.

유익하다 : 이롭거나 도움이 될 만한 것이 있다.
가혹하다 : 몹시 모질고 혹독하다.
문명 : 인류가 이룩한 물질적, 기술적, 사회 구조적인 발전
범람하다 : 큰물이 흘러넘치다.
격리하다 : 다른 것과 통하지 못하게 사이를 막거나 떼어 놓다.

[핵심어]

03 다음은 윗글의 핵심 내용을 정리한 것이다. 빈칸에 들어가기에 적절한 말을 쓰시오.

> 일부 사람들은 (   )을/를 경험하는 것이 유익하다고 주장한다.

[중심 문장]

04 3문단의 중심 문장으로 가장 적절한 것은?

① 과거에도 양쯔강과 황허강은 중국을 대표하는 강이었다.

② 이를 근거로 토인비는 인간에게 좌절을 경험하게 하는 가혹한 환경이 없었다면 인류 문명이 지금처럼 발전할 수 없었을 것이라고 주장했다.

05 윗글의 내용으로 가장 적절한 것은?

① 사람이 성공하려면 반드시 좌절을 경험해야 한다.

② 모든 사람들이 좌절을 부정적인 경험으로만 생각한다.

③ 인간은 가혹한 환경을 통해서만 좌절을 경험할 수 있다.

④ 지리적인 약점을 피해 이룩한 중국의 고대 문명은 가치가 있다.

⑤ 환경적인 시련, 즉 좌절을 이겨 내는 과정에서 인류의 문명이 발전하였다.

05
선택지의 내용이 지문의 내용과 일치하는지를 판단하려면, 문단별로 내용을 꼼꼼하게 살펴봐야 해요. 각 문단의 핵심어를 표시해 두었다면 관련 내용을 다시 확인하기가 더 쉽겠지요?

06 ㉠에 대한 답을 쓰고자 한다. 빈칸에 들어가기에 적절한 말을 쓰시오.

> (   )의 경험을 통해 심리적으로 더 단단해질 수 있다고 생각하며, 이를 잘 견뎌 내면 스스로가 더욱 성숙해질 것이라고 생각하기 때문이다.

06
㉠에 대한 답은 지문의 중심 내용이라고 할 수 있어요. 좌절의 경험을 긍정적으로 평가하는 사람들의 생각이 지문의 어느 부분에 제시되어 있는지를 찾아보면 정답을 쉽게 알 수 있어요.

07 윗글을 읽고 난 후의 반응으로 적절하지 않은 것은?

① 정서 : 대부분의 사람들과 달리 좌절을 긍정적으로 여기는 사람들도 있구나.

② 정우 : 청소년기에 적절한 좌절을 경험해 보는 것도 살아갈 때 도움이 되겠구나.

③ 준섭 : 실패할 바에는 처음부터 도전하지 않는 것이 낫다고 생각했는데, 내 생각이 잘못되었구나.

④ 주혁 : 생물학자의 실험을 보니 어미와 격리되었던 경험이 오히려 새끼 쥐들에게 긍정적으로 작용했구나.

⑤ 태민 : 적절한 좌절을 경험하지 못한 사람은 실패한 인생을 살게 되므로 좌절은 인간의 삶에서 꼭 필요한 것이구나.

07
이 지문에서는 좌절을 경험하면 성숙해질 수 있다면서 좌절을 긍정적으로 보는 사람들의 의견을 소개하고 있어요. 이러한 지문의 관점과 일치하지 않는 반응이 어떤 것인지를 살펴보세요.

이룩하다 : 어떤 큰 현상이나 사업 따위를 이루다.

대부분 : 절반이 훨씬 넘어 전체량에 거의 가까운 정도의 수효나 분량

★ 정답은 [해설편 표지] 안쪽에 있습니다.

* **[01~05]** 제시된 글자들을 조합하여 다음 뜻풀이에 해당하는 단어를 쓰시오.

가	공	벗	축	건	사
짚	옥	가	대	분	부

01 원자재나 반제품을 인공적으로 처리하여 새로운 제품을 만들거나 제품의 질을 높임. (　　　)

02 벼의 낟알을 떨어낸 줄기 (　　　)

03 사람이 사는 집 (　　　)

04 건축술, 건축 양식, 건축미, 건축 문화 따위의 변천 과정에 대한 역사. 또는 그것을 연구하는 분야 (　　　)

05 절반이 훨씬 넘어 전체량에 거의 가까운 정도의 수효나 분량 (　　　)

* **[06~09]** 제시된 초성과 뜻풀이를 참고하여 다음 문장의 빈칸에 들어가기에 알맞은 단어를 쓰시오.

06 ㄱㅎ하다 : 몹시 모질고 혹독하다.
　예 전쟁이 남긴 상처는 너무나 (　　　)했다.

07 ㄱㄹ하다 : 다른 것과 통하지 못하게 사이를 막거나 떼어 놓다.
　예 전염병 환자를 그 마을에서 (　　　)했다.

08 ㅂㄹ하다 : 큰물이 흘러넘치다.
　예 강물이 (　　　)하여 많은 수재민이 생겼다.

09 ㅎㅍ : 건물 안의 탁한 공기를 밖의 맑은 공기와 바꿈.
　예 옷장을 열고 하루 한 번 정도는 (　　　)을/를 시켜 주는 것이 좋다.

* **[10~12]** 문맥을 고려하여 다음 문장의 빈칸에 들어가기에 알맞은 단어를 고르시오.

10 이 책은 중학생들에게 (유익 / 유한)하다.

11 민족의 재통일을 (이룩 / 거룩)하다.

12 강원도 삼척에는 여러 채의 (너와집 / 기와집) 들이 모인 너와 마을이 있다.

* **[13~15]** 〈보기〉에 제시된 초성과 뜻풀이를 참고하여 다음 문장의 빈칸에 들어가기에 알맞은 단어를 쓰시오.

〈보기〉
- ㅇㅂㅈ : 일부에 한정되지 아니하고 전체에 걸치는 것
- ㄱㅈㅈ : 돈이나 시간, 노력을 적게 들이는 것
- ㅁㅁ : 인류가 이룩한 물질적, 기술적, 사회 구조적인 발전. 자연 그대로의 원시적 생활에 상대하여 발전되고 세련된 삶의 모습을 뜻한다.

13 공부하기 전에 미리 계획을 세우고, 그 계획대로 실천하면 시간을 (　　　)(으)로 쓸 수 있다.

14 (　　　)(으)로 사람들은 맛있는 음식을 먹으면 기분이 좋아진다.

15 중국에서 고대 (　　　)이/가 생겨난 곳은 황허강이 있는 지역이다.

✱ 우리나라에서 가장 좋은 기와집은?

▲ 경복궁 근정전

　우리나라에서 가장 좋은 기와집은 어디일까요? 바로 임금님이 살던 궁궐이 가장 좋은 기와집이었겠죠? 바로 이곳이 경복궁 한가운데에 있는 '근정전'입니다. 근정전은 임금님이 중요한 행사를 진행하던 건물이랍니다. 외국에서 손님이 오면 여기서 맞이했고, 신하들이 모두 모여야 할 일이 있어도 여기서 모였답니다.

　이 근정전의 지붕을 한 번 보세요. 이러한 지붕을 '팔작지붕'이라고 합니다. '팔작지붕'은 '합각지붕'이라고도 했는데요, 우리나라 기와지붕의 한 종류입니다. 팔작지붕의 측면, 즉 왼쪽이나 오른쪽 면을 보면 위의 절반은 삼각형으로 된 지붕으로 되어 있고 아래 절반은 네모꼴로 된 지붕으로 이루어져 있는 것을 볼 수 있어요. 여러분이 보시다시피 매우 아름답고 화려해서 궁궐과 같이 멋지게 꾸며야 하는 집에 주로 사용했답니다.

사람에게는 왜 지문이 있을까?

드라마나 영화 속 범죄 현장에서는 형사가 나와서 사건이 일어난 곳에 놓여 있는 물건의 지문을 채취하는 장면이 빠짐없이 등장한다. 왜 형사들은 물건에 찍힌 지문들을 채취하는 것일까?

지문은 손가락 안쪽 끝에 있는 살갗의 무늬나 그것이 남긴 흔적을 의미한다. 보통 지문은 임신 4개월째에 만들어지는데, 유전자적 체계에 따라 형태가 달라진다. 엄마 뱃속에서 태아가 있는 위치나 태아가 받는 압력 등도 지문 모양에 영향을 미친다. 그래서 일란성 쌍둥이라고 하더라도 지문은 서로 다르게 나타난다. 나이가 들면 얼굴 생김새는 변하지만 지문은 한번 생겨나면 바뀌지 않는다. 이 때문에 형사들이 범인을 잡을 때 지문을 이용한다.

그렇다면 사람의 손끝에는 왜 지문이 있을까? 지금까지 많은 과학자들은 손가락 끝에 있는 지문이 손가락과 물체 사이의 마찰력을 높여 주고, 이 마찰력 때문에 사람의 손이 물체를 더 단단히 붙잡게 된다고 생각했다. 즉, 미끄러운 비누를 잡을 때 지문이 비누가 손에서 미끄러지지 않도록 도움을 준다는 것이다. 하지만 영국의 한 연구팀이 실험을 한 결과, 지문이 물체와 손 사이의 마찰력을 3분의 1이나 줄인다는 것이 밝혀졌다. 지문의 굴곡이 물건과 손이 닿는 면적을 줄임으로써 오히려 마찰력이 낮아진다는 것이다.

이러한 결과에 충격을 받은 과학자들은 최근 지문의 또 다른 역할을 찾아냈다. 프랑스 과학자들이 지문이 손의 촉각을 예민하게 한다는 것을 밝혀낸 것이다. 이들은 사람이 손끝으로 물건을 만질 때 지문이 있으면 물체의 진동을 더 섬세하게 감지할 수 있어서 손가락에 지문이 없을 때보다 지문이 있을 때 물건의 재질을 예민하게 느낄 수 있다고 했다

지문의 기능이 무엇이든 상관이 없다고 보는 사람도 있을 수 있다. 하지만 지문의 역할을 정확히 이해해야 의수나, 로봇의 손의 기능을 사람의 손 정도의 수준까지 끌어올릴 수 있다. 이 때문에 여전히 지문이 존재하는 이유를 밝히기 위한 과학자들의 노력은 계속되고 있다.

[핵심어]

01 다음은 윗글의 핵심 내용을 정리한 것이다. 빈칸에 들어가기에 적절한 말을 쓰시오.

> (　　　　)은/는 손가락 안쪽 끝에 있는 살갗의 무늬나 그것이 남긴 흔적을 의미한다.

[중심 문장]

02 1문단의 중심 문장으로 가장 적절한 것은?

① 드라마나 영화 속 범죄 현장에서는 형사가 나와서 사건이 일어난 곳에 놓여 있는 물건의 지문을 채취하는 장면이 빠짐없이 등장한다.
② 왜 형사들은 물건에 찍힌 지문들을 채취하는 것일까?

03 윗글을 읽고 다음 질문에 답하려고 한다. 빈칸에 들어가기에 적절한 말을 쓰시오.

> **질문** : 과학자들이 우리의 손에 지문이 존재하는 이유를 밝히려고 하는 까닭은 무엇일까?

↓

> **답** : 지문의 역할을 정확히 이해하면 의수나 로봇의 손의 (　　　　　)을/를 사람의 손 정도의 수준까지 끌어올릴 수 있기 때문이다.

03
이 지문에서는 우리의 손가락 끝에 지문이 있는 이유를 설명하고 있어요. 제시된 질문의 내용은 글의 마지막 문단과 관련이 있네요. 마지막 문단의 내용을 고려하여 빈칸에 들어가기에 적절한 말을 찾아 써 봅시다.

04 윗글의 글쓴이가 글을 쓴 이유로 가장 적절한 것은?

① 지문의 특성과 역할을 알리려고
② 지문의 다양한 형태를 소개하려고
③ 지문이 활용되는 분야를 밝히려고
④ 지문의 개념과 지문이 형성되는 시기를 연구하려고
⑤ 형사가 범죄 현장에서 지문을 채취하는 이유를 조사하려고

04
핵심어를 파악하고 중심 문장을 찾으면 글쓴이가 말하고자 하는 중심 내용도 쉽게 이해할 수 있습니다. 3문단과 4문단의 핵심어를 생각해 보고, 중심 내용으로 적절한 선택지를 골라 보세요!

05 다음은 윗글을 읽고 '지문'에 대해 메모한 것이다. 적절하지 <u>않은</u> 것은?

① 지문은 한번 생겨나면 바뀌지 않음.
② 지문은 범죄 수사에 이용되는 경우가 많음.
③ 지문은 손의 촉각을 예민하게 하여 물체의 진동을 더 섬세하게 감지할 수 있게 함.
④ 실험을 통해 지문이 손가락과 물체 사이의 마찰력을 높여 준다는 것이 증명되었음.
⑤ 유전자적 체계, 엄마 뱃속에서 태아가 있는 위치, 태아가 받는 압력 등에 따라 지문의 형태가 달라짐.

05
각 문단에서 지문에 대해 설명하고 있는 부분을 다시 확인해 보고, 지문에 대해 잘못 설명한 선택지를 찾아보세요.

존재하다 : 현실에 실재하다.
활용되다 : 충분히 잘 이용되다.
형성되다 : 어떤 형상이 이루어지다.
예민하다 : 무엇인가를 느끼는 능력이나 분석하고 판단하는 능력이 빠르고 뛰어나다.

우리나라 풍속화의 발전

풍속화란 말 그대로 풍속, 즉 옛날부터 한 사회에 전해 오는 생활 전반의 습관이나 모습 등을 그린 그림이다. 그래서 풍속화에는 그것이 그려진 당시의 사람들이 살아가는 모습이 생생하게 드러나 있다. 풍속화는 그 자체로 훌륭한 미술 작품이 되기도 하고, 조상들의 생활 방식이나 당대의 사회상을 연구하는 데에 귀중한 자료로 활용되기도 한다. 우리나라의 풍속화는 어떻게 발전되어 왔을까?

우리나라 사람들은 선사 시대부터 풍속화를 그려왔다. 사냥을 하는 모습, 제사를 지내는 모습 등 생활 모습이 새겨진 선사 시대의 바위나 청동기 유물들이 출토되기도 했다. 당시는 뾰족한 도구로 돌이나 청동을 긁어내어 새기는 방법으로 그림을 그렸기 때문에, 선이나 면으로 실루엣만 간략하게 표현하거나 추상적이고 기이하게 표현하는 경우가 많았다.

우리가 보편적으로 떠올리는 '그림' 형태의 풍속화는 삼국 시대의 유물에서부터 찾아볼 수 있다. 특히 4세기 후반에서 5세기 고구려에서는 고분 벽화에 풍속도를 그리는 것이 유행하였다. 당시의 풍속화에는 무덤 주인의 사회적 지위를 과시하려는 의도나, 무덤 주인이 생전에 누렸던 권세를 죽어서도 유지하기를 바라는 소망이 담긴 경우가 많았다.

고려 시대까지 풍속화가 꾸준히 그려지기는 했으나 발달하지는 않았고, 조선 후기에 이르러서야 본격적으로 발달하게 되었다. 조선 후기에 풍속화가 급격히 발전한 이유는 당시의 사회적 변화와 관련이 있다. 상업의 발달로 평민들 가운데 부자들이 생겨났고, 그들은 부를 과시하기 위해 각종 그림으로 집안을 장식하였다. 그들은 자연 풍경이 담긴 산수화보다는 자신들의 삶의 모습이 담긴 풍속화를 더 선호하였다. 여기에 실생활을 유익하게 하는 것을 목표로 한 학문이었던 실학의 발달로 일상생활을 묘사한 풍속화가 크게 유행하게 되었다.

조선 후기의 대표적인 풍속화가인 김홍도는 서민들의 일상을 사실적이고도 익살스럽게 그려 냈다. 그의 대표작 중 하나인 〈무동(舞童)〉에는 북, 장구, 두 개의 피리, 대금, 해금을 연주하는 여섯 명의 연주자들과 그들이 연주하는 삼현육각* 장단에 맞추어 춤을 추는 무동의 모습이 묘사되어 있다. 이 작품을 통해 우리는 그 당시에 살던 사람들의 일상과 문화를 생생하게 알 수 있다. 이러한 풍속화는 동양화나 서양화의 형식으로 현재까지 꾸준히 계승되고 있다.

▲ 김홍도, 〈무동〉
출처 : 문화재청(http://www.heritage.go.kr)

* 삼현육각 : 삼현(거문고, 가야금, 향비파의 세 가지 현악기를 통틀어 이르는 말)과 육각(북, 장구, 해금, 피리, 태평소 둘로 이루어진 악기 편성)의 갖가지 악기

---

1 문단
핵심어 :
중심 문장에 밑줄 치세요.

2 문단
핵심어 :
중심 문장에 밑줄 치세요.

3 문단
핵심어 :
중심 문장에 밑줄 치세요.

4 문단
핵심어 :
중심 문장에 밑줄 치세요.

5 문단
핵심어 :
중심 문장에 밑줄 치세요.

출토되다 : 땅속에 묻혀 있던 물건이 밖으로 나오게 되다. 또는 그것이 파내어지다.
추상적 : 어떤 사물이 직접 경험하거나 지각할 수 있는 일정한 형태와 성질을 갖추고 있지 않음. 또는 그런 것
기이하다 : 기묘하고 이상하다.
고분 : 고대에 만들어진 무덤
과시하다 : 자랑하여 보이다.
권세 : 권력과 세력
익살스럽다 : 남을 웃기려고 일부러 우스운 말이나 행동을 하는 데가 있다.
무동 : 조선 시대에, 궁중의 잔치 때 춤을 추고 노래를 부르던 아이

[핵심어]

06 다음은 윗글의 핵심 내용을 정리한 것이다. 빈칸에 들어가기에 적절한 말을 쓰시오.

> (   )에는 그것이 그려진 당시의 사람들이 살아가는 모습이 생생하게 드러나 있다.

[중심 문장]

07 4문단의 중심 문장으로 가장 적절한 것은?

① 조선 후기에 풍속화가 급격히 발전한 이유는 당시의 사회적 변화와 관련이 있다.
② 그들은 자연 풍경이 담긴 산수화보다는 자신들의 삶의 모습이 담긴 풍속화를 더 선호하였다.

08 윗글의 내용으로 적절하지 <u>않은</u> 것은?

① 김홍도는 조선 후기의 대표적인 풍속 화가이다.
② 풍속화는 사람들의 생활 습관이나 모습을 그린 그림이다.
③ 선사 시대의 풍속화는 당시의 생활 모습을 섬세하게 그려 냈다.
④ 고분 벽화의 풍속화를 통해 무덤 주인의 사회적 지위를 엿볼 수 있다.
⑤ 조선 후기에는 상업이 발달하면서 평민 가운데 부자가 된 사람들이 생겨났다.

08
이 지문은 우리나라의 풍속화의 발전 과정에 대해 시대 순으로 설명하고 있습니다. 선택지의 내용을 이 지문의 어느 부분에서 찾아볼 수 있는지 확인해 볼까요?

09 윗글의 내용을 고려했을 때, 〈보기〉에서 조선 후기에 풍속화가 본격적으로 발달한 이유로 적절한 것을 모두 고른 것은?

〈보기〉

> ㉠ 상업의 발달로 풍속화의 값이 매우 쌌기 때문에
> ㉡ 실학의 발달로 일상생활을 소재로 한 풍속화가 유행했기 때문에
> ㉢ 김홍도와 같은 전문 화가가 부자들의 일상을 잘 그려 냈기 때문에
> ㉣ 평민 출신 부자들이 집안을 장식하기 위한 그림으로 풍속화를 선호했기 때문에

① ㉠, ㉡   ② ㉠, ㉢   ③ ㉡, ㉢   ④ ㉡, ㉣   ⑤ ㉢, ㉣

09
4문단과 5문단에서 조선 시대의 풍속화에 대해 설명하고 있네요! 이 부분의 내용을 고려하여 조선 후기에 풍속화가 본격적으로 발달한 이유가 무엇인지를 생각해 봅시다.

10 다음의 ㉠~㉣을 풍속화의 발전 과정에 따라 순서대로 쓰시오.

> ㉠ 고분 벽화에 풍속도를 그리는 것이 유행하였다.
> ㉡ 동양화나 서양화의 형식으로 풍속화가 꾸준히 계승되고 있다.
> ㉢ 뾰족한 도구로 돌이나 청동을 긁어내어 새기는 방법으로 풍속을 나타냈다.
> ㉣ 김홍도와 같은 화가가 서민들의 일상을 사실적이고 익살스럽게 그려 냈다.

10
2문단부터 5문단까지는 풍속화가 발전해 온 과정을 '선사시대–삼국시대–고려 및 조선시대–현재'의 순서로 제시하고 있어요. ㉠~㉣이 어느 시대에 해당하는 내용인지를 파악해 보세요.

섬세하다 : ① 곱고 가늘다. ② 매우 찬찬하고 세밀하다.
지위 : 개인의 사회적 신분에 따르는 위치나 자리
실학 : 조선 시대에, 실생활의 유익을 목표로 한 새로운 학풍. 실사구시와 이용후생, 기술의 존중과 국민 경제생활의 향상에 대하여 연구하였다.
계승되다 : 조상의 전통이나 문화유산, 업적 따위가 이어져 나아가다.

★ 정답은 [해설편 표지] 안쪽에 있습니다.

✳ **[01~05]** 다음 단어와 그 뜻풀이를 바르게 연결하시오.

01 지위 •

• ㉠ 연구나 조사에 필요한 것을 찾거나 받아서 얻다.

02 재질 •

• ㉡ 재료가 가지는 성질

03 굴곡 •

• ㉢ 개인의 사회적 신분에 따르는 위치나 자리

04 출토되다 •

• ㉣ 이리저리 굽어 꺾여 있음. 또는 그런 굽이

05 채취하다 •

• ㉤ 땅속에 묻혀 있던 물건이 밖으로 나오게 되다. 또는 그것이 파내어지다.

✳ **[06~08]** 〈보기〉에 제시된 초성과 뜻풀이를 참고하여 다음 문장의 빈칸에 들어가기에 알맞은 단어를 쓰시오.

〈보기〉

• ㅁㅊㄹ : 접촉하고 있는 두 물체가 상대 운동을 하려고 하거나 상대 운동을 하고 있을 때, 그 운동을 저지하는 방향으로 작용하는 저항력

• ㅊㄱ : 일정한 원리에 따라서 낱낱의 부분이 짜임새 있게 조지되어 통일된 전체

• ㅊㅅㅈ : 어떤 사물이 직접 경험하거나 지각할 수 있는 일정한 형태와 성질을 갖추고 있지 않은. 또는 그런 것

06 달리던 자동차가 급하게 멈추면 바퀴와 땅 사이에 (   )이/가 발생한다.

07 좋은 글을 쓰려면 서론, 본론, 결론의 (   )을/를 잘 갖추어서 써야 한다.

08 그렇게 (   )(으)로 말하지 말고, 무엇을 원하는지 분명하게 이야기해 보렴.

✳ **[09~14]** 제시된 글자들을 조합하여 다음 뜻풀이에 해당하는 단어를 쓰시오.

09 고대에 만들어진 무덤 (   )

10 조상의 전통이나 문화유산, 업적 따위가 이어져 나아가다. (   )되다.

11 기묘하고 이상하다. (   )하다.

12 조선 시대에, 궁중의 잔치 때 춤을 추고 노래를 부르던 아이 (   )

13 느끼어 알다. (   )하다.

14 손이 없는 사람에게 인공으로 만들어 붙이는 손. 나무, 고무, 금속 따위로 만든다. (   )

✳ **[15~17]** 문맥을 고려하여 밑줄 친 단어의 뜻과 가장 가까운 것을 고르시오.

15

판소리에서는 양반들의 모습을 일부러 <u>익살스럽게</u> 표현하여 관객들을 웃게 만들기도 한다.

① 우울하다　　② 우습다　　③ 평화롭다

16

경민이는 자신의 수학 성적이 뛰어나다는 것을 모든 친구들에게 <u>과시하고</u> 다녔다.

① 평가하다　　② 숨기다　　③ 자랑하다

17

내가 낸 아이디어가 이번 계획에서 <u>활용되는</u> 것을 보니 기분이 너무 좋다.

① 사용되다　　② 나아지다　　③ 멀어지다

✻ 김홍도의 대표작, 〈씨름〉

▲ 김홍도, 〈씨름〉

출처 : 문화재청(http://www.heritage.go.kr)

위 그림은 조선 후기의 가장 대표적인 풍속화가, 김홍도의 대표작인 〈씨름〉입니다. 우리에게도 익숙한 〈씨름〉을 함께 살펴볼까요?

가운데에서 씨름을 하고 있는 두 사람의 모습이 가장 먼저 눈에 들어오네요. 열심히 씨름을 하고 있는 두 사람을 구경꾼들이 둘러싸고 있어요. 구경하는 사람들은 위, 아래 2단으로 배치되어 있지요? 이를 통해 구경꾼들이 씨름을 하고 있는 두 사람을 둥글게 둘러싸고 있는 모습을 효과적으로 표현하고 있어요.

한편 김홍도는 왼쪽 아래에는 구경꾼들을 상대로 엿을 팔고 있는 엿장수를, 오른쪽 빈 공간에는 씨름을 하는 사람들이 벗어 놓은 신발을 그려 넣어 다소 허전할 수 있는 공간을 채웠습니다. 씨름을 구경하는 사람들의 모습을 자세히 살펴볼까요? 상체를 앞으로 굽히면서 관심을 보이는 사람들도 있고, 아쉬워하는 사람들도 있네요. 씨름 경기에는 관심이 없이 오직 엿장수를 바라보는 어린아이의 모습도 보여요. 이처럼 김홍도는 그 당시 씨름판에서 볼 수 있는 모습을 사실 그대로 담아냄으로써 당시의 풍속을 묘사하고 있어요.

인간이라면 누구나 갖는 권리, 인권

　우리는 다른 사람도 나와 같은 인간이기 때문에 다른 사람을 존중해야 한다고 배워 왔다. ㉠그렇다면 인간은 당연히 존중받아야 하는 것일까? 정답은 '그렇다.'이다. 왜냐하면 인간은 인간으로서 당연히 가지는 기본적 권리, 즉 '인권'을 가지고 있기 때문이다. 우리나라 국민이든 외국인이든, 부자이든 가난한 사람이든, 여자이든 남자이든, 인간이라면 누구나 인권을 가진다. 그렇다면 이 인권에는 어떠한 권리들이 포함되어 있을까?

　인권은 ㉡인간이 인간답게 살기 위해 필요한 조건들을 포함하고 있다. 첫째, 인간은 건강과 생명, 자유를 지킬 권리가 있다. 인간이 생명을 보존하고 사람답게 살기 위해서는 깨끗한 물과 공기, 집, 음식 등이 필요한데, 인간이라면 누구나 이러한 기본적인 삶의 조건들을 누릴 수 있어야 한다. 또한 자유롭게 행동하며 자신의 사생활을 감시당하지 않을 권리도 있다.

　둘째, 인간은 차별받지 않고 누구나 동등한 대우를 받을 권리가 있다. 인종이나 피부색, 종교, 성별 등을 이유로 차별받지 않아야 하고, 사회적 약자이거나 소수인 사람도 다른 사람들과 동등하게 대우를 받아야 한다.

　셋째, 인간은 자유롭게 표현할 권리가 있다. 인간은 사회적 동물이며, 타인과 사회적으로 교류를 하는 과정에서 의사소통을 한다. 이때 인간이라면 누구나 스스로 생각하고 말하고, 자신의 생각과 감정을 다양하게 표현할 수 있어야 한다. 인간은 자유롭게 생각하고 표현하는 것을 통해 자아를 형성하고, 실현하기 때문이다.

　마지막으로, 인간은 자신이 원하는 일을 할 권리가 있다. 인간은 자신이 원하는 것을 배우고, 다양한 문화를 즐기며 원하는 일을 할 때에 행복을 느낀다. 따라서 누구나 알맞은 교육을 통해 직업을 가지고 일할 수 있어야 하며, 자신이 원하는 다양한 여가를 즐길 수 있어야 한다.

　이와 같은 인권이 지켜져야 인간은 인간답게 살 수 있다. 그래서 우리의 헌법과 사회 제도도 기본적으로 모든 사람의 인권을 보장하는 것을 목표로 만들어졌다. 개인의 권리를 보장할 때 타인의 권리를 침해하지 않게 하기 위해 최소한의 제재가 있기는 하지만, 그 밑바탕에는 '인권 수호'라는 근본적인 목적이 포함되어 있다. 모든 사람들이 동등한 인권을 가진 존재임을 기억한다면 우리 사회는 조금 더 나은 방향으로 발전할 수 있을 것이다.

---

1 문단
핵심어 :
중심 문장에 밑줄 치세요.

2 문단
핵심어 :
중심 문장에 밑줄 치세요.

3 문단
핵심어 :
중심 문장에 밑줄 치세요.

4 문단
핵심어 :
중심 문장에 밑줄 치세요.

5 문단
핵심어 :
중심 문장에 밑줄 치세요.

6 문단
핵심어 :
중심 문장에 밑줄 치세요.

동등하다 : 등급이나 정도가 같다.
대우 : 어떤 사회적 관계나 태도로 대하는 일
자아 : 자기 자신에 대한 의식이나 관념
실현하다 : 꿈, 기대 따위를 실제로 이루다.
보장하다 : 어떤 일이 어려움 없이 이루어지도록 조건을 마련하여 보증하거나 보호하다.
침해하다 : 침범하여 해를 끼치다.
제재 : 법이나 규정을 어겼을 때 국가가 처벌이나 금지 따위를 행함. 또는 그런 일

[핵심어]

01 다음은 윗글의 핵심 내용을 정리한 것이다. 빈칸에 들어가기에 적절한 말을 쓰시오.

> 인간이 인간답게 살 수 있기 위해서는 (　　　　　)이/가 지켜져야 한다.

[중심 문장]

02 1문단의 중심 문장으로 가장 적절한 것은?

① 그렇다면 인간은 당연히 존중받아야 하는 것일까?

② 우리나라 국민이든 외국인이든, 부자이든 가난한 사람이든, 여자이든 남자이든, 인간이라면 누구나 인권을 가진다.

③ 그렇다면 이 인권에는 어떠한 권리들이 포함되어 있을까?

03 ㉠에 대한 답을 쓰려고 한다. 빈칸에 들어가기에 적절한 말을 쓰시오.

> 인간이라면 누구나 인간으로서 당연히 가지는 기본적인 권리, 즉 (   )을/를 가지고 있기 때문에 인간은 당연히 존중받아야 한다.

03

이 지문에서는 인권의 개념과 인간이 인간답게 살기 위한 조건들을 이야기하고 있네요. 특히 1문단에서 인권이 무엇인지에 대해 설명하고 있으므로, 1문단을 바탕으로 ㉠에 대한 답을 생각해 보세요.

04 ㉡에 대한 설명으로 적절하지 <u>않은</u> 것은?

① 의식주와 같은 기본적인 삶의 조건들을 누릴 수 있어야 한다.

② 자유롭게 행동하며 자신의 사생활을 감시당하지 않아야 한다.

③ 인종이나 피부색, 종교, 성별 등을 이유로 차별받지 않아야 한다.

④ 누구나 원하는 일을 할 수 있도록 국가가 다양한 직업을 마련해야 한다.

⑤ 스스로 생각하고 말하고, 자신의 생각과 감정을 다양하게 표현할 수 있어야 한다.

04

㉡은 인권의 내용이라고 할 수 있겠네요! 이 지문의 2~5문단에서 인간이 사람답게 살기 위한 조건들을 설명하고 있으므로, 이를 고려하여 틀린 선택지가 무엇인지를 찾아보세요.

05 윗글을 읽고 난 후의 반응으로 적절하지 <u>않은</u> 것은?

① 율희 : 모든 사람은 태어날 때부터 자유롭고 동등한 존엄성과 권리, 즉 인권을 가지고 있지.

② 지효 : 우리의 헌법은 인권을 보장하기 위해 만들어졌지만, 사회적 약자의 인권을 보장하지는 않는군.

③ 경수 : 개개인의 권리를 보장하기 위한 법이나 사회 제도는 바로 인권을 보장하기 위해서 만들어졌군.

④ 기준 : 개인의 권리를 보장할 때 타인의 권리가 침해되지 않게 하려면 법적인 제재가 필요할 때도 있겠군.

⑤ 진리 : 모든 사람들이 동등한 인권을 가진 존재이므로, 앞으로 내 인권뿐만 아니라, 다른 사람의 인권도 소중히 여겨야지.

05

이 지문의 1문단에서는 인권의 개념을 정의하고, 2~5문단에서는 인간이 인간답게 살기 위한 조건들을 나열하고 있어요. 또 마지막 문단에서는 인권이 잘 지켜지려면 어떻게 해야 하는지에 대한 글쓴이의 생각이 드러나 있네요.

존중 : 높이어 귀중하게 대함.

존엄성 : 감히 범할 수 없는 높고 엄숙한 성질

사람이 생태계를 바꿀 수 있을까?

한때 미국의 카이밥 고원에서는 늑대와 퓨마, 코요테 등의 포식 동물을 집중적으로 사냥하여 잡아 죽이는 작업이 실시되었다. 그 동물들이 사슴과 같은 약한 야생 동물들을 마구잡이로 잡아먹고, 심지어는 사람에게까지 해를 입혔기 때문이다. 사람들은 해로운 포식 동물이 사라지면 카이밥 고원에 평화가 찾아올 것이라고 생각했다. 과연 그들이 생각한 대로 카이밥 고원은 평화로워졌을까?

1 문단
핵심어 :
중심 문장에 밑줄 치세요.

포식 동물들의 수가 크게 줄어들자 이전에는 약 4,000마리 정도였던 사슴의 수가 20년간에 걸쳐 6~7만 마리까지 늘어났다. 약한 야생 동물들의 천국이 찾아온 것만 같았다. 그런데 갈수록 사슴의 수가 줄어들더니 그 많던 사슴이 1만 마리 정도밖에 남지 않게 되었다. 포식 동물들이 사라지면 고원이 평화로워질 것이라고 예상했던 사람들의 생각이 틀렸던 것이다.

2 문단
핵심어 :
중심 문장에 밑줄 치세요.

㉠대체 왜 이런 일이 생긴 걸까? 사슴의 수가 너무 많아진 것이 문제였다. 포식 동물들이 사라지고 얼마 후까지는 그들이 사슴을 잡아먹을 일이 없으니 자연스럽게 사슴의 수가 증가했다. 그러나 사슴의 수가 너무 많아지자 사슴의 먹이가 부족해졌다. 사슴들은 고원의 식물들을 모두 먹어 치웠고, 자라나고 있는 식물의 싹까지 다 먹어 버렸다. 이윽고 사슴들은 굶주린 채 죽어 갔고, 카이밥 고원은 오히려 황폐하게 되었다.

3 문단
핵심어 :
중심 문장에 밑줄 치세요.

사람들의 예상이 빗나간 이유는 그들이 생태계에서 포식 동물들이 맡았던 역할을 간과했기 때문이다. 카이밥 고원의 사슴들은 포식 동물들이 있어서 카이밥 고원에서 굶어 죽지 않고 살아갈 만큼 딱 적당한 수를 유지할 수 있었던 것이다. 포식 동물들이 사라진 고원은 당장은 사슴들이 살기 좋은 환경이 된 것 같았지만, 결국에는 사슴 수의 균형이 깨져 사슴이 살기 어려운 환경이 되어 버렸다.

4 문단
핵심어 :
중심 문장에 밑줄 치세요.

이는 사람이 자연의 질서를 마음대로 바꾸려고 했다가 성공하지 못한 대표적인 사례이다. 자연은, 즉 생태계는 그물처럼 복잡하게 얽혀 있고 서로 연관되어 있어서 사람이 그것을 완전하게 이해하기가 어렵다. 그것을 모두 이해했다고 자부하며 인간이 마음대로 바꾸려고 하는 것은 자연의 이치에 맞지 않는 오만한 일이 될 수 있다. 따라서 우리는 할 수 있는 한 생태계를 온전히 지키도록 노력해야 한다.

5 문단
핵심어 :
중심 문장에 밑줄 치세요.

[핵심어]

06 다음은 윗글의 핵심 내용을 정리한 것이다. 빈칸에 들어가기에 적절한 말을 쓰시오.

> 자연, 즉 (　　　　)은/는 그물처럼 복잡하게 얽혀 있고 서로 연관되어 있다. 사람은 그것을 완전하게 이해하기가 어려우므로 사람이 생태계를 마음대로 바꾸려고 해서는 안 된다.

고원 : 보통 해발 고도 600미터 이상에 있는 넓은 벌판
포식 : 다른 동물을 잡아먹음.
황폐하다 : 집, 토지, 삼림 따위가 거칠어져 못 쓰게 되다.
간과하다 : 큰 관심 없이 대강 보아 넘기다.
자부하다 : 자기 자신 또는 자기와 관련되어 있는 것에 대하여 스스로 그 가치나 능력을 믿고 마음을 당당히 가지다.
오만하다 : 태도나 행동이 건방지거나 거만하다.

[중심 문장]

07 2문단의 중심 문장으로 가장 적절한 것은?

① 포식 동물들의 수가 크게 줄어들자 이전에는 약 4,000마리 정도였던 사슴의 수가 20년간에 걸쳐 6~7만 마리까지 늘어났다.
② 약한 야생 동물들의 천국이 찾아온 것만 같았다.
③ 그런데 갈수록 사슴의 수가 줄어들더니 그 많던 사슴이 1만 마리 정도밖에 남지 않게 되었다.
④ 포식 동물들이 사라지면 고원이 평화로워질 것이라고 예상했던 사람들의 생각이 틀렸던 것이다.

08 윗글에 대한 설명으로 적절하지 <u>않은</u> 것은?

① 생명의 그물인 생태계를 소재로 삼았다.
② 구체적인 근거를 들어 주장을 뒷받침하고 있다.
③ 읽는 사람들에 대한 글쓴이의 당부로 글을 마무리하고 있다.
④ 질문을 던지고 이에 대해 답을 하는 방식으로 글을 전개하고 있다.
⑤ 상반되는 학자들의 의견을 소개하고 새로운 결론을 이끌어 내고 있다.

08
이 지문은 카이밥 공원의 예를 들어 사람이 생태계를 마음대로 바꾸어서는 안 된다는 글쓴이의 주장을 드러내고 있어요. 선택지의 설명이 지문에 대한 설명으로 적절한지를 생각해 보세요.

09 윗글을 통해 알 수 <u>없는</u> 내용은?

① 카이밥 고원이 황폐해진 이유
② 인간이 자연의 질서를 바꾸려고 한 결과
③ 카이밥 공원에서 잡아 죽인 동물들의 종류
④ 포식 동물들이 인간에게 해를 끼치지 못한 원인
⑤ 카이밥 공원에서 20년 동안 사슴의 수가 늘어난 이유

09
1문단에서는 카이밥 공원에서의 포식 동물 사냥에 대해 언급하고 있어요. 2문단에서는 포식 동물 사냥으로 인해 변화된 사슴의 수를 이야기하면서, 3문단과 4문단에서는 2문단과 같은 일이 벌어진 이유를 설명하고 있어요. 5문단에서는 글쓴이의 당부로 글이 마무리되고 있네요.

10 ㉠에 대해 답을 쓰고자 한다. 빈칸에 들어가기에 적절한 말을 순서대로 쓰시오.

> 사슴을 잡아먹는 (　　　　)이/가 사라져서 사슴의 수 늘어났지만, 사슴이 너무 많아지자 (　　　　)이/가 부족해져서 굶어 죽는 사슴이 늘어났기 때문이다.

10
㉠의 앞부분에서는 카이밥 공원에서 포식 동물을 사냥하여 죽인 이후 사슴의 수가 증가했다가 줄어들었다고 하였지요? '이런 일'이 의미하는 바가 무엇인지 생각해 보세요.

소재 : 어떤 것을 만드는 데 바탕이 되는 재료
당부 : 말로 단단히 부탁함. 또는 그런 부탁
전개하다 : 내용을 진전시켜 펴 나가다.
상반되다 : 서로 반대되거나 어긋나게 되다.

★ 정답은 [해설편 표지] 안쪽에 있습니다.

* **[01~06]** 제시된 초성과 뜻풀이를 참고하여 다음 문장의 빈칸에 들어가기에 알맞은 단어를 쓰시오.

01 ㅊㅎ하다 : 침범하여 해를 끼치다.
⑩ 연예인의 사생활을 (   )하는 사람들은 법적인 처벌을 받을 수 있다.

02 ㄱㅇ : 보통 해발 고도 600미터 이상에 있는 넓은 벌판
⑩ 가파른 숲속 길을 올라가니 광활한 (   )이/가 펼쳐졌다.

03 ㄷㅇ : 어떤 사회적 관계나 태도로 대하는 일
⑩ 우리는 그 집에서 정중한 (   )을/를 받았다.

04 ㅇㅁ하다 : 태도나 행동이 건방지거나 거만하다.
⑩ 그는 (   )하여서 주변 사람들이 그를 모두 떠나게 만들었다.

05 ㅈㅈ : 높이어 귀중하게 대함.
⑩ 인권 (   )은/는 모두가 함께 살아가는 사회에서 꼭 지켜야할 기본적인 것이다.

06 ㄷㅂ : 말로 단단히 부탁함. 또는 그런 부탁
⑩ 어머니가 외출하시기 전에 남긴 (   )은/는 동생을 잘 돌보고 있으라는 것이었다.

* **[07~09]** 다음의 뜻에 해당하는 단어를 〈보기〉에서 찾아 쓰시오

〈보기〉
제재   소재   포식

07 어떤 것을 만드는 데 바탕이 되는 재료 (   )

08 다른 동물을 잡아먹음. (   )

09 법이나 규정을 어겼을 때 국가가 처벌이나 금지 따위를 행함. 또는 그런 일 (   )

* **[10~14]** 문맥을 고려하여 다음 문장의 빈칸에 들어가기에 알맞은 단어를 〈보기〉에서 찾아 쓰시오.

〈보기〉
동등   자부   보장   황폐   간과

10 그는 자신의 실력을 (   )하여 어디서나 늘 당당했다.

11 과학 기술의 발전에 가려 환경 문제를 (   )해서는 안 된다.

12 지금 농촌에는 (   )한 땅과 빈집이 점점 늘어나고 있다.

13 선생님은 우리 어머니께 내가 아주 훌륭한 학생임을 (   )하였다.

14 우리 회사는 판매량을 늘리기 위해 다른 회사들과 가격을 (   )하게 맞추기로 하였다.

* **[15~19]** 다음 단어와 그 뜻풀이를 바르게 연결하시오.

15 실현하다 • • ㉠ 감히 범할 수 없는 높고 엄숙한 성질

16 존엄성 • • ㉡ 서로 반대되거나 어긋나게 되다.

17 상반되다 • • ㉢ 꿈, 기대 따위를 실제로 이루다.

18 자아 • • ㉣ 내용을 진전시켜 펴 나가다.

19 전개하다 • • ㉤ 자기 자신에 대한 의식이나 관념

✳ 해양 생태계와 두 얼굴의 플랑크톤

바다 속에는 무수히 많은 생물들이 존재하지만, 가장 대표적인 생물로는 플랑크톤을 들 수 있어요. 플랑크톤은 광합성을 해서 영양분을 얻는 식물성 플랑크톤과 이를 먹고 사는 동물성 플랑크톤으로 구분할 수 있죠. 바다 속의 작은 물고기들은 이 플랑크톤을 먹고 살아요. 만약 플랑크톤이 없어진다면 작은 물고기들은 며칠이 지나지 않아 모두 굶어 죽게 될 것이고, 작은 물고기를 잡아먹는 큰 물고기들도 모두 굶어 죽게 될 거예요. 그래서 플랑크톤은 해양 생태계가 유지되는 데 밑바탕이 됩니다.

하지만 플랑크톤이 너무 많아져도 생태계가 파괴될 수 있어요. 바닷물에 영양 물질이 많아지고 날씨가 따뜻해지는 등 일정한 조건이 만들어지면 식물성 플랑크톤이 늘어나요. 그러면 식물성 플랑크톤을 먹고 사는 동물성 플랑크톤도 함께 늘어나는데, 동물성 플랑크톤은 대개 붉은색을 띠어서 바다가 붉게 변하기도 해요. 이를 적조라고 부릅니다.

식물성 플랑크톤은 이산화탄소를 받아들이고 산소를 내뱉는 광합성을 통해 산소를 만들어 내요. 그런데 동물성 플랑크톤이 계속 식물성 플랑크톤을 잡아먹으면 식물성 플랑크톤의 수가 줄고, 산소량이 줄어들게 되죠. 게다가 동물성 플랑크톤 중에는 독소를 내뿜는 것도 있어서 이것을 먹은 물고기들이 떼죽음을 당하기도 해요.

이처럼 플랑크톤은 해양 생태계의 균형을 유지하기 위해서 지나치게 많아도 안 되고 부족해도 안 되는 중요한 존재라고 할 수 있어요.

▲ 적조 현상의 원인이 되는 플랑크톤

스몸비를 벗어나는 방법

스마트폰 중독에 대한 사람들의 경각심이 날로 높아지고 있는 가운데, 스몸비라는 단어도 심심찮게 볼 수 있다. 스몸비란, 스마트폰과 좀비가 합쳐진 말이다. 스마트폰에 정신이 팔려서 주변의 다른 것들에는 전혀 신경 쓰지 않고 걸어 다니는 사람들이 마치 공포 영화 속의 좀비의 모습을 연상하게 한다는 의미에서 만들어졌다. 스몸비로 대표되는 스마트폰 중독에는 어떤 문제점이 있으며 우리는 이를 어떻게 예방할 수 있을까?

우선 스마트폰에 중독되면 반드시 해야 할 일에도 소홀하게 된다. 전화나 메시지가 오지 않아도 전화나 메시지가 와서 스마트폰이 울리고 있다는 착각이 들고, 이와 같은 착각 때문에 몇 분 간격으로 스마트폰을 계속 들여다보게 된다. 이렇게 되면 집중력도 흐트러지고, 시간도 낭비하게 된다. 친구들과 얼굴을 맞대고 이야기를 나누거나 열심히 책을 읽어야 하는 상황에서도 자신도 모르게 스마트폰만 들여다보게 되어, 인간관계를 맺고 유지하거나 지식을 쌓는 데에 어려움을 겪게 되는 것이다.

또한 스마트폰에 중독되면 건강을 잃을 수도 있다. 스마트폰을 들여다보기 위해 불편한 자세를 오랫동안 유지하다 보면 척추에 부담이 가고, 목 근육과 인대가 늘어나 거북목 증후군을 앓을 수도 있다. 게다가 오랫동안 스마트폰의 화면만 바라보니 안구 건조증을 앓거나 시력이 저하되는 경우도 있다. 또 스마트폰에 과하게 의존하기 때문에 기억력과 계산 능력이 떨어질 수도 있다.

스마트폰 중독을 예방하거나 치료하려면 어떻게 해야 할까? 가장 중요한 것은 계획적인 생활을 하는 것이다. 스마트폰으로 게임을 즐기더라도 미리 스마트폰을 사용하기로  정해 둔 시간을 넘지 않도록 노력해야 한다. 또 메신저나 SNS에 지나치게 몰입하지 않도록 신경을 써야 한다. 그리고 국가적 차원에서 스마트폰 중독 예방을 위해 제작해 배포하고 있는 실천 노트를 활용하여 스마트폰을 자기주도적으로 사용하도록 힘써야 한다.

[핵심어]

01 다음은 윗글의 핵심 내용을 정리한 것이다. 빈칸에 들어가기에 적절한 말을 쓰시오.

> (   )(이)란, 스마트폰과 좀비가 합쳐진 말로, 스마트폰에 정신이 팔려서 주변의 다른 것들을 전혀 신경 쓰지 않고 걸어 다니는 사람들을 의미한다.

1 문단
핵심어 :
중심 문장에 밑줄 치세요.

2 문단
핵심어 :
중심 문장에 밑줄 치세요.

3 문단
핵심어 :
중심 문장에 밑줄 치세요.

4 문단
핵심어 :
중심 문장에 밑줄 치세요.

경각심 : 정신을 차리고 주의 깊게 살피어 경계하는 마음
연상하다 : 하나의 관념이 다른 관념을 불러일으키다.
거북목 증후군 : 사람의 목이 거북의 목처럼 앞으로 구부러지는 증상. 척추에 부담이 가고, 목 근육과 인대가 늘어난다.
안구 건조증 : 눈알이 눈물에 젖지 않고 하얀 은빛을 나타내는 병
몰입하다 : 깊이 파고들거나 빠지다.
배포하다 : 신문이나 책자 따위를 널리 나누어 주다.

▶ 정답과 해설 p. 18

[중심 문장]

02 3문단의 중심 문장으로 가장 적절한 것은?

① 또한 스마트폰에 중독되면 건강을 잃을 수도 있다.

② 오랫동안 스마트폰의 화면만 바라보니 안구 건조증을 앓거나 시력이 저하되는 경우도 있다.

③ 스마트폰에 과하게 의존하기 때문에 기억력과 계산 능력이 떨어질 수도 있다.

03 윗글을 읽고 알 수 있는 내용은?

① 게임 중독의 의미와 특성

② 게임 중독의 원인과 증상

③ 스몸비가 되면 좋은 점과 나쁜 점

④ 스마트폰 중독의 문제점과 예방법

⑤ 스마트폰 중독과 시험 성적의 관계

03
이 지문에서는 스몸비에 대해 언급하면서 스마트폰 중독의 문제점과 해결 방안에 대해 설명하고 있어요. 윗글을 읽고 알 수 있는 내용은 글의 내용과 관련이 있겠지요?

04 윗글의 내용으로 적절하지 <u>않은</u> 것은?

① 스마트폰 중독은 건강에도 악영향을 미칠 수 있다.

② 스마트폰 중독을 경계하는 사람들이 점차 늘어나고 있다.

③ 스마트폰 중독은 주변 사람들과의 인간관계에 영향을 준다.

④ 스마트폰에 중독되면 일상생활에서 자신이 해야 할 일에 집중하지 못할 수도 있다.

⑤ 스마트폰 중독을 예방하기 위해서는 국가에서 만든 스마트폰 중독 예방을 위한 실천 노트를 반드시 활용해야 한다.

04
1문단에서는 스몸비에 대해 언급하면서 스마트폰 중독이라는 이 지문의 핵심어를 제시하고 있어요. 또 2문단과 3문단에서는 스마트폰 중독의 문제점을 이야기하고 있고, 4문단에서는 스마트폰 중독을 예방하고 치료하는 방법에 대해 언급하고 있어요. 선택지에 제시된 내용이 각 문단의 어느 부분과 관련이 있는지 확인해 보세요.

05 윗글을 읽고 난 후의 반응으로 적절하지 <u>않은</u> 것은?

① 로이 : 스마트폰에 과하게 의존하면 친구와 멀어질 수도 있겠군.

② 찬희 : 통계 자료를 제시하여 읽는 사람에게 신뢰감을 심어 주고 있군.

③ 수지 : 글쓴이는 제목을 통해 말하고자 하는 바를 압축하여 제시하였군.

④ 별이 : 글쓴이는 읽는 사람들에게 스마트폰에 중독되지 않도록 노력하라면서 글을 마무리했군.

⑤ 진영 : 글쓴이는 질문을 던짐으로써 읽는 사람의 흥미를 이끌고 글의 내용에 집중하도록 하였군.

05
글의 내용과 표현, 글쓴이의 의도, 글에 사용된 자료 등을 고려하여 선택지의 적절성을 판단해야 하는 문제입니다. 지문의 내용과 관계 없는 이야기를 하는 학생이 누구인지 찾아보세요.

악영향 : 나쁜 영향

경계하다 : 뜻밖의 사고가 생기지 않도록 조심하여 단속하다.

과하다 : 정도가 지나치다.

압축하다 : 물질 따위에 압력을 가하여 그 부피를 줄이다.

색깔의 상징적 의미

사람들은 색깔을 통해 많은 것들을 표현한다. 색깔이 있는 옷을 입음으로써 자신의 기분을 드러내기도 하고, 기업들은 기업 고유의 색깔을 통해 회사와 상품의 이미지를 표현하기도 한다. 이것들이 가능한 이유는 각각의 색이 고유한 상징성을 갖고 있기 때문이다.

1 문단
핵심어 :
중심 문장에 밑줄 치세요.

신분 제도가 있던 과거에는 색이 가진 고유한 상징성을 고려하여 옷의 색상으로 신분을 표현하기도 했다. 대표적인 것이 인도의 카스트 제도*의 시작이 된 '바르나(Varna)' 제도이다. 바르나는 산스크리트어로 '색'을 의미한다. 인도인들이 많이 믿는 힌두교에서는 인간 세상을 4개의 바르나로 나누고, 각 집단은 고유의 색을 가지고 있다고 여긴다. 이 제도에서 비롯된 인도의 카스트 제도에서는 제일 높은 계급은 흰색, 그 다음 계급은 빨간색, 서민 계급은 노란색, 최하위 계급은 검정색을 가리킨다고 알려져 있다.

2 문단
핵심어 :
중심 문장에 밑줄 치세요.

또한 우리 민족이 흰옷을 즐겨 입은 것도 흰색이 가진 상징성과 관련이 있다. 우리 조상들은 태양을 숭배하였고, 우리 민족을 하늘의 자손이라고 믿었다. 흰색이 태양의 밝은 빛을 상징한다고 여겨서 흰색을 신성하게 여겼으며, 흰옷을 즐겨 입어서 '백의민족(白衣民族)'이라고 불리기도 했다.

3 문단
핵심어 :
중심 문장에 밑줄 치세요.

최근에는 ㉠'컬러 마케팅'이라는 이름으로, 많은 기업들이 각 색깔이 가진 상징성을 이용하여 물건을 판매하는 전략을 세우기도 한다. 제품의 색깔을 결정할 때에 소비자들이 선호하는 색깔이 무엇인지 조사하고, 제품의 이미지와 가장 잘 맞는 색깔을 찾기 위해 다양한 색깔의 상품을 시범적으로 생산하여 그 반응을 살피기도 한다. 또 회사의 로고 등을 만들 때에도 어떤 색깔을 사용하여야 기업의 이미지를 효과적으로 살릴 수 있는지를 연구하기도 한다.

4 문단
핵심어 :
중심 문장에 밑줄 치세요.

옛날부터 지금에 이르기까지 상징성을 갖고 있는 색깔들은 우리 주변에서 다양하게 활용되고 있다. 우리 주변의 물건이나 다른 것들이 가지고 있는 색깔이 어떤 것을 상징하고 있는지 생각해 보자.

5 문단
핵심어 :
중심 문장에 밑줄 치세요.

* 카스트 제도 : 인도의 계급 제도로 계급에 따라 결혼, 직업, 식사 따위의 일상생활에 몹시 엄한 규제가 있다.

산스크리트어 : 고대 인도의 표준 문장어. 불경이나 고대 인도 문학은 이것으로 기록되었다.
숭배하다 : 신앙의 대상으로 공경하고 받들어 모시다.
신성하다 : 함부로 가까이할 수 없을 만큼 고결하고 거룩하다.
전략 : 정치, 경제 따위의 사회적 활동을 하는 데 필요한 교묘한 방법
시범적 : 모범을 보이는. 또는 그런 것
로고 : 둘 이상의 문자를 짜 맞추어 디자인한 것. 회사나 상품의 이름에서 흔히 볼 수 있다.

[핵심어]

06 다음은 윗글의 핵심 내용을 정리한 것이다. 빈칸에 들어가기에 적절한 말을 쓰시오.

> 사람들은 상징성을 갖고 있는 (   )을/를 통해 많은 것들을 표현한다.

[중심 문장]

07 각 문단의 중심 문장으로 가장 적절한 것은?

① 2문단 : 신분 제도가 있던 과거에는 색이 가진 고유한 상징성을 고려하여 옷의 색상으로 신분을 표현하기도 했다.

② 3문단 : 우리 조상들은 태양을 숭배하였고, 우리 민족을 하늘의 자손이라고 믿었다.

③ 4문단 : 또 회사의 로고 등을 만들 때에도 어떤 색깔을 사용하여야 기업의 이미지를 효과적으로 살릴 수 있는지를 연구하기도 한다.

08 윗글에 대한 설명으로 가장 적절한 것은?

① 신분 제도에 대해 정의하고 있다.

② 컬러 마케팅을 주장한 사람을 소개하고 있다.

③ 신분 제도와 우리 민족의 관계를 밝히고 있다.

④ 다양한 색깔을 만드는 방법에 대해 언급하고 있다.

⑤ 구체적인 사례를 들어 색의 상징성에 대해 설명하고 있다.

08
이 지문에서는 다양하고 구체적인 예를 들어 색깔의 상징적 의미에 대해 언급하고 있어요. 특히 2문단에서는 인도의 카스트 제도를, 3문단에서는 과거 우리 민족을 예로 들었네요.

09 윗글의 내용으로 적절하지 <u>않은</u> 것은?

① 과거에는 옷의 색상으로 신분을 표현하기도 했다.

② 과거보다는 현대에 색깔에 대한 상징적 의미가 더 강화되었다.

③ 사람들은 자신의 기분을 드러내기 위해 색깔이 있는 옷을 입기도 한다.

④ 과거 우리 민족은 흰색을 신성하게 여기고 흰옷을 즐겨 입어서 '백의민족'이라고 불렸다.

⑤ 힌두교에서는 인간 세상을 크게 4개의 집단으로 나누고 각 집단에는 고유한 색이 있다고 여겼다.

09
이 지문에서는 색의 상징적 의미에 대해 소개하면서, 과거부터 현대에 이르기까지 다양한 상징성을 갖고 있는 색깔들이 우리 주변에서 활용되고 있다고 하였어요. 이 내용을 바탕으로 지문의 내용과는 거리가 먼 선택지를 골라 볼까요?

10 윗글의 내용을 고려할 때 ㉠에 대한 설명으로 적절하지 <u>않은</u> 것은?

① 소비자들이 선호하는 색이 있다는 생각이 밑바탕이 된다.

② 기업 고유의 색깔을 이용해 기업에 대한 이미지를 드러내기도 한다.

③ 사람들이 다양한 색깔을 싫어한다는 생각에서부터 만들어진 전략이다.

④ 특정 색깔을 사용해서 기업 이미지나 로고를 만드는 것도 이에 해당한다.

⑤ 색깔의 상징성을 활용하여 기업들이 물건의 판매 전략을 세우는 것을 의미한다.

10
4문단에서는 주로 '컬러 마케팅'에 대해서 설명하고 있어요. 4문단의 내용을 꼼꼼하게 읽어 보고, 선택지의 내용 중에서 '컬러 마케팅'에 대한 설명이 아닌 것을 찾아보세요.

정의하다 : 어떤 말이나 사물의 뜻을 명백히 밝혀 규정하다.

언급하다 : 어떤 문제에 대하여 말하다.

상징적 : 추상적인 개념이나 사물을 구체적인 사물로 나타내는 것

강화되다 : 수준이나 정도가 더 높아지다.

고유하다 : 본래부터 가지고 있어 특유하다.

★ 정답은 [해설편 표지] 안쪽에 있습니다.

✽ [01~05] 밑줄 친 단어의 뜻을 〈보기〉에서 찾아 번호를 쓰시오.

〈보기〉
① 함부로 가까이할 수 없을 만큼 고결하고 거룩하다.
② 신앙의 대상으로 공경하고 받들어 모시다.
③ 깊이 파고들거나 빠지다.
④ 신문이나 책자 따위를 널리 나누어 주다.
⑤ 정신을 차리고 주의 깊게 살피어 경계하는 마음

01 그 사건은 시민들에게 안전에 대한 <u>경각심</u>을 불러일으켰다. (   )

02 그녀는 자신의 연주에 깊이 <u>몰입해</u> 있는 것처럼 보였다. (   )

03 이 행사에 관한 안내문은 현관에서 <u>배포하고</u> 있습니다. (   )

04 많은 문화권에서 태양을 신으로 <u>숭배하였다</u>. (   )

05 그들은 이 학자의 하얀 머리카락에서 <u>신성함</u>을 느낀 듯했다. (   )

✽ [06~08] 문맥을 고려하여 다음 문장의 빈칸에 들어가기에 알맞은 단어를 고르시오.

06 모범을 보이는 것을 (시범적 / 형식적)이라고 한다.

07 추상적인 개념이나 사물을 구체적인 사물로 나타내는 것을 (일반적 / 상징적)이라고 한다.

08 둘 이상의 문자를 짜 맞추어 디자인한 것을 (로고 / 캐릭터)라고 한다.

✽ [09~12] 〈보기〉에 제시된 초성과 뜻풀이를 참고하여 다음 문장의 빈칸에 들어가기에 알맞은 단어를 쓰시오.

〈보기〉
• ㄱ하다 : 정도가 지나치다.
• ㄱㅇ하다 : 본래부터 가지고 있어 특유하다.
• ㅇㅅ하다 : 하나의 관념이 다른 관념을 불러일으키다.
• ㅈㅇ하다 : 어떤 말이나 사물의 뜻을 명백히 밝혀 규정하다.

09 그렇게 큰 초콜릿을 하루에 열 개나 먹는 것은 너무 (   ).

10 우리나라의 (   )한 전통 문화를 잘 지켜서 후손들에게 물려주도록 하자.

11 대부분의 동양 사람들은 바나나를 보면 원숭이를 (   )하고는 한다.

12 생물학에서 식물을 무엇이라고 (   )하는지 알고 있니?

✽ [13~15] 다음의 뜻풀이에 해당하는 단어를 아래에서 찾아 쓰시오.

13 물질 따위에 압력을 가하여 그 부피를 줄이다. (   )하다

14 세력이나 힘이 더 강하고 튼튼해지다. (   )되다

15 어떤 문제에 대하여 말하다. (   )하다

✳ 소통과 단절의 아이콘, 스마트폰

	오	늘	은		오	랜	만	에	
온		가	족	이		집	에		있
었	다	.		그	런	데		다	들
말		한	마	디		없	이		스
마	트	폰	만		보	았	다	.	

학교가 끝난 후, 여러분은 무엇을 하면서 시간을 보내나요? 학원을 가기도 하고, 집에 가서 가족들과 시간을 보내기도 하고, 친구를 만나기도 하지만 스마트폰을 사용하는 경우가 더 많습니다. 우리는 스마트폰의 애플리케이션을 통해 친구를 사귀고, 소식을 주고받고, 대화를 나누지만, 한편으로는 가족들과 함께 있거나 친구를 만나도 스마트폰만 만지고 있는 경우가 많습니다.

스마트폰에 지나치게 의지하는 것을 '스마트폰 과의존'이라고 하는데, 여러분도 이에 해당하는 것은 아닌지 함께 체크해 볼까요?

☐ 스마트폰 사용이 일상에서 가장 중요한 활동이다.
☐ 스마트폰 이용 정도를 스스로 조절하기 어려워진다.
☐ 스마트폰 이용으로 인해 주변 사람과 갈등, 신체적 불편, 가정·학교생활에 어려움을 겪는다.

위의 것에 하나라도 해당한다면 당신도 스마트폰 과의존일 수 있습니다! 우리가 사는 세상은 스마트폰 속에 있는 것이 아니라, 밖에 있어요! 이제는 스마트폰 속의 세상에서 벗어나 내 옆의 가족과 친구들을 바라봐야 할 때입니다.

정조는 어떤 사람이었을까?

　　조선 시대의 왕들 중에서 긍정적으로 평가받고 있는 왕 중 한 사람이 정조이다. 정조는 조선의 제22대 왕으로, 정치적으로는 대통합을 꿈꾸고 사회적으로는 개혁을 이루려고 했다. 그 과정에서 왕실 도서관이자 정책을 연구하는 기관인 규장각을 세우고, 가문에 상관없이 능력이 있는 인재를 적극적으로 등용했다. 요즘에도 정조가 긍정적으로 평가받는 이유는 과연 무엇일까? 정조의 업적과 생전의 모습들을 통해 그가 어떤 사람이었는지를 알아보자.

　　정조는 ㉠〈무예도보통지〉를 발간하여 국력을 키우고 왕권을 강화하여 나라를 안정시키고자 했다. 〈무예도보통지〉는 조선의 모든 무예를 국가적 차원에서 모아 정리한 것으로, 총 4권으로 구성되어 있다. 특히 기존의 무예서들이 이론을 주로 설명한 것에 비해 〈무예도보통지〉는 무예 동작 하나하나를 글과 그림으로 상세하게 설명해 놓았다. 또한 조선의 전통 무예뿐만 아니라, 중국과 일본 등 당대 동아시아의 무예들 중 받아들일 만한 것들도 기록하였다. 그 결과 〈무예도보통지〉는 그 가치를 인정받아 유네스코 세계 기록 유산에 등재되어 있다.

　　또한 정조는 백성들을 무척 사랑했다. 조선 시대에는 왕이 가마를 타고 행차할 때 백성들이 왕의 가마를 바라보지 못하고 바닥에 엎드려야만 했다. 하지만 정조는 백성들을 배려하여 백성들이 자신의 가마 행차를 볼 수 있도록 하였다. 게다가 정조는 수원에 화성을 쌓을 때 작업에 참여한 백성들에게 임금을 후하게 주라고 명령하였다. 왕의 명령에 따른 노동이 의무로 여겨지던 당대에는 보기 드문 파격적인 대우였다. 그리고 궁궐 밖에서 정조가 직접 주최하는 잔치가 있을 때에는 인근에 사는 노인들을 초청하여 술과 음식을 배불리 먹을 수 있게 하였다.

　　정조는 ㉡자식으로서도 도리를 다했다. 원통하게 죽은 아버지 사도 세자*의 명예를 회복시키고, 신하들의 반대에도 사도 세자의 묘를 수원으로 옮겼다. 또한 새로 지은 화성의 행궁에서 어머니의 환갑잔치를 크게 열기도 했다.

　　여러 이야기를 종합하면 정조는 국가와 백성을 지극히 생각하고 자식으로서도 도리를 다한 왕이라고 평가할 수 있다. 정조가 현대에 이르기까지 긍정적으로 평가받는 이유는 바로 이러한 지도자로서의, 개인으로서의 훌륭함 때문일 것이다.

＊ 사도 세자 : 영조의 아들이자 정조의 친아버지로, 영조의 명으로 뒤주 속에 갇혀 굶어 죽었다.

---

1 문단
핵심어 :
중심 문장에 밑줄 치세요.

2 문단
핵심어 :
중심 문장에 밑줄 치세요.

3 문단
핵심어 :
중심 문장에 밑줄 치세요.

4 문단
핵심어 :
중심 문장에 밑줄 치세요.

5 문단
핵심어 :
중심 문장에 밑줄 치세요.

통합 : 둘 이상의 조직이나 기구 따위를 하나로 합침.
개혁 : 제도나 기구 따위를 새롭게 뜯어고침.
등용하다 : 인재를 뽑아서 쓰다.
등재되다 : 일정한 사항이 장부나 대장에 올려지다.
파격적 : 일정한 격식을 깨뜨리는 것
원통하다 : 분하고 억울하다.

[핵심어]

01 다음은 윗글의 핵심 내용을 정리한 것이다. 빈칸에 들어가기에 적절한 말을 쓰시오.

> 　　(　　　　)은/는 국가와 백성을 지극히 사랑하고 자식으로서 도리를 다한 왕으로 현대에 이르기까지 긍정적으로 평가받고 있다.

[중심 문장]

02 3문단의 중심 문장으로 가장 적절한 것은?

① 또한 정조는 백성들을 무척 사랑했다.

② 정조는 백성들을 배려하여 백성들이 자신의 가마 행차를 볼 수 있도록 하였다.

③ 게다가 정조는 수원에 화성을 쌓을 때 작업에 참여한 백성들에게 임금을 후하게 주라고 명령하였다.

④ 그리고 궁궐 밖에서 정조가 직접 주최하는 잔치가 있을 때에는 인근에 사는 노인들을 초청하여 술과 음식을 배불리 먹을 수 있게 하였다.

03 윗글을 읽고 빈칸에 들어가기에 적절한 말을 쓰시오.

> 조선의 제22대 왕인 정조는 왕실 도서관 역할을 했던 (   )을/를 세웠으며, 능력이 있는 인재를 적극적으로 등용하여 사회 개혁을 이루려고 했다.

03
제시된 내용이 지문의 어느 문단에 나타나고 있는지를 확인해 보면, 빈칸에 들어갈 단어를 쉽게 찾을 수 있어요.

04 ㉠에 대한 설명으로 적절하지 **않은** 것은?

① 이론을 위주로 무예 동작을 자세하게 설명해 놓은 책이다.

② 유네스코 세계 기록 유산에 등재되어 있을 만큼 가치가 있다.

③ 국가적으로 조선의 모든 무예를 모아 체계적으로 정리한 책이다.

④ 국력을 키우고 왕권을 강화하고자 했던 정조의 의도가 담겨 있는 책이다.

⑤ 주변 국가들의 무예들 중에서 우리나라에 적용할 수 있는 무예들도 함께 기록한 책이다.

04
2문단에서는 정조가 〈무예도보통지〉를 발간한 이유와 〈무예도보통지〉의 특징을 설명하고 있어요. 2문단의 내용을 바탕으로 선택지의 내용이 적절한지 생각해 보세요!

05 윗글의 내용을 고려할 때, ㉡에 해당하는 정조의 업적으로 가장 적절한 것은?

① 규장각을 세웠다.

② 〈무예도보통지〉를 발간하였다.

③ 화성의 행궁에서 어머니의 환갑잔치를 크게 열기도 했다.

④ 가문에 상관없이 능력이 있는 인재라면 적극적으로 등용했다.

⑤ 수원에 화성을 쌓을 때 작업에 참여한 백성들에게 임금을 후하게 주었다.

05
이 지문에서는 정조의 업적에 대해 소개하고 있습니다. 특히 4문단에서는 정조가 부모님께 효도를 다했다는 내용을 담고 있어요. 정조의 효심과 관련된 선택지를 골라 볼까요?

주최하다 : 행사나 모임을 주장하고 기획하여 열다.

인재 : 어떤 일을 할 수 있는 학식이나 능력을 갖춘 사람

개혁 : 제도나 기구 따위를 새롭게 뜯어고침.

체계적 : 일정한 원리에 따라서 낱낱의 부분이 짜임새 있게 조직되어 통일된 전체를 이루는 것

발간하다 : 책, 신문, 잡지 따위를 만들어 내다.

후하다 : 마음 씀씀이나 태도가 너그럽다.

공연을 볼 때 장소가 중요한 이유

지난 달 율희는 A 콘서트홀에서 ○○음악회를 관람했고, 지난 주 토요일에는 B 콘서트홀에서 ○○음악회에 참석했다. 그러나 A 콘서트홀에서 받은 감흥을 B 콘서트홀에서는 느끼지 못했다. 같은 사람이 같은 음악을 연주하는 공연을 봤는데 왜 느낌이 달랐을까? 바로 콘서트홀이 달라져 공연의 질에 영향을 미쳤기 때문이다.

공연의 질을 좌우하는 중요한 요소로 잔향 시간을 꼽을 수 있다. 잔향이란 소리가 울리다가 그친 후에도 남아서 들리는 소리를 가리키며, 잔향 시간은 이러한 잔향이 지속되는 시간을 의미한다. 즉, 콘서트 등에서의 잔향 시간은 오케스트라 등이 연주를 마치고 나서도 소리가 유지되는 시간을 가리킨다.

콘서트홀에 따라 적절한 잔향 시간도 다르다. 오케스트라가 주로 공연을 하는 오케스트라 전용 콘서트홀은 잔향 시간을 1.6~2.2초로 다소 길게 설정한다. 청중들이 오케스트라 연주를 듣고 풍성하고 웅장한 감동을 느낄 수 있게 하기 위해서이다. 오페라 가수가 노래를 불러 대사를 전달하는 오페라 전용 콘서트홀은 보통 잔향 시간을 1.3~1.8초로 설계한다. 소리가 덜 울려야 청중들에게 대사가 잘 전달되기 때문이다.

㉠그렇다면 잔향 시간을 조절하기 위해서는 어떻게 해야 할까? 콘서트홀의 크기를 고려해야 한다. 규모가 작은 콘서트홀에서는 무대에서 만들어지는 소리가 벽에 부딪히기까지 걸리는 시간이 짧아서 소리가 벽에 부딪히는 횟수가 많다. 벽에 소리가 많이 부딪히게 되면 소리의 에너지가 빨리 줄어드는데, 이 때문에 잔향 시간이 짧아진다. 규모가 큰 콘서트홀은 규모가 작은 콘서트홀과는 반대의 현상이 일어나 잔향 시간이 길어진다.

콘서트홀의 재료도 고려해야 한다. 콘서트홀을 구성하고 있는 벽, 바닥, 객석 등의 재료에 따라 잔향 시간도 달라진다. 공기가 잘 통하고 푹신푹신한 소재의 경우에는 소리를 잘 흡수한다. 이와는 반대로 돌이나 합판 등은 소리를 튕겨 낸다. 그래서 소리를 잘 흡수하는 소재와 소리를 잘 튕겨 내는 소재를 적절히 조합하면 잔향 시간을 원하는 대로 설정할 수 있다. 또 반사판 등을 사용하면 작은 소리를 크게 울리게 할 수도 있다.

같은 사람이 연주하는 같은 곡도 연주가 진행되는 장소의 잔향 시간에 따라 다른 느낌을 준다. 앞으로 공연을 즐길 때 잔향 시간과 공연의 관계를 고려해 보는 것은 어떨까?

[핵심어]

06 다음은 윗글의 핵심 내용을 정리한 것이다. 빈칸에 들어가기에 적절한 말을 쓰시오.

> 같은 사람이 연주하는 같은 곡도 연주가 진행되는 장소의 (   ) 에 따라 다른 느낌을 줄 수 있다.

감흥 : 마음속 깊이 감동받아 일어나는 흥취
합판 : 얇게 켠 나무 널빤지를 나뭇결이 서로 엇갈리게 여러 겹 붙여 만든 널빤지
조합하다 : 여럿을 한데 모아 한 덩어리로 짜다.
설정하다 : 새로 만들어 정해 두다.

[중심 문장]

07 각 문단의 중심 문장으로 적절하지 <u>않은</u> 것은?

① 1문단 : 그러나 A 콘서트홀에서 받은 감흥을 B 콘서트홀에서는 느끼지 못했다.

② 2문단 : 공연의 질을 좌우하는 중요한 요소로 잔향 시간을 꼽을 수 있다.

③ 3문단 : 콘서트홀에 따라 적절한 잔향 시간도 다르다.

08 윗글의 내용으로 가장 적절한 것은?

① 큰 콘서트홀은 기본적으로 잔향 시간이 짧다.

② 콘서트홀을 구성할 때 푹신푹신한 소재를 쓰면 소리를 더 많이 튕겨낼 수 있다.

③ 콘서트홀의 재료로 돌이나 합판 등을 많이 사용하면 소리를 더 많이 흡수할 수 있다.

④ 보통 오페라 전용 콘서트홀보다 오케스트라 전용 콘서트홀의 잔향 시간이 더 길다.

⑤ 잔향 시간이 다른 콘서트홀에서 똑같은 오케스트라에 똑같은 가수가 노래를 하면, 공연의 질은 같아진다.

08
이 지문에서는 같은 연주자가 하는 공연이라도 잔향 시간이 달라지면 공연의 질이 달라진다고 하면서 잔향 시간에 대해 설명하고 있어요. 선택지에서 언급하고 있는 내용이 지문의 어느 부분과 관련이 있는지 생각해 보고, 문제를 풀어볼까요?

09 ㉠에 대한 답을 쓰고자 한다. 빈칸에 들어가기에 적절한 말을 순서대로 쓰시오.

> 잔향 시간을 조절하려면 콘서트홀의 (   )와/과 (   )을/를 고려해야 한다.

09
4문단과 5문단에서 잔향 시간을 조절하는 방법에 대해 이야기하고 있어요. 이 내용을 고려하여 빈칸에 들어가기에 적절한 말을 생각해 볼까요?

10 윗글을 읽고 난 후의 반응으로 적절하지 <u>않은</u> 것은?

① 태민 : 잔향 시간을 고려하면 콘서트홀을 구성하는 재료도 달라지겠구나.

② 정서 : 잔향 시간이 길면 무대 위의 가수가 하는 대사가 청중들에게 잘 전달되겠구나.

③ 정우 : 어떤 공연인가에 따라서 콘서트홀을 구성하고 있는 재료를 고려하는 것도 좋겠어.

④ 지수 : 나도 율희와 같은 경험을 한 적이 있었는데, 그것이 콘서트홀마다 잔향 시간이 다르기 때문이었구나.

⑤ 주혁 : 나는 잔향 시간이 긴 공연을 보고 싶으니까 규모가 작은 콘서트홀보다는 규모가 큰 콘서트홀에서 공연을 보는 것이 좋겠어.

10
이 지문에서는 잔향 시간에 대해 소개하고 있어요. 잔향 시간을 조절하는 데 영향을 미치는 요소를 설명하고 있는 4문단과 5문단에 주목하여 문제를 풀어 보세요.

구성하다 : 몇 가지 부분이나 요소들을 모아서 일정한 전체를 짜 이루다.
고려하다 : 생각하고 헤아려 보다.

★ 정답은 [해설편 표지] 안쪽에 있습니다.

[01~04] 제시된 초성과 뜻풀이를 참고하여 다음 문장의 빈칸에 들어가기에 알맞은 단어를 쓰시오.

01　ㅌㅎ : 둘 이상의 조직이나 기구 따위를 하나로 합침.
　　㉠ 우리 학교 학생회에서는 체육부와 예술부를 하나로 (　　　)하여 체육예술부로 만들었다.

02　ㄱㅎ : 제도나 기구 따위를 새롭게 뜯어고침.
　　㉠ 국민들은 새 정부가 과감한 (　　　)을/를 시도할 것으로 기대하고 있다.

03　ㄷㅇ하다 : 인재를 뽑아서 쓰다.
　　㉠ 그렇게 뛰어난 사람을 관리로 (　　　)하다니, 정말 마음이 놓이는구나.

04　ㄱㅎ : 마음속 깊이 감동받아 일어나는 흥취
　　㉠ 가을 풍경이 사람들의 마음에 시적인 (　　　)을/를 불러일으켰다.

[05~08] 다음의 뜻에 해당하는 단어를 〈보기〉에서 찾아 쓰시오.

〈보기〉
원통　등재　고려　구성

05　우리나라에도 유네스코 세계 문화유산으로 (　　　)된 문화재들이 많이 있다.

06　계획을 세울 때는 네가 그것을 실제로 이룰 수 있는지 현실을 (　　　)하여 세워야 한다.

07　경찰에서는 그 사건을 해결하기 위해 특별 조직을 (　　　)하였다.

08　어린 자식을 잃은 어머니는 (　　　)한 마음에 어찌할 줄을 몰랐다.

[09~13] 문맥을 고려하여 다음 문장의 빈칸에 들어가기에 알맞은 단어를 고르시오.

09　재주가 아주 뛰어난 사람을 (인재 / 성인)(이)라고 한다.

10　일정한 격식을 깨뜨리는 것을 (파격적 / 예외적)이라고 한다.

11　책, 신문, 잡지 따위를 만들어 내는 것을 (발간하다 / 발견하다)라고 한다.

12　얇게 켠 나무 널빤지를 나뭇결이 서로 엇갈리게 여러 겹 붙여 만든 널빤지를 (합판 / 선반)이라고 한다.

13　새로 만들어 정해 두는 것을 (선정하다 / 설정하다)라고 한다.

[14~17] 사다리 타기에 따라, 빈칸에 들어갈 단어의 뜻을 〈보기〉에서 골라 번호를 쓰시오.

〈보기〉
① 행사나 모임을 주장하고 기획하여 열다.
② 마음 씀씀이나 태도가 너그럽다.
③ 여럿을 한데 모아 한 덩어리로 짜다.
④ 일정한 원리에 따라서 낱낱의 부분이 짜임새 있게 조직되어 통일된 전체를 이루는 것

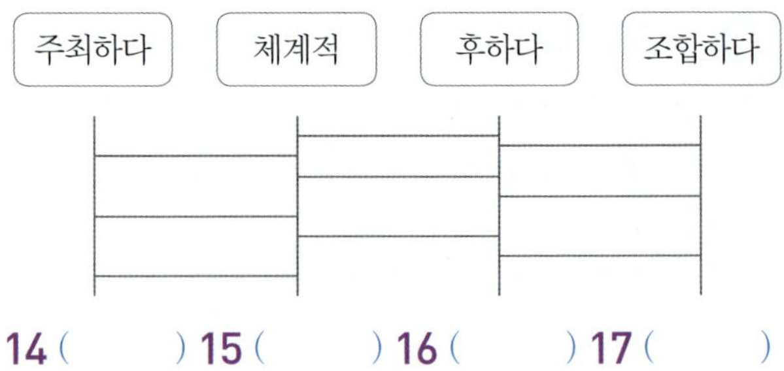

✳ 콘서트홀 내부 구조의 의미

▲ 베를린 필하모닉 콘서트홀

전 세계에 다양한 콘서트홀이 있겠지만, 가장 유명한 콘서트홀로는 독일 베를린에 위치한 '베를린 필하모닉 콘서트홀'을 꼽을 수 있어요. 이 콘서트홀은 베를린 필하모닉 오케스트라의 전용 콘서트홀로, 독일의 건축가 한스 샤로운이 설계를 했습니다.

1950년대까지의 콘서트홀은 길쭉한 상자 모양의 직육면체 한쪽 면에 무대를 놓고 나머지 공간에는 무대를 바라보는 방향으로 객석을 설치한 형태가 대부분이었어요. 그러나 한스 샤로운은 객석의 중앙에 무대를 두고, 객석이 꽃잎처럼 무대를 둘러싸도록 콘서트홀을 설계했어요. 즉, 시각, 청각, 공간 등 모든 면에서 무대를 중심에 배치한 것이죠.

베를린 필하모닉 콘서트홀은 2440석의 좌석으로 구성되어 있는데, 무대 중앙부에서 무대와 가장 먼 객석까지의 거리가 30m밖에 되지 않는다고 해요. 지휘자 단상을 기점으로 정확한 원형으로 설계되었기 때문에 무대와 객석의 거리가 좁아진 것이죠. 이 덕에 객석의 가장 뒷자리에 앉아도 음향의 손실이 거의 없다고 해요. 베를린 필하모닉 오케스트라도 무대에서 만들어진 소리가 객석 전체에 고르고 선명하게 전달되는 필하모닉 콘서트홀의 내부 구조에 걸맞은 균형 잡힌 사운드를 연출할 수 있게 된 것이죠.

태극기에 담긴 뜻

우리나라의 국기는 태극기(太極旗)라고 부른다. 우리는 3·1절과 같은 국경일, 국군의 날 등의 기념일 등에 태극기를 게양한다. 태극기는 흰 바탕의 한가운데 붉은빛과 푸른빛으로 이루어진 원을 두고, 네 모서리에 검은 선들이 놓인 모양으로 구성되어 있다. 이것은 무엇을 의미하는 것일까?

태극기의 흰 바탕은 밝음과 순수, 그리고 전통적으로 평화를 사랑하는 우리의 민족성을 나타낸다. 우리 민족이 과거에 흰옷을 즐겨 입어 백의민족이라고 불렸던 것을 고려하면 이 흰색은 우리의 민족과 아주 가까운 색으로 볼 수 있다.

태극기의 정 가운데에 붉은빛과 푸른빛으로 구성된 문양을 태극 문양이라고 한다. 이것은 음과 양의 조화를 상징하는데, 붉은빛은 양을, 푸른빛은 음을 상징한다고 한다. 이는 우주의 만물이 음양의 상호 작용에 의해 생기고 발전한다는 대자연의 진리를 형상화한 것이다.

마지막으로 네 모서리에 있는 검은 선들은 4괘라고 부른다. 이는 음과 양이 서로 변화하고 발전하는 모습을 선들의 조합을 활용해 나타낸 것이다. 왼편 위에 있는 것을 건괘(乾卦)라고 하는데, 이는 우주 만물 중에서 하늘을 상징한다. 한편 오른편 아래에 있는 곤괘(坤卦)는 땅을, 오른편 위쪽에 있는 감괘(坎卦)는 물을, 왼편 아래에 있는 이괘(離卦)는 불을 상징한다. 이들을 '건곤감리'라고 하며, 이 4괘는 태극 문양을 중심으로 조화를 이루고 있다.

태극기에는 우리 선조들이 중요하게 생각했던 '조화'의 가치가 담겨 있다. 또한 태극기는 우주와 더불어 끊임없이 창조와 번영을 추구하는 우리 민족의 이상을 품고 있다. 그러므로 태극기를 함부로 다루거나, 태극기에 담긴 뜻을 잊어서는 안 된다. 태극기에 담긴 의미를 생각하며 이번 국경일에는 내가 먼저 태극기를 달아 보는 것은 어떨까?

[핵심어]

01 다음은 윗글의 핵심 내용을 정리한 것이다. 빈칸에 들어가기에 적절한 말을 쓰시오.

> 우리나라의 국기인 (   )에는 우리 민족이 추구하는 가치와 이상이 담겨 있으므로 태극기에 담긴 의미를 잘 알고 소중히 다루어야 한다.

---

1 문단
핵심어 :
중심 문장에 밑줄 치세요.

2 문단
핵심어 :
중심 문장에 밑줄 치세요.

3 문단
핵심어 :
중심 문장에 밑줄 치세요.

4 문단
핵심어 :
중심 문장에 밑줄 치세요.

5 문단
핵심어 :
중심 문장에 밑줄 치세요.

게양하다 : 기(깃발) 따위를 높이 걸다.

상호 작용 : 생물체 부분들의 기능 사이나, 생물체의 한 부분의 기능과 개체의 기능 사이에서 이루어지는 일정한 작용

진리 : 참된 이치. 또는 참된 도리

형상화하다 : 형체로는 분명히 나타나 있지 않은 것을 어떤 방법을 통하여 구체적이고 명확한 형상으로 나타내다.

창조 : 전에 없던 것을 처음으로 만듦.

번영 : 번성하고 영화롭게 됨.

추구하다 : 목적을 이룰 때까지 뒤쫓아 구하다.

[중심 문장]

02 **4문단의 중심 문장으로 가장 적절한 것은?**

① 마지막으로 네 모서리에 있는 검은 선들은 4괘라고 부른다.

② 이는 음과 양이 서로 변화하고 발전하는 모습을 선들의 조합을 활용해 나타낸 것이다.

③ 왼편 위에 있는 것을 건괘(乾卦)라고 하는데, 이는 우주 만물 중에서 하늘을 상징한다.

03 **윗글의 내용으로 적절하지 <u>않은</u> 것은?**

① 태극기는 흰 바탕에 태극 문양, 그리고 4괘로 이루어져 있다.

② 태극기에는 우리 선조들이 중요하게 여겼던 조화의 가치가 담겨 있다.

③ 태극 문양은 우주의 만물이 지구의 중심으로 집중된다는 것을 의미한다.

④ 네 모서리에 위치한 건곤감리는 태극 문양을 중심으로 조화를 이루고 있다.

⑤ 태극기의 흰 바탕은 밝음과 순수, 평화를 사랑하는 우리의 민족성을 나타낸다.

03
2문단에서 태극기의 흰 바탕을, 3문단에서 태극 문양을, 4문단에서 4괘를 설명하고 있는 것을 참고하여 문제를 풀어 보세요.

04 **윗글을 읽고 답할 수 있는 질문으로 가장 적절한 것은?**

① 태극기는 어떻게 만들어졌는가?

② 태극기가 처음 만들어진 시기는 언제인가?

③ 태극기의 각 요소가 의미하는 바는 무엇인가?

④ 태극기와 다른 나라 국기와의 차이점은 무엇인가?

⑤ 태극기를 함부로 다루면 처벌을 받는 이유는 무엇인가?

04
이 지문에서 이야기하고 있는 것을 고르는 문제입니다. 선택지의 각 내용이 지문의 어느 부분과 관련이 있는지 생각해 보세요.

05 **윗글에 대한 설명으로 적절하지 <u>않은</u> 것은?**

① 태극기의 모습을 자세히 묘사하고 있다.

② 태극기와 관련해서 질문을 던지고 있다.

③ 태극기를 게양하는 날에 대한 예시를 들고 있다.

④ 태극기를 구성하고 있는 각 요소로 나누어 설명하고 있다.

⑤ 태극기의 의미가 변화해 온 과정을 시간 순서에 따라 설명하고 있다.

05
이 지문에서는 태극기에 대해 설명하면서, 태극기에는 조화의 가치가 담겨있다고 하였어요. 이와 같은 내용을 어떻게 설명하고 있는지를 살펴보세요!

조합 : 여럿을 한데 모아 한 덩어리로 짬.

조화 : 서로 잘 어울림.

처벌 : 형벌에 처함. 또는 그 벌

묘사하다 : 어떤 대상이나 사물, 현상 따위를 언어로 서술하거나 그림을 그려서 표현하다.

요소 : 사물의 성립이나 효력 발생 따위에 꼭 필요한 성분. 또는 근본 조건

계절을 담은 음악, 〈사계〉

이탈리아를 대표하는 작곡가로 많은 사람들을 꼽을 수 있겠지만, 그 중에서 우리에게 가장 친숙한 사람은 아마도 안토니오 비발디(Antonio Vivaldi, 1678~1741)일 것이다. 바이올린 연주자이기도 했던 그가 작곡한 대표적인 바이올린 협주곡으로 〈사계〉가 있다.

〈사계〉는 말 그대로 사계절을 노래하고 있는 바이올린 협주곡이다. 본래 《화성과 창의의 시도》라는 협주곡집의 일부로 만들어졌으나, 사계절을 묘사한 앞의 네 곡이 자주 연주되면서 앞의 네 곡을 따로 떼서 〈사계〉라고 부르게 되었다. 각 곡에는 '봄', '여름', '가을', '겨울'이라는 제목이 붙어 있고, 각각 3악장으로 구성되어 있다.

〈사계〉 중 '봄'은 싱그러운 햇살과 작은 새들의 지저귐, 얼음이 녹은 시냇가에서 물이 솟는 모습 등을 묘사하여 봄이 오는 기쁨을 노래하였다. 또 '여름'은 천둥과 번개를 묘사하면서 시작하는데, 가뜩이나 더운 날씨에 모기들이 사람들에게 달려드는 모습을 표현함으로써 무덥고 지루한 여름날의 모습을 그리고 있다. '가을'은 수확을 기뻐하는 농부와 화창한 가을 날씨, 가을날 사냥을 즐기는 모습과 마을 사람들의 춤과 노래 등을 통해 가을이 결실의 계절임을 드러내고 있다. 그리고 '겨울'에서는 눈과 바람을 통해 추위와 차가움을 표현하였고, 마지막 부분에서는 이렇게 매서운 겨울도 봄에게 자리를 내어 준다는 것을 묘사하였다. 이처럼 계절의 변화를 음악으로 표현하고 있다는 점에서 〈사계〉는 '음으로 그려낸 풍경화'라고 할 수 있다.

비발디는 〈사계〉 외에도 여러 곡을 작곡하며 협주곡의 형식을 확립하였고, 후세까지 큰 영향을 ㉠미쳤다는 점에서 음악사적으로 의의가 있다. 특히 바흐가 그의 작품을 편곡하여 그 기법을 익힌 것이 알려지면서 전 세계가 다시 비발디를 주목하게 되는 계기가 되기도 하였다. 집에서 편안하게 계절을 느끼고 싶다면 비발디의 〈사계〉를 들어 보자. 눈을 감고 〈사계〉를 듣다 보면 어느새 사계절을 온몸으로 느낄 수 있을 것이다.

06 [핵심어]
다음은 윗글의 핵심 내용을 정리한 것이다. 빈칸에 들어가기에 적절한 말을 쓰시오.

> 안토니오 비발디가 작곡한 (   )은/는 사계절을 노래하는 바이올린 협주곡이다.

▶ 정답과 해설 p. 28

[중심 문장]

07 각 문단의 중심 문장으로 가장 적절한 것은?

① 1문단 : 바이올린 연주자이기도 했던 그가 작곡한 대표적인 바이올린 협주곡으로 〈사계〉가 있다.

② 3문단 : '가을'은 수확을 기뻐하는 농부와 화창한 가을 날씨, 가을날 사냥을 즐기는 모습과 마을 사람들의 춤과 노래 등을 통해 가을이 결실의 계절임을 드러내고 있다.

③ 4문단 : 특히 바흐가 그의 작품을 편곡하면서 그 기법을 익힌 것이 알려지면서 전 세계가 다시 비발디를 주목하게 되는 계기가 되기도 하였다.

08 윗글의 내용으로 적절하지 <u>않은</u> 것은?

① 〈사계〉는 총 12악장으로 구성되어 있다.

② 안토니오 비발디는 이탈리아의 작곡가이다.

③ 비발디는 〈사계〉 외에도 여러 곡을 작곡하였다.

④ 비발디는 바흐의 작품을 편곡하여 주목을 받았다.

⑤ 〈사계〉는 원래 다른 협주곡집에 포함되어 있었다.

08
이 지문에서는 비발디의 〈사계〉에 대해 설명하고 있어요. 특히 2~3문단에서는 〈사계〉의 각 계절에 대해 설명하고 있고, 4문단에서는 비발디에 대해 이야기하고 있네요.

09 윗글에 대한 설명으로 가장 적절한 것은?

① 〈사계〉가 유명해진 이유를 분석하고 있다.

② 〈사계〉를 싫어하는 사람들의 의견을 제시하고 있다.

③ 〈사계〉와 다른 협주곡들 간의 차이점을 밝히고 있다.

④ 〈사계〉보다 풍경화가 훌륭하다는 것을 주장하고 있다.

⑤ 〈사계〉에 포함된 4가지 곡의 내용을 상세하게 설명하고 있다.

09
이 지문에서 비발디의 〈사계〉에 대해 설명하기 위해 어떤 방법을 사용하고 있는지 살펴보세요.

10 다음 중 ㉠의 의미와 가장 가까운 것은?

① 지호의 점수는 합격 기준에 <u>미치지</u> 못했다.

② 결승선에 <u>미치지</u> 못하고 결국 넘어지고 말았다.

③ 영선이에게 사과를 하라는 압력이 지훈이에게 <u>미쳤다</u>.

④ 그림을 그리는 나의 실력은 미선이에게 <u>미치지는</u> 못한다.

⑤ 그녀는 과거의 일에 생각이 <u>미치자</u> 문득 그때가 그리워졌다.

10
㉠은 '영향을 미쳤다'의 '미쳤다'로, 문맥을 고려하면 '영향이나 작용을 가하다.'라는 의미로 쓰였어요. 이와 같은 내용을 고려하여 비슷한 의미로 쓰인 선택지를 찾아보세요.

기법 · 기교와 방법을 아울러 이르는 말

계기 : 어떤 일이 일어나거나 변화하도록 만드는 결정적인 원인이나 기회

구성되다 : 몇 가지 부분이나 요소들이 모여 일정한 전체가 짜여 이루어지다.

주목 : 관심을 가지고 주의 깊게 살핌. 또는 그 시선

분석하다 : 얽혀 있거나 복잡한 것을 풀어서 개별적인 요소나 성질로 나누다.

제시하다 : 어떠한 의사를 말이나 글로 나타내어 보이게 하다.

★ 정답은 [해설편 표지] 안쪽에 있습니다.

＊ **[01~04]** 다음에서 설명하고 있는 단어를 아래에서 찾아 쓰시오.

사	혼	우	걸
결	기	주	목
실	법	진	이
점	칙	주	리

01 기교와 방법을 아울러 이르는 말 (　　　　)

02 식물이 열매를 맺거나 맺은 열매가 여묾. 또는 그런 열매 (　　　　)

03 관심을 가지고 주의 깊게 살핌. 또는 그 시선
(　　　　)

04 참된 이치. 또는 참된 도리 (　　　　)

＊ **[05~08]** 〈보기〉에 제시된 초성과 뜻풀이를 참고하여 다음 문장의 빈칸에 들어가기에 알맞은 단어를 쓰시오.

〈보기〉
- ㅎㄹ하다 : 체계나 견해, 조직 따위를 굳게 서게 하다.
- ㅁㅅ되다 : 어떤 대상이나 사물, 현상 따위가 언어로 서술되거나 그림으로 그려져 표현되다.
- ㅊㄱ하다 : 목적을 이룰 때까지 뒤쫓아 구하다.
- ㅈㅅ하다 : 어떠한 의사를 말이나 글로 나타내어 보이게 하다.

05 유니콘은 하얀 몸통에 나선형 뿔 하나를 가진 동물로 (　　　　)된다.

06 사람들은 누구나 다 행복을 (　　　　)한다.

07 청소년기는 정체성을 (　　　　)하는 시기이다.

08 이번 호 잡지에서는 세계화를 보는 다양한 시각을 (　　　　)하고 있다.

＊ **[09~12]** 사다리 타기에 따라, 빈칸에 들어갈 단어의 뜻을 〈보기〉에서 골라 번호를 쓰시오.

〈보기〉
① 어떤 일이 일어나거나 변화하도록 만드는 결정적인 원인이나 기회
② 지어 놓은 곡을 다른 형식으로 바꾸어 꾸미거나 다른 악기를 쓰도록 하여 연주 효과를 달리하다.
③ 혼자서 연주하는 악기와 관현악이 함께 연주하도록 작곡한 소나타 형식의 악곡
④ 기(깃발) 따위를 높이 걸다.

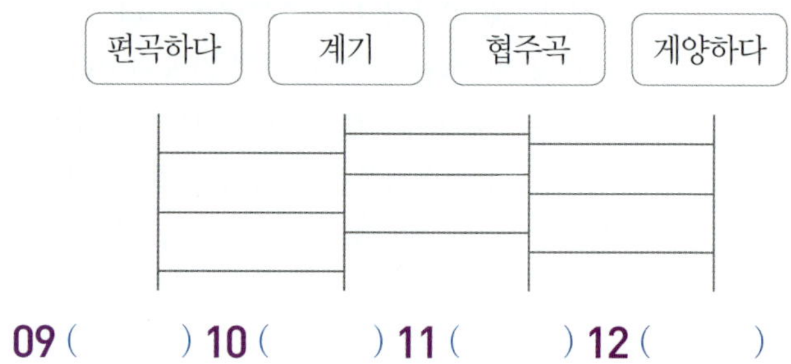

| 편곡하다 | 계기 | 협주곡 | 게양하다 |

09 (　　　) **10** (　　　) **11** (　　　) **12** (　　　)

＊ **[13~15]** 문맥을 고려하여 밑줄 친 단어의 뜻과 가장 가까운 것을 고르시오.

13
우리 모두는 반에서 운동을 가장 잘 하는 사람으로 지수를 <u>꼽았다</u>.

① 고르다　　② 시키다　　③ 지키다

14
이모가 준 선물 세트는 각종 학용품과 그림책으로 <u>구성되어</u> 있었다.

① 그려지다　　② 이루어지다　　③ 가르치다

15
오늘은 과학 시간에 어두운 곳에서 빛을 내는 형광 물질의 성분을 <u>분석해</u> 보았다.

① 모으다　　② 가리키다　　③ 나누다

✳ 태극기는 언제, 어떻게 달아야 할까요?

▲ 경축일 및 평일

▲ 조의를 표하는 날

  우리나라 국기법에 따르면 태극기는 우리나라의 5대 국경일인 3·1절(3월1일), 제헌절(7월17일), 광복절(8월15일), 개천절(10월3일), 한글날(10월9일)과 국가기념일인 현충일(6월6일), 국군의날(10월1일)에 게양해야 해요. 국기를 게양하는 모든 날, 국기를 똑같이 달아야 할까요?

  현충일에는 다른 국경일과 달리 국기를 달아야 해요. 조의를 표하는 의미에서 태극기를 깃면의 너비만큼 아래로 내려서 달아야 한답니다. 이를 조기 게양이라고 해요. 국기를 조기로 게양할 때에는 깃면을 깃봉까지 올린 후에 다시 내려서 달고, 강하할 때에도 깃면을 깃봉까지 올렸다가 내려야 해요.

  그렇다면 태극기는 언제 게양했다 언제 내려야 할까요? 태극기는 24시간 게양할 수 있어요. 다만 밤에는 잘 안 보이니까 근처에 조명을 두는 것이 좋겠죠? 다만 눈이 심하게 내리거나 비바람이 심하게 부는 경우에는 태극기가 망가질 수도 있어요. 그래서 그런 날에는 태극기를 게양해서는 안 됩니다.

금속으로 만들어진 목관 악기, 플루트

서양 악기는 소리를 내는 방법에 따라 크게 현악기, 타악기, 건반 악기, 관악기로 나뉜다. 현악기는 악기에 달려 있는 현을 켜거나 타서 소리를 내는 악기로, 바이올린 등이 이에 속한다. 타악기는 악기의 몸체를 손이나 채로 치거나 혹은 몸체끼리 서로 부딪쳐 소리를 내는 악기로, 북이 이에 속한다. 건반 악기는 건반을 가진 모든 악기를 말하며, 피아노가 대표적이다. 관악기는 기다란 관을 입으로 불어서 소리를 내는 악기이다. 관악기는 관을 나무로 만들면 목관 악기로, 관을 금속으로 만들면 금관 악기로 분류된다.

관악기 가운데 대표적인 것에는 플루트가 있다. 플루트는 관악기 중에서 유일하게 가로로 연주하는 악기이며, 굉장히 높은 음역을 가졌다. 그런데 우리가 알고 있는 플루트의 재질은 분명히 금속인데, 플루트는 목관 악기로 분류된다. 그 이유는 무엇일까?

악기를 분류할 때는 악기의 구조, 소리 내는 방법과 악기의 '기원'을 함께 고려한다. 악기의 기원이란 어떤 악기가 처음 만들어졌을 때의 구조, 재료, 음역, 연주법 등을 말한다. 즉, 플루트는 처음 만들어졌을 때의 '기원'을 고려하여 목관 악기로 분류되었다.

관악기, 타악기, 현악기 모두가 함께 연주하는 오케스트라가 처음 만들어졌던 18세기에만 해도 플루트는 나무로 된 악기였다. 금속으로 된 현대식 플루트는 독일의 플루트 연주자였던 테오도르 뵘에 의해 개량된 것이다. 그래서 현대식 플루트를 '뵘식 플루트'라고 부르기도 한다.

플루트는 개량된 이후 더욱 화려한 음색을 갖게 되었다. 금속관이 나무관에 비해 두께가 얇기 때문에 금속관으로 만든 플루트는 고음역에 좀 더 어울리는 날카로운 소리를 낼 수 있게 된 것이다. 하지만 기본적인 구조와 소리 내는 방법, 음색과 음량 등은 나무 플루트와 크게 다르지 않다. 그래서 사람들은 여전히 플루트를 목관 악기로 분류한다.

한편 나무 플루트가 아예 사라진 것은 아니다. 지금도 16세기에서 18세기 사이의 음악을 그 시대의 악기와 연주법으로 연주하는 경우에는 여전히 나무 플루트를 사용한다. 앞으로 플루트의 연주를 들을 때, 나무로 만들어졌던 플루트의 기원을 한 번쯤 떠올려 보면 연주를 더욱 재미있게 감상할 수 있을 것이다.

---

1 문단
핵심어 :
중심 문장에 밑줄 치세요.

2 문단
핵심어 :
중심 문장에 밑줄 치세요.

3 문단
핵심어 :
중심 문장에 밑줄 치세요.

4 문단
핵심어 :
중심 문장에 밑줄 치세요.

5 문단
핵심어 :
중심 문장에 밑줄 치세요.

6 문단
핵심어 :
중심 문장에 밑줄 치세요.

음역 : 음넓이. 사람의 목소리나 악기가 낼 수 있는 최저 음에서 최고 음까지의 넓이
재질 : 재료가 가지는 성질
기원 : 사물이 처음으로 생김. 또는 그런 근원
개량되다 : 나쁜 점이 보완되어 더 좋게 되다.
음색 : 음을 만드는 구성 요소의 차이로 생기는, 소리의 감각적 특색
음량 : 악기 소리 따위가 크거나 작게 울리는 정도

[핵심어]

01 다음은 윗글의 핵심 내용을 정리한 것이다. 빈칸에 들어가기에 적절한 말을 쓰시오.

> 서양의 관악기 가운데 대표적인 것인 (　　　　)은/는 목관 악기로 분류된다.

▶ 정답과 해설 p. 30

[중심 문장]

02 각 문단의 중심 문장으로 가장 적절한 것은?

① 1문단 : 관악기는 기다란 관을 입으로 불어서 소리를 내는 악기이다.

② 2문단 : 관악기 가운데 대표적인 것에는 플루트가 있다.

③ 3문단 : 즉, 플루트는 처음 만들어졌을 때의 '기원'을 고려하여 목관 악기로 분류되었다.

03 윗글을 읽고 빈칸에 들어가기에 적절한 말을 쓰시오.

> 플루트의 재질은 금속이지만 플루트는 목관 악기로 분류된다. 왜냐하면 악기를 분류할 때에는 악기의 (   )을/를 고려하는데, 플루트는 처음 만들어졌을 때 나무로 된 악기였기 때문이다.

03
이 지문에서는 서양의 악기를 소리를 내는 방법에 따라 분류하고, 플루트가 관악기 중 목관 악기인 이유에 대해 설명하고 있습니다.

04 윗글에 대한 설명으로 적절하지 <u>않은</u> 것은?

① 플루트가 목관 악기로 분류된 이유를 밝히고 있다.

② 서양 악기를 일정한 기준에 따라 나누어서 설명하고 있다.

③ 플루트를 현대식으로 개량한 사람의 이름을 언급하고 있다.

④ 바이올린과 플루트를 비교하여 플루트의 장점을 드러내고 있다.

⑤ 플루트가 현대식으로 개량된 이후 달라진 점들을 소개하고 있다.

04
이 지문에서는 관악기인 플루트에 대해 설명하고 있습니다. 글의 전체적인 내용을 고려하여 지문에 해당하는 설명이 아닌 선택지를 찾아보세요.

05 윗글의 내용으로 적절하지 <u>않은</u> 것은?

① 아직도 나무 플루트가 사용되기도 한다.

② 나무 플루트는 한 연주자에 의해 금속 플루트로 개량되었다.

③ 서양의 관악기 가운데 가로로 연주하는 악기는 플루트뿐이다.

④ 나무 플루트보다 금속 플루트가 더 고음역에 어울리는 소리가 난다.

⑤ 나무 플루트와 금속 플루트는 구조와 소리 내는 방법에서 차이가 난다.

05
2문단부터 5문단에서는 플루트에 대해 언급하고 있어요. 이 부분에 주목하여 선택지의 설명이 적절한지를 생각해 보세요.

고음역 : 악기, 성음, 관현악의 전체 음역 가운데 높은 음이 나는 구역

지리산에 사는 반달곰은 행복할까?

동물원에 사는 반달곰과 지리산에 사는 반달곰을 떠올려 보자. 동물원의 반달곰은 우리에 갇혀 답답한 삶을 살 것이고, 지리산의 반달곰은 이와 반대로 자유롭게 자연을 누비며 살 것이다. 그래서 대부분의 사람들은 당연히 반달곰이 동물원에 사는 것보다 지리산에 사는 것이 더 행복할 것이라고 생각한다.

하지만 경제학자들의 관점에서는 반달곰이 지리산에 사는 게 더 행복할 것이라고 단정하지 못한다. 왜냐하면 지리산에 사는 반달곰은 일종의 '공유 재산'이기 때문이다. 공유 재산은 사회의 구성원이 공동으로 소유하는 재산으로, 필요에 따라 국가나 공공 단체가 소유권을 가지고 관리한다. 이는 특정 개인이 소유권을 가지는 사유 재산과는 반대되는 개념이다. 사유 재산은 말 그대로 '내 것'이기 때문에 그 주인은 자신의 재산을 최대한 아끼고 효율적으로 사용하며 유지하려 한다. 하지만 공유 재산은 내가 이용할 수는 있지만 '내 것'이 아니기 때문에 사람들이 마구 사용하는 경향이 있다.

정부에서는 멸종 위기에 처한 반달곰을 살리기 위해 반달곰을 사육해 지리산에 풀어 주고, 그들이 야생에 적응하도록 도우며 추적 장치를 달아 잘 살고 있는지를 지켜보고 있다. 하지만 반달곰을 지리산에 풀어 주는 순간부터 반달곰은 공유 재산이 되기 때문에 반달곰이나 다른 야생 동물을 노리는 불법 사냥꾼들로부터 위협을 받게 된다. 실제로 지리산에 살던 반달곰들 중 일부가 사람들이 놓은 덫에 걸려 죽는 일도 있었다.

반달곰이 산속에서 자유롭게 살아야 행복하다는 것에는 누구나 동의할 것이다. 하지만 반달곰이 공유 재산이 됨으로써 맞게 될 여러 위험들을 생각하면, 모든 반달곰을 산에 풀어 주는 것이 꼭 최선이라고 볼 수는 없지 않을까? 반달곰들이 자유를 누리면서도 안전을 보장받을 수 있는 방법에 대해 생각해 보아야 한다.

1 문단
핵심어 :
중심 문장에 밑줄 치세요.

2 문단
핵심어 :
중심 문장에 밑줄 치세요.

3 문단
핵심어 :
중심 문장에 밑줄 치세요.

4 문단
핵심어 :
중심 문장에 밑줄 치세요.

[핵심어]

06 다음은 윗글의 핵심 내용을 정리한 것이다. 빈칸에 들어가기에 적절한 단어를 쓰시오.

> 지리산에 사는 반달곰은 일종의 (　　　　　)(으)로, 여러 위험들에 처해 있다.

[중심 문장]

07 4문단의 중심 문장으로 가장 적절한 것은?

① 반달곰이 산속에서 자유롭게 살아야 행복하다는 것에는 누구나 동의할 것이다.

② 하지만 반달곰이 공유 재산이 됨으로써 맞게 될 여러 위험들을 생각하면, 모든 반달곰을 산에 풀어 주는 것이 꼭 최선이라고 볼 수는 없지 않을까?

③ 반달곰들이 자유를 누리면서도 안전을 보장받을 수 있는 방법에 대해 생각해 보아야 한다.

관점 : 사물이나 현상을 관찰할 때, 그 사람이 보고 생각하는 태도나 방향 또는 처지
단정하다 : 딱 잘라서 판단하고 결정하다.
소유하다 : 가지고 있다.
효율적 : 들인 노력에 비하여 얻는 결과가 큼. 또는 그런 것
멸종 : 생물의 한 종류가 아주 없어짐. 또는 생물의 한 종류를 아주 없애 버림.
사육하다 : 어린 가축이나 짐승이 자라도록 먹이어 기르다.
야생 : 산이나 들에서 저절로 나서 자람. 또는 그런 생물
위협 : 힘으로 으르고 협박함.

08 윗글의 내용으로 적절하지 <u>않은</u> 것은?

① 정부는 반달곰을 살리기 위해 노력하고 있다.
② 사람들은 공유 재산을 함부로 사용하는 경향이 있다.
③ 지리산에 살던 반달곰의 일부는 실제로 위험에 처하기도 했다.
④ 지리산에 사는 반달곰은 사유 재산보다는 공유 재산에 가깝다.
⑤ 경제학자들은 동물원의 반달곰보다 지리산의 반달곰이 더 행복하다고 여긴다.

08
이 지문에서는 공유 재산과 사유 재산에 대해 언급하면서, 지리산에 사는 반달곰은 공유 재산의 성격을 띤다고 하였어요. 전체적인 내용을 고려하여 선택지가 적절한지를 살펴보세요.

09 윗글의 '공유 재산'에 대한 설명으로 적절하지 <u>않은</u> 것은?

① 사회 구성원이 공동으로 소유하는 것이다.
② 누구나 이용할 수 있지만, '내 것'이라고 여기지는 않는다.
③ 필요에 따라 국가나 공공 단체가 소유권을 가지고 관리한다.
④ 특정 개인이 소유권을 가지는 사유 재산과는 반대되는 개념이다.
⑤ 사람들이 자신의 것이 아니라고 생각하기 때문에 효율적으로 사용하며 유지하려 한다.

09
이 지문에서는 공유 재산과 사유 재산을 구분하여 설명하고 있어요. 특히 2문단에서 '공유 재산'의 의미와 특성을 이야기하고 있으므로, 이 문단을 눈여겨 보세요!

10 다음은 윗글을 읽은 학생들의 반응이다. 글쓴이의 생각을 가장 잘 이해한 학생은?

① 윤정 : 멸종 위기에 처한 반달곰을 살리기 위해서는 동물원에서 키우는 것이 최선이야.
② 기문 : 반달곰이 자유롭게 살아가도록 하려면 동물원에 더 큰 우리를 마련해 놓아야 해.
③ 서영 : 지리산에 풀어 놓은 반달곰을 사유 재산으로 인정하면 불법 사냥꾼들이 없어지지 않을까?
④ 준영 : 산속에서 사는 반달곰보다는 동물원의 우리에서 안전하게 살아가는 반달곰이 더 행복하겠지?
⑤ 성준 : 반달곰들이 자유를 누리면서도 안전하게 살아갈 수 있는 방법을 생각하는 시간을 가져야 할 때야.

10
이 지문에서는 지리산의 반달곰을 예로 들어 공유 재산과 사유 재산에 대해서 설명하고 있어요. 특히 마지막 문단에서 모든 곰을 산에 풀어주는 것이 최선이 아니라면서, 반달곰이 자유를 누리면서도 안전을 보장받을 수 있는 방법을 생각해 보자고 하였지요? 이것이 글쓴이의 주된 생각이라고 할 수 있겠네요!

경향 : 현상이나 사상, 행동 따위가 어떤 방향으로 기울어짐.
우리 : 짐승을 가두어 기르는 곳

★ 정답은 [해설편 표지] 안쪽에 있습니다.

✻ [01~06] 다음 단어의 풀이를 〈보기〉에서 찾아 기호를 쓰시오.

〈보기〉

㉠ 음넓이, 사람의 목소리나 악기가 낼 수 있는 최저 음에서 최고 음까지의 넓이
㉡ 재료가 가지는 성질
㉢ 사물이 처음으로 생김. 또는 그런 근원
㉣ 음을 만드는 구성 요소의 차이로 생기는, 소리의 감각적 특색
㉤ 악기 소리 따위가 크거나 작게 울리는 정도
㉥ 악기, 성음, 관현악의 전체 음역 가운데 높은 음이 나는 구역

01 고음역 (　　　)　　**02** 재질 (　　　)

03 음량 (　　　)　　**04** 음역 (　　　)

05 음색 (　　　)　　**06** 기원 (　　　)

✻ [07~09] 〈보기〉에 제시된 초성과 뜻풀이를 참고하여 다음 문장의 빈칸에 들어가기에 알맞은 단어를 쓰시오.

〈보기〉

• ㅎㅇㅈ : 들인 노력에 비하여 얻는 결과가 큼. 또는 그런 것
• ㅇㄹ : 짐승을 가두어 기르는 곳
• ㅁㅈ : 생물의 한 종류가 아주 없어짐. 또는 생물의 한 종류를 아주 없애 버림.

07 무거운 짐을 드는 일을 기계가 대신 해 주니 일을 더 (　　　)(으)로 할 수 있게 되었다.

08 하천의 물을 깨끗하게 만들기 위해 수년 간 노력한 결과, (　　　) 위기에 처했던 물고기들이 다시 보이기 시작했다.

09 동물원에 있는 (　　　) 속 동물들은 자신이 살던 곳으로 돌아가 자유롭게 살기를 원하지 않을까?

✻ [10~14] 제시된 글자들을 조합하여 다음 뜻풀이에 해당하는 단어를 쓰시오.

생	점	시	개	위	야
량	관	협	단	정	물

10 사물이나 현상을 관찰할 때, 그 사람이 보고 생각하는 태도나 방향 또는 처지 (　　　)

11 나쁜 점이 보완되어 더 좋게 되다. (　　　)되다

12 딱 잘라서 판단하고 결정하다. (　　　)하다

13 산이나 들에서 저절로 나서 자람. 또는 그런 생물
(　　　)

14 힘으로 으르고 협박함. (　　　)

✻ [15~17] 문맥을 고려하여 밑줄 친 단어의 뜻과 가장 가까운 것을 고르시오.

15

경수는 하기 싫은 일을 일단 미루고 보는 <u>경향</u>이 있다.

① 경험　　　② 성격　　　③ 경제

16

그는 돌아가신 할아버지께서 물려주신 농장을 여러 개 <u>소유하고</u> 있다.

① 가지다　　　② 팔다　　　③ 보내다

17

오랜 시간 동안 <u>사육한</u> 반달곰을 원래 있어야 할 산으로 돌려보내면서 사육사는 아쉬운 마음이 들었다.

① 멀리하다　　　② 배우다　　　③ 기르다

✳ 플루트에 대한 오해

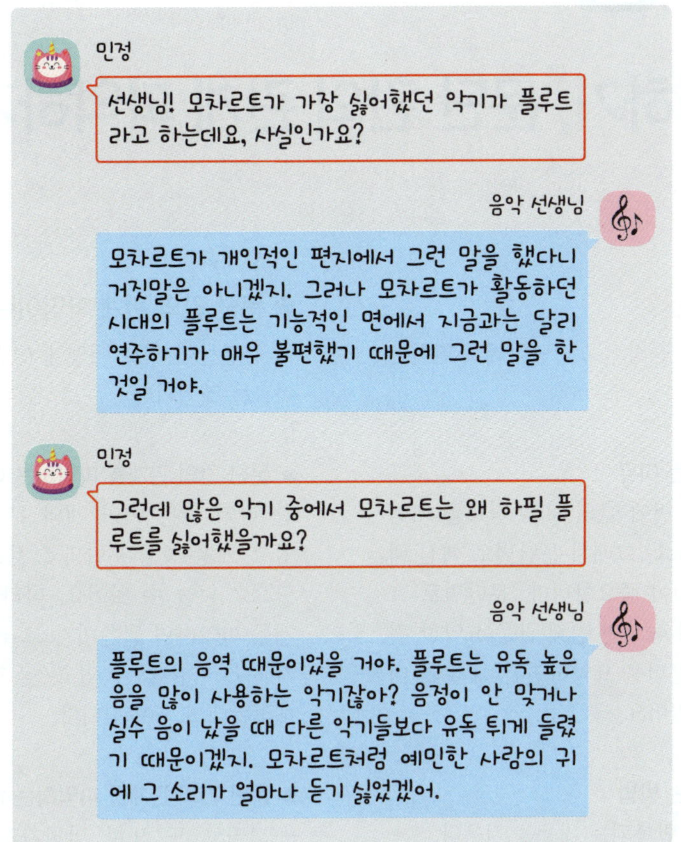

   플루트가 현재의 모습으로 개량되기 이전, 모차르트가 활동하던 시대의 플루트는 지금과는 많이 달랐어요. 그때 당시에는 플루트가 나무로 만들어졌기 때문에 온도나 습도에 굉장히 민감했거든요. 온도나 습도에 따라 플루트의 관이 늘어나거나 줄어들어서 소리가 들쭉날쭉하게 변했어요. 특히 높은 음을 많이 내는 플루트는 음정이 안 맞으면 다른 악기들보다 더 날카롭게, 더 튀게 들렸어요. 그래서 모차르트는 플루트의 소리를 좋아하지 않았을 거예요.

   하지만 모차르트가 작곡한 〈플루트 협주곡 1번〉을 들어 보세요. 이 작품에서는 플루트만의 매력이 두루두루 잘 표현되어 있어요. 아마도 모차르트가 싫어했던 것은 플루트의 높은 소리가 아니라, 거칠고 섬세하지 못한 플루트의 성능이 아니었을까요?

STEP Ⅱ
문단 요약하기, 문단 간의 관계 파악하기

★ 문단 요약이란?
문단의 내용을 한 문장으로 간단하게 표현하는 것입니다.

● 문단을 요약하는 이유
글을 읽을 때 한 번에 글의 모든 정보를 기억하기란 쉽지 않아요. 그래서 문단별로 핵심 내용을 기억하는 것이 중요합니다. 문단별로 요약한 내용을 모아 놓으면 전체 글을 요약한 것이 되기 때문에 문단을 요약하면 전체 글의 내용을 파악할 수 있어요.

● 문단을 요약하는 방법
- 덜 중요하거나 반복되는 내용을 지운다.
- 중심 문장을 선택한다.
- 구체적인 개념이나 세부 정보를 나타내는 단어들을 모두 포함하는 하나의 표현으로 바꾼다.
- 중심 문장이 뚜렷하게 나타나 있지 않다면 내용을 다시 구성하여 새 문장을 만든다.

★ 문단 간의 관계 파악이란?
각 문단들이 서로 어떻게 연결되어 있는지 알아보는 것입니다.

● 문단 간의 관계를 파악하는 이유
한 편의 글은 여러 개의 문단으로 이루어져 있고, 보통 중심 문단과 그것을 뒷받침하는 문단으로 나눌 수 있어요. 따라서 문단 간의 관계를 파악하면 글쓴이가 그 글을 통해 말하고자 하는 바를 알 수 있고, 글 전체의 내용을 이해하는데 도움이 됩니다.

● 문단 간의 관계를 파악하는 방법
- '그리고, 또, 또한, 마찬가지로' 등의 연결 표현이 등장하면 앞에서 나온 내용과 비슷한 내용이 이어질 것이라고 예상하기
- '하지만, 그러나, 그렇지만, 그럼에도' 등의 연결 표현이 등장하면 앞의 내용과 반대되거나 다른 방향의 내용이 이어질 것이라고 예상하기
- '따라서, 즉, 결론적으로' 등의 연결 표현이 등장하면 앞의 내용을 요약하여 정리하거나, 다시 한 번 말함으로써 강조하는 내용이 이어질 것이라고 예상하기
- '이, 그, 저, 이러한' 등의 표현이 등장하면 이 표현들이 앞의 내용 중 무엇을 가리키는 것인지를 살펴보기

미세먼지는 왜 우리 몸에 해로울까?

미세먼지란 무엇일까? 미세먼지는 대기 중에 떠다니거나 흩날려 내려오는 $10\mu m$* 이하의 먼지를 의미하며, 먼지 알갱이의 크기에 따라 미세먼지와 초미세먼지로 구분한다. 미세먼지의 알갱이는 지름 $10\mu m$ 이하의 크기이고 초미세먼지의 알갱이는 지름 $2.5\mu m$ 이하의 크기이다. 사람의 머리카락 지름이 $50{\sim}70\mu m$ 정도이므로 미세먼지 알갱이의 크기가 얼마나 작은지를 짐작해 볼 수 있다.

그렇다면 미세먼지는 왜 우리 몸에 해로울까? 미세먼지 알갱이의 크기가 너무 작기 때문이다. 우리 몸의 코털과 기관지의 점막은 먼지를 걸러 낸다. 하지만 미세먼지 알갱이의 크기는 너무 작아서 코털과 기관지의 점막이 걸러 내지 못하고 몸속으로 들어간다. 몸속에 들어간 미세먼지는 혈관을 따라 우리의 몸 깊숙한 곳까지 침투한다.

미세먼지가 몸속에 들어가도 인체에 해롭지 않은 물질이거나 몸 밖으로 쉽게 배출되는 물질이라면 크게 문제가 되지 않을 것이다. 하지만 미세먼지는 세계 보건 기구에서 정한 우리의 몸에 치명적인 1급 발암 물질이다. 미세먼지는 일반적으로 대기 오염을 일으키는 물질이 공기와 만나 형성된 화학 물질, 석탄과 석유를 태우는 과정에서 발생하는 오염 물질 등으로 구성된다. 이러한 것들은 우리 몸에 들어가면 암뿐만 아니라, 기관지와 눈, 폐 등에 크고 작은 병을 발생시킬 확률이 높다.

따라서 미세먼지 수치가 높은 날에는 최대한 미세먼지를 피하도록 노력해야 한다. 바깥 활동을 자제하고 실내에서는 창문을 닫아 밖의 미세먼지가 안으로 들어오는 것을 차단해야 한다. 또한 외출을 할 때는 미세먼지 차단용 마스크를 꼭 착용하고, 외출하고 돌아온 후에는 손과 얼굴 등을 깨끗이 씻어야 한다. 물과 과일, 채소 등을 섭취하는 것도 미세먼지로부터 우리의 몸을 지키는데 도움이 된다.

* μm(마이크로미터) : 미터(meter)법에 의한 길이의 단위로, $1\mu m$은 1m의 백만분의 일에 해당한다.

1 문단
요약 : ☐☐☐☐와/과 초미세먼지의 개념

2 문단
요약 : 미세먼지가 해로운 이유 ①

3 문단
요약 : 미세먼지가 해로운 이유 ②

4 문단
요약 : ☐☐☐☐☐(으)로 인한 피해를 줄이는 방법 제안 및 실천 당부

점막 : 위창자관, 기도와 같은 대롱 모양 구조의 속 공간을 덮고 있는 부드럽고 끈끈한 막을 통틀어 이르는 말
침투하다 : 세균이나 병균 따위가 몸속에 들어오다.
배출되다 : 안에서 밖으로 밀려 내보내지다.
치명적 : 생명을 위협하는. 또는 그런 것
발암 물질 : 암 또는 악성 종양을 일으킬 수 있는 물질
자제하다 : 자기의 감정이나 욕망을 스스로 억제하다.
차단하다 : 액체나 기체 따위의 흐름 또는 통로를 막거나 끊어서 통하지 못하게 하다.
착용하다 : 의복, 모자, 신발, 액세서리 따위를 입거나, 쓰거나, 신거나 차거나 하다.
섭취하다 : 생물체가 양분 따위를 몸속에 빨아들이다.

[문단 요약]

01 다음은 1문단의 내용을 정리한 것이다. 빈칸에 들어가기에 적절한 말을 순서대로 쓰시오.

> (　　　　)은/는 대기 중에 떠다니거나 흩날려 내려오는 지름 $10\mu m$ 이하의 먼지를 의미하며 그 중에서 지름 $2.5\mu m$ 이하의 먼지를 (　　　　)(이)라고 한다.

[문단 간의 관계]

02 윗글에 대한 설명으로 적절하지 않은 것은?

① 1문단에서는 전문가의 의견을 인용하여 미세먼지의 개념을 설명하고 있다.
② 2문단, 3문단에서는 미세먼지가 우리 몸에 해로운 이유를 설명하고 있다.
③ 4문단에서는 미세먼지로 인한 피해를 줄이는 방법에 대해 설명하며 글을 마무리하고 있다.

STEP Ⅱ 문단 요약하기, 문단 간의 관계 파악하기

STEP Ⅰ에서 공부한 내용을 바탕으로 각 문단의 핵심어를 찾고 문단을 요약해 봅시다.

문단을 요약하는 방법
1 덜 중요하거나 반복되는 내용을 지운다.
2 중심 문장을 선택한다.
3 구체적인 개념이나 세부 정보를 나타내는 단어들을 모두 포함하는 하나의 표현으로 바꾼다.
4 중심 문장이 뚜렷하게 나타나 있지 않다면 내용을 다시 구성하여 새 문장을 만든다.

문단의 내용을 요약하여 문단 간의 관계를 파악하면 글 전체의 내용을 이해하는 데 도움이 됩니다.

1문단

가장 핵심이 되는 것은 미세먼지와 초미세먼지이므로 1문단의 핵심어는 '미세먼지와 초미세먼지'입니다. 미세먼지와 초미세먼지가 무엇인지 설명하는 것을 간단히 요약하면 개념이라고 할 수 있어요. 그러므로 1문단을 요약하면 '미세먼지와 초미세먼지의 개념'입니다.(문단 요약 **3** 적용)

2문단

가장 많이 등장하는 말은 미세먼지입니다. 따라서 2문단의 핵심어는 '미세먼지'입니다. 미세먼지의 알갱이가 너무 작아서 우리 몸 깊은 곳까지 침투한다고 설명하고 있으므로, 반복되는 내용은 지워서 2문단의 내용을 요약하면 '미세먼지가 우리의 몸에 해로운 이유 – 알갱이의 크기가 작아서 몸속 깊은 곳까지 침부함.'입니다.(문단 요약 **1** 적용)

3문단

가장 많이 등장하는 단어는 미세먼지입니다. 따라서 3문단의 핵심어는 '미세먼지'입니다. 미세먼지가 우리의 몸 밖으로 쉽게 배출되지 않으며, 우리의 몸에 들어와서 크고 작은 병을 발생시킬 확률이 높다며 2문단에서 이야기한 미세먼지가 해로운 이유를 보충하여 설명하고 있어요. 이러한 내용을 압축해 정리하여 3문단을 요약하면 '미세먼지가 우리의 몸에 해로운 이유 – 병을 발생시킬 확률이 높음.'입니다.(문단 요약 **1** 적용)

✱ 문단 관계 1문단에서는 미세먼지와 초미세먼지의 개념을 설명하고 있고, 2문단에서는 미세먼지가 해로운 이유를 설명하고 있어요. 3문단에서는 2문단의 내용을 보충하고 있어요.

4문단

가장 많이 등장하는 단어는 역시 미세먼지입니다. 따라서 4문단의 핵심어는 '미세먼지'입니다. 또 미세먼지가 심한 날 바깥 활동을 자제하고, 마스크를 쓰는 등의 미세먼지를 피하는 방법에 대해 이야기하고 있습니다. 이러한 내용을 포함하는 말로 4문단의 내용을 요약하면 '미세먼지로 인한 피해를 줄이는 방법 제안 및 실천 당부'입니다.(문단 요약 **4** 적용)

✱ 문단 관계 1~3문단에서 이야기한 인체에 해로운 미세먼지를 피하는 방법에 대해 이야기하며 글을 마무리하고 있습니다.

[문단 간의 관계 파악]

- **1문단** : 미세먼지와 초미세먼지의 개념 — 개념 설명
- **2문단** : 미세먼지가 우리의 몸에 해로운 이유 – 알갱이의 크기가 작아서 몸속 깊은 곳까지 침투함.
- **3문단** : 미세먼지가 우리의 몸에 해로운 이유 – 병을 발생시킬 확률이 높음.

미세먼지가 우리의 몸에 해로운 이유 보충 설명

- **4문단** : 미세먼지를 피할 수 있는 방법 제안 및 실천 당부 글쓴이의 당부

✱ 이 글에서는 미세먼지가 우리 몸에 치명적인 이유를 설명하고, 미세먼지를 피해야 한다고 주장하고 있습니다. 이러한 내용을 모두 포함하고 있는 이 글 전체의 중심 문장은 '따라서 미세먼지 수치가 높은 날에는 최대한 미세먼지를 피하도록 노력해야 한다.'입니다.

✱ 각 문단을 요약한 것 중에서 핵심 내용을 뽑아 다시 요약하면 글 전체 내용을 요약한 것이 됩니다.

✱ 1문단에서는 미세먼지와 초미세먼지의 개념, 2~3문단에서는 미세먼지가 우리 몸에 해로운 이유, 4문단에서는 미세먼지를 피할 수 있는 방안에 대해 이야기하고 있으므로 이 글 전체를 요약하면 '미세먼지는 너무 작아 우리 몸에 들어왔을 때 해로운 영향을 미치므로, 최대한 피하기 위해 노력해야 한다.'입니다.

어떤 사람을 소비자라고 할까?

물건을 사러 마트에 갈 때나, 식사를 하러 음식점에 갈 때 우리는 항상 'ㄱ소비자'가 된다. 소비자란 우리가 일반적으로 아는 것처럼 '무언가를 돈으로 사는 사람'만을 의미할까? 이 질문에 정확하게 답을 하려면, 경제학적으로 소비자를 무엇이라고 정의하는지를 알아야 한다.

소비자란 '상품이나 서비스를 소비하는 사람'을 의미한다. 이때의 '소비'란 '돈이나 물건, 시간, 노력 등을 써서 없앰.'이라는 의미이다. 이를 고려하면 소비자는 '상품이나 서비스를 써서 없애는 사람'을 가리킨다. 어떤 상품 혹은 서비스를 써서 없앤다는 것은 결국 그것을 실제로 사용한다는 의미이다. 그래서 경제학에서는 소비자를 '최종 수요자*'라고 정의하기도 한다.

이러한 관점에서 보면 우리가 동네 과자 가게에서 먹고 싶은 과자를 사면 우리는 바로 소비자가 된다. 반면 과자 가게의 주인은 과자를 과자 회사에서 구입했지만, 최종적으로 그것을 먹어 없애는 사람이 아니기 때문에 소비자가 아닌 '판매자'가 된다.

한편 과자를 만드는 과자 공장은 '생산자'가 된다. 그렇지만 과자 공장에서도 과자를 만들 때 필요한 재료인 밀가루, 설탕, 포장 재료 등을 다른 업체에서 구입한다. 그러면 과자 공장도 이때는 소비자가 되는 것일까? 과자 공장에서 사용하는 과자의 재료들은 결국에는 과자로 만들어져 소비자에게 전해진다. 따라서 이런 경우에 과자 공장은 이러한 재료들을 잠깐 동안만 사용하게 되므로 과자 공장은 소비자가 아니라 '사용자'라고 보아야 한다. 다만 과자를 만드는 기계나 공장에서 일하는 사람들이 착용하는 작업복 등은 소비자에게 전해지지 않고 과자 공장에서 써 버리는 것들이므로, 이것들을 소비하는 측면에서는 과자 공장도 소비자라고 볼 수 있다.

이처럼 상황에 따라 생산자와 소비자의 역할이 바뀌기도 하기 때문에 생산자와 소비자를 항상 명확하게 구분할 수는 없다. 경제 활동을 하는 사람이라면 누구든지 생산자이면서 동시에 판매자, 소비자가 될 수 있다는 점을 기억하고 조금 더 바람직한 경제 활동을 하도록 노력하자.

* 최종 수요자 : 경제 활동의 가장 마지막 단계에서, 최종적으로 어떤 상품이나 서비스가 필요해서 사거나 얻고자 하는 사람

---

1 문단

요약 : ☐☐☐의 개념에 대한 의문

2 문단

요약 : 소비자의 정의

3 문단

요약 : 과자 가게의 예시 ① : ☐☐☐의 개념

4 문단

요약 : 과자 가게의 예시 ② : 생산자, 사용자의 개념

5 문단

요약 : 고정적이지 않은 소비자와 생산자의 역할

정의하다 : 어떤 말이나 사물의 뜻을 명백히 밝혀 규정하다.
착용하다 : 의복, 모자, 신발, 액세서리 따위를 입거나, 쓰거나, 신거나 차거나 하다.
명확하다 : 명백하고 확실하다.

[문단 요약]

03 다음은 4문단의 내용을 요약한 것이다. 빈칸에 들어가기에 적절한 말을 쓰시오.

> 과자 공장은 과자를 만드는 (   )(이)면서, 과자의 재료를 다른 업체에서 구매하여 잠깐 동안 사용하는 (   )(이)기도 하다. 다만 과자 공장의 직원들이 입는 작업복은 과자 공장에서 써 버리는 것이므로, 과자 공장은 (   )의 역할을 한다고도 볼 수 있다.

04 각 문단에 대한 설명으로 적절하지 <u>않은</u> 것은?

① 1문단에서는 앞으로 이야기할 중심 대상에 대해 질문을 던지고 있다.

② 2문단에서는 1문단에서 언급한 중심 대상의 사전적 의미를 제시하고 있다.

③ 4문단에서는 3문단에서 제시한 구체적인 사례를 반복하며 입장을 정리하고 있다.

05 윗글을 바탕으로 ㉠, ㉡에 들어가기에 적절한 말을 쓰시오.

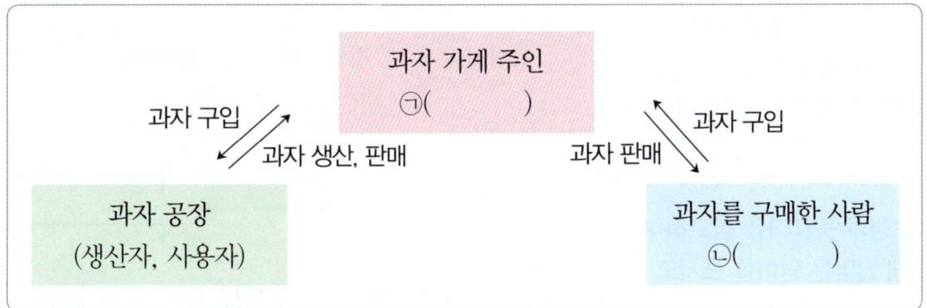

05

3, 4문단에서 '과자 가게', '과자 공장', '과자를 구매한 사람' 간의 관계에 대해 소개하고 있습니다.

06 윗글의 내용으로 적절하지 <u>않은</u> 것은?

① '소비'의 개념은 '사용'의 의미를 포함한다.

② 사용자와 소비자는 모두 무엇인가를 써서 없앤다.

③ 상황에 따라 소비자와 생산자의 역할은 바뀔 수 있다.

④ 소비자에 대한 경제학적 개념은 우리의 상식과 다를 수 있다.

⑤ 판매자는 돈을 주고 상품을 구입해도 그것을 최종적으로 소비하지 않는다.

06

선택지의 표현이 지문에서 어떻게 나타나고 있는지를 살펴보세요.

07 ㉠에 대한 설명으로 적절하지 <u>않은</u> 것은?

① 경제 활동 상황에서 판매자이면서 생산자가 될 수 있다.

② 상품을 만드는 과정에서 잠깐 동안만 사용하는 사람이다.

③ 돈뿐만 아니라 시간이나 노력을 들여 상품을 써서 없애는 사람이다.

④ 경제 활동의 마지막 단계에서 상품이나 서비스를 얻고자 하는 사람이다.

⑤ 음식점에서 식사를 한 사람, 마트에서 물건을 산 사람 등이 모두 포함된다.

07

'소비자'의 의미를 묻는 문제입니다. 소비자에 대해 설명하고 있는 1, 2문단에 주목하여 문제를 풀어 보세요.

입장 : 당면하고 있는 상황

고정적 : 한번 정한 대로 변경하지 아니한. 또는 그런 것

창출하다 : 전에 없던 것을 처음으로 생각하여 지어내거나 만들어 내다.

상식 : 사람들이 보통 알고 있거나 알아야 하는 지식

DAY 09 Review 어휘

★ 정답은 [해설편 표지] 안쪽에 있습니다.

＊ [01~03] 다음 단어와 그 뜻풀이를 바르게 연결하시오.

01 착용하다 • • ㉠ 생물체가 양분 따위를 몸 속에 빨아들이다.

02 섭취하다 • • ㉡ 사람들이 보통 알고 있거나 알아야 하는 지식

03 상식 • • ㉢ 의복, 모자, 신발, 액세서리 따위를 입거나, 쓰거나, 신거나 차거나 하다.

＊ [04~07] 〈보기〉에 제시된 초성과 뜻풀이를 참고하여 다음 문장의 빈칸에 들어가기에 알맞은 단어를 쓰시오.

〈보기〉

• ㅈㅁ : 위창자관, 기도와 같은 대롱 모양 구조의 속 공간을 덮고 있는 부드럽고 끈끈한 막을 통틀어 이르는 말
• ㅇㅈ : 당면하고 있는 상황
• ㅊㅁㅈ : 생명을 위협하는. 또는 그런 것
• ㅂㅇ ㅁㅈ : 암 또는 악성 종양을 일으킬 수 있는 물질

04 사고로 인해 (　　　)인 상처를 입은 사람이 병원으로 오고 있다는 소식에 병원 사람들 모두가 긴장하고 있었다.

05 연구 결과에 따르면 미세먼지는 암을 일으킬 확률이 높은 (　　　)(이)라고 한다.

06 코, 위, 장 등 우리 몸의 여러 곳에 존재하고 있는 (　　　)은/는 항상 끈끈하고 미끄러운 상태이다.

07 그 친구가 그런 말을 하는 바람에 (　　　)이/가 난처해졌다.

＊ [08~11] 사다리 타기에 따라, 빈칸에 들어갈 단어의 뜻을 〈보기〉에서 골라 번호를 쓰시오.

〈보기〉

① 자기의 감정이나 욕망을 스스로 억제하다.
② 어떤 말이나 사물의 뜻을 명백히 밝혀 규정하다.
③ 명백하고 확실하다.
④ 한번 정한 대로 변경하지 아니한 것

명확하다 | 정의하다 | 자제하다 | 고정적

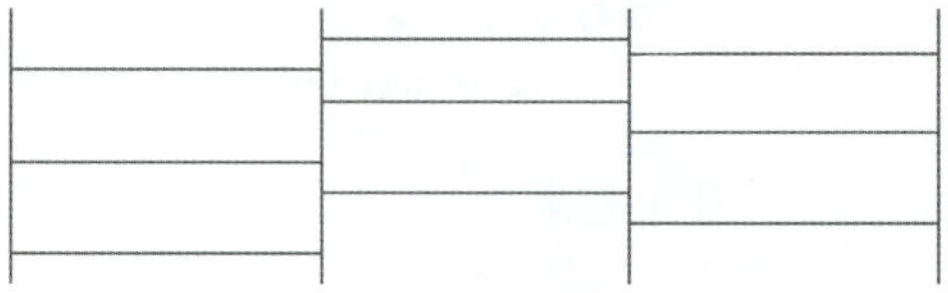

08 (　　　) 09 (　　　) 10 (　　　) 11 (　　　)

＊ [12~14] 문맥을 고려하여 밑줄 친 단어의 뜻과 가장 가까운 것을 고르시오.

12 인플루엔자 바이러스가 우리 몸에 <u>침투하면</u> 독감에 걸릴 수 있다.

① 들어오다 ② 나가다 ③ 합쳐지다

13 스마트폰이나 컴퓨터, TV 등을 많이 사용하는 현대인들은 전자파를 <u>차단하는</u> 일에 신경 써야 한다.

① 통하다 ② 막다 ③ 보이다

14 공장에서 발생되는 더러운 물이 그대로 강으로 <u>배출되고</u> 있다.

① 멀어지다 ② 선택되다 ③ 내보내지다

✳ 소비자 주권

상품이나 서비스를 써서 없애는 사람을 소비자라고 합니다. 공부할 때 필요한 지우개나, 공책 등을 돈을 주고 사는 우리가 바로 소비자인 것이죠.

우리나라의 학생들이 A 지우개를 많이 산다고 생각해 봅시다. 학교 앞 문구점에서 A 지우개를 이미 많은 학생들이 사갔기 때문에, A 지우개를 구하기는 어려워질 거예요. 전국적으로 학생들이 A 지우개를 많이 샀으므로, A 지우개를 만드는 회사에서는 A 지우개를 많이 만들어내겠죠? 즉, A 지우개는 소비자들이 많이 샀으므로 회사에서는 A 지우개의 생산량을 늘리게 됩니다.

A 지우개의 예처럼 우리 같은 소비자들이 시장에서 어떤 물건을 얼마만큼 구매하느냐에 따라 기업이 생산하는 생산물의 종류와 양이 달라져요. 기업이 '무엇을 생산할 것인가'라는 문제가 우리 같은 소비자들의 선택에 의하여 결정되는 현상을 '소비자 주권'이라고 합니다. 이것은 소비자들이 자원을 최종적으로 배분하는 힘을 가진다는 의미입니다.

하지만 오늘날 소비자 주권은 오늘날 많은 제한을 받아요. 판매되는 물건의 종류와 양이 많아져 소비자가 모든 물건의 품질을 알 수 없고, 일부 기업이 특정한 제품을 혼자만 생산하기도 하며 많은 광고가 우리의 판단력을 흐리게 하기 때문입니다.

새똥이 먹여 살리는 독도

독도에는 많은 수의 괭이갈매기가 살고 있다. 독도가 괭이갈매기의 번식지이기 때문이다. 독특한 울음소리를 내는 괭이갈매기를 많이 볼 수 있는 것은 좋다. 하지만 이 많은 괭이갈매기들이 모두 독도에 똥을 싸면 독도의 온 땅이 괭이갈매기의 똥으로 뒤덮이는 문제가 발생하지 않을까? 실제로 독도 선착장 부근의 새하얀 바닥은 온통 괭이갈매기의 똥이라고 한다.

하지만 우리의 걱정과 달리, 독도에서는 괭이갈매기의 똥이 오히려 도움이 된다고 한다. 독도에 사는 많은 생물들이 괭이갈매기의 똥을 유용하게 사용하기 때문이다.

육지와 동떨어져 바다 위에 홀로 떠 있는 독도와 그 주변에는 늘 영양분이 부족하다. 그래서 독도와 그 주변에 사는 생물들에게 괭이갈매기의 똥은 훌륭한 먹이가 된다. 새는 먹은 것의 영양분을 대부분 흡수하지 못하고 배설하기 때문에 새똥에는 영양분이 아주 풍부하다. 그 덕에 독도 주변의 바닷속에 사는 작은 생물인 플랑크톤은 괭이갈매기의 똥을 먹음으로써 영양분을 충분히 섭취할 수 있다.

육지에 쌓이는 괭이갈매기의 똥은 독도의 토양을 좋게 만들기도 한다. 독도는 바다 속의 화산이 분출하면서 화산재가 쌓여 만들어진 화산섬이다. 그래서 독도의 땅에는 흙이 거의 없고, 뿌리를 깊게 내린 나무도 찾아보기 어렵다. 그나마 풀들은 비바람에 의해 바위가 부서져 흙이 된 부분, 그 중에서도 특히 괭이갈매기의 둥지 주변에서 자란다. 풀 등의 식물들이 괭이갈매기의 똥을 양분으로 삼기 때문이다. 또 육지에 쌓인 괭이갈매기의 똥은 독도에 사는 다른 새들이 둥지를 만들 때 쓰는 좋은 재료가 되기도 한다.

이처럼 독도에서는 전혀 쓸모없을 것만 같은 괭이갈매기의 똥이 유용하게 쓰이고 있다. 독도에 사는 생물들의 유용한 자원이 되는 괭이갈매기의 똥을 통해 새똥이 더럽기만 하다는 우리의 인식을 바꾸어 보는 것은 어떨까?

[문단 요약]

01 다음은 5문단의 내용을 정리한 것이다. 빈칸에 들어가기에 적절한 말을 쓰시오.

> 독도에서는 전혀 쓸모없을 것만 같은 (　　　　　)이/가 유용하게 쓰이고 있다.

[문단 간의 관계]

02 윗글에 대한 설명으로 적절하지 <u>않은</u> 것은?

① 1문단에서는 서로 다른 두 견해를 가진 학자들의 예를 들고 있다.

② 2문단에서 괭이갈매기의 똥이 유용하다고 언급한 후, 3문단과 4문단에서 이를 구체적으로 설명하고 있다.

---

1 문단

요약 : 괭이갈매기의 ☐으로 인해 생길 수 있는 문제 제기

2 문단

요약 : 괭이갈매기 똥의 유용함

3 문단

요약 : 괭이갈매기의 똥이 유용한 이유 ①

4 문단

요약 : 괭이갈매기의 똥이 유용한 이유 ②

5 문단

요약 : ☐☐☐☐☐의 똥이 유용하게 쓰이는 독도

번식지 : 동물들이 새끼를 치며 번식하는 장소

선착장 : 배가 와서 닿는 곳

토양 : 식물에 영양을 공급하여 자라게 할 수 있는 흙

분출하다 : 액체나 기체 상태의 물질이 솟구쳐서 뿜어져 나오다. 또는 그렇게 되게 하다.

화산재 : 화산에서 분출된 용암의 부스러기 가운데 크기가 4mm보다 작은 알갱이

유용하다 : 쓸모가 있다.

자원 : 인간 생활 및 경제 생산에 이용되는 원료로서의 광물, 산림, 수산물 따위를 통틀어 이르는 말

STEP Ⅱ 문단 요약하기, 문단 간의 관계 파악하기

문단을 요약하는 방법
❶ 덜 중요하거나 반복되는 내용을 지운다.
❷ 중심 문장을 선택한다.
❸ 구체적인 개념이나 세부 정보를 나타내는 단어들을 모두 포함하는 하나의 표현으로 바꾼다.
❹ 중심 문장이 뚜렷하게 나타나 있지 않다면 내용을 다시 구성하여 새 문장을 만든다.

1문단

가장 핵심이 되는 것은 괭이갈매기의 똥이므로 1문단의 핵심어는 '괭이갈매기의 똥'입니다. 독도가 괭이갈매기 똥으로 뒤덮이지 않을까 질문을 던지고 있으므로, 1문단을 요약하면 '괭이갈매기의 똥으로 인해 생길 수 있는 문제 제기'입니다.(문단 요약 ❹ 적용)

2문단

가장 많이 등장하는 말은 괭이갈매기의 똥입니다. 따라서 2문단의 핵심어는 '괭이갈매기의 똥'입니다. 괭이갈매기의 똥이 독도에서는 도움이 된다고 하고 있으므로, 2문단의 내용을 요약하면 '괭이갈매기 똥의 유용함'입니다.(문단 요약 ❸ 적용)

★ **문단 관계** 1문단에서는 괭이갈매기의 똥으로 독도에 문제가 생기지는 않을지 의문을 드러내고, 2문단에서는 1문단의 의문에 대한 대답으로 독도에서는 괭이갈매기의 똥이 유용하다고 설명하고 있어요.

3문단

가장 많이 등장하는 말은 괭이갈매기의 똥입니다. 따라서 3문단의 핵심어는 '괭이갈매기의 똥'입니다. 괭이갈매기의 똥이 독도와 그 주변 생물들에게 유용한 이유에 이야기하고 있으므로, 이러한 내용을 정리하여 3문단을 요약하면 '괭이갈매기의 똥이 유용한 이유 ① : 독도와 그 주변 생물들의 먹이가 됨.'입니다.(문단 요약 ❸ 적용)

4문단

가장 핵심이 되는 단어는 역시 괭이갈매기의 똥입니다. 따라서 4문단의 핵심이는 '괭이갈매기의 똥'입니다. 괭이갈매기의 똥이 토양을 좋게 하고 둥지를 만드는 재료가 된다고 하였으므로, 이러한 내용을 정리하여 3문단을 요약하면 '괭이갈매기의 똥이 유용한 이유 ② : 토양을 좋게 하고 둥지의 재료가 됨.'입니다.(문단 요약 ❹ 적용)

★ **문단 관계** 3, 4문단에서는 2문단에서 언급한 독도에서 괭이갈매기의 똥이 도움이 되는 이유를 구체적으로 설명하고 있어요.

5문단

가장 많이 등장하면서 핵심인 단어는 괭이갈매기의 똥입니다. 따라서 5문단의 핵심어는 '괭이갈매기의 똥'입니다. 괭이갈매기의 똥이 유용하게 쓰인다는 글 전체의 내용을 요약하고 있으므로, 이러한 내용을 압축해 정리하여 5문단을 요약하면 '괭이갈매기의 똥이 유용하게 쓰이는 독도'입니다.(문단 요약 ❷ 적용)

★ **문단 관계** 5문단에서는 2~4문단에서 언급한 독도에서 괭이갈매기의 똥이 유용하다는 것을 요약하여 정리하고 있어요.

[문단 간의 관계 파악]

- 1문단 : 괭이갈매기의 똥으로 인해 생길 수 있는 문제 제기 ─ 화제 제시
- 2문단 : 괭이갈매기 똥의 유용성
- 3문단 : 괭이갈매기의 똥이 유용한 이유 ① : 독도와 그 주변 생물들의 먹이가 됨.
- 4문단 : 괭이갈매기의 똥이 유용한 이유 ② : 토양을 좋게 하고 둥지의 재료가 됨.
  ─ 괭이갈매기 똥이 독도에서 유용한 이유 보충 설명
- 5문단 : 괭이 갈매기의 똥이 유용하게 쓰이는 독도 ─ 글쓴이의 당부

★ 이 글에서는 독도에서 괭이갈매기의 똥이 유용한 자원으로 쓰인다는 것을 설명하고 있습니다. 이러한 내용을 모두 포함하고 있는 이 글 전체의 중심 문장은 '이처럼 독도에서는 전혀 쓸모없을 것만 같은 괭이갈매기의 똥이 유용하게 쓰이고 있다.'입니다.

★ 각 문단을 요약한 것 중에서 핵심 내용을 뽑아 다시 요약하면 글 전체 내용을 요약한 것이 됩니다.

★ 1문단에서는 괭이갈매기의 똥으로 인해 생길 수 있는 문제를 제기하고, 2문단에서는 괭이 갈매기 똥의 유용성을, 3~4문단에서는 2문단의 내용을 보충하여 괭이갈매기의 똥이 유용한 이유를 설명하고 5문단에서는 괭이갈매기의 똥이 독도에서 유용하게 쓰인다는 것을 정리하고 있으므로 이 글 전체를 요약하면 '독도에서는 괭이갈매기의 똥이 유용하게 쓰인다.'입니다.

AI에게 권리를 인정해 주어야 할까?

인공 지능(Artificial Intelligence, AI)이란, 인간의 지능이 가지는 학습, 추리, 적응, 논증 따위의 기능을 갖춘, 즉 인간과 같이 사고하고 학습하고 판단하는 논리적인 방식을 사용하는 컴퓨터 프로그램을 의미한다. AI와 관련된 기술이 발달함에 따라, 이를 이용하여 피카소의 그림을 그대로 따라서 그리게 하거나, 음악을 작곡하고, 새로운 컴퓨터 프로그램을 만들어 내는 등의 작업도 활발하게 이루어지고 있다.

현재 우리나라에서는 '지식(지적) 재산권'이라 하여 '문학·예술 및 과학 작품, 연출, 예술가의 공연·음반 및 방송, 발명, 과학적 발견 등에 대한 보호 권리와 공업·과학·문학 또는 예술 분야의 지적 활동에서 발생하는 기타 모든 권리'를 보호하고 있다. 그렇다면 AI가 만든 창작물에 대한 권리는 인정하고 보호하고 있을까?

저작권법 제2조에서 저작자는 저작물을 창작한 자를 말한다고 규정하고 있다. 이를 고려하면 우리나라에서 지식 재산권을 보호받을 수 있는 것은 '저작물을 창작한 자', 즉 사람뿐이라고 보아야 한다. 하지만 일각에서는 인공 지능이 만든 저작물도 보호해 주어야 한다는 주장도 있다. 인공 지능은 기본적으로 인간이 제작하였으므로, 인공 지능 자체의 권리라기보다는 인공 지능을 제작한 사람의 권리로 보아 이를 보장하는 것이 합당하다는 것이 그들의 생각이다. 이에 반대하는 사람들은 인공 지능은 일종의 도구로, 인간처럼 독자성을 가진 존재로 보기는 어렵기 때문에 권리와 책임의 주체로 인정할 수 없다고 주장한다.

인공 지능이 다양한 창작물을 쏟아 내는 요즈음의 현실을 고려하면, 인공 지능의 창작물에 대한 권리를 둘러싼 이러한 논쟁은 이야기할 만한 가치가 있다. 인공 지능의 권리를 어디까지 인정해 주어야 할지, 지금 같이 생각해 볼 때이다.

---

1 문단
요약 : 인공 지능의 개념과 활용

2 문단
요약 : □□□□□의 적용 범위와 대상

3 문단
요약 : 인공 지능이 만든 창작물의 권리를 보호하는 것에 대한 찬성과 반대의 입장

4 문단
요약 : □□□□의 권리 보장에 대한 논의의 필요성

사고하다 : 생각하고 궁리하다.
지적 : 지식이나 지성에 관한 것
저작물 : 사상이나 기술, 연구 결과, 문예 작품 따위를 글로 써서 책으로 펴낸 것
일각 : 한쪽
합당하다 : 어떤 기준, 조건, 용도, 도리 따위에 꼭 알맞다.
독자성 : 다른 것과 구별되는 혼자만의 특유한 성질

[문단 요약]

03 다음은 2문단의 내용을 요약한 것이다. 빈칸에 들어가기에 적절한 말을 쓰시오.

> 타인의 작품, 공연, 과학적 발견 등에 대한 권리, 공업·과학·문학·예술 분야의 지적 활동에서 발생하는 권리 등은 (　　　　　　)(으)로 보호되고 있다.

[문단 간의 관계]

04 각 문단에 대한 설명으로 적절하지 <u>않은</u> 것은?

① 1문단에서는 중심 대상의 개념과 특징을 설명하고 있다.
② 2문단에서는 질문을 던지고, 3문단에서는 이에 대해 답하고 있다.
③ 4문단에서는 중심 대상에 대한 타인의 평가를 언급하고 있다.

▶ 정답과 해설 p. 40

05 다음은 윗글을 읽고 그 내용을 정리한 것이다. 빈칸에 들어가기에 적절한 말을 쓰시오.

주장	인간의 지식 재산권만을 보호해야 한다.	인공 지능의 지식 재산권도 보호해야 한다.
근거	인공 지능은 일종의 도구일 뿐, 인간과 같은 (　　　　)을/를 갖지 못하기 때문이다.	인공 지능도 기본적으로 인간이 만든 것이므로 그 권리를 보호해야 한다.

05
3문단에서 '지식 재산권'을 보호받을 수 있는 대상으로 인공 지능을 인정하는 것에 대한 찬성과 반대의 입장을 소개하고 있어요.

10 DAY

06 윗글의 내용으로 적절하지 <u>않은</u> 것은?

① 과학적 발견도 지식 재산권의 보호 범위에 포함된다.
② 인공 지능을 활용하여 피카소의 그림을 똑같이 그릴 수 있다.
③ 인공 지능은 인간처럼 생각하고 판단할 수 있는 프로그램이다.
④ 현재 우리나라에서 저작권법으로 보호를 받는 대상은 사람으로 한정되어 있다.
⑤ 전세계적으로 인공 지능을 제작한 사람들은 인공 지능이 만든 저작물에 대한 권리를 보호받을 수 있다.

06
선택지의 내용이 지문의 어느 부분에 등장하는지를 생각해 보세요.

07 윗글의 글쓴이가 글을 쓴 이유로 가장 적절한 것은?

① 저작권 보호의 중요성을 강조하기 위해서
② 인공 지능의 권리 인정에 대한 찬반 의견을 소개하고 싶어서
③ 인공 지능의 개발로 우리 생활이 달라진 점을 부각하기 위해서
④ 인공 지능과 함께 등장한 지식 재산권 규정을 설명하기 위해서
⑤ 인공 지능도 지식 재산권을 인정해 주어야 한다고 주장하기 위해서

07
글쓴이가 글을 쓴 목적은 글의 주제와 연결됩니다. 주제 의식은 보통 글의 도입부나 마지막 부분에서 제시되는 경우가 많아요.

저작권 : 예술이나 학문에 관한 책이나 작품에 대한 권리
한정되다 : 수량이나 범위 따위가 제한되어 정해지다.
제작하다 : 재료를 가지고 기능과 내용을 가진 새로운 물건이나 예술 작품을 만들다.
부각하다 : 어떤 사물을 특징지어 두드러지게 하다.
규정 : 규칙으로 정함. 또는 그 정하여 놓은 것

★ 정답은 [해설편 표지] 안쪽에 있습니다.

＊ [01~04] 제시된 글자들을 조합하여 다음 뜻풀이에 해당하는 단어를 쓰시오.

독	작	면	상
저	식	자	지
성	번	권	원

01 동물들이 새끼를 치며 번식하는 장소 (　　　　)

02 예술이나 학문에 관한 책이나 작품에 대한 권리
　　　　　　　　　　　　　　　　　　　(　　　　)

03 다른 것과 구별되는 혼자만의 특유한 성질 (　　　　)

04 인간 생활 및 경제 생산에 이용되는 원료. 광물, 산림, 수산물 따위를 통틀어 이르는 말 (　　　　)

＊ [05~08] 문맥을 고려하여 다음 문장의 빈칸에 들어가기에 알맞은 단어를 고르시오.

05
> (　　　　)에서는 그 판결의 문제를 지적하는 의견이 나오고 있었다.

① 일치　　　　② 일각　　　　③ 일정

06
> 아무리 힘들어도 극단적으로 (　　　　)하는 것은 너에게 좋지 않아.

① 구분　　　　② 사고　　　　③ 처리

07
> 배가 (　　　　)에 도착하자 그리운 동생이 보이기 시작했다.

① 선착순　　　② 선착장　　　③ 세차장

08
> 한라산은 신생대 초부터 용암을 (　　　　)하였다.

① 분노　　　　② 분류　　　　③ 분출

＊ [09~11] 다음 단어와 그 뜻풀이를 바르게 연결하시오.

09 유용하다　·　　·㉠ 어떤 사물을 특징지어 두드러지게 한다.

10 부각하다　·　　·㉡ 쓸모가 있다.

11 한정되다　·　　·㉢ 수량이나 범위 따위가 제한되어 정해지다.

＊ [12~13] 문맥을 고려하여 밑줄 친 단어의 뜻과 가장 가까운 것을 고르시오.

12
> 사람은 도구를 <u>제작하고</u> 사용할 줄 아는 동물이다.

① 갖다　　　　② 찍다　　　　③ 만들다

13
> 이 <u>토양</u>은 아주 비옥하여 식물이 잘 자란다.

① 흙　　　　② 물　　　　③ 바람

＊ [14~16] 문맥을 고려하여 다음 문장의 빈칸에 들어가기에 알맞은 단어를 고르시오.

14 (지적 / 권리) 능력을 향상하려면 독서가 가장 도움이 된다.

15 내 질문에 가장 (합당한 / 부당한) 답변을 한 사람이 면접에 통과할 수 있다.

16 사람들 사이에서 오래된 법 (규탄 / 규정)을 바꾸자는 의견이 오갔다.

✱ 독도에 살았던 바다사자, 강치

　괭이갈매기 외에 독도하면 떠오르는 동물이 하나 더 있어요. 바로 바다사자의 한 종류인 강치예요. 무리지어 생활하는 강치의 몸길이는 2.5m 가량으로, 수컷의 경우 큰 것은 몸무게가 490kg에 달하기도 한답니다. 강치는 우리나라 동해에서 살면서 북쪽으로는 러시아의 사할린 섬, 남쪽으로는 흑산도를 오가며 오징어나 물고기 등을 잡아먹고 살았어요.

　독도는 동해 한가운데에 있는 섬이기 때문에 5만 마리가 넘는 강치들의 좋은 휴식처가 되었어요. 독도 주위에는 강치가 쉬기에 좋은 바위가 많고, 따뜻한 물과 차가운 물이 뒤섞여 먹이가 풍부했거든요. 그러나 1904년부터 일본의 어부들이 강치를 무자비하게 잡아들이기 시작했어요. 이들은 강치의 가죽을 벗겨 가방을 만들고, 지방으로 기름을 짜서 팔았어요. 결국 강치의 수는 점점 더 줄어들어 1972년 독도에서 마지막으로 확인됐고, 1994년 국제자연보전연맹(IUCN)이 멸종을 선언했어요.

　이제는 우리가 독도에서 볼 수 없는 강치. 하지만 우리마저 강치에 대해 잊어서는 안 되겠죠?

여성과 남성의 역할

　㉠남성과 여성의 역할이 따로 존재할까? 과거에 남성은 무리를 이끌고 책임감이 강한 사람을, 여성은 부드럽고 순종적인 사람을 이상적이라고 여기는 고정 관념이 있었다. 하지만 여성다움과 남성다움은 고정되어 있는 것이 아니며, 문화나 시대에 따라 차이가 있다. 이것은 미국의 문화인류학자인 마거릿 미드가 남태평양 파푸아뉴기니의 '챔블리', '먼더거머', '아라페쉬'라는 세 부족을 관찰한 결과를 통해서도 알 수 있다.

　챔블리 족은 여성과 남성의 역할이 구분되어 있다. 여성들은 무거운 짐을 이고 이웃 지역과 장사를 하여 가족의 생계를 책임지며, 남자를 지배하고 이끌어 간다. 남성들은 정서적으로 여성에게 의존하며 멋을 부리고 자신을 가꾼다.

　먼더거머 족 사람들은 남자와 여자 모두 다 경쟁적이고 공격적인 성향을 보인다. 이들은 다른 사람을 배려하고 돌보는 것에는 관심이 없어, 부족 내의 아이들도 잘 돌보지 않는다. 오히려 다른 사람을 보살피거나, 경쟁을 하지 않으려 하는 사람들이 따돌림을 당하기도 한다.

　먼더거머 족 사람들과는 반대로 아라페쉬 족 사람들은 모두 다른 사람을 배려하고 평화를 사랑한다. 이들은 경쟁보다는 협동을 더 중요하게 생각하며, 남녀 구분 없이 누구나 아이를 돌보는 일을 매우 중요하게 여긴다.

　이 세 부족 외에도 성별에 대해 다른 생각을 가진 사람들은 또 있다. 아프리카의 '누에르' 족은 아이를 낳았는지 여부로 성별을 구분한다. 여자라도 아이를 낳지 않은 사람은 남자로 여긴다. 즉, 결혼한 어떤 여성이 아이를 낳지 않으면 조카들은 그녀를 '삼촌'이라고 부르며, 아이를 낳지 않은 여성들은 다른 여자와 결혼할 경우, 남편으로 인정받는다.

　파푸아뉴기니의 세 부족과 누에르 족의 생활상을 고려하면, 남성과 여성의 성 역할은 고정된 것이 아님을 알 수 있다. 즉, 사회가 요구하는 성 역할에 따라 사람들의 성 역할이 달라지는 것이다. 따라서 우리의 생각과 노력에 따라 성 역할에 대한 인식도 얼마든지 바꿀 수 있다. 우리가 여자나 남자라는 성별에 구속받지 않는다면, 나에게 숨겨진 힘과 재능을 발견할 수도 있을 것이다.

[문단 요약]

01 다음은 6문단의 내용을 정리한 것이다. 빈칸에 공통적으로 들어갈 말을 쓰시오.

> 사회가 요구하는 (　　　　)에 따라 사람들의 (　　　　)이/가 달라진다.

1 문단
요약 : □□□□에 대한 문제 제기

2 문단
요약 : 성 역할이 구분된 챔블리 족

3 문단
요약 : 남녀 모두 경쟁적이고 공격적인 먼더거머 족

4 문단
요약 : 남녀 모두 평화를 사랑하는 아라페쉬 족

5 문단
요약 : 아이를 낳았는지 여부로 성별을 구분하는 □□□□ 족

6 문단
요약 : 성 역할에 대한 고정 관념에서 벗어나야 함.

순종적 : 남의 말이나 의견 따위에 순순히 따르는. 또는 그런 것
이상적 : 생각할 수 있는 범위 안에서 가장 완전하다고 여겨지는 것
고정 관념 : 잘 변하지 아니하는, 행동을 주로 결정하는 확고한 의식이나 관념
문화인류학자 : 문화인류학(문화의 측면에서 인류 공통의 법칙성을 파악하려는 학문.)을 전문적으로 연구하는 사람
성향 : 성질에 따른 경향
협동 : 서로 마음과 힘을 하나로 합함.

▶ 정답과 해설 p. 42

[문단 간의 관계]

02 각 문단에 대한 설명으로 적절하지 <u>않은</u> 것은?

① 1문단에서는 화제를 제시하고 있다.

② 2~5문단에서는 1문단에서 언급한 화제와 관련된 구체적인 예를 들고 있다.

③ 6문단에서는 글 전체 내용을 요약하고, 전문가의 의견을 인용하고 있다.

03 윗글을 읽고 ㉠에 답하려고 한다. 빈칸에 들어가기에 적절한 말을 순서대로 쓰시오.

> 남성다움과 여성다움은 (　　　　　)(이)나 (　　　　　)에 따라 달라지므로, 고정된 것이 아니다. 따라서 남성과 여성의 역할이 따로 존재한다고 할 수 없다.

03
㉠에서는 남성과 여성의 성 역할이 각각 존재하는지에 대해 묻고 있네요. 1문단의 내용을 고려하여 빈칸에 들어가기에 적절한 말을 생각해 보세요.

04 윗글의 내용으로 적절하지 <u>않은</u> 것은?

① 과거에는 남성과 여성의 성 역할에 대한 고정 관념이 있었다.

② 챔블리 족은 남성과 여성의 역할이 구분되어 있어서 남성과 여성의 하는 일이 다르다.

③ 먼더거머 족과 아라페쉬 족 사람들의 성 역할은 크게 구분되어 있지 않고, 남성과 여성 모두 비슷한 성격이다.

④ 여성과 남성의 성 역할에 대한 인식은 문화와 시대에 따라 달라지지만, 우리가 노력한다고 해서 바꿀 수는 없다.

⑤ 파푸아뉴기니의 세 부족과 누에르 족의 생활상을 통해 사회가 요구하는 것에 따라 성 역할이 달라짐을 알 수 있다.

04
이 지문에서는 '챔블리', '먼더거머', '아라페쉬', '누에르'라는 부족의 예를 들어 여성다움과 남성다움은 고정되어 있는 것이 아니며, 문화나 시대에 따라 차이가 있다고 설명하고 있어요. 선택지의 내용이 각각 어느 문단에서 언급하고 있는 내용인지를 확인해 보세요.

05 글쓴이가 윗글을 통해 궁극적으로 말하고자 하는 바로 가장 적절한 것은?

① 성 역할에 대한 고정 관념을 유지해야 한다.

② 각 부족이 가지고 있는 고유의 문화를 인정해야 한다.

③ 시대나 문화의 변화에 따라 각 부족들이 달라져야 한다.

④ 아라페쉬 족 사람들처럼 다른 사람을 배려하고 평화를 사랑하는 사람이 되어야 한다.

⑤ 성 역할은 고정된 것이 아니므로, 성별에 구속받지 않고 나다움을 발견해 나가야 한다.

05
이 지문에서는 파푸아뉴기니의 세 부족과 누에르 족의 사례를 들고 있어요. 왜 글쓴이가 이러한 부족의 예를 들었을지 생각해 보세요. 글쓴이가 궁극적으로 말하고자 하는 바란, 글 전체의 주제를 의미하는 것이므로, 글의 주제로 적절한 선택지를 찾아 보세요.

인용하다 : 남의 말이나 글을 자신의 말이성 역할나 글 속에 끌어 쓰다.

인식 : 사물을 분별하고 판단하여 앎.

궁극적 : 더할 나위 없는 지경에 도달하는. 또는 그런 것

에어컨을 '시원하게' 틀어라

대부분의 사람들은 수학이 우리의 생활과 동떨어져 있다고 여긴다. 왜냐하면 수학이 '예' 또는 '아니오'라는 논리 구조로 설명할 수 있는 상황에만 적용된다고 생각하기 때문이다. 그래서 '멋있다', '예쁘다' 등의 주관적인 표현은 사람마다 그렇게 평가하는 기준이 다르기 때문에 수학으로 명확하게 표현하거나 증명할 수 없다고 여긴다. 하지만 1965년에 미국 버클리 대학교의 자데 교수는 모호한 것들을 수학적으로 표현하기 위해, '나쁘다'가 '0'이고 '좋다'가 '1'이라고 할 때 0과 1 사이에 '보통이다', '나름 괜찮다', '제법 괜찮다'와 같은 상대적인 중요도를 설정하고 이를 값으로 나타내었다. 즉, '나름 괜찮다'의 경우 '0.7 정도로 괜찮다'라고 표현한 것이다.

자데 교수는 이 이론을 '퍼지 이론'이라고 불렀다. 하지만 수학자들은 애매하고 모호한 것은 수학이 될 수 없다면서 퍼지 이론을 받아들이려 하지 않았다. 그런데 이 이론이 전자 제품에 응용됨에 따라 전자 제품들이 다양한 단계의 명령어를 처리할 수 있게 되었고, 현재는 이를 인정하게 되었다.

전통적인 컴퓨터 프로그램에서는 '에어컨 온도를 25℃로 설정해라.'라는 구체적인 명령어는 처리할 수 있지만, '시원하게 에어컨을 틀어라.'와 같은 명령어를 처리할 수 없었다. 그러나 에어컨에 퍼지 이론을 적용하자, '시원하게 에어컨을 틀어라.'와 같은 명령어를 처리할 수 있게 되었다.

퍼지 이론이 적용된 프로그램을 사용하는 에어컨이 작동하는 원리는 다음과 같다. 에어컨 기계 안에 들어 있는 센서를 이용하여 현재의 실내 온도를 측정하고, 이를 바탕으로 '시원하다'라는 명령의 정도를 파악한다. 현재의 실내 온도가 30℃일 때 에어컨의 설정 온도가 28℃라면, 퍼지 이론이 적용된 프로그램은 현재 사람들이 시원함을 느낄 확률을 25%로, 25℃이면 50%, 20℃이면 75%라고 여긴다. 18℃이면 대부분의 사람들이 확실히 시원함을 느끼므로 시원함을 느낄 확률을 100%라고 설정한다. 따라서 실내 온도가 30℃일 때 '시원하게 에어컨을 틀어라.'와 같은 요청을 받으면 대부분의 사람들이 시원함을 느낄 수 있는 온도인 18℃로 온도를 설정하는 것이다.

에어컨의 온도 설정뿐만 아니라, 자동차 자동 주행 시스템, 엘리베이터 운행 시스템 등 다양한 분야에서 퍼지 이론이 응용되고 있다. 수학 이론인 퍼지 이론이 우리의 생활을 편리하게 만들어 주는 것을 고려하면, 수학이 우리의 삶과 동떨어져 있지 않다는 것을 알 수 있다.

[문단 요약]

06 다음은 5문단의 내용을 정리한 것이다. 빈칸에 들어가기에 적절한 말을 쓰시오.

> 퍼지 이론과 같은 (　　　　) 이론이 우리 생활에 적용됨으로써 생활이 더욱 편리하게 되었다.

1 문단
요약 : 퍼지 이론이 등장하게 된 배경

2 문단
요약 : 전자 제품에 응용된 □ □ 이론

3 문단
요약 : 에어컨에 적용된 퍼지 이론

4 문단
요약 : 퍼지 이론이 적용된 □ □ □ 이/가 작동하는 원리

5 문단
요약 : 우리의 삶을 편리하게 해 준 수학 이론

주관적 : 자기의 견해나 관점을 기초로 하는. 또는 그런 것
설정하다 : 새로 만들어 정해 두다.
애매하다 : 희미하여 확실하지 못하다. 이것인지 저것인지 명확하지 못하여 한 개념이 다른 개념과 충분히 구별되지 못하는 일을 이른다.
모호하다 : 말이나 태도가 흐려 분명하지 않다.

[문단 간의 관계]

07 각 문단에 대한 설명으로 적절한 것은?

① 1문단에서 화제를 제시하고, 2문단에서 이를 보충하고 있다.

② 3문단에서는 질문을 던지고, 4문단에서는 이에 대해 답을 하고 있다.

③ 5문단에서는 화제에 대한 학자들의 다양한 의견을 소개하고 있다.

08 윗글의 내용으로 적절하지 <u>않은</u> 것은?

① 퍼지 이론을 만든 사람은 자데 교수이다.

② 전통적인 컴퓨터 프로그램에서는 구체적인 명령어만 처리할 수 있었다.

③ 이 세상의 모든 것은 수학으로 명확하게 표현할 수 있거나 증명할 수 있다.

④ 다양한 기술에 퍼지 이론이 응용되어 우리의 삶을 편리하게 만들어 주고 있다.

⑤ 수학자들이 퍼지 이론을 받아들이려 하지 않았던 이유는 애매한 것은 수학이 될 수 없다고 생각했기 때문이다.

08
이 지문에서는 '퍼지 이론'을 통해 일상생활과 수학의 관련성에 대해 이야기하고 있어요. 선택지에 제시된 내용이 지문의 어느 부분에서 언급되고 있는지를 먼저 확인해 보세요!

09 윗글을 읽은 후의 반응으로 적절하지 <u>않은</u> 것은?

① 퍼지 이론은 우리의 생활을 더욱 편리하게 만들어 주었구나.

② 퍼지 이론은 모호한 것을 수학으로 표현하는 것이라고 생각하면 되겠구나.

③ 주관적인 표현을 수학적으로 표현하려는 노력의 결과물이 퍼지 이론이겠구나.

④ 자동차 자동 주행 시스템, 엘리베이터 운행 시스템에도 수학 이론이 적용되는구나.

⑤ 에어컨의 온도를 구체적으로 명령함으로써 처리할 수 있게 된 것도 결국은 퍼지 이론 때문이었구나.

09
이 지문에서는 수학 이론인 퍼지 이론에 대해 설명하고, 퍼지 이론이 우리 생활 속 곳곳에 응용되고 있다고 하였어요. 글쓴이는 이를 통해 수학이 우리의 삶과 동떨어져 있지 않다고 하였지요.

10 다음은 윗글을 읽고 나서 궁금한 점이나 더 알고 싶은 점을 정리한 것이다. 적절하지 <u>않은</u> 것은?

> ㉠ 에어컨에 적용된 또 다른 수학 이론은 없는가?
> ㉡ 퍼지 이론 외에 일상생활에 적용된 수학 원리는 무엇이 있는가?
> ㉢ 에어컨 외에 퍼지 이론이 적용된 다른 사례에는 어떤 것이 있는가?
> ㉣ 퍼지 이론이 등장하게 된 이유는 무엇이고 퍼지 이론을 개발한 사람은 누구인가?

① ㉠, ㉡   ② ㉠, ㉣   ③ ㉡, ㉢   ④ ㉡, ㉣   ⑤ ㉢, ㉣

10
이 문제는 윗글을 읽고 난 후에 추가로 더 알고 싶은 내용이 아닌 것을 묻고 있습니다. 그렇다면 이미 윗글에서 설명한 내용은 추가로 더 알고 싶은 내용이 아니겠지요?

처리하다 : 사무나 사건 따위를 절차에 따라 정리하여 치르거나 마무리를 짓다.

응용되다 : 어떤 이론이나 이미 얻은 지식이 구체적인 개개의 사례나 다른 분야의 일에 적용되어 이용되다.

적용되다 : 알맞게 이용되거나 맞추어져 쓰이다.

★ 정답은 [해설편 표지] 안쪽에 있습니다.

✳ **[01~04]** 사다리 타기에 따라, 빈칸에 들어갈 단어의 뜻을 〈보기〉에서 골라 번호를 쓰시오.

〈보기〉

① 알맞게 이용되거나 맞추어져 쓰이다.
② 자기의 견해나 관점을 기초로 하는. 또는 그런 것
③ 다른 사람, 특히 윗사람의 말이나 의견 따위에 순순히 따르는. 또는 그런 것
④ 생각할 수 있는 범위 안에서 가장 완전하다고 여겨지는 것

01 (　　) 02 (　　) 03 (　　) 04 (　　)

✳ **[05~08]** 제시된 초성과 뜻풀이를 참고하여 다음 문장의 빈칸에 들어가기에 알맞은 단어를 쓰시오.

05 ㅅㅎ : 성질에 따른 경향
㉐ 그녀는 외동딸로 자라 애정을 혼자 차지하려는 (　　　)이/가 강하다.

06 ㅇㅅ : 사물을 분별하고 판단하여 앎.
㉐ 청소년들에게는 올바른 역사 (　　　)이/가 매우 중요하다.

07 ㅇㅁ하다 : 희미하여 분명하지 아니하다.
㉐ 그는 비웃음 같기도 하고 미소 같기도 한 (　　　)한 표정을 지었다.

08 ㄱㅈ ㄱㄴ : 잘 변하지 아니하는, 행동을 주로 결정하는 확고한 의식이나 관념
㉐ 그는 수학은 어렵다는 (　　　)을/를 가지고 있었다.

✳ **[09~11]** 문맥을 고려하여 다음 문장의 빈칸에 들어가기에 알맞은 단어를 고르시오.

09 문화인류학을 전문적으로 연구하는 사람을 (문화인류학자 / 문화인류주의자) 라고 한다.

10 말이나 태도가 흐려 분명하지 않은 것을 (모호하다 / 어리숙하다)라고 한다.

11 새로 만들어 정해 두는 것을 (제작하다 / 설정하다) 라고 한다.

✳ **[12~16]** 문맥을 고려하여 밑줄 친 단어의 뜻과 가장 가까운 것을 고르시오.

12
그는 일을 <u>처리하는</u> 속도가 아주 빨라서 모두가 함께 일하고 싶어 하는 사람이다.

① 애쓰다　　② 고치다　　③ 마무리하다

13
이 일을 성공적으로 해내어 부모님의 인정을 받는 것이 수현이의 <u>궁극적인</u> 목표이다.

① 출발점　　② 최종적　　③ 객관적

14
아인슈타인이 발견한 과학 이론은 지금까지도 여러 가지 기술에 <u>응용되고</u> 있다.

① 이용되다　　② 이끌리다　　③ 선택되다

15
여럿이서 함께 하나의 과제를 할 때는 모두가 배려심을 가지고 <u>협동해야</u> 한다.

① 돕다　　② 지키다　　③ 놀다

16
지선이는 말하기 대회에서 어느 유명한 심리학자의 말을 <u>인용하여</u> 자신의 주장을 펼쳤다.

① 인식하다　　② 삭제하다　　③ 가져오다

✱ 일상생활 속에 숨은 수학 원리

우리에게도 유명한 그림인 레오나르도 다빈치의 그림 〈모나리자〉가 아름다운 이유는 무엇일까요? 바로 모나리자의 얼굴에 황금비가 숨어 있기 때문입니다. 많은 사람들은 책이나 TV, 심지어 고대 유물들에서도 황금비를 찾아볼 수 있다고 주장합니다. 그렇다면 도대체 황금비가 무엇이기에 사람들이 '황금비'에 대해 이야기하는 것일까요?

▲ 황금비가 적용된 영화관의 스크린

황금비를 처음 발견한 사람은 수학자 피타고라스입니다. 그는 만물의 근원이 수에 있다고 보고 수를 통해 세상을 해석하려고 했어요. 특히 정오각형과 그 안의 꼭짓점을 이어 만든 별 모양을 연구하면서 정오각형의 짧은 변과 긴 변이 약 1:1.6의 비율을 이룬다는 사실을 발견했어요. 사람들은 이 비율이 사물을 가장 아름답고 안정적으로 나타낸다고 믿었고, 이후 수학자들의 연구를 통해 1:1.618의 비율이 황금비로 자리잡게 되었어요.

사람들은 황금비가 곳곳에 숨어있다고 생각했어요. 고대 파르테논 신전이나 비너스 상에도 황금비가 숨어 있다고 믿었어요. 그러나 이것은 사실이 아니에요. 연구 결과, 학자들은 우리가 황금비로 알고 있는 역사적 유물이나 일상의 사물들이 실제로는 황금비가 아님을 밝혀냈답니다. 황금비를 갖추었다고 사람들이 이야기하는 파르테논 신전이나 비너스 상을 정확히 측정해 보면 이와 같은 사실을 쉽게 파악할 수 있다고 해요.

이와 같이 황금비가 곳곳에 숨어 있다는 것은 사람들이 갖고 있는 대표적인 오해입니다. 그렇다고 실망할 필요는 없어요. 황금비는 그 자체로 아름다운 개념이기 때문입니다. 오히려 지금까지의 오해에서 벗어나 황금비를 있는 그대로 바라볼 때 황금비가 가진 진정한 아름다움을 느낄 수 있답니다.

▲ 아테네의 파르테논 신전

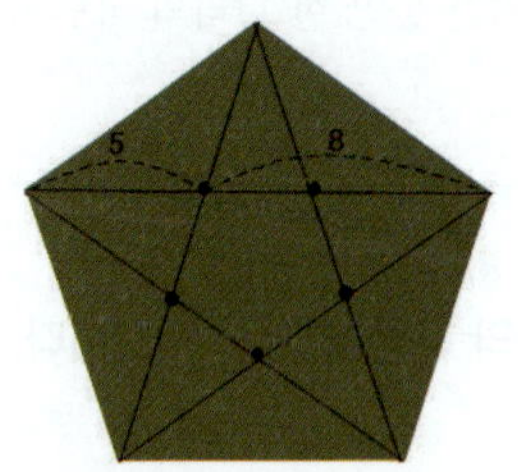

▲ 황금비를 보여주는 오각형

돈이 많으면 행복할까?

유럽 신경제재단(NEF)이 국가별로 행복 지수를 조사한 결과에 따르면 1인당 국내 총생산*이 2,000달러에도 미치지 못하는 부탄이 1위를 차지했다고 한다. 부탄에 비해 1인당 국내 총생산이 10배나 높은 우리나라는 어떨까? 전체 143개국 가운데 68위에 그쳤다고 한다. 이러한 조사 결과가 의미하는 것은 무엇일까?

주변을 돌아보면 존재하는 모든 것은 가격이 정해져 있어 무엇이든 돈으로 살 수 있을 것처럼 느껴진다. 지금 우리가 입고 있는 옷도 돈을 주고 산 것이고, 어제 저녁에 우리가 먹은 밥이나 반찬도 시장이나 마트에서 돈을 주고 사 온 쌀과 채소, 고기 등으로 만든 것이다. 이러한 상황은 우리에게 돈이 많으면 많을수록 살 수 있는 것도 많아지고, 많은 것을 사게 되면 당연히 더 행복할 것이라는 생각이 들게 한다.

세상 모든 것을 돈을 주고 살 수 있을까? 돈으로 살 수 없는 것들도 있다. 우리는 돈을 주고 책을 살 수 있다. 하지만 시간과 노력을 들여 책을 읽지 않으면 책 속의 지식을 우리의 것으로 만들 수는 없다. 친구와의 우정도 마찬가지이다. 친구와 함께 공원에 놀러간 시간, 함께 시험공부를 한 시간들은 돈으로 살 수 없다. 이를 고려하면 돈이 많다고 무조건 행복하다고 보기는 어렵다.

학교에서 공부를 하는데 지우개가 없어 연필로 쓴 글씨를 지울 수 없는 상황이었지만, 집에 가는 길에 지우개를 사서 잘못 쓴 글씨를 지웠다고 생각해 보자. 깨끗해진 공책을 보면 기분이 좋아질 것이다. 하지만 그 순간이 지나면 현재의 상태에 대해 별다른 생각이 없게 된다. 그 기분을 계속해서 느끼기는 어렵기 때문이다. 계속해서 더 새로운 물건, 더 비싼 물건을 사도, 기쁨은 순간일 뿐이다. 즉, ＿＿＿＿＿＿＿＿＿ ⓒ ＿＿＿＿＿＿＿

그렇다면 행복하려면 어떻게 해야 할까? 내가 정말로 원하는 것은 무엇인지, 언제 내가 행복을 느끼는지를 파악해야 한다. 마구잡이로 물건을 구매하는 것이 아니라, 차분히 계획을 세우고 용돈을 모아 내가 원하는 물건을 사면, 그 물건은 나에게 그 물건이 가진 값어치 이상의 가치를 갖게 된다. 또 시간과 노력을 들여 내가 원하는 바를 이루게 되면 우리는 진짜 행복을 느낄 수 있다. 이렇게 본다면 행복은 결코 돈과 비례하지 않는다는 것을 깨닫게 된다.

* 국내 총생산 : 일정 기간 동안 한 나라의 국민이 생산한 재화와 용역의 가치의 총액에서 해외로부터의 순소득을 뺀 것

---

1 문단
요약 : 국가별 행복 지수 조사 결과에 대한 문제 제기

2 문단
요약 : ☐이/가 많으면 행복할 것이라는 생각

3 문단
요약 : 돈이 많다고 행복하다고 보기는 어려움.

4 문단
요약 : 돈으로 얻을 수 있는 행복의 한계

5 문단
요약 : ☐☐은/는 돈과 비례하지 않음.

행복 지수 : 자신이 얼마나 행복한가를 스스로 측정하는 지수
차지하다 : 사물이나 공간, 지위 따위를 자기 몫으로 가지다.
비례하다 : 한쪽의 양이나 수가 증가하는 만큼 그와 관련 있는 다른 쪽의 양이나 수도 증가하다.

[문단 요약]

01 다음은 5문단의 내용을 정리한 것이다. 빈칸에 들어가기에 적절한 말을 쓰시오.

> (　　　　　)은/는 결코 돈과 비례하지 않는다.

02 각 문단에 대한 설명으로 적절하지 <u>않은</u> 것은?

① 1문단에서는 통계 자료를 제시하여 독자의 흥미를 유발하고 있다.

② 2문단에서는 보통 사람들의 생각과 학자들의 생각을 비교하고 있다.

③ 3문단과 5문단에서는 질문을 던지고 답을 하는 방식으로 내용을 전개하고 있다.

03 윗글을 읽고 빈칸에 들어가기에 적절한 말을 순서대로 쓰시오.

> 사람들은 (   )이/가 많으면 많을수록 살 수 있는 것이 더 많아져서 당연히 행복할 것이라고 생각한다. 그러나 세상에는 지식, 우정처럼 돈을 주고 살 수 없는 것들도 많기 때문에 돈이 많다고 무조건 (   )하다고 보기는 어렵다.

03

이 지문에서는 행복과 돈이 비례하지 않는다면서 진정으로 행복하기 위해서는 자신이 정말로 원하는 것이 무엇이고, 언제 행복을 느끼는지를 파악해야 한다고 하였습니다.

04 문맥을 고려할 때, ㉠에 들어갈 내용으로 가장 적절한 것은?

① 돈으로 얻을 수 있는 행복에는 한계가 있다.

② 세상에 존재하는 모든 것은 돈으로 살 수 있다.

③ 이것이야 말로 사람들이 물건을 사지 않고 저축을 하려고 하는 이유이다.

④ 심리학자들은 행복이란 '불편이 제거되었을 때 생기는 순간적인 감정'이라고 말한다.

⑤ 행복 지수를 조사한 결과, 가난한 나라의 국민들이 부유한 나라의 국민들보다 훨씬 더 행복을 느끼는 이유가 바로 여기에 있다.

04

앞의 내용과 자연스럽게 이어지는 문장을 찾는 문제입니다. 앞 부분의 내용을 떠올리며 자연스럽게 이어지는 문장을 찾아 보세요.

05 다음은 윗글을 읽은 학생들이 행복에 대해 발표한 것이다. 글쓴이의 생각과 가장 유사한 학생은?

① 정우 : 자본주의 사회에서 살아가려면 돈이 많아야 행복할 수 있습니다.

② 준영 : 사람은 원하는 물건을 사고 원하는 음식을 먹을 때 가장 행복합니다.

③ 주혁 : 저에게 행복이란, 물질적 · 정신적으로 풍요로운 상태를 의미합니다.

④ 성준 : 저는 열심히 공부해서 경제적으로 안정된 직장에 들어가면 행복할 것이라고 생각합니다.

⑤ 민경 : 저는 시간과 노력을 들여 제가 원하는 일을 이루어서 성취감을 느꼈을 때 가장 행복합니다.

05

이 지문의 마지막 문단에 글쓴이의 생각이 가장 잘 드러나 있습니다. 마지막 문단을 고려하여 여러 학생 가운데 글쓴이의 행복에 대한 견해와 유사한 생각을 가진 학생을 골라 보세요.

한계 : 사물이나 능력, 책임 따위가 실제 작용할 수 있는 범위. 또는 그런 범위를 나타내는 선

제거되다 : 없어지게 되다.

자본주의 : 생산 수단을 자본으로서 소유한 자본가가 이윤 획득을 위하여 생산 활동을 하도록 보장하는 사회 경제 체제

성취감 : 목적한 바를 이루었다는 느낌

미래의 식량, 곤충

유엔 식량 농업 기구가 우수한 미래 식량으로 곤충을 꼽았다. 그 이유는 무엇일까? 바로 멀지 않은 미래에 우리가 맞게 될 식량난 때문이다. 현재 세계의 인구 증가 추세를 고려하면, 2050년쯤에는 세계 인구가 90억 명을 훌쩍 뛰어넘게 된다고 한다. 하지만 인구가 증가한다고 경지나 식량이 늘어나는 것도 아니기 때문에 인류는 식량난을 맞이할 확률이 높다. 그래서 유엔 식량 농업 기구가 지구에 많이 존재하는 곤충을 식량난을 해결할 수 있는 미래 식량으로 꼽은 것이다.

또 하나의 중요한 이유로는 지구 온난화를 들 수 있다. 인류가 맞이한 심각한 환경 문제 중 하나인 지구 온난화가 심해지는 데에 소가 큰 역할을 한다. 소는 소화를 할 때 방귀를 끼거나 트림을 하는데, 소의 방귀와 트림 속의 메탄가스가 지구 온난화를 심화시킨다. 소에게서 발생한 메탄가스가 전체 온난화 요인의 약 18%를 차지할 정도라고 한다. 식량 연구자들은 이 같은 이유 때문에 미래에는 쇠고기를 통해 단백질을 얻는 대신, 곤충을 통해 단백질을 섭취하는 것이 바람직하다고 본다.

그렇다면 곤충에 쇠고기를 대체할 만큼의 충분한 영양소가 있을까? 곤충은 단백질을 포함하여 지방, 아미노산, 섬유소, 칼슘, 철, 아연 등의 다양한 영양분을 골고루 갖췄다. 대표적인 식용 곤충인 딱정벌레 유충에 함유된 영양분과 쇠고기의 영양분을 비교하면, 100g의 쇠고기에는 27.4g, 같은 양의 딱정벌레 유충에는 28.2g의 아미노산이 함유되어 있다. 또 딱정벌레 유충에는 단백질과 비타민, 무기질이 쇠고기나 생선과 비슷한 비율로 함유되어 있다. 즉, 곤충은 영양가 면에서 쇠고기와 비슷하거나 오히려 더 우수하다. 게다가 곤충은 사육하기도 쉽고 빨리 자라기 때문에 소를 키우는 것에 비해 시간이 적게 걸리고, 같은 양의 사료를 먹어도 소에 비해 이를 단백질로 전환하는 비율이 훨씬 높다.

훌륭한 영양소를 갖춘 곤충이 미래의 식량이 되기 위해서는 무엇보다 곤충을 먹는 것에 대한 우리의 거부감을 줄여야 한다. 문화적으로 곤충을 먹는 것이 익숙한 나라가 있는 것을 생각해 보면, 식용 곤충에 대한 거부감은 단순히 인식의 문제라는 것을 알 수 있다. 우리나라에서도 메뚜기를 간식으로 먹기도 했고, 놀이공원이나 일부 식당에서는 현재 번데기 요리를 팔고 있다. 미래의 환경과 인류를 위해 식용 곤충에 대해 조금씩 긍정적으로 생각해 보아야 할 때이다.

[문단 요약]

06 다음은 1문단의 내용을 정리한 것이다. 빈칸에 들어가기에 적절한 말을 쓰시오.

> 유엔 식량 농업 기구에서는 우수한 미래 식량으로 (   )을/를 꼽았다.

1 문단
요약 : 미래의 식량난을 해결할 수 있는 ☐☐

2 문단
요약 : 지구 온난화를 해결할 수 있는 곤충

3 문단
요약 : 영양가가 풍부한 곤충

4 문단
요약 : ☐☐ 곤충에 대한 거부감 개선

추세 : 어떤 현상이 일정한 방향으로 나아가는 경향
식량난 : 식량이 모자라서 생기는 어려움
경지 : 농사를 지을 수 있는 땅
식용 : 먹을 것으로 씀. 또는 그런 물건
유충 : 알에서 나온 후 아직 다 자라지 아니한 벌레
함유되다 : 물질에 어떤 성분이 포함되어 있다.
전환하다 : 다른 방향이나 상태로 바꾸다.

07 각 문단에 대한 설명으로 적절하지 <u>않은</u> 것은?

① 1문단과 2문단에서는 유엔 식량 농업 기구가 미래 식량으로 곤충을 꼽은 이유를 설명하고 있다.

② 3문단에서는 질문을 던지고 이에 대해 답을 하고 있다.

③ 4문단에서는 구체적인 근거를 들어 3문단의 내용을 반박하고 있다.

08 윗글을 읽고 다음 질문에 답하려고 한다. 빈칸에 들어가기에 적절한 말을 순서대로 쓰시오.

> **질문** : 유엔 식량 농업 기구가 우수한 미래 식량으로 곤충을 꼽은 이유는 무엇일까?

↓

> **답** : 미래의 (   ) 문제를 해결하고 소가 만들어 내는 메탄가스로 심화된 (   ) 문제를 해결하기 위해서

08
이 지문에서는 유엔 식량 농업 기구가 인류의 미래를 책임질 식량으로 곤충을 꼽은 이유를 설명하고 있어요. 1, 2문단의 내용을 고려하여 빈칸에 들어가기에 적절한 말을 생각해 보세요.

09 윗글의 내용으로 적절하지 <u>않은</u> 것은?

① 곤충은 소와 돼지에 비해 사육하기가 어렵다.

② 어떤 나라의 사람들은 곤충을 먹는 것에 대해 거부감이 없다.

③ 소의 방귀와 트림 속 메탄가스가 지구 온난화를 심화시키기도 한다.

④ 같은 양의 소고기와 딱정벌레 유충의 영양소를 고려하면, 딱정벌레 유충이 더 우수한 부분이 있다.

⑤ 2050년쯤에 식량 부족 문제가 일어나는 이유는 세계 인구가 90억 명을 훨씬 넘게 되는 것과 관련이 있다.

09
선택지에 제시된 내용이 이 지문의 어느 부분에서 설명하고 있는 내용인지를 생각해 보세요!

10 다음 중 글쓴이가 궁극적으로 주장하는 바로 가장 적절한 것은?

① 돼지고기에는 쇠고기를 대체할 만큼의 충분한 영양소가 함유되어 있다.

② 곤충에 대한 거부감을 줄이고, 식용 곤충에 대해 긍정적으로 생각해야 한다.

③ 지구 온난화의 원인으로 소가 큰 역할을 하기 때문에 소 사육을 줄여야 한다.

④ 곤충은 사육하기도 쉽고 늦게 자라기 때문에 소보다는 곤충을 사육해야 한다.

⑤ 미래의 식량난을 해결하기 위해서 곤충을 이용한 음식 개발을 서둘러야 한다.

10
글쓴이가 궁극적으로 주장하는 것은 결국 글쓴이가 글을 통해 읽는 사람에게 전달하고자 한 메시지, 즉 주제라고 볼 수 있어요. 4문단의 내용을 고려하여 문제를 풀어 봅시다.

반박하다 : 어떤 의견, 주장, 논설 따위에 반대하여 말하다.
사육하다 : 어린 가축이나 짐승이 자라도록 먹이어 기르다.
거부감 : 어떤 것에 대해 받아들이고 싶지 않거나 물리치고 싶은 느낌

★ 정답은 [해설편 표지] 안쪽에 있습니다.

※ [01~05] 문맥을 고려하여 밑줄 친 단어의 뜻풀이를 〈보기〉에서 찾아 번호를 쓰시오.

〈보기〉
① 농사를 지을 수 있는 땅
② 물질에 어떤 성분이 포함되어 있음.
③ 식량이 모자라서 생기는 어려움
④ 알에서 나온 후 아직 다 자라지 아니한 벌레
⑤ 먹을 것으로 씀. 또는 그런 물건

01 이 곳은 물을 끌어오기가 쉬워서 <u>경지</u>로 이용하기에 적당하다. (　　　)

02 굼벵이는 매미의 <u>유충</u>이다. (　　　)

03 종교적인 이유로 인도에서는 소의 <u>식용</u>이 금지되고 있다. (　　　)

04 무기질이 <u>함유</u>된 식품을 먹으면 뼈의 성장에 도움이 된다. (　　　)

05 피난길에 오른 난민들은 심각한 <u>식량난</u>을 겪고 있었다. (　　　)

※ [06~09] 문맥을 고려하여 다음 문장의 빈칸에 들어가기에 알맞은 단어를 고르시오.

06 사물이나 능력, 책임 따위가 실제 작용할 수 있는 범위를 (한계 / 경계)라고 한다.

07 한쪽의 양이나 수가 증가하는 만큼 그와 관련 있는 다른 쪽의 양이나 수도 증가하는 것을 (비례하다 / 반사하다)라고 한다.

08 어떤 의견, 주장, 논설 따위에 반대하여 말하는 것을 (반박하다 / 반복하다)라고 한다.

09 목적한 바를 이루었다는 느낌을 (성취감 / 좌절감) 이라고 한다.

※ [10~13] 다음 단어와 그 뜻풀이를 바르게 연결하시오.

10 사육하다 ・

11 행복 지수 ・

12 거부감 ・

13 제거되다 ・

・㉠ 어떤 것에 대해 받아들이고 싶지 않거나 물리치고 싶은 느낌

・㉡ 어린 가축이나 짐승이 자라도록 먹이어 기르다.

・㉢ 없어지게 되다.

・㉣ 자신이 얼마나 행복한가를 스스로 측정하는 지수

※ [14~17] 〈보기〉에 제시된 초성과 뜻풀이를 참고하여 다음 문장의 빈칸에 들어가기에 알맞은 단어를 쓰시오.

〈보기〉
• ㅊㅈ하다 : 사물이나 공간, 지위 따위를 자기 몫으로 가지다.
• ㅈㅂㅈㅇ : 생산 수단을 자본으로서 소유한 자본가가 이윤 획득을 위하여 생산 활동을 하도록 보장하는 사회 경제 체제
• ㅊㅅ : 어떤 현상이 일정한 방향으로 나아가는 경향
• ㅈㅎ하다 : 다른 방향이나 상태로 바꾸다.

14 요즘 사람들은 혼자서 밥을 먹거나 취미 생활을 하는 등 혼자만의 시간을 즐기는 (　　　)이다.

15 영호는 욕심이 많아서 동생 몫의 빵까지 혼자서 모두 (　　　)하려 했다.

16 (　　　) 국가에서는 개인이 자유롭게 생산 활동을 할 수 있도록 한다.

17 그렇게 하루아침에 태도를 (　　　)하다니, 내가 널 어떻게 대해야 할지 모르겠구나.

✳ 또 다른 미래 식량

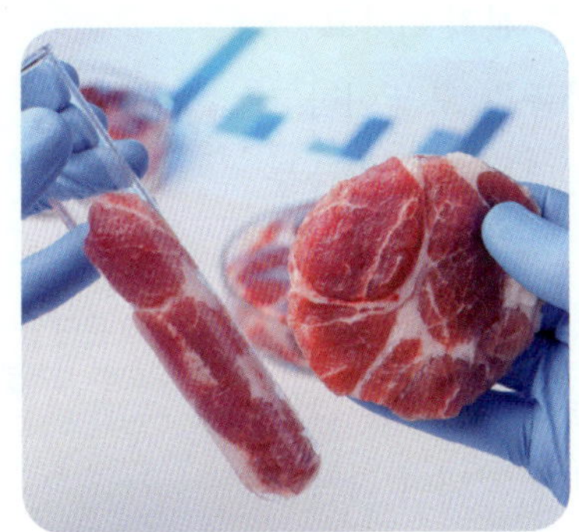

▲ 배양 고기

'배양 고기'는 실제 가축에서 얻은 고기가 아니라 실험실에서 키운 고기를 가리켜요. 실험실에서 만든 고기인 것이지요! 근육 줄기세포는 근육을 이루는 다양한 세포를 만들어 내는데, 배양 고기를 만들 때 이 세포를 이용해요. 소의 근육 조직에서 근육 줄기세포를 분리한 후, 근육 줄기세포를 틀에 고정시키고 전기 충격을 줘서 근육을 만들게 해요. 이렇게 만들어진 근육 조직들을 뭉치면 고기 덩어리가 되는 것이죠!

소 한 마리에서 얻은 근육 조직으로 약 1억 7500만 개의 햄버거 패티를 만들 수 있다고 해요. 일반 소의 고기로 패티를 이만큼 만들려면 소 44만 마리가 필요하다고 하니, 배양 고기가 아주 효율적이라고 할 수 있겠죠?

▲ 스피루리나

풍부한 단백질과 다양한 비타민, 미네랄까지 70여 가지 영양소가 균형 있게 함유되어 있는 세균이 있어요. 바로 스피루리나입니다. 스피루리나는 남세균의 일종인데, 식물처럼 광합성을 통해 산소를 만들어요. 스피루리나에는 녹색 빛을 내는 엽록소가 많이 함유되어 있기 때문에 스피루리나 역시 녹색 빛을 띠어요.

이와 같은 스피루리나의 원재료는 아프리카와 중남미 지역에서 많이 자라는데, 자연산은 품질 관리가 잘 안 되고 환경 오염 물질들과 섞일 수도 있대요. 그래서 인공적으로 배양한 것이 더 낫다는 평가도 있답니다. 이제 세균까지 인공적으로 배양해서 영양제로 섭취하는 시대가 온 것입니다.

위작과 모작의 차이점

우리가 알고 있는 유명한 그림은 세상에 딱 1개만 존재할까? 예로부터 거장이나 스승의 작품을 본떠서 그리는 것은 미술가들의 일반적인 훈련 방법이었기 때문에, 우리가 알고 있는 유명한 그림들도 여러 점이 존재할 수 있다. 본래의 그림을 '본작'이라고 하고, 취미 또는 연습용으로 타인이 만든 작품을 그대로 본떠서 만든 작품을 '모작'이라고 한다. 한편 '위작'은 의도를 가지고 다른 작가가 만든 작품을 그대로 본떠서 만든 작품을 말한다.

실제로 스페인의 한 미술관에 있던 '모나리자'는 다빈치의 견습생이나 조수가 보고 그린 그림이라는 증거를 통해 모작이라는 것이 밝혀지기도 했다. 이는 모나리자를 그린 레오나르도 다빈치가 활동하던 르네상스 시대에는 스승과 제자가 함께 지내며 작품을 제작하는 일이 흔했기 때문에 일어난 일이다. 그렇다면 모작과 위작은 같은 선상에 놓고 평가해도 괜찮을까?

결론적으로 말하자면 '아니다.'이다. 젊은 화가가 있다고 하자. 이 화가가 거장의 화풍을 배울 목적으로 그의 작품을 따라 그렸다면 이 작품은 아직까지는 모작이다. 갑자기 가난해진 젊은 화가가 돈을 벌기 위해 그 작품을 다른 사람에게 팔았다면, 이 작품은 바로 위작이 된다. 그러나 이 화가가 작품을 팔기 전에 다른 사람에게 그 작품이 진품이 아니라 자신이 거장의 작품을 따라 그린 것이라는 사실을 설명했다면, 그 작품은 다시 위작이 아니라 모작이 된다.

사실 위작을 만드는 것은 쉽지 않은 일이다. 모작은 그 작품을 그린 화가와 그 작품을 산 사람만 보지만, 위작은 그 작품을 본작으로 속아서 산 사람뿐만 아니라, 그 작품이 진짜 본작인지를 분별하는 평론가, 연구원 등이 다 보게 되기 때문이다. 따라서 위작을 그리려면 모작을 그리는 것에 비해 본작과 같은 재료를 선택하는 등의 많은 기술력이 필요하다.

예술에 대해 잘 모르는 사람들에게 모작과 위작의 차이는 그리 크지 않을 수 있다. 그러나 어떤 그림이 경제적 이익을 얻기 위한 의도로 그려진 가짜 그림이라면, 이는 모작이 아닌 위작이라고 비판받을 수밖에 없다.

---

1 문단
요약 : 본작과 모작, □□의 개념

2 문단
요약 : 모작을 그리는 것이 흔했던 르네상스 시대

3 문단
요약 : 모작과 위작의 차이

4 문단
요약 : 위작을 만들기 어려운 이유

5 문단
요약 : 위작이 □□ 받는 이유

거장 : 예술, 과학 따위의 어느 일정 분야에서 특히 뛰어난 사람
견습생 : 실무를 배워 익히면서 일하는 사람
선상 : 어떤 상태에 있음을 이르는 말
화풍 : 그림을 그리는 방식이나 양식
분별하다 : 서로 다른 일이나 사물을 구별하여 가른다.

---

01 [문단 요약]

다음은 5문단의 내용을 요약한 것이다. 빈칸에 들어가기에 적절한 말을 쓰시오.

> 경제적 이익을 얻기 위해 의도적으로 (　　　　)을/를 그리면 비판을 받게 된다.

02 각 문단에 대한 설명으로 적절하지 <u>않은</u> 것은?

① 1문단에서는 앞으로 이야기할 중심 대상을 제시하고 있다.

② 2문단에서는 질문을 던지고, 이에 대한 답을 3문단에서 제시하고 있다.

③ 5문단에서는 4문단에서 언급한 내용을 구체적인 예를 들어 보충하고 있다.

03 윗글을 읽고 빈칸에 들어가기에 적절한 말을 쓰시오.

> 타인의 작품을 그대로 본떠서 작품을 만들더라도 취미 또는 연습용으로 만들면 그것은 (   )이/가 되고, 경제적 이익을 얻으려는 의도를 가지고 만들면 위작이 된다.

03
해당 내용이 지문의 어느 부분에 나오는지를 떠올리면 금방 정답을 찾을 수 있어요. 1문단에서 '본작', '위작', '모작'의 개념을 설명하고 있네요.

04 윗글의 내용으로 가장 적절한 것은?

① 모작과 위작은 같은 개념으로 쓰일 수 있다.

② 예술을 잘 모르는 사람도 위작과 모작을 구분할 수 있다.

③ 위작을 사는 사람들은 그 작품을 본작으로 알고 사는 것이다.

④ 위대한 스승의 작품을 따라 그린 것이 위작이라고 비판받기도 한다.

⑤ 스페인의 한 미술관에 있던 '모나리자'는 이익을 얻기 위한 목적으로 만든 모작이었다.

04
2, 3문단에서는 위작과 모작의 차이를 예를 들어 설명하고 있고, 4문단에서는 위작을 그리기가 어려운 이유를 설명하고 있어요. 지문의 세부적인 내용을 다르게 언급하고 있을 수도 있으니, 꼼꼼하게 살펴보도록 해요.

05 〈보기〉는 윗글의 내용을 요약한 것이다. ㉮의 내용으로 가장 적절한 것은?

> ─〈보기〉─
> 위작을 만드는 것은 어려운 일이다. 왜냐하면 _____㉮_____ .

① 위작은 본작에 담긴 특징을 똑같이 구현해야 하기 때문이다.

② 위작은 본작과 다른 점을 작품 안에 나타내야 하기 때문이다.

③ 평론가나 연구원의 판단에 따라 작품의 가치가 달라지기 때문이다.

④ 위작이 본작보다 더 큰 명성을 거둘 수 있도록 만들어야 하기 때문이다.

⑤ 작품을 사는 사람들이 위작과 모작을 헷갈리지 않도록 해야 하기 때문이다.

05
〈보기〉는 4문단의 중심 내용을 요약한 것입니다. 4문단에서 위작을 만드는 것이 왜 어렵다고 했는지를 잘 살펴보세요.

개념 : 어떤 사물이나 현상에 대한 일반적인 지식

구현하다 : 어떤 내용을 구체적인 사실로 나타나게 하다.

평론가 : 사물의 가치, 우열, 선악 따위를 평가하여 논하는 일을 전문으로 하는 사람

명성 : 세상에 널리 퍼져 평판 높은 이름

사람도 새의 독감에 걸릴 수 있을까?

독감을 '독한 감기' 정도로 알고 있는 사람들이 많다. 그러나 사실 독감과 감기는 원인과 증상이 다른 각각의 병이다. 감기는 200여 개 이상의 서로 다른 종류의 바이러스가 일으키는 병이지만, 독감은 인플루엔자 바이러스가 폐에 침투해 일으키는 급성 호흡기 질환이다. 이 때문에 독감은 심할 경우 폐렴이나 천식 등 다른 병으로 이어져 독감이 걸린 환자의 생명을 위협할 수도 있다.

독감을 일으키는 인플루엔자 바이러스는 A, B, C 세 종류로 구분되며, 여러 종의 단백질 껍데기로 둘러싸여 있다. 매년 단백질 껍데기의 조합이 달라져서 새로운 종류의 바이러스가 만들어지고, 이 때문에 우리는 매년 독감 예방 주사를 맞아야 한다. 한편 인플루엔자 바이러스 중 A형 바이러스는 겉껍데기가 자주 달라지기 때문에 미리 알고 대처하기가 어렵다. 이 때문에 A형 바이러스가 종종 전 세계적으로 확산되어 독감을 유행시키고 수많은 사망자를 내는 경우도 있다.

그럼 사람만 독감에 걸릴까? 사람뿐만 아니라, 닭이나 오리와 같은 조류도 이 A형 바이러스를 통해 독감에 걸릴 수 있다. 다만 조류 인플루엔자 바이러스는 조류에게만, 사람 인플루엔자 바이러스는 사람에게만 감염을 일으키는 것으로 알려져 왔기 때문에 대부분의 사람들은 사람의 독감과 조류의 독감을 분리해서만 생각했다.

하지만 1997년 홍콩에서 사람이 조류 인플루엔자 바이러스의 변종에 감염되어 사망하는 사건이 발생하면서, 조류 사이에서만 전염이 가능하다고 여겨졌던 조류 인플루엔자 바이러스가 변이를 일으켜 사람에게도 전염될 수 있다는 사실이 밝혀졌다. 이에 따라 전문가들은 인간이 조류 인플루엔자 바이러스에 감염되고, 이것이 사람들 사이에서 전파될 가능성이 있다는 점에 주목하고 있다. 아직까지는 사람들끼리 조류 인플루엔자 바이러스를 옮긴 사례는 없지만, 어떤 바이러스가 언제, 어떻게 변이를 일으킬지는 아무도 예측할 수가 없기 때문이다.

우리는 독감에 걸리는 것을 막기 위해 예방 접종을 하고는 있지만 100% 독감을 예방하지는 못하고 있는 상황이다. 따라서 면역력이 떨어지기 쉬운 겨울에는 영양가 있는 음식, 비타민C가 풍부한 과일을 잘 챙겨 먹고 집에 돌아오자마자 손발을 씻고 양치를 하는 등의 위생 관리를 해야 하며, 규칙적인 운동을 통해 체력을 기르는 것이 독감을 막는 최선의 방법이라고 할 수 있다.

1 문단
요약 : 독감과 감기의 개념

2 문단
요약 : 독감의 원인인 인플루엔자 바이러스의 종류

3 문단
요약 : ☐☐ 인플루엔자 바이러스와 조류 독감

4 문단
요약 : 인간에게도 전염될 수 있는 조류 인플루엔자 바이러스

5 문단
요약 : 독감을 ☐☐하는 방법

침투하다 : 세균이나 병균 따위가 몸속에 들어오다.
대처하다 : 어떤 정세나 사건에 대하여 알맞은 조치를 취하다.
확산되다 : 흩어져 널리 퍼지게 되다.
변종 : 같은 종류의 생물 가운데 변이가 생겨서 성질과 형태가 달라진 종류
변이 : 같은 종에서 성별, 나이와 관계없이 모양과 성질이 다른 개체가 존재하는 현상
면역력 : 외부에서 들어온 병원균에 저항하는 힘

[문단 요약]
06 다음은 3문단의 내용을 요약한 것이다. 빈칸에 들어가기에 적절한 말을 쓰시오.

> 사람뿐만 아니라, 조류도 인플루엔자 바이러스를 통해 ( )에 걸린다.

[문단 간의 관계]

07 각 문단에 대한 설명으로 가장 적절한 것은?

① 1문단과 2문단에서는 서로 반대되는 내용을 다루고 있다.

② 4문단에서는 3문단의 내용을 반박하면서 새로운 가능성을 언급하고 있다.

③ 5문단에서는 1~4문단의 내용을 요약하고 있다.

08 윗글을 읽고 빈칸에 들어가기에 적절한 말을 쓰시오.

> 독감은 감기와 달리 세 종류의 (   )(으)로 인해 나타나는 급성 호흡기 질환이다.

08
중심 대상인 '독감'의 개념을 다루고 있네요. 1문단에서 감기와 비교하여 독감이 무엇인지를 설명하고 있어요.

09 윗글에 언급된 내용으로 적절하지 <u>않은</u> 것은?

① 독감을 예방하기 위한 생활 습관

② 독감을 일으키는 바이러스의 종류

③ 인간이 인플루엔자 바이러스에 감염된 사례

④ A형 바이러스가 전 세계적으로 확산되는 이유

⑤ 조류 인플루엔자 바이러스가 변이를 일으키는 방법

09
선택지에서 언급하고 있는 개념이 지문의 어느 부분에 나오는지를 먼저 확인해 보세요. '독감'은 지문 전체적으로, 'A형 바이러스'는 2문단과 3문단에서, '변이'는 4문단에서 언급되고 있어요.

10 윗글을 읽고 난 후의 반응으로 가장 적절한 것은?

① 조류 인플루엔자 바이러스는 조류 사이에서만 전염되는구나.

② 감기와 독감은 원인과 증상이 같다는 점에서 비슷한 질병이구나.

③ 사전에 독감 예방 접종을 하면 독감을 100% 예방할 수 있겠구나.

④ 조류 인플루엔자 바이러스의 변이 시기와 형태는 예측할 수가 없구나.

⑤ 닭, 오리와 같은 조류는 사람과 달리 A형 바이러스를 통해 독감에 걸리는구나.

10
지문의 세부적인 내용을 틀리게 설명하는 경우가 많으니, 지문의 내용과 선택지의 내용이 일치하는지를 꼼꼼히 살펴보세요.

반박하다 : 어떤 의견, 주장, 논설 따위에 반대하여 말하다.

감염되다 : 병원체인 미생물이 동물이나 식물의 몸 안으로 들어와 증식되다.

전염되다 : 병이 남에게 옮다.

사전 : 일이 일어나기 전. 또는 일을 시작하기 전

★ 정답은 [해설편 표지] 안쪽에 있습니다.

*** [01~02]** 제시된 초성을 바탕으로 다음 뜻풀이에 해당하는 단어를 쓰시오.

01 ㄷㅊ하다 : 어떤 정세나 사건에 대하여 알맞은 조치를 취하다. (　　　　)

02 ㅂㅂ하다 : 서로 다른 일이나 사물을 구별하여 가르다. (　　　　)

*** [03~05]** 문맥을 고려하여 다음 문장의 빈칸에 들어가기에 알맞은 단어를 〈보기〉에서 찾아 쓰시오.

〈보기〉
사전　선상　거장

03 그는 항상 (　　　　)에 계획을 세우는 편이다.

04 그 감독은 이번 영화로 세계적인 (　　　　)(으)로 불리게 되었다.

05 우리의 인생은 그때까진 같은 (　　　　)에 있었다.

*** [06~08]** 문맥을 고려하여 밑줄 친 단어의 뜻과 가장 가까운 것을 고르시오.

06
세균이 <u>침투하여</u> 손톱 주위가 빨갛게 부어올랐다.

① 유도하다　② 나아가다　③ 들어오다

07
그의 행동은 우리 사회의 정의를 <u>구현하는</u> 방법이었다.

① 나타내다　② 경고하다　③ 경신하다

08
가뭄으로 인한 피해가 전국적으로 <u>확산되고</u> 있다.

① 꺼지다　② 퍼지다　③ 밑지다

*** [09~12]** 문맥을 고려하여 다음 문장의 빈칸에 들어가기에 알맞은 단어를 고르시오.

09
그는 손재주가 뛰어나기로 (　　　　)이/가 자자했다.

① 지성　② 구성　③ 명성

10
그 산불은 (　　　　)이/가 너무 빨라서 끄는 것이 힘들었다.

① 예방　② 확산　③ 상승

11
그 바이러스에 한 번 (　　　　)되면 몸을 치료하는 데에 두 달이 넘게 걸린다.

① 감염　② 감정　③ 감지

12
수학 공부를 하면서 이전에 몰랐던 새로운 (　　　　)을/를 익히게 되었다.

① 경로　② 개념　③ 예측

*** [13~17]** 문맥을 고려하여 다음 문장의 빈칸에 들어가기에 알맞은 단어를 고르시오.

13 다른 사람을 향해 재채기를 하면 바이러스가 (전염 / 전복)될 위험이 있다.

14 평소 규칙적으로 운동한 그는 병에 대한 (감염력 / 면역력)이 높다.

15 스승님의 오랜 가르침을 통해 민서는 스승의 (화풍 / 화질)을 이어받게 되었다.

16 외국에서 들어온 (변종 / 부종) 동물들 때문에 대한민국의 생태계에 교란이 일어났다.

17 그 감독의 영화는 (평론가 / 감정가)들로부터 좋은 평가를 받았다.

✱ 다른 사람의 창작물을 마음대로 사용해도 될까?

민수는 왜 선생님께 혼이 난 걸까요? 민수가 인터넷에서 찾은 다른 사람의 글을 그대로 옮겨 마치 자신이 쓴 것처럼 숙제로 제출했기 때문입니다.

민수의 행동이 왜 잘못된 것인지를 알기 위해서는 '저작권'이 무엇인지를 이해해야 합니다. 저작권이란 문학, 예술, 학술에 속하는 창작물에 대하여 그것을 만든 사람이나 그 권리를 이어받은 사람이 갖는 권리를 의미합니다. 즉, 모든 글이나 그림, 음악, 미술 작품 등 개인이 창작한 모든 대상은 그것이 개인의 고유한 창작물임을 나타내고, 타인이 함부로 베끼거나 이용할 수 없도록 하는 저작권을 갖는 셈입니다.

물론 저작권법이 잘 알려지지 않았을 때에는 저작권을 보호할 수 있는 법적인 제재가 없어서 개인의 창작물을 타인이 마음대로 이용하는 일이 흔했지만, 최근에는 저작권법에 의한 저작물 보호가 강화되고 있어서 주의를 해야 합니다. 민수의 경우와 같이 다른 사람의 창작물을 숙제 등에 사용하고 싶다면, 사전에 반드시 창작물을 만든 사람에게 동의를 구하고, 그것을 사용하는 부분에 꼭 출처를 밝혀야 합니다.

지구의 평균 기온과 생명체

2018년 8월 1일, 강원도 홍천의 온도는 41도를 기록했다. 이는 1904년 우리나라에서 기상을 관측한 이래 사상 최고 기온이다. 이제 더 이상 여름마다 최고 기온을 경신했다는 뉴스를 듣는 것은 새삼스럽지 않다.

지난 100년간 평균 기온이 전 세계적으로는 약 0.6~0.8℃ 정도, 우리나라는 이보다 높은 1.5℃가 올랐다고 한다. 전문가들은 앞으로도 기온은 꾸준히 상승할 것이라고 예상한다. 지구의 평균 기온은 왜 상승하는 것이며, 이것은 지구 생태계에 어떤 영향을 미칠까?

지구의 평균 기온은 이산화탄소의 농도와 관련이 있다. 빙하기가 도래했었던 신생대 때에는 대기 중 이산화탄소 농도가 180ppm에서 280ppm까지 변화했다고 한다. 지금은 대기 중 이산화탄소 농도가 400ppm까지 올라간 상태이므로, 이것이 지속되면 평균 기온은 2℃ 이상 높아질 것이다.

전문가들은 지구의 생태계가 버틸 수 있는 최대한의 기온 변화 폭이 2℃라고 주장한다. 기후변화정부간협의체는 지구의 평균 온도가 2℃ 상승하면, 북극곰 등 생물 15~40%가 사라지고, 가뭄, 홍수, 사막화, 해수면 상승 등 여러 재앙이 몰려올 것이라고 덧붙였다. 만약 지구의 평균 온도가 3℃ 올라가면 전 세계에 살고 있는 생물의 20~50%가 멸종할 것이고, 4℃가 올라가면 남극의 빙하가 녹아 없어짐에 따라 여러 도시들이 물에 잠기고, 6℃가 올라가면 지구에 살고 있는 대부분의 생명체가 사라질 것이라고 경고했다.

이러한 기후 변화의 속도를 줄이기 위해 우리 정부는 2017년에 '2030년 온실가스 감축 로드맵'을 세우고, 2030년까지 탄소를 5억 3600만 톤까지 배출하기로 설정했다. 문제는 평균 기온이 올라가는 곳이 우리나라만이 아니라, 전 지구라는 것이다. 전 세계적으로 국가적인 차원에서 탄소 배출을 줄여 지구의 기온이 올라가는 것을 막고 있지만, 우리 개인의 노력도 필요하다. 불필요한 쓰레기를 줄이고, 쓰레기를 재활용하는 등 생활 속에서 탄소를 줄일 수 있는 방법에 대해 생각해 볼 때이다.

[문단 요약]

01 다음은 3문단의 내용을 요약한 것이다. 빈칸에 들어가기에 적절한 말을 쓰시오.

> 지구의 평균 기온이 상승하는 것은 대기 중 (   )의 농도가 높아지는 것과 관련이 있다.

---

1 문단
요약 : 해마다 경신되는 우리나라의 최고 기온

2 문단
요약 : 계속해서 상승하고 있는 지구의 □□□□

3 문단
요약 : 지구 평균 기온이 상승하는 원인 – □□□□□ 농도의 증가

4 문단
요약 : 지구 평균 기온 상승이 생태계에 미치는 영향

5 문단
요약 : 기후 변화의 속도를 줄이기 위한 국가와 개인의 노력

경신하다 : 어떤 분야의 종전 최고치나 최저치를 깨뜨리다.
생태계 : 어느 환경 안에서 사는 생물무리와 그 생물들을 제어하는 요소를 포함한 복합 체계
도래하다 : 어떤 시기나 기회가 닥쳐오다.
농도 : 용액 따위의 진함과 묽음의 정도
해수면 : 바닷물의 표면
재앙 : 뜻하지 아니하게 생긴 불행한 변고. 또는 천재지변으로 인한 불행한 사고
배출하다 : 안에서 밖으로 밀어 내보내다.

[문단 간의 관계]

02 각 문단에 대한 설명으로 적절하지 <u>않은</u> 것은?

① 1문단에서는 중심 대상과 관련한 구체적인 사례를 들고 있다.

② 3문단과 4문단에서는 2문단에서 던진 질문에 대해 답하고 있다.

③ 5문단에서는 2~4문단에서 설명한 문제의 긍정적인 측면을 제시하고 있다.

03 윗글을 읽고 빈칸에 들어가기에 적절한 말을 쓰시오.

> 지구의 (   )이/가 올라가는 속도를 늦추기 위해서는 국가적인 차원의 노력 뿐만 아니라 개인의 노력도 필요하다.

03
5문단에서 기후 변화의 속도를 늦추기 위한 노력에 대해 설명하고 있어요. 이를 참고하여 문제를 풀어 보세요.

04 윗글의 내용으로 적절하지 <u>않은</u> 것은?

① 지구의 평균 기온이 2℃ 이상 오르면 생태계가 파괴될 수 있다.

② 2018년 여름은 우리나라에서 기상을 관측한 이후로 기온이 제일 높았던 때이다.

③ 국가적 차원에서 현재 기후 변화의 속도를 줄이기 위한 노력을 실시하고 있다.

④ 지구의 평균 기온이 계속해서 상승하면 지구상에서 특정 동물들이 사라질 수 있다.

⑤ 우리 정부가 세운 '온실가스 감축 로드맵'은 현재 실질적으로 효과를 나타내고 있다.

04
선택지의 내용이 지문의 어느 부분에서 언급되고 있는지 살펴보세요.

05 윗글에 대한 설명으로 적절하지 <u>않은</u> 것은?

① 전문가의 의견을 인용하여 문제 현상을 소개하고 있다.

② 구체적인 수치를 바탕으로 문제의 심각성을 설명하고 있다.

③ 독자에게 생각해 볼 거리를 제시하며 글을 마무리하고 있다.

④ 구체적인 예시를 들어 문제에 대한 해결 방안을 제시하고 있다.

⑤ 예상되는 반대 의견을 먼저 제시하며 자신의 주장을 강조하고 있다.

05
지구의 평균 기온이 오르는 문제와, 이에 대한 해결 방안을 어떻게 제시하고 있는지 살펴보세요.

관측하다 : 육안이나 기계로 자연 현상 특히 천체나 기상의 상태, 변화 따위를 관찰하여 측정하다.

실질적 : 실제로 있는 본바탕과 같거나 그것에 근거하는 것

인용하다 : 남의 말이나 글을 자신의 말이나 글 속에 끌어 쓰다.

수치 : 계산하여 얻은 값

쓰레기를 처리하는 방법

우리가 편의점에서 자주 사 먹는 컵라면이나 떡볶이는 스티로폼 혹은 플라스틱 용기에 담겨져 있다. 음식들을 맛있게 먹은 뒤 용기들은 어떻게 버려야 할까? 보통은 용기의 재질에 따라 분리하여 버리면 재활용을 할 수 있을 것이라고 생각하지만, 용기에 음식물이 남아 있다면 이것은 재활용하기가 어렵다.

우리가 만들어 내는 쓰레기는 종류에 따라 재활용되기도 하지만, 재활용을 할 수 없는 경우에는 매립하거나 소각한다. 재활용을 할 수 없는 쓰레기를 땅에 묻으면 토양이 오염되고, 강이나 바다에 버리면 물이 오염된다. 또 쓰레기를 태우면 공기가 오염된다. 일부분만 자세히 살펴보자면, 땅에 묻은 스티로폼은 500년 이상, 페트병이라고 부르는 플라스틱 병은 100년 이상, 나무젓가락은 20년 이상이 지나야 썩어 없어진다고 한다. 매립된 쓰레기들은 썩어 없어지는 동안 계속하여 환경을 오염시킨다.

그렇다면 쓰레기를 어떻게 재활용해야 할까? 먼저 신문이나 박스, 혹은 깨끗이 씻은 우유곽 등의 종이는 가공 과정을 거치면 재활용 노트 등으로 다시 만들어진다. 또 겉의 상표 등이 적혀 있는 비닐을 제거한 페트병은 뜨거운 열로 녹인 후, 다시 가공하여 건축 자재의 일부로 쓸 수 있다. 유리병 등도 깬 후 다시 녹이면 새로운 유리병으로 만들 수 있다. 음식물 쓰레기들은 일정한 발효를 거치면 유기성 퇴비로 거듭날 수 있다.

전 세계의 여러 나라들이 쓰레기를 처리하는 문제로 골머리를 앓고 있다. 나부터라도 쓰레기를 종류에 따라 올바른 방법으로 분리하여 버림으로써 쓰레기를 재활용하도록 노력해야 한다. 쓰레기를 재활용하면 자원을 절약할 수도 있고, 지구의 환경오염도 막을 수 있기 때문이다.

1 문단
요약 : 쓰레기 처리 방법에 대한 의문

2 문단
요약 : 재활용이 되지 않는 □□□의 처리 방법과 문제점

3 문단
요약 : 쓰레기를 □□□하는 방법

4 문단
요약 : 쓰레기를 올바르게 처리하는 것의 중요성

매립하다 : 우묵한 땅이나 하천, 바다 등이 돌이나 흙 따위로 채우다.
소각되다 : 불에 태워 없애 버리다.
자재 : 무엇을 만들기 위한 기본적인 재료
유기성 : 생체를 이루며, 생체 안에서 생명력에 의하여 만들어지는 성질
퇴비 : 풀, 짚 또는 가축의 배설물 따위를 썩힌 거름
골머리(를) 앓다 : 어떻게 하여야 할지 몰라서 머리가 아플 정도로 생각에 몰두하다.

[문단 요약]

06 다음은 4문단의 내용을 요약한 것이다. 빈칸에 들어가기에 적절한 말을 쓰시오.

> 쓰레기를 올바른 방법으로 버려 (   )하기 위해 노력함으로써 자원을 절약하고, 환경을 보호해야 한다.

[문단 간의 관계]

07 각 문단에 대한 설명으로 적절하지 <u>않은</u> 것은?

① 1문단과 2문단에서는 구체적인 사례를 들고 있다.
② 3문단에서는 1문단의 내용과 관련하여 질문을 던지고 있다.
③ 4문단에서는 3문단의 내용을 반박하며 새로운 관점을 제시하고 있다.

▶ 정답과 해설 **p. 56**

08 윗글의 내용으로 적절하지 <u>않은</u> 것은?

① 재활용이 불가능한 쓰레기는 소각되거나 매립된다.
② 일부 쓰레기들은 가공을 통해 다른 제품으로 만들어진다.
③ 음식물 쓰레기는 특별한 과정 없이 바로 재활용할 수 있다.
④ 쓰레기를 재활용하려면 적절한 방법으로 분리해서 버려야 한다.
⑤ 플라스틱 용기에 다른 물질이 남아 있으면 재활용을 할 수 없다.

08
쓰레기를 적절하게 분리해서 버리는 방법에 대해 설명하는 1문단과 3문단에 주목하여 문제를 풀어 보세요.

09 윗글의 글쓴이가 글을 쓴 이유로 가장 적절한 것은?

① 토양 오염의 심각성을 드러내기 위해
② 쓰레기를 만들지 않는 방법을 설명하기 위해
③ 쓰레기를 가공하는 과정의 어려움을 호소하기 위해
④ 환경을 위해 올바른 방법으로 재활용하는 것이 중요함을 강조하기 위해
⑤ 우리가 재활용을 하는 것만으로는 환경오염 문제를 해결할 수 없다는 것을 알리기 위해

09
글쓴이의 의도는 주로 첫 문단과 마지막 문단에 드러나는 경우가 많습니다. 글쓴이가 왜 이 글을 썼는지 생각해 보세요.

10 윗글을 읽고 난 후의 반응으로 적절하지 <u>않은</u> 것은?

① 페트병은 100년 이상 썩지 않으므로 재활용이 되지 않는군.
② 재활용하지 못하는 쓰레기들 때문에 환경이 오염될 수 있군.
③ 유리병을 재활용할 때는 유리를 녹이기 전에 먼저 깨야 하겠군.
④ 쓰레기를 처리하는 문제로 고민하는 것이 우리나라만은 아니군.
⑤ 재활용 노트는 우유곽이나 신문을 재활용하여 만들어지는 것이군.

10
선택지에 제시된 '유리병', '페트병', '재활용 노트' 등의 구체적인 단어가 지문의 어느 부분에 나오는지 살펴보세요.

가공 : 원료가 되는 재료를 인공적으로 처리하여 새로운 제품을 만들거나 제품의 질을 높임.
토양 오염 : 인간이나 동식물에 유해한 중금속이나 화학 물질이 토양에 축적되는 일

★ 정답은 [해설편 표지] 안쪽에 있습니다.

[01~04] 제시된 글자들을 조합하여 다음 뜻풀이에 해당하는 단어를 쓰시오.

01 바닷물의 표면 (   )

02 육안이나 기계로 자연 현상. 특히 천체나 기상의 상태, 추이, 변화 따위를 관찰하여 측정하다. (   )

03 어느 환경 안에서 사는 생물무리와 그 생물들을 제어하는 요소를 포함한 복합 체계 (   )

04 실제로 있는 본바탕과 같거나 그것에 근거하는 것 (   )

[05~06] 문맥을 고려하여 밑줄 친 단어의 뜻과 가장 가까운 것을 고르시오.

05
> 정보가 곧 경쟁력인 시대가 <u>도래했다</u>.

① 닥쳐오다   ② 없어지다   ③ 회복하다

06
> 그는 자신의 책에 나폴레옹의 말을 <u>인용했다</u>.

① 버리다   ② 끌어 쓰다   ③ 상승하다

[07~08] 문맥을 고려하여 다음 문장의 빈칸에 들어가기에 알맞은 단어를 고르시오.

07 그녀는 자신의 책상을 만들기 위해서 (자재 / 영재)를 직접 구하고 다녔다.

08 이 지역에서는 바다를 (매립 / 유지)해서 벼농사를 지을 수 있는 땅으로 바꾸었다.

[09~12] 문맥을 고려하여 다음 문장의 빈칸에 들어가기에 알맞은 단어를 고르시오.

09
> 물가 상승률이 연중 최고치를 (   )할 것으로 보인다.

① 경신   ② 정의   ③ 소비

10
> 오염 물질을 공기 중으로 (   )한 업체가 드러났다.

① 구분   ② 배출   ③ 진출

11
> 위 그래프의 (   )은/는 설문 조사를 통해 얻은 값이다.

① 수학   ② 수치   ③ 판매

12
> 전국의 폐기물 처리 업체에서는 매일 엄청난 양의 쓰레기를 (   )하고 있다.

① 실현   ② 설정   ③ 소각

[13~15] 문맥을 고려하여 다음 문장의 빈칸에 들어가기에 알맞은 단어를 〈보기〉에서 찾아 쓰시오.

〈보기〉
> 골머리   가공   재앙

13 복숭아를 (   )해서 통조림을 만들었다.

14 학교를 가는 길에 갑자기 당한 교통사고는 그에게 (   )와/과 같았다.

15 성재와 유리는 어려운 문제를 푸느라고 (   )을/를 앓고 있다.

✳ 지구를 살리는 작은 노력

2015년, 코에 플라스틱 빨대가 꽂힌 채 발견된 바다거북의 사진이 전 세계인들의 관심을 끌었습니다. 우리가 평소에 쉽게 사용하고 버렸던 플라스틱이 바다 생물들에게 심각한 피해를 끼친다는 것이 드러났고, 이를 계기로 플라스틱 사용을 줄여야 한다는 사회적 목소리가 높아졌습니다.

학자들은 전 세계의 바다로 흘러드는 플라스틱 조각들이 약 5조 개 정도 될 것이라고 추측하고 있습니다. 이에 유럽연합(EU)에서는 플라스틱으로 인한 환경오염 문제를 심각하게 받아들이고, 2021년까지 빨대 등의 플라스틱 제품을 사용하지 못하게 하겠다는 계획을 내 놓았습니다. 또한 미국 하와이에서는 2022년까지 모든 식당에서 플라스틱 빨대를 사용하지 못하게 하는 법안이 나온 상태입니다.

물론 우리나라에서도 이러한 세계적인 흐름에 맞춰 플라스틱으로 만든 일회용품의 사용을 줄이기 위해 노력하고 있습니다. 대형 프랜차이즈 카페나 식당에서는 플라스틱 빨대 대신 종이 빨대를 의무적으로 이용하게 되었고, 대형 마트에서도 비닐 쇼핑백 대신 재사용이 가능한 장바구니나 쓰레기 종량제 봉투를 판매하고 있습니다. 이러한 일들은 모두 일상생활에서 플라스틱 사용을 줄여 나가도록 정부 차원에서 실시하고 있는 노력에 해당합니다.

이렇게 일회용 플라스틱 용품의 사용이 금지되면서 불편함을 호소하는 사람들도 적지 않습니다. 하지만 이러한 변화들은 모두 우리가 살고 있는 지구의 환경을 보호하기 위한 노력이며, 이 노력들이 결국에는 자신에게 돌아온다는 것을 기억하고 플라스틱 사용을 줄여나가기 위해 함께 노력해야 합니다. 카페에 가서 일회용 플라스틱 컵을 받는 대신 텀블러를 가지고 다니며 사용하고, 플라스틱 용기 대신 유리 용기를 사용하는 등 우리의 생활 속 작은 실천을 통해 지구를 살릴 수 있음을 기억합시다.

돈을 안 버는 중학생도 세금을 낸다

일반적으로 국가는 국민들이 낸 세금으로 국가의 살림을 꾸려 나간다. 흔히 돈을 벌지 않는 학생들은 아직 세금을 내지 않는다고 생각하는 경우가 많다. 그러나 한 국가의 국민이라면 누구나 국가에 세금을 내며 살아간다. 그 이유를 지금부터 살펴보자.

세금은 그것을 납부하는 방식에 따라 직접세와 간접세로 나눌 수 있다. 직접세는 개인이나 기업이 자신이 벌어들인 소득의 일부를 세금으로 내는 것이다. 이 때문에 소득액이 높을수록 납부해야 할 직접세의 액수도 높아진다. 이와 같이 과세 대상의 수량이나 값이 증가함에 따라 점점 높은 세율을 적용하는 세금을 누진세라고 한다. 직접세의 경우에는 개인이나 기업이 국가에 직접 일정 금액을 납부해야 한다. 반면 간접세는 일반적으로 물건 값에 포함되어 있다. 따라서 소득에 상관없이 같은 물건을 사는 사람이라면 누구든 같은 금액을 간접세로 내게 된다. 이처럼 소득 수준에 관계없이 누구나 같은 비율로 부과, 징수되는 세금을 비례세라고 한다.

간접세의 일종인 부가 가치세는 기업이나 상인과 같은 생산자가 물건을 거래하며 얻는 이익에 국가가 세금을 부과하는 것이다. 가령 지우개를 만드는 기업에서 지우개를 대량 생산하여 전국의 문구점에 갖다 팔면 기업에 수익이 발생한다. 그러나 이때 수익의 정확한 가치를 알 수 없으므로, 일반적으로 부가 가치세는 물건 값의 10% 정도를 부과한다. 즉, 100원짜리 지우개가 있다면 이 지우개의 원래 값은 90원이고 여기에 10원의 부가 가치세가 덧붙어서 100원이 된 것이다. 이때 지우개를 만드는 기업은 지우개 하나당 10원의 세금을 국가에 납부해야 한다.

이와 같이 간접세의 경우 국가에 세금을 납부하는 대상은 소비자로부터 물건 값으로 돈을 받은 상인이나 기업이지만, 그 금액을 실제로 부담하는 대상은 소비자가 된다. 따라서 가게에서 어떤 물건이라도 사 본 경험이 있는 사람은 누구나 국가에 세금을 내며 살아가고 있는 것이다.

---

1 문단
요약 : ☐☐의 기능과 납세의 의무

2 문단
요약 : 세금의 종류와 특성

3 문단
요약 : ☐☐☐의 일종인 부가 가치세의 개념과 예

4 문단
요약 : 누구나 국가에 세금을 내며 살아감.

과세 : 세금을 정하여 그것을 내도록 의무를 지움.

세율 : 과세 표준에 의하여 세금을 계산하여 매기는 법에서 정한 비율

납부하다 : 세금이나 공과금 따위를 관계 기관에 내다.

징수되다 : 행정 기관에 의하여 법에 따라서 조세, 수수료, 벌금 따위가 국민에게서 거두어들여지다.

부과하다 : 세금이나 부담금 따위를 매기어 부담하게 하다.

수익 : 이익을 거두어들임. 또는 그 이익. 기업이 경제 활동의 대가로서 얻은 경제 가치

[문난 요약]

01 다음은 2문단의 내용을 정리한 것이다. 빈칸에 들어가기에 적절한 말을 순서대로 쓰시오.

> 세금은 납부하는 방식에 따라 (   )와/과 (   )(으)로 나눌 수 있다.

[문단 간의 관계]

02 각 문단에 대한 설명으로 적절하지 <u>않은</u> 것은?

① 1문단에서는 핵심어인 세금에 대해 언급하고 있다.
② 2문단에서는 세금을 납부하는 방식에 따라 나누어 설명하고 있다.
③ 4문단에서는 1문단에서 설명한 간접세에 대해 정리하면서 글을 마무리하고 있다.

03 윗글을 읽고 빈칸에 들어가기에 적절한 말을 쓰시오.

> 물건 값에는 간접세의 일종인 (   )이/가 포함되어 있기 때문에 물건을 사 본 경험이 있는 사람은 누구나 세금을 내고 있다. 그러므로 중학생도 세금을 낸다고 할 수 있다.

03
이 지문에서는 세금을 간접세와 직접세로 나누고 각각에 대해 설명하고 있습니다. 특히 3문단에서는 지우개의 예를 들어 간접세 중 부가 가치세에 대해 설명하고 있네요! 해당 문단을 고려하여 빈칸에 들어가기에 적절한 말을 생각해 보세요!

04 윗글의 내용으로 적절하지 <u>않은</u> 것은?

① 개인뿐만 아니라 기업도 세금을 낸다.
② 세금은 국가의 살림을 꾸려나가는 데 쓰인다.
③ 세금을 납부하는 방식에 따라 비례세와 누진세로 나눌 수 있다.
④ 간접세는 세금을 납부하는 대상과 부담하는 대상이 서로 다르다.
⑤ 직접세의 경우, 소득이 높을수록 부과하는 세율이 높게 적용된다.

04
1문단에서는 '세금'이라는 화제를 제시하였고, 2문단에서는 세금을 납부하는 방식에 따라 직접제와 간접세로 나누어 설명하고 있어요. 또 3문단에서는 간접세의 일종인 부가 가치세에 대해 설명하고 있으며, 4문단에서는 간접세에 대해 요약하며 글을 마무리하고 있네요. 선택지의 내용이 이 지문의 어느 문단의 내용과 관련이 있는지 살펴보세요!

05 윗글의 간접세에 대한 설명으로 적절하지 <u>않은</u> 것은?

① 비례세에 해당한다.
② 세금의 비율을 정할 때 소득을 고려한다.
③ 가게에서 물건을 사는 누구나 내고 있는 것이다.
④ 다른 사람과 똑같은 물건을 사면 똑같은 액수의 세금을 내게 된다.
⑤ 생산자가 물건을 거래하며 얻는 이득에 국가가 세금을 부과하는 것도 이에 속한다.

05
이 지문에서는 직접세와 간접세의 의미와 특성을 구체적으로 설명하고 있지요? 특히 2~4문단에서 간접세에 대해 언급하고 있으므로, 이에 주목해 봅시다.

살림 : 국가나 집단의 재산을 관리하고 경영하는 일
부담하다 : 어떠한 의무나 책임을 지다.
적용되다 : 알맞게 이용되거나 맞추어져 쓰이다.
고려하다 : 생각하고 헤아려 보다.

빅데이터란 무엇인가?

'데이터'란 관찰이나 실험, 조사로 얻은 사실이나 정보를 의미한다. 이와 관련된 개념으로 생겨난 개념이 '빅데이터'이다. 빅데이터는 디지털 환경에서 컴퓨터가 처리할 수 있는 문자, 숫자, 소리, 그림 따위의 형태로 된 정보를 의미한다. '빅(big)'이라는 단어에서 짐작할 수 있듯이 그 양이 매우 많으며, 지금도 정보가 축적되고 있다. 빅데이터는 고도로 정보화된 시대를 살아가는 우리의 생활을 어떻게 달라지게 하였을까?

빅데이터를 활용한 대표적인 사례로 서울시의 올빼미 심야 버스를 들 수 있다. 이 버스는 밤에만 운영되는 버스로, 이를 이용하는 사람들이 한정되어 있다. 그래서 서울시는 이 사람들을 효과적으로 실어 나를 수 있는 노선을 정확히 정해야 했다. 이 문제를 해결하는 데 도움이 된 것이 빅데이터이다. 서울시는 서울시 전체를 1km 단위로 나누고 통신사의 도움을 얻어 심야 시간대에 이루어진 통화량 데이터 30억 건을 분석하였다. 그리고 심야 택시의 위치 정보 데이터 60만 건을 분석하였다. 이러한 데이터를 교차 분석한 결과 사람들이 많이 모이는 장소와 요일을 알 수 있었고, 사람들이 많이 모이는 장소에서부터 사람들이 많이 거주하는 곳까지 운행하도록 시범 노선을 정하였다. 이후 시범 운행을 통해 그 효율성을 확인한 후, 현재는 버스 노선을 확정하여 밤 12시부터 새벽 5시까지 심야 버스를 운행하고 있다.

또 다른 사례로 미국의 범죄 예보 시스템을 들 수 있다. 미국의 경찰들은 범죄와 관련된 빅데이터를 분석하였다. 그 결과 과거에 범죄가 일어났던 지역에서 또 다른 범죄가 일어날 가능성이 있다는 사실을 밝혀냈고, 이를 바탕으로 범죄 예보 시스템을 만들었다. 그 결과 범죄의 발생 건수가 22%까지 감소했다고 한다.

서울시의 심야 버스나 미국의 범죄 예보 시스템은 빅데이터를 활용하여 우리 생활에 도움을 가져왔다. 그러나 빅데이터가 유용한 만큼, 빅데이터가 위험할 수 있다고 경고하는 사람들도 적지 않다. 그들은 빅데이터를 활용함으로써 우리들 개개인의 행동을 누군가가 감시할 수 있고, 또 특정 사람이 정보를 독점함으로써 사회를 자신들의 뜻대로 통제할 수 있는 거대한 권력이 생겨날 수 있다고 경고한다. 이러한 점을 고려할 때 빅데이터가 우리 사회에서 유용하게 쓰이려면 먼저 윤리적 측면의 교육이 강조되어야 하며, 정보를 주체적으로 받아들이기 위한 준비가 이루어져야 할 것이다.

[문단 요약]

06 다음은 1문단의 내용을 정리한 것이다. 빈칸에 들어가기에 적절한 말을 쓰시오.

> (   )은/는 디지털 환경에서 컴퓨터가 처리할 수 있는 문자, 숫자, 소리, 그림 따위의 형태로 된 정보를 의미한다.

1 문단
요약 : ☐☐☐☐의 뜻과 특성

2 문단
요약 : 빅데이터를 활용한 사례 ①
서울시의 올빼미 ☐☐☐☐

3 문단
요약 : 빅데이터를 활용한 사례 ②
미국의 범죄 예보 시스템

4 문단
요약 : 빅데이터를 유용하게 쓰기 위한 태도

한정되다 : 수량이나 범위 따위가 제한되어 정해지다.
효율성 : 들인 노력과 얻은 결과의 비율이 높은 특성
독점되다 : 혼자서 모두 차지하다.
통제하다 : 일정한 방침이나 목적에 따라 행위를 제한하거나 제약하다.
주체적 : 어떤 일을 실천하는 데 자유롭고 자주적인 성질이 있는. 또는 그런 것

▶ 정답과 해설 p. 60

[문단 간의 관계]

07 각 문단에 대한 설명으로 적절하지 <u>않은</u> 것은?

① 1문단에서는 빅데이터와 데이터를 비교하며 우열을 가리고 있다.
② 2문단과 3문단에서는 구체적인 예를 들어 빅데이터의 활용 양상을 제시하고 있다.
③ 4문단에서는 빅데이터에 대한 부정적인 시각을 언급하며 글을 마무리하고 있다.

08 윗글에 대한 설명으로 적절하지 <u>않은</u> 것은?

① 빅데이터의 유용성을 제시하고 있다.
② 빅데이터의 뜻을 명확하게 밝히고 있다.
③ 빅데이터를 활용한 구체적인 예를 제시하고 있다.
④ 빅데이터를 둘러싼 다양한 시선을 소개하고 있다.
⑤ 빅데이터를 분석하는 방법을 구체적으로 설명하고 있다.

08
이 지문에서는 빅데이터의 개념을 설명하고, 사례를 들어 빅데이터의 유용성을 언급하고 있어요. 또 빅데이터에 대한 위험성을 경고하는 사람들의 의견을 소개하고 있네요.

09 윗글의 내용으로 가장 적절한 것은?

① 빅데이터는 데이터가 만들어지기 전에 생겨난 개념이다.
② 서울시는 빅데이터를 활용하여 범죄 예보 시스템을 만들었다.
③ 관찰이나, 실험, 조사로 얻은 사실이나 정보를 빅데이터라고 한다.
④ 빅데이터를 유용하게 사용하려면 윤리적 측면의 교육이 강조되어야 한다.
⑤ 디지털 환경에서 컴퓨터가 처리할 수 있는 문자, 소리 따위의 형태로 된 정보를 데이터라고 한다.

09
선택지에 제시된 내용이 이 지문의 어느 부분과 관련이 있는지 생각해 보세요!

10 〈보기〉는 윗글의 빅데이터와 관련된 내용을 정리한 것이다. 성격이 유사한 것끼리만 묶인 것은?

───〈보기〉───

㉠ 정보가 특정 사람에게 독점될 수 있다.
㉡ 개인의 행동을 누군가 감시할 수도 있다.
㉢ 빅데이터를 분석을 통해 심야 버스 노선을 확정할 수 있었다.
㉣ 정보를 가진 사람이 자신의 뜻대로 사회를 통제하게 될 수도 있다.
㉤ 빅데이터를 활용한 범죄 예보 시스템을 통해 범죄의 발생 건수를 줄일 수 있었다.

① ㉠, ㉡, ㉢   ② ㉠, ㉡, ㉣   ③ ㉠, ㉡, ㉤
④ ㉡, ㉢, ㉣   ⑤ ㉢, ㉣, ㉤

10
〈보기〉의 ㉠~㉤은 빅데이터와 관련된 내용입니다. ㉠~㉤을 성격이 성격이 유사한 것끼리 묶으라는 것은 빅데이터의 긍정적 측면에 해당하는 내용인지, 부정적 측면에 해당하는 내용인지를 구분하라는 것입니다.

우열 : 나음과 못함.
양상 : 사물이나 현상의 모양이나 상태
유용성 : 소용에 닿고 이용할 만한 특성
유사하다 : 서로 비슷하다.

★ 정답은 [해설편 표지] 안쪽에 있습니다.

＊[01~05] 제시된 초성과 뜻풀이를 참고하여 다음 문장의 빈칸에 들어가기에 알맞은 단어를 쓰시오.

01 ㅅㅇ : 이익을 거두어들임. 또는 그 이익. 기업이 경제 활동의 대가로서 얻은 경제 가치
예 그 기업은 짧은 기간에 높은 (   )을/를 올렸다.

02 ㅈㅊㅈ : 어떤 일을 실천하는 데 자유롭고 자주적인 성질이 있다. 또는 그런 것
예 국제화 시대에는 외국의 문화를 (   )(으)로 받아들이는 지혜가 필요하다.

03 ㅅㄹ : 국가나 집단의 재산을 관리하고 경영하는 일
예 나라의 (   )을/를 꾸릴 사람은 현명해야 하기 마련이다.

04 ㅎㅇㅅ : 들인 노력과 얻은 결과의 비율이 높은 특성
예 새로 나온 자동차는 기술 개발을 통해 (   )을/를 크게 높였다.

05 ㅇㅇㅅ : 소용에 닿고 이용할 만한 특성
예 의사소통에 있어 언어의 (   )을/를 의심할 사람은 없다.

＊[06~08] 문맥을 참고하여 다음 문장의 빈칸에 들어가기에 알맞은 단어를 〈보기〉에서 찾아 쓰시오.

〈보기〉
한정 독점 통제 유사

06 인간의 관심은 먹고사는 문제에만 (   )되지 않는다.

07 특정 기업에 의해 (   )되어 팔리는 상품은 가격이 아주 높을 수 있다.

08 그 공원은 현재 공사가 진행되고 있어서 관리소에서 사람들의 출입을 (   )하고 있다.

＊[09~13] 다음 단어와 그 뜻풀이를 바르게 연결하시오.

09 과세 ·

· ㉠ 행정 기관에 의하여 법에 따라서 조세, 수수료, 벌금 따위가 국민에게서 거두어들여지다.

10 세율 ·

· ㉡ 세금을 정하여 그것을 내도록 의무를 지움.

11 징수되다 ·

· ㉢ 과세 표준에 의하여 세금을 계산하여 매기는 법에서 정한 비율

12 부과하다 ·

· ㉣ 세금이나 부담금 따위를 매기어 부담하게 하다.

13 납부하다 ·

· ㉤ 세금이나 공과금 따위를 관계 기관에 내다.

＊[14~16] 문맥을 고려하여 밑줄 친 단어의 뜻과 가장 가까운 것을 고르시오.

14 방금 들은 피아노곡에는 새로운 화음이 많이 <u>적용되어서</u> 듣기에 아주 낯설었다.

① 정확하다   ② 적당하다   ③ 사용되다

15 우리 팀 대부분의 선수들이 아주 피곤한 상태라는 것을 <u>고려하여</u> 훈련 일정을 짜도록 하자.

① 생각하다   ② 모르다   ③ 물어보다

16 대학생이 된 지영이는 아르바이트를 하여 용돈을 스스로 <u>부담하였다.</u>

① 낭비하다   ② 책임지다   ③ 나누다

✳ 직접세와 간접세 중 어느 것이 더 좋을까?

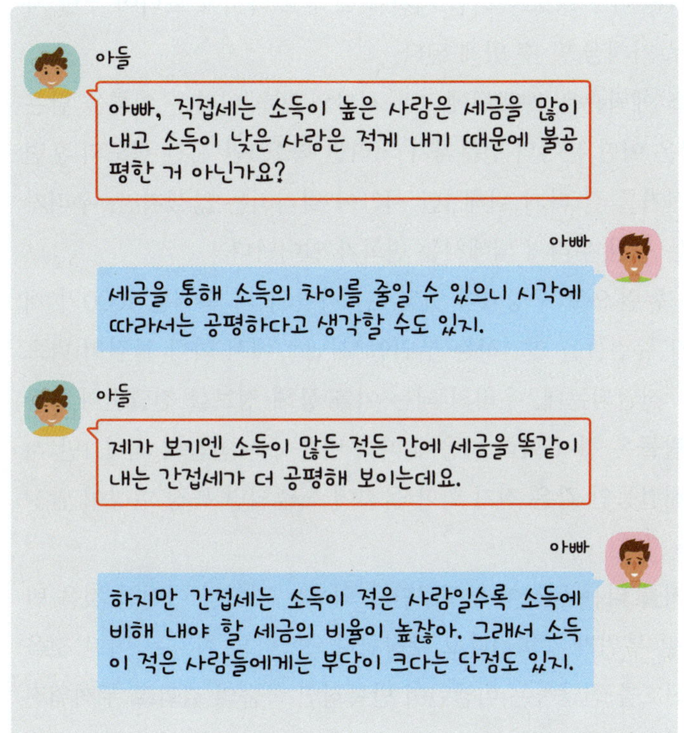

여러분이 정부의 입장이라고 생각해 볼까요? 직접세는 세금을 내야 하는 사람의 소득이나 재산을 일일이 조사해서 한 명 한 명에게 걷어야 해서 굉장히 복잡해요. 하지만 부가가치세 등의 간접세는 소비자들이 물건을 살 때마다 자동으로 내게 되니, 그 물건을 판매하는 기업에게만 걷으면 되죠. 정부의 입장에선 직접세보다 간접세를 걷는 게 훨씬 편한 일입니다.

정부가 편하다고 간접세를 많이 걷으면 어떻게 될까요? 부자든 가난한 사람이든 동일한 비율의 세금을 부담하기 때문에 소득의 차이는 유지되겠죠? 그래서 정부는 소득이 많은 사람은 그만큼 세금을 많이 내는 직접세를 걷음으로써 사람들 사이의 소득의 차이를 줄이려고 해요. 부자가 낸 세금으로 가난한 사람들을 위한 복지 정책들을 펴는 것이죠.

직접세와 간접세 모두 장점과 단점을 갖고 있어요. 그래서 둘 중 어떤 것이 더 좋다고 말하기는 어려워요.

전문가가 되기 위해 필요한 시간

처음부터 자전거를 잘 탈 수 있을까? 두발 자전거를 자유자재로 타기 전까지 우리는 뒤에서 자전거를 잡아 주는 사람이 자전거에서 손을 뗄까봐 걱정하기도 하고, 브레이크를 잘못 잡아 넘어지기도 한다. 어느 정도 이러한 시간을 보내고 나서야 드디어 두발 자전거를 내가 원하는 방향으로 가게끔 탈 수 있게 된다.

미국의 심리학자인 앤더스 에릭슨은 1993년에 '1만 시간의 법칙'이라는 이론을 담은 논문을 발표하였다. 이 법칙은 어떤 분야의 전문가가 되려면 최소 1만 시간 정도의 훈련을 해야 한다는 것이다. 자전거를 잘 타기 위해 1만 시간이 걸리지는 않겠지만, 우리가 자전거를 잘 타려고 노력하는 동안 우리의 뇌에서는 변화가 일어난다.

우리의 뇌는 신경 세포인 '뉴런'으로 구성되어 있고, 한 사람의 뇌 속에는 1000억 개가 넘는 뉴런이 존재한다. 각 뉴런들을 연결하는 부위인 '시냅스'에서 화학 물질이 나오면 전기 신호가 각 뉴런으로 전달되는데, 우리의 뇌는 이를 통해 정보를 전달한다. 1만 시간의 법칙에 동조하는 사람들은 전기 화학 반응에 따라 반응하는 인간의 뇌가 1만 시간까지는 아닐지라도 오랜 시간동안 같은 전기 화학 물질에 노출되면 특정 현상이 발생하게 된다고 설명한다.

어떤 학자는 우리가 자전거를 타는 동작이나 구구단을 외우는 것처럼 어떠한 것을 반복하면 뉴런들의 시냅스 연결 부위가 강화된다고 주장한다. 또 다른 학자는 어떤 것을 반복하면 뉴런들 사이에서 신호를 전달하는 미엘린이 반복적인 학습의 결과로 두꺼워진다고 주장한다. 미엘린이 두꺼워질수록 전달하는 정보의 양이나 속도가 더욱 증가하는데, 미엘린이 충분히 두꺼워지려면 1만 시간 정도는 노력해야 한다는 것이다.

이들의 주장에 따르면 우리가 자전거 타기를 연습하는 것처럼 반복적으로 학습을 하고 훈련을 하는 동안 우리의 뇌 안에서는 전기 화학 반응이 일어나며, 시냅스와 미엘린이 강화됨에 따라 충분히 능숙한 실력을 갖추게 된다. 그래서 우리가 어떤 분야의 전문가가 되고 싶다면, 1만 시간 혹은 그와 가까운 오랜 시간 동안 그것을 반복함으로써 뇌의 변화를 거쳐야 한다는 것이다.

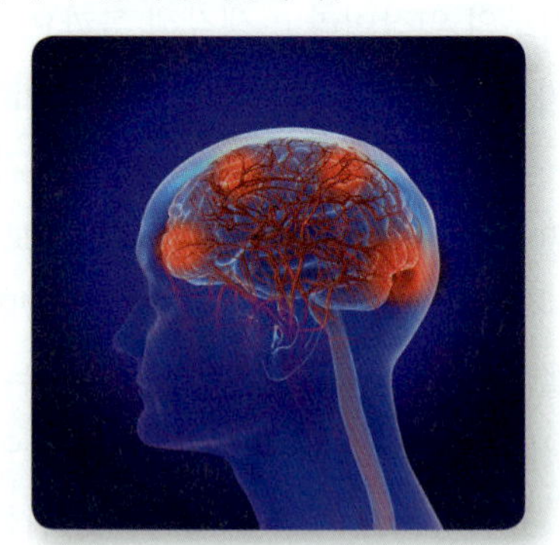

1 문단
요약 : 두발 자전거를 자유자재로 타기 위해 필요한 시간

2 문단
요약 : 1만 시간의 법칙의 □□

3 문단
요약 : 1만 시간 법칙에 동조하는 사람들의 주장

4 문단
요약 : 1만 시간 법칙에 동조하는 사람들의 주장의 구체적인 내용

5 문단
요약 : □□ □□□ □□의 타당성

---

01 [문단 요약]
다음은 2문단의 내용을 요약한 것이다. 빈칸에 들어가기에 적절한 말을 쓰시오.

> 미국의 심리학자 앤더스 에릭슨은 '(　　　　　　　　)' 이론을 통해 어떤 분야의 전문가가 되려면 최소 1만 시간 정도의 훈련을 해야 한다고 주장했다.

자유자재 : 거침없이 자기 마음대로 할 수 있음.
동조하다 : 남의 주장에 자기의 의견을 일치시키거나 보조를 맞추다.
노출되다 : 겉으로 드러나다.
강화되다 : 세력이나 힘이 더 강하고 튼튼해지다.
능숙하다 : 능하고 익숙하다.

▶ 정답과 해설 p. 62

02 각 문단에 대한 설명으로 적절하지 <u>않은</u> 것은?

① 1문단에서는 앞으로 다룰 대상과 관련된 사례를 제시하고 있다.

② 3문단과 4문단에서는 2문단에서 제시한 이론을 뒷받침하는 주장들을 설명하고 있다.

③ 5문단에서는 4문단의 내용을 요약하며 이와 관련된 새로운 이론을 소개하고 있다.

03 윗글을 읽고 빈칸에 들어가기에 적절한 말을 순서대로 쓰시오.

> 어떤 학자는 반복적인 학습의 결과로 (   )의 두께가 두꺼워지면 전달하는 (   )의 양이나 속도가 증가하게 된다고 주장한다.

03
4문단에서 '학자'들의 의견을 제시하고 있어요. '두께', '증가' 등의 표현이 제시된 문장을 찾아 보세요.

04 윗글의 내용으로 적절하지 <u>않은</u> 것은?

① 우리의 뇌는 1000억 개 이상의 뉴런으로 구성되어 있다.

② 미엘린은 뉴런들 사이에서 신호를 전달하는 역할을 한다.

③ 반복적인 훈련을 하는 동안 우리 뇌에서는 변화가 일어난다.

④ 각 뉴런들을 연결하는 부위인 시냅스에서는 화학 물질이 나온다.

⑤ '1만 시간의 법칙' 이론은 뚜렷한 근거가 없어 모든 학자들에게 비판받는다.

04
'시냅스', '뉴런', '미엘린' 등의 표현들이 언급된 3문단과 4문단에 주목하여 문제를 풀어 보세요.

05 윗글을 읽고 난 후의 반응으로 적절하지 <u>않은</u> 것은?

① 우리 뇌의 신경 세포를 연구하는 학자들이 꽤 많군.

② 똑같은 연습을 매일 반복하면 시냅스와 미엘린이 점차 강화되겠군.

③ 운동선수들이 실력을 더 높이기 위해 끊임없이 훈련하는 이유를 알겠군.

④ 내가 아직도 자전거를 못 타는 이유는 1만 시간 동안 연습하지 않았기 때문이군.

⑤ '1만 시간'이란 어떤 분야의 전문가가 되는 데 필요한 오랜 시간을 의미하는 것이군.

05
지문에서 설명하는 '1만 시간의 법칙'에 대해 잘못 이해한 반응을 찾아보세요.

구성되다 : 몇 가지 부분이나 요소들이 모여 일정한 전체가 짜여 이루어지다.
뚜렷하다 : 엉클어지거나 흐리지 않고 아주 분명하다.

죄수의 딜레마

경제학뿐만 아니라 심리학, 국제 정치학 등 다양한 방면에서의 상황을 설명하는 이론 가운데 '죄수의 딜레마'라는 것이 있다. 이 이론은 A와 B가 존재할 때, 서로에게 협력하면 둘에게 다 이익이 되는 상황을 만들 수 있는데, 그렇게 하지 않아 A와 B 모두가 다 불리해지는 상황을 설명해 준다.

서로 협력하여 범죄를 일으킨 것으로 추정되는 용의자 A와 B가 있다고 가정해 보자. 경찰은 두 사람을 각각 다른 방에 있게 한 후, 다음과 같은 조건을 건다. '당신(A)과 다른 용의자(B)가 모두 범죄를 인정한다면 징역 1년을 선고 받을 것이다. 다만, 다른 용의자(B)가 죄를 인정하고 공범인 당신(A)에 대해 자백하면 그(B)는 풀려날 것이고 당신(A)은 징역 10년을 선고 받게 될 것이다. 또한 당신(A)과 다른 용의자(B)가 모두 범죄를 인정하지 않는다면 징역 3개월을 선고 받을 것이다.'

위의 상황에서 두 명의 용의자가 서로 협력하여 죄를 인정하지 않으면 두 사람 모두 최선의 결과를 얻을 수 있다. 그러나 A와 B는 모두 상대방을 믿지 못해 범죄 사실을 털어놓을 확률이 높다. 서로를 배신한 A와 B는 모두 각각 징역 1년을 선고 받게 되고, 이는 A와 B 모두에게 손해를 가져온다.

이러한 죄수의 딜레마를 통해 세계적인 이슈도 설명할 수 있다. 2015년 파리에서 전 세계의 195개국이 지구 온난화를 일으키는 온실가스의 배출을 줄이기 위해 '파리기후변화협약'을 맺었다. 그런데 2017년 전 세계에서 온실가스를 두 번째로 많이 배출하는 미국이 이 협약에서 탈퇴하였다. 모든 나라들이 온실가스 배출을 줄이고자 협력한다면 모두가 이익을 얻게 된다. 그렇지만 온실가스를 많이 배출하는 나라인 미국이 온실가스를 줄이려는 노력을 하지 않는다면, 다른 나라들도 굳이 이를 지키지 않으려 할 것이다. 결국 전 세계 모든 사람들이 고통을 받게 될 것이므로 이는 '죄수의 딜레마'에 빠진 상황이라고 볼 수 있다.

이와 같은 딜레마 상황에 빠지지 않고 모든 사람에게 최선인 선택을 하려면 A와 B 같은 상황에 놓였을 때 서로가 서로를 배신하지 않을 것이라는 신뢰가 있어야 한다. 서로를 믿어야만 서로에게 ＿＿＿＿＿＿ ㉮ ＿＿＿＿＿＿.

[문단 요약]

06 다음은 1문단의 내용을 요약한 것이다. 빈칸에 들어가기에 적절한 말을 쓰시오.

> '(　　　　　　)' 이론은 A와 B가 협력하여 서로에게 이익이 되는 상황을 만들 수 있지만 그렇게 하지 않아 모두가 불리해지는 상황을 설명해 준다.

1 문단
요약 : ☐☐☐☐☐☐
☐의 개념

2 문단
요약 : 죄수의 딜레마를 보여 주는 상황 가정

3 문단
요약 : 죄수의 딜레마를 보여 주는 상황의 결과

4 문단
요약 : 죄수의 딜레마를 통해 설명하는 세계적인 이슈

5 문단
요약 : 모든 사람이 최선의 선택을 하기 위한 조건 – 서로에 대한 ☐☐

협력하다 : 힘을 합하여 서로 돕다.
용의자 : 범죄의 혐의가 뚜렷하지 않아 정식으로 사건이 성립하지는 않았으나, 내부적으로 조사의 대상이 된 사람
가정하다 : 사실이 아니거나 또는 사실인지 아닌지 분명하지 않은 것을 임시로 인정하다.
선고 : 재판에서 재판장이 판결을 알리는 일
자백하다 : 자기가 저지른 죄나 자기의 허물을 남들 앞에서 스스로 고백하다.
지구 온난화 : 지구의 기온이 높아지는 현상

▶ 정답과 해설 p. 64

07 각 문단에 대한 설명으로 적절하지 <u>않은</u> 것은?

① 1문단에서는 앞으로 설명할 중심 대상을 소개하고 있다.
② 3문단에서는 2문단에서 제시한 상황의 결과를 제시하고 있다.
③ 5문단에서는 4문단의 문제 상황에 대한 원인을 설명하고 있다.

08 윗글을 읽고 빈칸에 들어가기에 적절할 말을 쓰시오.

> 죄수의 딜레마에 빠진 용의자 A와 B가 가장 이득이 되는 선택을 하려면 서로 신뢰하고 (   )하여 죄를 인정하지 말아야 한다.

08
2문단에서 용의자 A와 B의 상황을 제시하고 있어요. 3문단에서는 이 상황에서 A와 B가 어떤 선택을 하는 것이 가장 유리한지 설명하고 있어요.

09 윗글의 내용으로 적절하지 <u>않은</u> 것은?

① 죄수의 딜레마에 빠진 사람들은 최선의 선택을 하지 못할 확률이 높다.
② 죄수의 딜레마는 경제학, 국제 정치학 방면에서 나타나는 상황도 설명할 수 있다.
③ 죄수의 딜레마에 빠진 사람들이 서로를 믿지 못하면 모두가 손해를 보는 결과를 얻게 된다.
④ 파리기후변화협약은 죄수의 딜레마 상황을 가장 효과적으로 벗어나는 방법을 보여 준 사례이다.
⑤ 온실가스 배출에 대한 미국의 선택은 다른 나라의 온실가스 배출에 대한 입장에 영향을 줄 수 있다.

09
'죄수의 딜레마'에 대한 내용은 지문 전반에서, '파리기후변화협약'과 관련한 내용은 주로 4문단에서 설명하고 있어요.

10 ㉮의 내용으로 가장 적절한 것은?

① 범죄 사실을 털어놓을 수 있기 때문이다.
② 가장 좋은 결과를 얻을 수 있기 때문이다.
③ 닥친 불리한 상황을 받아들일 수 있기 때문이다.
④ 가장 큰 이익과 손해를 따져 볼 수 있기 때문이다.
⑤ 보인 이전의 잘못된 행동을 반성할 수 있기 때문이다.

10
㉮가 포함된 문장은 바로 앞의 문장을 다시 한 번 정리하는 내용이에요. 전체 내용을 요약한 것으로 적절한 선택지를 찾아 보세요.

이득 : 이익을 얻음. 또는 그 이익
최선 : 가장 좋고 훌륭함. 또는 그런 일
손해 : 물질적으로나 정신적으로 밑짐.
온실가스 : 지구 대기를 오염시켜 온실 효과를 일으키는 가스를 통틀어 이르는 말
배출 : 안에서 밖으로 밀어 내보냄.

★ 정답은 [해설편 표지] 안쪽에 있습니다.

✳ **[01~02]** 제시된 초성을 바탕으로 다음 뜻풀이에 해당하는 단어를 쓰시오.

01 ㅂㅊ : 안에서 밖으로 밀어 내보냄. (   )

02 ㅈㅂ하다 : 자기가 저지른 죄나 자기의 허물을 남들 앞에서 스스로 고백하다. (   )

✳ **[03~05]** 문맥을 고려하여 다음 문장의 빈칸에 들어가기에 알맞은 단어를 〈보기〉에서 찾아 쓰시오.

〈 보기 〉
자유자재   강화   용의자

03 강도 높은 훈련을 반복한 결과 우리 부대의 전투력이 (   )되었다.

04 그녀는 몸이 유연해서 어떤 요가 동작이든 (   )로 구사할 수 있다.

05 그는 이번 사건의 (   )로 지목되었다.

✳ **[06~09]** 문맥을 고려하여 다음 문장의 빈칸에 들어가기에 알맞은 단어를 고르시오.

06 그는 무방비 상태로 위험에 (노출 / 유출)되었다.

07 그녀는 항상 자신에게 (최선 / 최소)의 선택이 무엇인지를 잘 알고 있었다.

08 이번 배구 시합에서 우리 학교 대표팀이 제일 잘 했다는 점은 매우 (협력 / 뚜렷)한 사실이다.

09 (천연가스 / 온실가스)는 지구 온난화의 주범이다.

✳ **[10~12]** 문맥을 고려하여 다음 문장의 빈칸에 들어가기에 알맞은 단어를 고르시오.

10
그녀를 범인이라고 (   )하니 모든 상황이 딱 들어맞는다.

① 설득   ② 가정   ③ 공정

11
그는 남들에게 (   )을/를 끼치고는 못 사는 성격이다.

① 손질   ② 잔해   ③ 손해

12
그는 봉사 부장의 자리에 있는 동안 사적인 (   )은/는 전혀 취하지 않았다.

① 이득   ② 이행   ③ 이사

✳ **[13~15]** 문맥을 고려하여 밑줄 친 단어의 뜻과 가장 가까운 것을 고르시오.

13
그 용의자가 재판에서 어떤 <u>선고</u>를 받게 될지 궁금하다.

① 대우   ② 판결   ③ 선물

14
우리 조는 남자 3명으로 <u>구성되었다.</u>

① 허가되다   ② 인정되다   ③ 이루어지다

15
지연이는 동생이 고장 낸 장난감을 고치는 일에 아주 <u>능숙해</u> 보였다.

① 익숙하다   ② 가깝다   ③ 자세하다

✱ 발레리나와 테니스 선수의 공통점은?

몇 년 전, 세계적으로 유명한 발레리나의 발 사진이 공개되며 화제가 된 적이 있습니다. 발레 공연의 무대 위에 선 아름다운 발레리나의 모습과는 달리, 발레리나의 발은 발가락 마디마디에 울퉁불퉁한 혹이 생긴 보기 흉한 모습이었기 때문입니다. 발레리나는 자신의 사진 속 발이 매일 하루에 19시간씩, 1천 켤레의 발레 슈즈가 닳아 없어질 때까지 연습을 반복한 결과라고 이야기했습니다.

또 우리나라의 한 유명한 테니스 선수 역시 살이 깊게 패이고 온통 굳은살이 생긴 발 사진을 공개했습니다. 그의 발 역시 고된 훈련의 결과물이었습니다.

세계적인 무대에서 뛰어난 실력을 발휘하는 예술가나 운동선수들은 대부분 그들의 실력을 갈고 닦기 위해 수많은 시간을 들여 노력합니다. 최근까지 올림픽 대회에서 높은 성과를 거둔 우리나라의 한 스케이팅 선수는 보통 하루에 10시간씩 규칙적인 운동을 했다고 밝혔습니다. 이런 사람들이야 말로 '1만 시간의 법칙'을 그들의 삶에서 증명하고 있는 것이 아닐까요? 우리 역시 무엇인가 목표를 이루고 싶다면 포기하지 않고 꾸준히 노력하는 자세를 가져야 합니다.

STEP Ⅲ
글의 구조 파악하기, 주제 찾기

★ 글의 구조 파악이란?

문단 간의 관계를 바탕으로 전체 글의 짜임새를 살펴보는 것입니다.

● 글의 구조를 파악하는 이유

긴 글의 내용을 한꺼번에 머릿속에 넣고 이해하는 것은 쉽지 않습니다. 그래서 글의 구조를 파악하면 머릿속에서 긴 글의 내용을 체계적으로 정리할 수 있어서 글의 내용을 이해하는 데 도움이 됩니다.

● 글의 구조를 파악하는 방법

각 문단의 내용을 요약한 후, 문단 간의 관계를 파악하면 글의 구조도 파악할 수 있어요. 이때 글의 구조도를 그리면 글의 내용을 한눈에 파악하는 데 도움이 됩니다.

★ 주제란?

글쓴이가 한 편의 글을 통해 전달하고자 하는 바를 가리킵니다.

● 주제를 찾는 방법

– 핵심어 파악하기
– 문단 요약한 것을 바탕으로 핵심어에 대해 무엇을 이야기하고 있는지 정리하기

Tip 제목과 주제의 관계

• 글쓴이는 자신의 글을 통해 사람들에게 자신이 이야기하고자 하는 바를 전달합니다. 그러므로 글쓴이는 사람들이 자신의 글을 읽게 하기 위해 글의 제목을 지을 때에도 신경을 많이 씁니다. 글을 읽기 전에 제목을 확인해 보세요. 보통 제목에 나타난 소재가 그 글에서 주로 이야기하고 있는 '핵심어'일 가능성이 높아요!

• 만약 제목이 없는 글이라면, 내가 글쓴이라고 생각하며 글의 제목을 무엇이라고 붙일지를 고민해 보세요!

간접 광고

간접 광고(Product Placement, Indirect Advertising, PPL)란 상업적 의도를 감춘 채 프로그램 내에 배치된 제품이나 기업의 상징물 등을 소비자가 인식하도록 만드는 광고를 의미한다. 2010년 1월부터 우리나라에서 간접 광고가 허용되면서 TV 드라마나 오락 프로그램에 특정 회사의 상품이나 로고가 등장하는 장면을 자주 보게 되었다.

간접 광고는 무엇이 문제일까? 지나친 간접 광고는 시청자가 TV 프로그램에 몰입하는 것을 방해한다. 또 시청자에게 특정 기업이나 상품 등을 무의식적으로 각인시킨다. 이렇게 되면 시청자들이 간접 광고가 다루는 대상을 무조건적으로 신뢰하는 일이 벌어질 수도 있다.

게다가 간접 광고로 인해 TV 드라마나 오락 프로그램의 완성도도 떨어진다. 광고주들은 간접 광고를 하는 대가로 해당 방송 프로그램의 제작비를 지원한다. 광고주들은 자신들이 광고하고 싶어 하는 상품의 간접 광고를 더욱 자주 넣으라고 프로그램 제작진을 압박하고, 그 결과 전체적인 프로그램의 흐름과는 상관없이 해당 제품이 자주 등장하여 프로그램의 완성도가 떨어지는 경우가 늘고 있다.

또 간접 광고는 시청자의 선택권을 빼앗기도 한다. 프로그램 앞뒤에 하는 광고는 채널을 돌리거나 유지함으로써 시청자가 볼 것인가 말 것인가를 선택할 수 있지만, 간접 광고는 프로그램 내에 포함되어 있어 그렇게 할 수 없다.

이러한 이유들로 인해 지나친 간접 광고가 일으키는 문제를 해결해야 한다는 사회적 목소리가 꾸준히 제기되고 있다. 관련된 법이나 규정을 명확히 하여 지나친 간접 광고를 막고, 법이나 규정을 어겼을 때에는 강력하게 법적 제재를 가함으로써 광고주들이나 방송사가 이를 어기지 못하게 해야 한다. 그리고 시청자들은 간접 광고가 주는 피해를 인식하고, 지나친 간접 광고에 대해 비판의 목소리를 높여야 한다.

[글의 구조 파악]
01 다음은 윗글의 내용을 정리한 것이다. 빈칸에 들어가기에 적절한 말을 쓰시오.

> 1문단에서는 □□ □□의 개념을 제시하고 있고, 2~4문단에서는 지나친 간접 광고의 □□□을/를 설명하고 있다. 그리고 5문단에서는 이러한 간접 광고의 문제점을 해결할 수 있는 방법을 제시하고 있다.

[주제 찾기]
02 다음은 윗글에 대한 설명이다. 빈칸에 들어가기에 적절한 말을 쓰시오.

> 윗글에서는 간접 광고의 개념과 문제점, 해결 방안에 대해 설명하고 있다. 이 글 전체의 핵심어는 '간접 광고'이고, 간접 광고의 개념과 문제점과 해결 방안에 대해 이야기하고 있으므로 이 글의 주제는 '지나친 □□ □□의 문제점과 해결 방안'이다.

STEP Ⅲ 글의 구조 파악하기, 주제 찾기

STEP Ⅰ과 STEP Ⅱ에서 공부한 내용을 바탕으로 각 문단을 요약하고 문단 간의 관계를 파악하면 전체 글의 구조와 글쓴이가 전달하고자 하는 바, 즉 글의 주제도 파악할 수 있어요.

1문단

간접 광고란 의도를 감춘 채 TV 프로그램 속에 배치된 제품, 기업의 상징물 등을 소비자가 인식하도록 만드는 광고를 의미한다고 하였지요? 따라서 1문단을 요약하면 '간접 광고의 개념'입니다.

2문단

지나친 간접 광고가 소비자의 몰입을 방해하고 제품과 기업 등을 무의식적으로 각인시킨다고 하였어요. 이러한 2문단을 요약하면 '지나친 간접 광고의 문제점 ① : 몰입 방해, 제품과 기업의 무의식적 각인'입니다.

3문단

지나친 간접 광고는 프로그램의 흐름과는 상관없이 너무 자주 등장하여 프로그램의 완성도를 떨어뜨린다고 하였어요. 이러한 3문단을 요약하면 '지나친 간접 광고의 문제점 ② : 프로그램의 완성도를 떨어뜨림.'입니다.

4문단

간접 광고가 프로그램 내에 포함되어 있어서 시청자가 볼 것인지 말 것인지를 선택할 수 없다고 하였어요. 이 내용을 정리하여 4문단을 요약하면 '지나친 간접 광고의 문제점 ③ : 시청자의 선택권을 빼앗음.'입니다.

5문단

지나친 간접 광고의 문제점을 해결하기 위해 법과 규정을 정해 제재하고, 시청자들은 비판적인 인식을 가져야 한다고 주장하고 있어요. 이러한 5문단을 요약하면 '지나친 간접 광고 문제점의 해결 방안'입니다.

[문단 간의 관계 파악]

* 1문단에서 언급한 간접 광고의 문제점을 2, 3, 4문단에서 구체적으로 설명하고 있어요.
* 2, 3, 4문단에서 설명한 간접 광고의 문제점을 해결하는 방안을 구체적으로 언급하고 있어요.

[글의 구조도]

문단 간의 관계를 생각하며 글의 내용 구조도를 그려 볼까요?

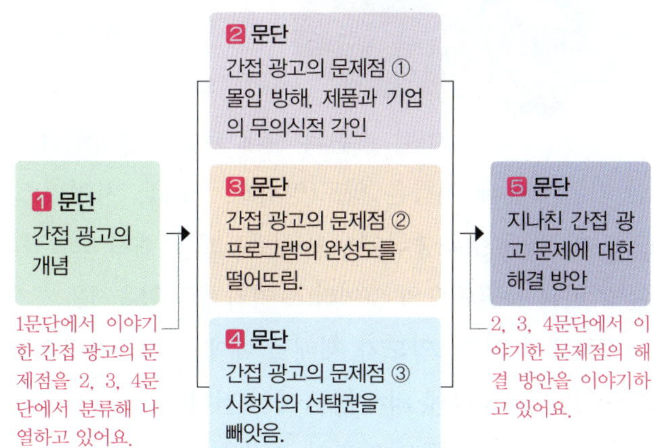

[주제 찾기]

* 글쓴이가 이 글을 통해 전달하고자 하는 바를 '주제'라고 합니다. 각 문단의 내용을 요약한 것과 글의 구조도를 이해하면 글쓴이가 이 글을 왜 썼는지에 대해 구체적으로 알 수 있어요.

* 주제는 글 전체의 핵심어와 관련이 있습니다. 문단을 요약한 것을 바탕으로 핵심어에 대해 무엇을 이야기하고 있는지를 정리하면 글 전체의 주제가 됩니다.

* 따라서 이 글의 핵심어는 '간접 광고'입니다. 1문단에서는 간접 광고의 개념을, 2~4문단에서는 간접 광고의 문제점을, 5문단에서는 이에 대한 해결 방안을 이야기하고 있으므로 이 글의 주제는 '지나친 간접 광고의 문제점과 해결 방안'입니다.

키위는 어디에서 왔을까?

비타민 C가 오렌지의 2배, 비타민 E가 사과의 6배, 식이섬유소가 바나나의 5배가 들어 있으며 새콤달콤한 맛으로 인기를 얻고 있는 과일인 키위(kiwi fruit). 키위의 고향은 어디일까? '뉴질랜드'라고 대답하고 싶겠지만, 키위의 원래 고향은 중국이다. 원래 중국 양자강 연안에서 자랐던 키위의 본래 이름은 '양도(양따오, 揚桃)', '차이니스 구스베리(Chinese gooseberry)'였으며, 20세기에 중국에서 뉴질랜드로 전해져 오늘날의 키위가 되었다. 어쩌다가 우리는 키위를 뉴질랜드의 것이라고 여기게 되었을까?

중국에서 키위, 양도가 재배될 때에는 지금처럼 달콤하고 비교적 큰 크기의 과일이 아니었다. 선교사에 의해 중국에서 건너온 양도가 뉴질랜드에서 잘 자란다는 것을 알게 된 뉴질랜드 사람들은 양도의 품질을 개선하려고 노력했다. 그 결과, 1940년대에는 현재 우리가 먹는 것과 유사한 맛을 가진 품종으로 양도를 개량할 수 있었다.

양도는 왜 키위가 되었을까? 맛있어진 양도를 갖게 된 뉴질랜드 사람들은 양도를 영국에 이어 미국으로 수출하고자 하였다. 하지만 당시 미국과 중국의 사이가 좋지 않았다. 양도의 영어 이름인 '차이니스 구스베리'에서 중국을 의미하는 '차이니스'가 양도를 미국에 수출할 때 걸림돌이 된 것이다. 그래서 뉴질랜드 사람들은 뉴질랜드 사람들의 별명이자, 양도와 겉모습이 비슷한 새의 이름인 '키위'에서 이름을 따 양도에 '키위'라는 이름을 붙이게 되었다.

키위는 그럼 키위로만 불릴까? 그렇지는 않다. 우리나라에서 재배되면서 키위는 '참다래'라고 불리게 되었다. 우리나라에서 재배되는 참다래는 뉴질랜드산 키위에 비해 껍질이 더 녹갈색을 띠며 두껍고 털이 많다. 또 다소 불규칙한 모양이며 신맛이 더 강하다.

양도가 키위, 참다래가 된 것처럼 우리 주변의 다른 과일이나 농작물에서 이러한 예가 있는지를 확인해 보는 것은 어떨까? 먹는 재미뿐만 아니라, 새로운 것을 알게 되는 재미까지 느낄 수 있을 것이다.

[글의 구조 파악]

03 다음은 윗글의 내용을 정리한 것이다. 빈칸에 들어가기에 적절한 말을 쓰시오.

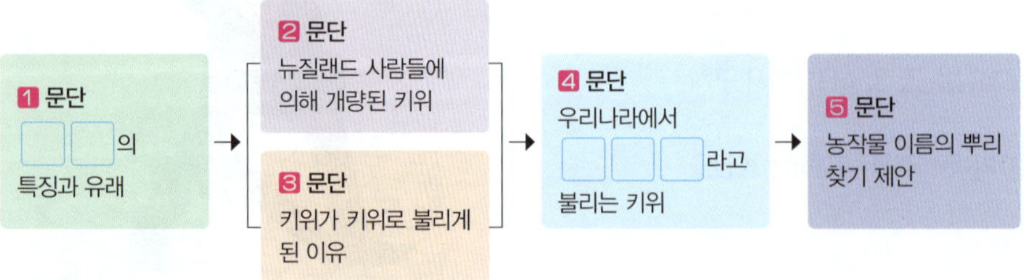

▶ 정답과 해설 p. 68

[주제 찾기]

04 다음은 윗글에 대한 설명이다. 빈칸에 들어가기에 적절한 말을 쓰시오.

> 1문단에서는 키위의 원래 이름과 고향을 소개하고, 2,3문단에서는 키위의 변화 과정을 설명하고 있다. 또 4문단에서는 키위가 우리나라에서는 참다래라고 불리고 있음을 소개하고, 5문단에서는 농작물들의 이름 뿌리 찾기를 제안하고 있다. 따라서 이 글에서는 키위가 양도에서 키위로 이름이 바뀌게 된 이유와 우리나라에서 참다래라고 불린다는 것에 대해 이야기하고 있으므로 이 글의 주제는 '☐☐의 유래'이다.

05 윗글을 읽고 빈칸에 들어가기에 적절한 말을 쓰시오.

> (   )의 본래 이름은 양도, 차이니스 구스베리였다. 선교사에 의해 뉴질랜드로 건너가 재배되고, 뉴질랜드에서 이를 미국으로 수출하면서 오늘날의 이름으로 불리게 되었다.

05
이 지문에서는 키위의 고향이 우리가 흔히 생각하는 뉴질랜드가 아니라 중국이라는 사실을 설명하고 있어요.

06 윗글에 언급된 내용으로 적절하지 <u>않은</u> 것은?

① 키위의 고향
② 키위가 가진 영양소
③ 키위가 미국에서 재배된 시기
④ 키위가 뉴질랜드로 전파된 과정
⑤ 키위와 우리나라 참다래의 차이점

06
이 지문에서는 키위의 고향, 키위가 키위로 불리게 된 이유, 키위의 특징 등을 설명하고 있어요. 지문에서 찾을 수 없는 내용이 무엇인지 살펴보세요.

07 윗글을 읽고 난 후의 반응으로 적절하지 <u>않은</u> 것은?

① 국가 간의 관계가 물품을 사고파는 일에 영향을 줄 수 있겠구나.
② 1940년대 이전의 키위와 현재 우리가 먹고 있는 키위의 맛은 같겠구나.
③ 뉴질랜드가 개량한 양도를 미국에 수출할 때, 영어 이름이 문제가 되었구나.
④ 양도에 키위라는 이름을 붙인 이유는 양도의 겉모습이 키위 새의 모습과 유사했기 때문이구나.
⑤ 선교사가 중국에서 뉴질랜드로 키위를 가져가지 않았다면, 지금의 키위는 없을 수도 있겠구나.

07
이 지문에서는 키위의 유래와 특징, 변화 등을 설명하고 있어요. 각 문단의 핵심어를 떠올리며 문제를 풀어 보세요.

전파되다 : 전하여져 널리 퍼뜨려지다.
물품 : 일정하게 쓸 만한 값어치가 있는 물건

★ 정답은 [해설편 표지] 안쪽에 있습니다.

✻ **[01~03]** 제시된 초성을 바탕으로 다음 뜻풀이에 해당하는 단어를 쓰시오.

01 ㅇㅅㄷ : 어떤 일이나 예술 작품 따위가 질적으로 완성된 정도 (　　　　)

02 ㅎㅇ되다 : 허락되어 너그럽게 받아들여지다.
(　　　　)

03 ㅇㅅ하다 : 서로 비슷하다. (　　　　)

✻ **[04~06]** 문맥을 고려하여 다음 문장의 빈칸에 들어가기에 알맞은 단어를 〈보기〉에서 찾아 쓰시오.

〈보기〉
무의식적　제재　허위의식　상업적

04 길거리에 버려지는 쓰레기를 완전히 없애기 위해서는 법적인 (　　　　)을/를 가해야 할 지도 모른다.

05 대부분의 사람들은 (　　　　)(으)로 험악하게 생긴 사람이 범인일 것이라고 생각하는 경향이 있다.

06 그 영화는 (　　　　)(으)로 큰 성공을 거두었다.

✻ **[07~08]** 문맥을 고려하여 밑줄 친 단어의 뜻과 가장 가까운 것을 고르시오.

07
그녀는 자신이 가진 문제점을 <u>개선하기</u> 위해 노력하고 있다.

① 지속하다　② 유지하다　③ 고치다

08
그 지역은 날씨가 더운 날이 많아서 맛있는 사과가 많이 <u>재배되고</u> 있다.

① 가꾸어지다　② 제기되다　③ 개선하다

✻ **[09~11]** 문맥을 고려하여 다음 문장의 빈칸에 들어가기에 알맞은 단어를 고르시오.

09
그 해에 많은 (　　　　)들이 기독교를 전도하기 위해 해외에 갔다.

① 선교사　② 집합체　③ 농작물

10
그의 마지막 메시지가 방송을 타고 전 세계로 (　　　　)되었다.

① 전파　② 진화　③ 정의

11
우리 기술로 만들어진 많은 제품들이 외국에 (　　　　)되고 있다.

① 수출　② 수산　③ 배출

✻ **[12~15]** 문맥을 고려하여 다음 문장의 빈칸에 들어가기에 알맞은 단어를 고르시오.

12 그는 사람들에게 자신을 (각인 / 각성)시키기 위해 특이한 옷차림으로 모임에 나타났다.

13 내 의견에 반대하는 사람들이 계속 나를 (압박 / 강박)하여도 나는 끝까지 의견을 굽히지 않을 것이다.

14 색다른 의견이 (제기 / 연기)되자, 회의는 다시 활기차졌다.

15 그는 방 안에 가구들이 제대로 (배치 / 유치)되었는지를 확인했다.

✽ 키위 새의 이름은 왜 키위일까?

과일 '키위'의 이름은 뉴질랜드를 대표하는 새인 '키위 새'에서 따왔다고 해요. 실제로 키위 새는 몸이 동그랗고 뾰족뾰족한 털이 몸 전체를 뒤덮고 있어서 과일인 키위와 아주 비슷한 모습을 하고 있답니다. 그렇다면 '키위 새'의 이름은 어떻게 '키위'가 된 것일까요?

그것은 바로 키위 새의 울음소리와 연관이 있습니다. 키위 새의 수컷은 예리한 소리로 '키위 키위' 하고 우는데, 뉴질랜드의 원주민인 마오리족이 이 소리를 듣고 키위 새에게 '키위 (kiwi)'라는 이름을 붙여주었다고 합니다. 결국 우리가 먹고 있는 과일 '키위'의 이름은 오래 전 마오리족이 이름 붙인 말에서 비롯된 것이죠.

키위 새는 날개가 퇴화되어 성인 남성의 엄지손가락 정도의 크기인 돌기 모양으로만 남아 있습니다. 그래서 키위는 날지 못하고 꼬리털도 존재하지 않습니다. 새이지만 날지 못하는 특이한 종인 것이죠. 또 키위 새는 시력이 좋지 않지만, 조류 중에 유일하게 부리 끝에 콧구 멍이 있어 냄새를 맡을 수 있답니다. 이제는 키위를 먹을 때면 키위처럼 생기고 '키위키위' 하며 우는 키위 새가 생각날 것 같네요!

현대인과 장자의 사상

우리는 체육대회 때 1등으로 결승선을 통과하기 위해, 내가 바라는 대학교에 진학하기 위해 다른 사람들과 끊임없이 경쟁하는 사회를 살아가고 있다. 이러한 삶을 살다 보면 내가 이루지 못한 것을 이룬 사람들을 부러워하게 되고, 또 어느 순간에는 굉장히 지치게 된다.

이러한 현대인들이 주목할 만한 철학자가 있다. 바로 무위(無爲)를 주장한 장자이다. 무위란 아무것도 하지 않는다는 것이 아니다. 누가 시키거나 혹은 사회가 정한 규칙을 그대로 따르는 것이 아니라, 자신의 마음에서 우러나오는 것을 하라는 의미이다. 장자는 인간이 욕망에 사로잡히지 않고, 주체적으로 생각하고 행동하는 것을 중시했다.

장자가 중시한 무위와 반대되는 개념이 바로 인위(人爲)이다. 그는 사회 규범이나 권력, 재물, 인간이 가지고 있는 허위의식, 인간 중심적인 편견과 편견에서 비롯된 행동을 인위로 보았다. 또한 그는 사람들의 마음이 외부의 사물들과 접촉하여 지식이 생긴다고 보았고, 그렇기 때문에 지식에 따라 행동하는 것도 인위로 인식했다. 장자는 인위가 인간을 억압하는 것으로 보고 이를 배제할 것을 주장하였다.

장자는 인위를 배제하고 무위를 추구하면서, 자유로운 상태에서 자연에서 노니는 삶을 의미하는 '소요유'라는 말을 통해 삶에 대한 자신의 태도를 드러내었다. 그는 모든 억압을 거부하고 모두가 평등하고 조화로운 세계를 추구하는 이상을 꿈꾸었다.

지금 우리가 경쟁을 하는 것도 장자에 따르면 인위에 해당하는 것이다. 즉, 우리가 인위에 따라 행동하다보니 마음에서 우러나오는 것을 하지 못하게 되고, 이로 인해 피곤함을 느끼게 되는 것이다. 모든 억압에서 벗어나 모두가 평등하고 조화롭게 사는 것을 추구한 장자. 장자의 사상은 지금의 우리에게 많은 생각을 하게 한다.

[글의 구조 파악]

01 다음은 윗글의 내용을 정리한 것이다. 빈칸에 들어가기에 적절한 말을 쓰시오.

> 1문단에서는 경쟁하는 삶을 사는 현대인들의 다양한 모습을 제시하고, 2문단과 3문단에서는 ☐☐의 사상인 '무위'와 '인위'의 개념을 설명하고 있다. 그리고 4문단에서는 인위를 배제하는 삶인 '☐☐☐'을/를 통해 장자의 이상을 설명하고, 5문단에서는 이러한 장자의 사상이 현대인들에게 의미가 있음을 밝히고 있다.

[주제 찾기]

02 다음은 윗글에 대한 설명이다. 빈칸에 들어가기에 적절한 말을 쓰시오.

> 윗글에서는 장자의 사상 중 무위, 인위, 소요유에 대해 설명하고 있다. 이 글 전체의 핵심어는 '장자의 사상'이고, 경쟁을 하며 사는 현대인들에게 장자의 사상이 의미가 있다고 이야기하고 있으므로 이 글의 주제는 '현대인들에게 의미가 있는 ☐☐의 사상'이다.

STEP Ⅲ 글의 구조 파악하기, 주제 찾기

1문단

우리가 경쟁하는 사회를 살아가고 있다면서 이 때문에 다른 사람을 부러워하고 지치게 된다고 하였지요? 따라서 1문단을 요약하면 '다른 사람들과 경쟁하며 살아가는 현대인'입니다.

2문단

현대인들이 주목할 만한 철학자로, 인간이 욕망에 사로잡히지 않고 주체적으로 생각하고 행동하는 것을 중시한 장자를 소개하고 있어요. 장자의 사상인 무위도 소개하고 있네요. 그래서 2문단을 요약하면 '장자의 사상 ① : 무위'입니다.

3문단

장자는 무위와 반대되는 개념인 인위가 인간을 억압하는 것이라고 보고 이를 배제할 것을 주장하였다고 하였어요. 이러한 3문단을 요약하면 '장자의 사상 ② : 인위'입니다.

4문단

장자는 인위를 배제하고 무위를 추구하면서, 자유로운 상태에서 자연에서 노니는 삶을 의미하는 '소요유'를 이야기했다고 하였어요. 이 내용을 정리하여 4문단을 요약하면 '소요유를 통해 드러나는 장자의 이상'입니다.

5문단

억압에서 벗어나 평등하고 조화롭게 사는 것을 주장한 장자의 사상이 현대를 사는 우리에게 많은 생각을 하게 한다고 이야기하고 있어요. 이러한 5문단을 요약하면 '장자의 사상이 우리에게 주는 의미'입니다.

[문단 간의 관계 파악]

* 1문단에서는 경쟁하는 현대인의 모습을 제시하고, 2문단에서는 이러한 현대인들에게 '장자'를 소개하고 있어요. 특히 2문단에서는 장자의 사상 중 무위에 대해 설명하였고, 3문단에서는 무위와 반대되는 인위에 대해 설명하고 있어요.
* 5문단에서는 2, 3, 4문단에서 설명한 장자의 사상을 요약하고 정리하고 있어요.

[글의 구조도]

문단 간의 관계를 생각하며 글의 내용 구조도를 그려 볼까요?

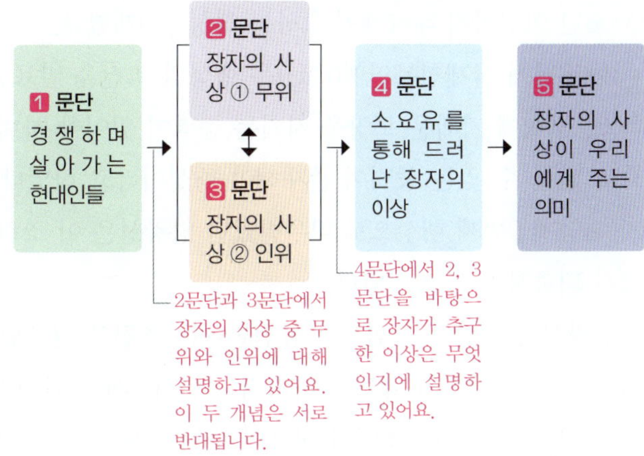

[주제 찾기]

* 글쓴이가 이 글을 통해 전달하고자 하는 바를 '주제'라고 합니다. 각 문단의 내용을 요약한 것과 내용 구조도를 고려하면 글쓴이가 이 글을 왜 썼는지에 대해 구체적으로 알 수 있어요.
* 주제는 글 전체의 핵심어와 관련이 있습니다. 문단 요약한 것을 바탕으로 핵심어에 대해 무엇을 이야기하고 있는지를 정리하면 글 전체의 주제가 됩니다.
* 따라서 이 글의 핵심어는 '장자의 사상'입니다. 1문단에서는 경쟁하며 살아가는 현대인들의 모습을 이야기하고 있고, 2~3문단에서는 장자의 사상 중 무위와 인위의 개념을 소개하고, 4문단에서는 장자가 추구한 소요유의 삶에 대해 이야기하고 있습니다. 또 5문단에서는 현대인들에게 장자의 사상이 많은 생각을 하게 한다고 하였으므로 이 글의 주제는 '현대인들의 삶에 의미가 있는 장자의 사상'입니다.

명왕성의 비극적 운명

태양과 그것을 중심으로 공전하는 천체의 집합을 태양계라고 한다. 태양계에 속하는 행성에는 수성, 금성, 지구, 화성, 목성, 토성, 천왕성, 해왕성, 총 8개가 있다. 하지만 2006년 이전까지 태양계에 속하는 행성은 9개였다.

2006년에 국제천문연맹(IAU)은 행성의 조건을 발표했다. 태양을 중심으로 공전해야 하고, 구형에 가까운 모양을 지키는 능력이 있어야 하며, 주변의 천체를 끌어들여 위성으로 만들 수 있는 중력이 존재해야 행성이라고 하였다. 1930년에 발견되어 2006년까지 태양계 9번째 행성으로 대우받았던 명왕성은 이 조건을 갖추지 못했고, 결국 ㉠행성에서 퇴출하게 되고 말았다.

명왕성은 태양을 중심으로 공전한다는 조건을 갖추었지만, 큰 타원형 궤도로 회전하여 정상적인 행성의 궤도를 가지지 못한다. 게다가 명왕성은 충분한 중력을 가지고 있지 않아 해왕성 바깥쪽에서 태양의 주위를 도는 얼음 덩어리와 미행성체들의 집합체를 끌어들일 수 없다. 이와 같은 이유 때문에 명왕성은 왜소행성으로 분류됐다. 왜소행성은 소행성과 행성 중간 형태의 천체로, 태양 주위를 공전하지만 자체 중력으로 주위의 천체를 끌어당기지 못하는 특징이 있다.

가장 최근의 연구 결과에 따르면, 명왕성에서는 곧 대기마저 사라질 것이라고 한다. 호주 태즈메이니아대 천문학과 교수와 그 연구팀에 따르면 명왕성 북반부에 긴 가을과 겨울이 옴에 따라 2030년 즈음에는 명왕성의 대기가 얼어붙어 붕괴될 것으로 예측된다고 한다.

태양계의 행성으로 대우받다가 퇴출된 이후, 이제는 대기까지 사라질 위기에 처한 명왕성. 앞으로의 과학과 기술의 발달로 우리는 좀 더 명왕성에 대해 알게 되겠지만, 명왕성의 비극적인 운명은 변하지 않을 것만 같다.

▲ 태양계와 명왕성

공전하다 : 한 천체가 다른 천체의 둘레를 주기적으로 돌다. 행성이 태양의 둘레를 돌거나 위성이 행성의 둘레를 도는 현상 따위를 이른다.
천체 : 우주에 존재하는 모든 물체
구형 : 공 같이 둥근 형태
위성 : 행성의 인력에 의하여 그 둘레를 도는 천체
중력 : 지구 위의 물체가 지구로부터 받는 힘
퇴출하다 : 물러나서 나가다.
궤도 : 행성, 혜성, 인공위성 따위가 중력의 영향을 받아 다른 천체의 둘레를 돌면서 그리는 곡선의 길
대기 : 공기

[글의 구조 파악]

03 다음은 윗글의 내용을 정리한 것이다. 빈칸에 들어가기에 적절한 말을 쓰시오.

> 1문단에서 '태양계'에 속하는 행성을 제시한 뒤, 2문단에서는 ☐☐☐이/가 더 이상 행성이 아니게 된 배경을 언급하였다. 3문단에서는 명왕성이 가진 특성을 2문단에서 제시한 행성의 조건과 비교함으로써 명왕성이 ☐☐☐☐(으)로 분류된 이유를 설명하였다. 4문단에서는 최근 연구를 통해 알려진 명왕성의 상황을 소개하고, 5문단에서는 이러한 명왕성의 운명을 예상하며 글을 마무리하고 있다.

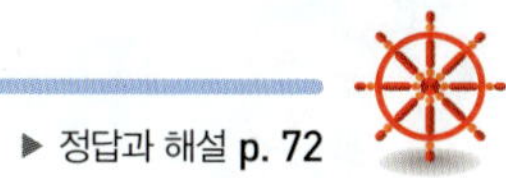

[주제 찾기]

04 다음은 윗글에 대한 설명이다. 빈칸에 들어가기에 적절한 말을 쓰시오.

> 윗글에서는 명왕성이 태양계 행성이 아니게 된 배경과 현재 명왕성의 상황을 설명하고 명왕성의 미래를 예측하고 있다. 이 글 전체의 핵심어는 '명왕성'이고, 명왕성이 태양계 행성에서 왜소행성이 된 이유에 대해 이야기하고 있으므로 이 글의 주제는 '□□□의 비극적 운명'이다.

05 윗글을 읽고 빈칸에 들어가기에 적절한 말을 쓰시오.

> 2006년 국제천문연맹(IAU)의 발표 이후 (　　　)은/는 태양계 행성의 목록에서 사라지게 되었다.

05
2문단에서 국제천문연맹에 대해 언급하고 있어요. 2문단에 주목하여 문제를 풀어 보세요.

06 윗글의 내용으로 적절하지 <u>않은</u> 것은?

① 지구는 태양을 중심으로 공전하는 천체의 집합 중 하나이다.
② 명왕성은 스스로의 힘으로 주변의 천체를 끌어당기지 못한다.
③ 국제천문연맹이 정한 행성의 조건을 기준으로 태양계에 속하는 행성이 결정된다.
④ 한 연구팀의 연구 결과를 고려하면 명왕성의 대기는 2030년 즈음에 사라질 것이다.
⑤ 2006년 이후에, 태양을 중심으로 공전하는 행성은 태양을 제외하고 모두 9개가 되었다.

06
선택지의 내용이 지문의 어느 부분에서 이야기하고 있는지를 고려하여 문제를 풀어 보세요.

18 DAY

07 ㉠의 이유로 적절하지 <u>않은</u> 것은?

① 명왕성은 충분한 중력을 가지고 있지 않기 때문이다.
② 명왕성은 회전하는 궤도가 정상적인 궤도의 모습과 달랐기 때문이다.
③ 명왕성은 태양을 중심으로 공전해야 한다는 조건을 갖추지 못하였기 때문이다.
④ 명왕성은 주변의 천체를 위성으로 만들 수 있는 힘을 가지지 않았기 때문이다.
⑤ 명왕성은 태양의 주위를 도는 얼음 덩어리와 미행성체들의 집합체를 끌어들이지 못했기 때문이다.

07
㉠은 명왕성이 더이상 행성이 아니게 되었다는 것인데, 문제에서는 그렇게 된 이유를 묻고 있네요. 2문단과 3문단의 내용을 잘 살펴보아야 해요.

제외하다 : 따로 떼어 내어 한데 헤아리지 아니하다.
위성 : 행성의 인력에 의하여 그 둘레를 도는 천체. 대표적으로 지구에는 달이 있다.
집합체 : 많은 것이 모여 이루어진 덩어리

★ 정답은 [해설편 표지] 안쪽에 있습니다.

✻ [01~02] 제시된 초성을 바탕으로 다음 뜻풀이에 해당하는 단어를 쓰시오.

01 ㅈㅇ하다 : 따로 떼어 내어 한데 헤아리지 아니하다.
( )

02 ㅈㅁ하다 : 관심을 가지고 주의 깊게 살피다.
( )

✻ [03~05] 문맥을 고려하여 다음 문장의 빈칸에 들어가기에 알맞은 단어를 〈보기〉에서 찾아 쓰시오.

〈보기〉
중력   천체   허위의식

03 누구나 저들의 ( )을/를 비판할 것이다.

04 우리는 ○○ 전망대에서 망원경을 이용해 주변의 경관과 밤하늘의 ( )을/를 감상했다.

05 과학 시간에 질량에 ( )이/가 가해지면 무게가 된다는 사실을 배웠다.

✻ [06~07] 문맥을 고려하여 밑줄 친 단어의 뜻과 가장 가까운 것을 고르시오.

06
백화점 측은 매출 성적이 좋지 않은 매장들을 대부분 퇴출하기로 결정했다.

① 발표하다   ② 쫓아내다   ③ 끌어당기다

07
그들은 문제의 심각성을 제대로 인식하지 못하고 있다.

① 정하다   ② 깨닫다   ③ 추구하다

✻ [08~12] 문맥을 고려하여 다음 문장의 빈칸에 들어가기에 알맞은 단어를 고르시오.

08
심호흡을 하여 신선한 ( )을/를 들이마셨다.

① 대기   ② 위기   ③ 주위

09
( )을/를 가지면 모든 사물을 부정적으로 보게 된다.

① 조화   ② 편견   ③ 억압

10
올해 안으로 인공위성을 지구의 ( ) 위로 쏘아 올리는 것이 그들의 목표이다.

① 공전   ② 궤도   ③ 상황

11
지구는 '달'이라는 ( )을/를 가지고 있다.

① 연안   ② 고향   ③ 위성

12
인간은 ( )으로 스스로 판단하고 자유롭게 선택하고 행동한다.

① 주체적   ② 상업적   ③ 성공적

✻ [13~15] 문맥을 고려하여 다음 문장의 빈칸에 들어가기에 알맞은 단어를 고르시오.

13 지구 주위를 (공전 / 운전)하는 천체는 바로 달이다.

14 (편견 / 편식)을/를 가지고 사람을 대하는 것은 남을 상처주는 일이다.

15 민석이를 이번 경기에서 (배제 / 인식)하지 않고서는 결코 승리할 수 없다.

✳ 사마귀와 수레바퀴 이야기

장자는 '무위(無爲)'의 삶을 추구한 중국의 대표적인 철학자입니다. 장자는 자연적인 것을 거스르는 인간의 모든 행위를 배제하고, 자연의 흐름을 따라 살아야 행복을 누릴 수 있다고 생각했습니다. 실제로 장자는 고향에서 평생 학문에 힘쓰면서 소박한 삶을 살며 유유자적하며 살았다고 합니다. 그의 철학대로 그는 재물이나 명성에 욕심을 내지 않고 자연의 흐름에 삶을 맡긴 것입니다.

장자는 자신의 이러한 사상을 '사마귀와 수레바퀴 이야기'를 통해 설명하기도 했습니다. 숲 속에 자존심이 매우 강한 사마귀가 살고 있었습니다. 사마귀는 자신의 집게의 힘이 강한 것에 자부심을 느끼고 더욱 자만했습니다. 어느 날 사마귀 앞으로 커다란 수레가 달려왔는데, 다른 곤충들과 달리 사마귀는 자신의 힘을 믿고 수레바퀴에 맞섰습니다. 물론 사마귀는 순식간에 수레바퀴에 깔려 납작하게 되었습니다. 이 이야기를 통해 장자는 인간이 자신의 작은 힘이나 권세를 믿고 자만하여 더 큰 힘을 거스르려고 하면 허망하게 사라진다고 설명했습니다. 즉, 이 이야기를 통해 자연을 거스르려는 인간의 자만심을 지적한 것입니다. 이러한 장자의 설명에서 '당랑거철(螳螂拒轍)'이라는 한자 성어가 생기게 되었고, 이는 지금도 자신의 분수를 생각하지 않고, 강한 상대나 되지 않을 일에 덤벼드는 무모한 행동거지를 비유적으로 이르는 말로 쓰이고 있습니다.

추석 연휴가 고작 하루였다고?

지금은 추석과 설날이 우리나라 최대의 명절로 손꼽히고 있지만, 추석은 원래 이렇게까지 큰 명절은 아니었다고 한다. 조선 시대 때만 하더라도 설날에는 7일 동안 쉬었으며, 정월 대보름과 단오에 각각 3일간 쉬었던 것에 비해 추석 때에는 딱 하루만 쉬었다고 한다. 현재 설날과 추석 모두 명절 당일을 포함하여 앞, 뒤로 하루씩의 연휴가 덧붙어 최소한 3일을 쉬게 되는 것과는 다르다.

그렇다면 언제부터 추석이 설과 어깨를 나란히 하는 명절이 된 것일까? 이 질문에 대해 어떤 학자는 개화기 이후 우리나라에 유입된 서양 문화의 영향 때문이라고 설명한다. 서양 문화가 유입되면서 서양에도 추수 감사절과 같은 가을 명절이 있음을 알게 되었고, 한국은 추석, 중국은 중추절, 일본은 오봉과 같은 가을 명절을 대표 명절로 격상했다는 것이다.

한편 ㉠사회적 변화로 인해 추석이 큰 명절이 되었다고 보는 학자들도 있다. 대한민국 정부가 수립된 이듬해인 1949년에 추석이 법으로써 공휴일로 제정되었지만, 추석 당일 앞뒤로 쉬는 3일 연휴가 법으로 확정된 것은 1989년 이후이다. 그 전까지는 추석을 맞이하여 하루 만에 고향에 다녀오려는 사람들 때문에 교통이 매우 혼잡했는데, 이 때문에 추석을 3일 연휴로 하는 법이 생겼다는 것이다.

어찌되었든 신라의 가배(嘉俳)*에서 유래하였다고 하는 추석에는 햅쌀로 송편을 빚고 햇과일 따위의 음식을 장만하여 차례를 지내는 풍속이 지속되고 있다. 지금부터라도 추석을 그냥 휴일이라고만 여길 것이 아니라, 추석의 역사에 대해 알아보고 가족들과 즐거운 시간을 보내기 위해 어떠한 노력을 기울일지 생각해 보자. 추석이 더욱 알찬 시간이 될 것이다.

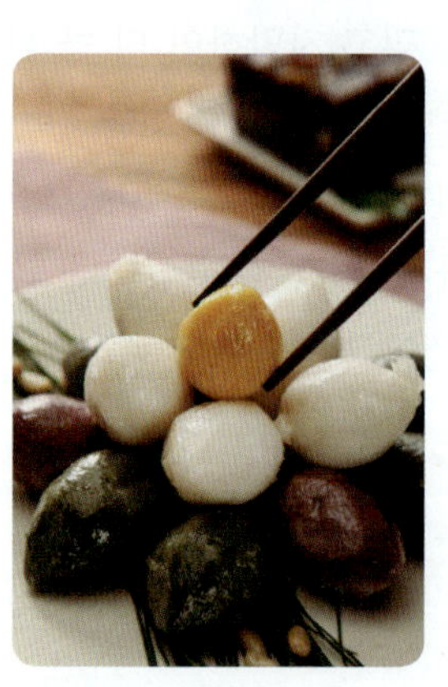

* 가배 : 신라 유리왕 때에 매년 음력 7월 16일부터 8월 14일까지 궁중에서 하던 놀이

개화기 : 1876년의 강화도 조약 이후부터, 우리나라가 서양 문물의 영향을 받아 근대적 사회로 개혁되어 가던 시기
유입되다 : 문화, 지식, 사상 따위가 들어오게 되다.
격상하다 : 자격이나 등급, 지위 따위의 격이 높아지다. 또는 격을 높이다.
이듬해 : 바로 다음 해
제정되다 : 제도나 법률 따위가 만들어져서 정하여지다.
유래하다 : 사물이나 일이 생겨나다.
장만하다 : 필요한 것을 사거나 만들거나 하여 갖추다.

[글의 구조 파악]

01 다음은 윗글의 내용을 정리한 것이다. 빈칸에 들어가기에 적절한 말을 쓰시오.

> 1문단에서는 중심 대상인 '☐☐'이/가 과거에는 그렇게 큰 명절이 아니었음을 설명하고, 2문단과 3문단에서는 ☐☐들의 의견을 통해 추석이 최대의 명절이 된 시기와 이유를 설명하고 있다. 그리고 4문단에서는 추석의 유래를 언급하고, 추석을 맞이하는 바람직한 태도를 제시하며 글을 마무리하고 있다.

[주제 찾기]

02 다음은 윗글에 대한 설명이다. 빈칸에 들어가기에 적절한 말을 쓰시오.

> 윗글에서는 추석이 설날과 함께 민족의 큰 명절로 자리 잡게 된 이유에 대해 설명하고 있다. 이 글 전체의 핵심어는 '추석'이고, 추석이 큰 명절이 된 이유로 서양 문화의 영향과 사회적 변화 등을 들고 있으므로 이 글의 주제는 '☐☐이/가 큰 명절이 된 이유'이다.

03 윗글을 읽고 빈칸에 들어가기에 적절한 말을 쓰시오.

> 우리나라 최대의 명절 중 하나로 손꼽히는 추석은 신라의 (　　　　)(으)로부터 비롯되었다고 한다. 이날에는 햅쌀, 햇과일 등으로 음식을 장만하여 차례를 지내는 풍속이 이어지고 있다.

03
이 지문에서는 추석에 대해 설명하고 있어요. 특히 4문단에서 추석의 유래에 대해 설명하고 있네요.

04 윗글의 내용으로 적절하지 <u>않은</u> 것은?

① 중국과 일본에도 중추절, 오봉이라는 가을 명절이 존재한다.
② 조선 시대 때에는 설날이 가장 길게 쉬었던 최대의 명절이었다.
③ 현재 설날과 추석은 조선 시대 때 단오와 같이 최소한 3일간 쉰다.
④ 대한민국 정부가 수립된 바로 그 해에 추석이 공휴일로 제정되었다.
⑤ 어떤 학자는 서양의 문화인 추수 감사절의 영향으로 추석이 우리나라 최대의 명절이 되었다고 본다.

04
조선 시대의 추석에 대한 내용은 1문단에서, 추석이 큰 명절이 된 것에 대해서는 2~3문단에서 설명하고 있어요.

05 ㉠의 내용으로 가장 적절한 것은?

① 1949년부터 추석에는 3일간 쉬는 것이 법으로 확정되었다.
② 1980년대 이후로 교통수단이 발달하면서 고향으로 가는 방법이 다양해졌다.
③ 서양의 새로운 문화가 유입되면서 추석 연휴를 길게 늘리자는 요구가 생겨났다.
④ 하루만 쉬는 명절이었던 추석이 교통 체증으로 인해 3일 동안 쉬는 명절이 되었다.
⑤ 1980년대에는 추석에 교통이 혼잡하여 고향에 가는 대신 여가를 즐기려는 사람들이 많아졌다.

05
㉠은 3문단을 요약한 것이라고 볼 수 있어요. 바로 뒤에 이어지는 내용을 고려하여 ㉠이 의미하는 바를 생각해 보세요.

비롯되다 : 처음으로 시작되다.
풍속 : 옛날부터 그 사회에 전해 오는 생활 전반에 걸친 습관 따위를 이르는 말
체증 : 교통의 흐름이 순조롭지 아니하여 길이 막히는 상태
혼잡하다 : 여럿이 한데 뒤섞이어 어수선하다.

음악을 사랑한 세종대왕

우리나라 역사 상 가장 위대한 사람을 꼽으라면 많은 사람들이 세종대왕을 꼽을 것이다. 조선의 제4대 왕인 세종은 집현전을 두어 학문을 장려하였고, 훈민정음을 창제하였으며, 다양한 과학 기구를 만들었고, 왜구를 진정시키는 등 무수히 많은 업적을 남겼다. 그는 모든 측면에서 뛰어난 인물이었는데, 특히 음악에도 조예가 깊었다. 작곡을 하고 악보를 제작하기도 했던 세종대왕, 그가 음악에 관심을 가진 이유는 무엇일까?

고려 시대부터 조선 시대까지 우리의 궁중 음악으로는 '향악'이 존재하였다. 그러나 조선 초기에는 왕실에서 주관하는 제사 의례 때 우리의 것인 향악이 아니라, 중국에서 들여온 음악을 사용하였다. 세종은 돌아가신 임금과 왕후들의 제사 때 중국 음악을 쓰는 것에 반대하면서 제사 의례 때 사용하는 우리 고유의 음악을 만들기로 하였다.

하지만 제사 의례에 쓰일 음악을 만드는 것은 어려운 일이었다. 훈민정음을 창제하고 반포할 때처럼 당시의 신하들 가운데 중국의 음악 대신 우리의 음악을 만드는 것에 반대하는 세력이 많았기 때문이다. 그래서 세종은 신하들의 반대를 무릅쓰고 우리의 음악을 스스로 만들기 시작했다. 신하들은 왕이 만든 음악일지라도 국가의 제사 의례 때 쓰는 것은 안 된다고 반대했고, 결국 세종의 둘째 아들인 '세조' 때에 이르러서야 세종이 만든 음악이 제사 의례 때 사용되기 시작했다.

조선 시대에 종묘에서 역대 제왕의 제사를 지낼 때에 쓰던 음악을 '종묘제례악'이라고 한다. 이 종묘제례악 가운데 세종이 작곡한 곡으로는 〈여민락〉, 〈보태평〉, 〈정대업〉 등이 있다. 이는 종묘 제례와 더불어 2001년에는 유네스코 세계 무형 유산으로 지정되었다.

매년 5월 첫째 주 일요일이 되면 서울 종로의 종묘에서는 종묘제향행사가 열린다. 이 행사에서 세종이 작곡한 음악을 포함한 종묘제례악을 들어볼 수 있다. 세종 대왕이 어떠한 곡을 작곡했는지 궁금하다면 이 행사에 참여해 보자. 세종의 음악적 재능을 엿볼 수 있을 것이다.

[글의 구조 파악]

06 다음은 윗글의 내용을 정리한 것이다. 빈칸에 들어가기에 적절한 말을 쓰시오.

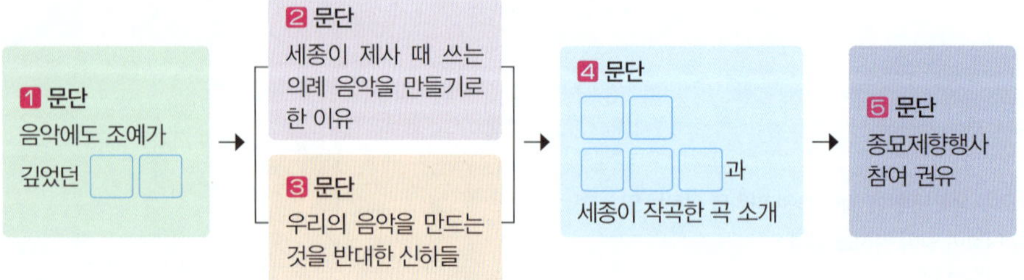

장려하다 : 좋은 일에 힘쓰도록 북돋아 주다.

창제하다 : 전에 없던 것을 처음으로 만들거나 제정하다.

왜구 : 13세기부터 16세기까지 우리나라 연안을 무대로 약탈을 일삼던 일본 해적

조예 : 학문이나 예술, 기술 따위의 분야에 대한 지식이나 경험이 깊은 경지에 이른 정도

주관하다 : 어떤 일을 책임을 지고 맡아 관리하다.

반포하다 : 세상에 널리 퍼뜨려 모두 알게 하다.

[주제 찾기]

07 다음은 윗글에 대한 설명이다. 빈칸에 들어가기에 적절한 말을 쓰시오.

> 1문단에서는 세종이 음악에도 관심이 많았음을 언급하고, 2문단에서는 세종이 우리 고유의 제사 의례 음악을 만들게 된 이유를 설명하고, 3문단에서는 이에 대해 신하들의 반대가 있었음을 밝히고 있다. 4문단에서는 종묘제례악과 세종이 작곡한 곡을, 5문단에서는 이를 들어볼 수 있는 기회를 소개하고 있다. 따라서 세종이 음악에도 조예가 깊었다는 점과 세종이 직접 만든 곡에 대해 이야기하고 있으므로 이 글의 주제는 '□□이 만든 종묘제례악'이다.

08 윗글을 읽고 빈칸에 공통적으로 들어가기에 적절한 말을 쓰시오.

> 세종은 제사 의례 때 향악, 즉 우리 고유의 (   )이/가 아닌 중국 (   )을/를 쓰는 것에 반대했기 때문에 제사 의례에 쓰일 우리 고유의 음악을 만들었다.

08
2문단에서는 세종대왕이 제사 의례 때 사용할 음악을 만든 이유에 대해 설명하고 있어요.

09 윗글의 내용으로 적절하지 <u>않은</u> 것은?

① 세종은 과학뿐만 아니라 음악에도 관심이 많았다.
② 세종은 제사 의례 때 우리 고유의 음악을 쓰기를 바랐다.
③ 오늘날에도 종묘제향행사에 가면 세종이 직접 작곡한 음악을 들어볼 수 있다.
④ 세종이 제사 의례에 쓰일 우리 음악을 만들기로 하자, 많은 신하들이 반대했다.
⑤ 조선 시대의 역대 제왕을 기리고자 제사를 지낼 때에는 세종이 작곡한 종묘제례악만 사용한다.

09
선택지의 내용이 지문의 어느 부분과 관련이 있는지를 떠올려 보세요.

10 윗글을 읽고 난 후의 반응으로 적절하지 <u>않은</u> 것은?

① 세종대왕은 국가 제사 때 쓸 음악을 직접 만들었구나.
② 고려 시대에는 우리의 음악이 없어서 제사 때 중국의 음악만 사용했구나.
③ 〈정대업〉은 돌아가신 임금, 왕후들의 제사 때 쓰이는 궁중 음악의 하나이구나.
④ 세종대왕의 신하들은 훈민정음을 창제하고 반포할 때에도 반대를 많이 했구나.
⑤ 궁중의 제사 의례 때 쓰이는 우리 고유의 음악은 중국 음악을 대체하기 위해서 만든 것이구나.

10
이 지문에서는 세종대왕의 업적 가운데 음악 분야의 업적에 대해 설명하고 있어요. 지문의 내용을 바르게 이해하지 못한 선택지를 찾아보세요.

기리다 : 뛰어난 업적이나 바람직한 정신, 위대한 사람 따위를 칭찬하고 기억하다.
왕후 : 임금의 아내
창제하다 : 전에 없던 것을 처음으로 만들거나 제정하다.
대체하다 : 다른 것으로 대신하다.

★ 정답은 [해설편 표지] 안쪽에 있습니다.

* **[01~04]** 제시된 글자들을 조합하여 다음 뜻풀이에 해당하는 단어를 쓰시오.

조	화	기	개
상	다	기	예
하	리	다	격

01 1876년의 강화도 조약 이후부터, 우리나라가 서양 문물의 영향을 받아 근대적 사회로 개혁되어 가던 시기 (   )

02 학문이나 예술, 기술 따위의 분야에 대한 지식이나 경험이 깊은 경지에 이른 정도 (   )

03 뛰어난 업적이나 바람직한 정신, 위대한 사람 따위를 칭찬하고 기억하다. (   )

04 자격이나 등급, 지위 따위의 격이 높아지다. 또는 격을 높이다. (   )

* **[05~07]** 문맥을 고려하여 다음 문장의 빈칸에 들어가기에 알맞은 단어를 고르시오.

05
> 명절 음식을 만들기 위해 여러 가지 재료들을 (   )했다.

① 작곡 ② 장만 ③ 고소

06
> 세종대왕은 한글을 (   )했다.

① 경쟁 ② 지연 ③ 창제

07
> 그러한 행동을 처벌하는 법률이 30년 만에 (   )되었다.

① 설치 ② 제정 ③ 투자

* **[08~10]** 문맥을 고려하여 다음 문장의 빈칸에 들어가기에 알맞은 단어를 〈보기〉에서 찾아 쓰시오.

〈보기〉
왕후 왜구 풍속

08 이웃끼리 서로 돕는 것은 옛부터 내려오는 우리 민족의 아름다운 (   )(이)다.

09 이 박물관에는 조선 시대의 (   )이/가 입었던 옷이 보관되어 있다.

10 조선 시대에는 (   )이/가 우리나라에 자주 침략하여 백성들이 고통을 받았다.

* **[11~12]** 문맥을 고려하여 밑줄 친 단어의 뜻과 가장 가까운 것을 고르시오.

11
> 외국의 문물들이 서서히 <u>유입되고</u> 있다.

① 수립하다 ② 독점하다 ③ 들어오다

12
> 이번 일은 담당자를 다른 사람으로 <u>대체하기로</u> 했다.

① 바꾸다 ② 반대하다 ③ 소개하다

* **[13~15]** 문맥을 고려하여 다음 문장의 빈칸에 들어가기에 알맞은 단어를 고르시오.

13 그 행사장은 많은 사람들이 붐벼서 매우 (혼잡 / 혼절)했다.

14 정부는 경제를 활성화하기 위해 외국인 투자를 (장려 / 참여)하였다.

15 해당 업무를 (주관 / 보관)하는 부서에서 이번 일을 책임지기로 했다.

✱ 단오에는 무엇을 했을까?

우리 민족의 큰 명절을 떠올리면 대부분의 사람들이 설이나 추석을 생각합니다. 하지만 조선 시대까지만 해도 '단오'가 우리 민족의 큰 명절 중 하나였습니다. 우리 조상들은 단오에 무엇을 했을까요?

단오는 음력 5월 5일입니다. 흔히 알고 있다시피 단오가 되면 부녀자들은 그네를 타기도 했고 창포 뿌리와 잎을 삶은 창포물에 머리를 감았다고 합니다. 창포물에 머리를 감으면 나쁜 귀신을 쫓아낼 수 있다고 믿었기 때문입니다. 또 창포 뿌리를 깎아 비녀를 만들어 사용했습니다.

남자들은 씨름을 하기도 하고, 액을 물리치기 위해 창포 뿌리를 허리춤에 차고 다니거나 창포로 만든 술을 마셨습니다. 또 단오는 여름을 맞이하는 명절이었기 때문에 단오를 앞두고 임금은 신하들에게 부채를 나눠주기도 했다네요. 이 때 나눠준 부채를 '단오선'이라고 합니다.

단오는 '수릿날'이라고 불리기도 합니다. 이는 단오에 먹는 음식인 '수리취떡'과 관련이 있습니다. 수리취떡은 쑥물과 쌀가루를 섞어 수레바퀴 모양으로 찍어 만든 떡인데, 달구지(수레)의 한자 표현인 '술의(戌衣)'에서 그 이름이 비롯되었다고 합니다. 해마다 강릉, 창원, 대전 등 전국 각지에서는 단오의 풍습을 체험할 수 있는 행사가 열립니다. 올해는 가족들과 함께 단오의 풍습을 체험해 보는 것은 어떨까요?

경쟁을 하면서 공생할 수 있을까?

체육 대회의 100m 달리기를 생각해 보자. "준비, 땅!"하는 소리에 맞추어 모두 1등으로 결승선을 넘기 위해 총알처럼 달려 나간다. 다른 친구들을 모두 제쳐야만 1등을 할 수 있기 때문에, 모두가 경쟁을 한다.

인간만 경쟁을 하는 것일까? 러시아의 생태학자 게오르기 가우세는 경쟁적으로 먹이를 구하는 두 종을 연구했다. 그 결과 먹이를 더 잘 구하는 종(A)이 먹이를 잘 못 구하는 종(B)보다 빨리 번식하였고, 결국 번식을 잘 하지 못한 종(B)은 그 지역에서 사라지게 되었다고 한다. 이 연구 결과에서 볼 수 있듯이 인간뿐만 아니라, 살아 있는 생명체들은 살아남기 위해 경쟁을 한다.

그렇다면 모든 생명체들은 경쟁만 하고 살아가는 것일까? 썩은 생선에서 나쁜 냄새를 나게 하는 암모니아를 먹고 사는 박테리아 1과 박테리아 2가 있다. 암모니아는 시간이 지나면서 점차 아질산으로 바뀌는데, 박테리아 1은 암모니아를 먹고 박테리아 2는 암모니아 가운데 아질산만 먹는다. 이 박테리아들은 각각 한 가지만을 먹을 뿐, 서로의 것을 욕심내지 않는다. 이 박테리아들은 서로를 존중하며, 공존하고 있는 것이다. 생태학자들은 박테리아 1과 2처럼 살아가는 데에 있어 같은 자원을 필요로 하는 서로 다른 종들이 자원을 나누어 공존하는 경우를 '생태지위 분할'이라고 부른다.

우리는 흔히 경쟁을 하게 되면 공생하기는 어렵다고 생각한다. 그러나 위의 박테리아의 사례에서 볼 수 있듯이 자연 속의 여러 생명체들은 서로 다른 생명체들과 공간과 자원을 공유하며 공생하고 있다. 이는 우리의 삶에도 적용된다. 모두가 경쟁하는 과정에서 서로의 것을 욕심내지 않고 서로를 존중한다면, 경쟁만 하는 각박한 세상에서 모두 조화롭게 공생할 수 있을 것이다.

[글의 구조 파악]

01 다음은 윗글의 내용을 정리한 것이다. 빈칸에 들어가기에 적절한 말을 쓰시오.

1문단에서는 구체적인 사례를 통해 중심 대상 중 하나인 ☐☐에 대해 언급하고 있다. 2문단에서는 살아 있는 생명체의 예를 들어 1문단의 경쟁하며 살아간다는 내용을 보충하고 있다. 3문단에서는 공존하며 살아가는 ☐☐☐☐☐의 예를 들고 있다. 4문단에서는 3문단 속 박테리아의 사례를 통해 우리가 취해야 할 삶의 태도인 공생에 대해 언급하며 글을 마무리하고 있다.

글 전체의 중심 문단을 요약하고 주제를 쓰시오.

1) ☐ 문단 요약 :

2) 주제
☐☐와/과 ☐☐을/를 하는 삶의 태도

제치다 : 경쟁 상대보다 우위에 서다.

경쟁 : 같은 목적에 대하여 이기거나 앞서려고 서로 겨룸.

번식하다 : 붙고 늘어서 많이 퍼지다.

존중하다 : 높이어 귀중하게 대하다.

공존하다 : 서로 도와서 함께 존재하다.

분할 : 나누어 쪼갬.

공생하다 : 서로 도우며 함께 살다.

각박하다 : 인정이 없고 삭막하다.

[주제 찾기]

02 다음은 윗글에 대한 설명이다. 빈칸에 들어가기에 적절한 말을 쓰시오.

> 윗글에서는 살아 있는 모든 생명체들이 생존을 위해 경쟁한다면서 서로 존중한다면 공생할 수 있다고 설명하고 있다. 이 글 전체의 핵심어는 '경쟁'과 '공생'이고, 경쟁을 하면서도 공생할 수 있는 방법에 대해 이야기하고 있으므로 이 글의 주제는 '□□와/과 □□을/를 하는 삶의 태도'이다.

03 윗글을 읽고 빈칸에 들어가기에 알맞은 적절한 말을 쓰시오.

> 살아 있는 생명체들은 살아남기 위해 (   )을/를 하기도 하고 공간과 자연을 공유하며 (   )하기도 한다.

03
이 지문에서는 구체적인 예를 들어 경쟁과 공생에 대해 설명하고 있어요. 전체적인 내용을 고려하여 빈칸에 들어가기에 적절한 말을 생각해 봅시다.

04 윗글의 내용으로 적절하지 <u>않은</u> 것은?

① 암모니아 때문에 썩은 생선에서 좋지 않은 냄새가 난다.
② 먹이를 잘 구하는 생명체는 그렇지 못한 종보다 더 오래 살아남을 수 있다.
③ 박테리아 1, 2의 사례는 경쟁을 하게 되더라도 공생할 수 있다는 사실을 보여 준다.
④ 달리기를 할 때 1등을 하기 위해 모두가 달려가는 예에서 볼 수 있듯 인간은 경쟁하는 것을 목표로 살아간다.
⑤ 생태지위 분할은 같은 자원을 필요로 하는 서로 다른 종들이 자원을 나누어 함께 살아가는 경우를 일컫는다.

04
선택지의 내용이 지문의 어느 부분에 제시되어 있는지를 찾아보세요.

05 윗글에 대한 설명으로 가장 적절한 것은?

① 구체적인 사례를 들고 있다.
② 통계 자료를 제시하여 신뢰도를 높이고 있다.
③ 찬성 측과 반대 측의 주장과 근거를 제시하고 있다.
④ 반대되는 견해를 가진 학자들의 의견을 소개하고 있다.
⑤ 문제가 되는 상황을 제시하고, 이를 악화하는 요소들을 소개하고 있다.

05
이 지문에서 경쟁과 공생에 대해 설명하기 위해 어떤 방법을 사용하고 있는지 살펴보세요.

통계 자료 : 통계를 내는 데 바탕이 되는 자료. 또는 통계에 반영된 자료
견해 : 어떤 사물이나 현상에 대한 자기의 의견이나 생각
악화하다 : 일의 형세가 나쁜 쪽으로 바뀌다.

유추란 무엇인가?

무엇인가를 알아내는 방법 중 하나로 유추가 있다. 유추란 두 개의 사물이 여러 면에서 비슷하다는 것을 근거로 다른 속성도 유사할 것이라고 미루어 짐작하는 것을 의미한다. 학문 또는 예술 활동에서뿐만 아니라, 우리도 일상생활에서 유추를 흔히 사용하고 있다.

[A]
유추는 '㉠알고자 하는 대상과 그 특성 확정 – ㉡알고 있는 대상과의 비교 – ㉢결론 내리기'의 과정을 통해 이루어진다. 동물원에 가서 '까마귀'를 처음 본 어린아이가 그것이 날 수 있는가의 여부를 판단하는 과정을 생각해 보자. 이 경우 '알고자 하는 대상'은 '까마귀'이며, 그 특성은 '날 수 있는가?'이므로 이를 확정하면 '까마귀가 날 수 있는가?'가 된다. 그리고 아이가 자신이 이미 알고 있는 '까치'를 떠올리고는 까마귀와 까치 사이에 '검은 깃털이 있다', '다리가 둘이다', '날개가 있다' 등의 공통점을 발견하면 그것이 비교의 과정이 된다. 마지막으로 아이가 '까치는 난다'라는 특성을 확인한 후 '까마귀도 날 것이다'라고 결론을 내리면 유추의 과정이 끝난다.

많은 논리학자들은 유추를 통해 알아낸 정보가 옳다는 보장이 없기 때문에 유추가 판단을 내리는 데에 있어서 적절하지 않다고 주장하기도 한다. 위의 경우 '까마귀가 난다'라는 것은 옳은 결론이다. 그런데 똑같은 방법으로 '타조'에 대해 '타조가 난다'라는 결론을 내리면, 이는 사실에 어긋난, 틀린 결론이 된다. 이는 비교 대상으로 공통점이 가장 많은 대상을 선택하지 않았기 때문에 생기는 오류이다.

타조의 예처럼 유추는 옳지 않은 결론을 내릴 가능성이 있지만, 우리의 삶에 꼭 필요한 사고 방법이다. 우리는 모든 것을 직접 경험하지 못해도 유추와 같은 방법으로 모르고 있던 것을 알아내어 더 많은 지식을 쌓을 수 있기 때문이다.

[글의 구조 파악]

06 다음은 윗글의 내용을 정리한 것이다. 빈칸에 들어가기에 적절한 말을 쓰시오.

1 문단	**2 문단**	**3 문단**	**4 문단**
☐☐ 의 개념	유추의 과정	유추의 과정에서 생길 수 있는 ☐☐	유추가 우리의 삶에 필요한 이유

[주제 찾기]

07 다음은 윗글에 대한 설명이다. 빈칸에 들어가기에 적절한 말을 쓰시오.

> 1문단에서는 유추의 개념을, 2문단에서는 유추가 일어나는 과정을 설명하고 있다. 3문단에서는 유추의 한계에 대해 이야기하고, 4문단에서는 우리의 삶에 유추가 필요한 이유를 밝히고 있다. 따라서 유추의 개념과 과정, 한계와 필요성에 대해 이야기하고 있으므로 이 글의 주제는 '☐☐의 개념과 과정 및 필요성'이다.

＊ 글 전체의 중심 문단을 요약하고 주제를 쓰시오.

1) ☐ 문단 요약 :

2) 주제
☐☐ 의 개념과 과정 및 필요성

유사하다 : 서로 비슷하다.
짐작하다 : 사정이나 형편 따위를 어림잡아 헤아리다.
여부 : 그러함과 그러하지 아니함.
확정하다 : 일을 확실하게 정하다.
보장 : 어떤 일이 어려움 없이 이루어지도록 조건을 마련하여 보증하거나 보호함.
어긋나다 : 기대에 맞지 아니하거나 일정한 기준에서 벗어나다.

08 윗글을 읽고 빈칸에 공통으로 들어가기에 적절한 말을 쓰시오.

> 많은 논리학자들이 (   )이/가 판단을 내리는 데 적절하지 않다고 주장하는 근거는 (   )을/를 통해 알아낸 정보가 틀린 결론일 수도 있기 때문이다.

08
이 지문에서는 중심 대상인 '유추'에 대해 설명하고 있어요. 이에 대한 학자들의 견해는 3문단에 제시되어 있어요.

09 윗글의 내용으로 적절하지 <u>않은</u> 것은?

① 유추는 학문과 예술 분야에서만이 아니라 일상생활에서도 흔히 사용된다.
② 유추를 할 때에는 공통점이 가장 많은 대상을 비교 대상으로 선정해야 한다.
③ 직접 경험하지 못한 것을 알아내고자 할 때에 유추의 방법을 사용할 수 있다.
④ 유추는 두 대상의 비슷한 특성을 근거로 하여 미루어 짐작하는 사고 방법이다.
⑤ 유추를 할 때에는 가장 먼저 자신이 알고 있는 대상과 알자고 하는 대상을 비교해야 한다.

09
중심 대상인 '유추'에 대해 묻고 있어요. 이에 대해 설명하고 있는 1문단, 3문단, 4문단을 모두 꼼꼼히 읽어봐야 해요.

10 윗글을 바탕으로 [A]를 이해한 것으로 적절하지 <u>않은</u> 것은?

① ㉠의 과정에서 아이가 '타조는 날 수 있는가?'라고 확정한다면 틀린 결론을 내리게 된다.
② ㉡의 과정에서 아이는 '까치'를 비교 대상으로 선정했다.
③ ㉡의 과정에서 아이는 까마귀와 까치가 모두 '새'라는 공통점을 떠올릴 수도 있다.
④ ㉡의 과정에서 아이는 까마귀와 까치의 공통점뿐만 아니라 차이점까지도 떠올려야 한다.
⑤ ㉢에서 아이는 '까마귀도 날 것이다'라는 옳은 결론을 내렸다.

10
㉠, ㉡, ㉢은 2문단에 제시된 내용입니다. 각 기호가 일컫는 내용이 무엇인지 잘 연결하며 문제를 풀어 보세요.

결론 : 최종적으로 판단을 내림. 또는 그 판단
선정하다 : 여럿 가운데서 어떤 것을 뽑아 정하다.

★ 정답은 [해설편 표지] 안쪽에 있습니다.

✱ [01~02] 제시된 초성을 바탕으로 다음 뜻풀이에 해당하는 단어를 쓰시오.

01 ㅂㅅ하다 : 붇고 늘어서 많이 퍼지다 (   )

02 ㅅㅈ하다 : 여럿 가운데서 어떤 것을 뽑아 정하다.
(   )

✱ [03~05] 문맥을 고려하여 다음 문장의 빈칸에 들어가기에 알맞은 단어를 〈보기〉에서 찾아 쓰시오.

〈보기〉
분할   보장
여부   악화

03 그녀는 나에게 우리가 다시 만날 수 있을 것이라는 (   )도 없이 떠나갔다.

04 세포는 (   )을/를 통해 새로운 세포를 만들어 낸다.

05 자격증 시험 감독관은 학생들이 불법 행위를 하는지 (   )을/를 철저히 감독했다.

✱ [06~07] 문맥을 고려하여 밑줄 친 단어의 뜻과 가장 가까운 것을 고르시오.

06
> 인간과 자연은 조화를 이루면서 <u>공존하고</u> 있다.

① 모으다   ② 독점하다   ③ 공생하다

07
> 경찰은 이번 사건의 범인이 그라고 <u>짐작하고</u> 있는 듯했다.

① 학습하다   ② 오해하다   ③ 여기다

✱ [08~10] 문맥을 고려하여 다음 문장의 빈칸에 들어가기에 알맞은 단어를 고르시오.

08
> 나는 복잡한 ☐☐☐☐을/를 정리해서 표로 만들었다.

① 정상 수치   ② 통계 자료   ③ 황금 비율

09
> 이번 수행 평가가 상대 평가로 진행됨에 따라 학생들 간의 ☐☐이 심해지고 있다.

① 자원   ② 지연   ③ 경쟁

10
> 진수는 미래에 대해 긍정적인 ☐☐을/를 가지고 있다.

① 결론   ② 견해   ③ 조화

✱ [11~15] 문맥을 고려하여 다음 문장의 빈칸에 들어가기에 알맞은 단어를 고르시오.

11 우리 극단은 공연 일정을 (확정 / 개정)하고 연습에 들어갔다.

12 나의 공부 방식은 가장 친한 친구의 공부 방식과 굉장히 (유사 / 필사)하다.

13 끝이 날 것 같지 않던 긴 시간 동안 토론한 끝에 우리는 (결례 / 결론)을/를 내렸다.

14 나는 도시에서의 (각박 / 촘촘)한 삶에 지쳤다.

15 전국 체전에서 우리 팀이 상대 팀을 (제치고 / 젖히고) 연승 행진을 이어 갔다.

✳ 식물끼리도 경쟁을 하나요?

　동물들이 살아남기 위해 서로 경쟁하고, 그 결과 힘 있는 동물이 살아남는다는 사실은 우리에게 익숙한 이야기입니다. 그렇다면 식물들도 경쟁을 할까요? 식물들 간의 경쟁은 동물들이 경쟁하는 것처럼 울음소리를 내거나 크게 움직임을 보이는 방식으로 이루어지지 않기 때문에 식물들이 경쟁한다는 사실을 잘 모르는 사람들이 많습니다. 하지만 학자들은 몇 가지 현상을 통해 식물들도 경쟁을 한다는 사실을 밝혀 내었습니다.

　식물들이 서로 경쟁을 하는 현상 중 한 가지가 바로 '타감 작용'입니다. 영어로는 '알레로파시(allelopathy)'라고 하는데, 'alle'는 '서로, 상호'를 의미하는 말이고 'pathy'는 '해로운'을 의미하는 말입니다. 즉, 타감 작용이란 한 식물이 가까이 있는 다른 식물에게서 나오는 이산화탄소, 에틸렌 등의 해로운 물질에 영향을 받는 것을 의미합니다. 타감 작용을 통해 식물들은 자신의 뿌리나 잎, 줄기에서 해로운 물질을 뿜어서 가까이 있는 다른 식물들이 생장하거나 번식하지 못하게 합니다.

　잔디밭 한구석의 토끼풀이 잔디와 끈질기게 싸우면서 영역을 넓혀가는 것에서도 이 타감 작용이 이루어지고 있습니다. 토끼풀이 잔디에게 해로운 영향을 미치는 타감 물질을 분비하여 자신의 영역을 조금씩 넓혀가고 있는 것입니다. 이러한 타감 작용을 통해 식물들도 서로 경쟁하여 스스로를 보호하고, 자신의 삶의 터전을 확보한다는 것을 알 수 있습니다.

장애인의 반대는 정상인?

1980년대 초까지만 하더라도 신체의 일부에 장애가 있거나 정신 능력이 원활하지 못해 일상생활이나 사회생활에서 어려움이 있는 사람을 '장애자(障礙者)'라고 불렀다. 그러나 장애인 관련 단체들은 '장애자'의 '자(者)'가 '놈', 즉 사람을 낮추어 이르는 말이기 때문에 이를 바꿔야 한다는 의견을 제시했고, 이에 사람을 의미하는 한자인 '인(人)' 자를 써서 '장애인(障礙人)'이라고 부르게 되었다.

한 때 친구를 의미하는 한자인 '우(友)'를 써서 '장애우(障礙友)'라는 표현이 쓰이기도 하였다. 그러나 장애인 스스로가 자신을 장애우라고 부르는 것은 부자연스럽고, 장애인이 아닌 사람의 입장만 강조된 표현이기 때문에 현재는 사용하고 있지 않다.

그렇다면 장애를 가진 사람을 장애인이라고 한다면 장애를 가지지 않은 사람은 무엇이라고 불러야 할까? 정상인? 비장애인? 표준국어대사전에 따르면 정상인은 '상태가 특별한 변동이나 탈이 없이 제대로인 사람'이다. 그렇다면 장애인은 '상태가 특별한 변동이나 탈이 있는 제대로 되지 않은 사람'을 가리키는 것일까?

정상인이라는 표현은 정상과 반대되는 개념으로 장애를 생각하여, 장애는 정상이 아니라는 생각을 담고 있다. 이는 장애를 가지지 않은 사람의 시선에서 만들어진 단어로, 장애인들에 대한 우리의 편견을 드러낸다. 장애인의 관점에서 만들어진 단어인 '비장애인'을 제외하면, 장애를 가지지 않은 사람들을 일컫는 단어들은 대부분 장애를 가지지 않은 사람들의 관점에서 만들어진 단어라고 볼 수 있다.

장애인들도 우리 사회의 구성원으로, 비장애인들과 함께 우리 사회를 이끌어 나가고 있다. 비장애인들이 장애인들에 대한 편견을 버리고 장애인들을 인정하고 존중하면 우리 사회는 좀 더 풍요롭고, 다양한 가치를 추구하는 사회가 될 것이다.

[글의 구조 파악]

01 다음은 윗글의 내용을 정리한 것이다. 빈칸에 들어가기에 적절한 말을 쓰시오.

> 1문단과 2문단에서는 □□□을/를 부르는 다양한 명칭에 대해 소개하고, 그와 관련된 문제점과 현황을 설명하고 있다. 그리고 3문단에서는 장애를 가지지 않은 사람을 어떻게 부르는지 의문을 제기하고, 4문단에서 이에 대해 답하고 있다. 5문단에서는 우리가 장애인을 대할 때 □□을/를 버리고 존중해야 함을 설명하면서 글을 마무리하고 있다.

---

*글 전체의 중심 문단을 요약하고 주제를 쓰시오.

1) □ 문단 요약 :

2) 주제

□□□□와/과 비장애인을 부르는 적절한 말

원활하다 : 모난 데가 없고 원만하다.
제시하다 : 어떠한 의사를 말이나 글로 나타내어 보이게 하다.
변동 : 바뀌어 달라짐.
탈 : 몸에 생긴 병
편견 : 공정하지 못하고 한쪽으로 치우친 생각
일컫다 : 이름 지어 부르다.

[주제 찾기]

02 다음은 윗글에 대한 설명이다. 빈칸에 들어가기에 적절한 말을 쓰시오.

> 윗글에서는 장애인과 비장애인을 가리키는 표현을 소개하고, 각 표현의 의미와 문제점을 설명하고 있다. 이 글 전체의 핵심어는 '장애인'과 '비장애인'이고, 장애인 과 비장애인을 부르는 말에 대해 이야기하고 있으므로 이 글의 주제는 '☐☐ ☐와/과 비장애인을 부르는 적절한 표현'이다.

03 윗글을 읽고 빈칸에 들어가기에 적절한 말을 쓰시오.

> (   )와/과 (   )은/는 모두 우리 사회의 구성원이며, 우리 사회를 함 께 이끌어 나가고 있다.

03
5문단의 내용을 바탕으로 빈칸에 들어가기에 적절한 말을 생각해 보세요.

04 윗글의 내용으로 적절하지 <u>않은</u> 것은?

① '장애우'는 장애를 가진 사람들이 스스로를 부르기에 부자연스러운 표현이다.
② 1980년대 이전에 장애를 가진 사람을 부르던 명칭은 현재 다른 명칭으로 교체 되었다.
③ 장애인 관련 단체들은 '장애자'가 장애를 가진 사람을 낮추어 표현한다고 생각 하였다.
④ '장애우, 정상인, 비장애인'은 모두 장애를 가지지 않은 사람들의 편견이 반영된 표현이다.
⑤ 장애를 가지지 않은 사람을 '정상인'이라고 표현하는 것은 장애가 정상이 아니 라는 생각을 반영한다.

04
1문단에서는 '장애자'와 '장애인' 이라는 명칭을, 2문단에서는 '장 애우'라는 명칭을, 3~4문단에서 는 '정상인'과 '장애인'이라는 명 칭을 언급하고 있어요.

05 윗글에 대한 설명으로 적절하지 <u>않은</u> 것은?

① 질문을 던지며 문제가 되는 인식에 대해 의문을 제기하고 있다.
② 시간이 지나면서 특정 명칭이 변화하게 된 과정을 설명하고 있다.
③ 단어의 의미를 설명하며 그 속에 담긴 인식의 문제점을 지적하고 있다.
④ 다양한 근거를 들어 사람들이 일반적으로 가지고 있는 편견에 동의하고 있다.
⑤ 구체적인 이유를 제시하며 특정 명칭이 쓰이지 않게 된 배경을 설명하고 있다.

05
이 지문에서 장애인, 비장애인 을 부르는 다양한 명칭들에 어 떤 문제가 있다고 하였는지, 어 떤 명칭이 어떻게 변화하였다고 했는지 등을 파악해 보세요.

명칭 : 사람이나 사물 따위의 이름. 또는 그것을 일컫는 이름
반영되다 . 다른 것에 영향을 받아 어떤 현상이 나타나다.
제기하다 : 의견이나 문제를 내어놓다.
동의하다 : 의사나 의견을 같이하다.
배경 : 사건이나 환경, 인물 따위를 둘러싼 주위의 모습이나 형편

우리 삶을 바꾸어 놓을 드론

드론(Drone)이란, 사람이 타지 않은 채 먼 거리에서 무선 전파로 조종할 수 있는 비행기를 가리킨다. 2000년대 초반에 군사용 무인 항공기로 개발된 드론은 최근 군사용을 넘어 다양한 범위에서 많이 사용되고 있다. 여러 TV 프로그램에서는 드론으로 촬영한 영상을 보여 주기도 하고, 일부 사람들은 취미로 드론을 날리기도 한다.

최근 기술의 발달로 드론이 더 가볍고 작아지면서 주택가나 사무실 등에서도 드론을 날리는 것이 가능해졌다. 그 결과 2017년에는 미국 기업인 아마존이 드론을 활용하여 물품 배송을 실시하겠다고 발표하기도 했다. 2019년 4월에 미국 연방항공청에서 미국 내에서 드론을 이용하여 공중 배송 사업을 시작할 수 있도록 허가하였기 때문에, 드론을 이용한 물품 배송은 곧 실현될 것으로 보인다.

드론은 인명 구조용으로도 활용할 수 있다. 높은 산 속에 응급 환자가 생기면 보통은 헬기를 통해 환자를 구조한다. 하지만 헬기가 뜨는 데에는 기상 등 많은 요소들이 영향을 미치기 때문에 조건이 맞지 않으면 환자를 빠르게 구조하기 어렵다. 드론을 활용하면 어떨까? 응급 환자가 신고 전화를 걸면 드론이 먼저 날아오고, 이 드론을 통해 환자는 응급 처치를 하는 방법을 안내받을 수 있다. 게다가 미래에 기술이 더 발달하면 응급 환자를 드론에 태우고 병원으로 이송할 수도 있게 될 것이다.

또 산불이 발생할 경우에도 드론은 유용하게 쓰일 수 있다. 산불이 났을 때에는 불이 난 정확한 위치를 빨리 파악하는 것이 중요한데, 드론을 보내면 그것이 가능해진다. 그리고 산불이 난 위치를 확인한 후에는 드론을 이용하여 그 위치에 소화 미사일을 쏘면 불이 초기에 진압될 수 있다.

하지만 ㉠드론이 꼭 유용하기만 한 것은 아니다. 가장 큰 문제는 고성능 카메라나 통신 장비 등이 장착된 드론을 이용하여 타인의 사생활을 침해하거나 범죄에 악용할 수 있다는 점이다. 드론의 지속적인 개발과 함께, 개인의 사생활과 안전이 범죄로부터 보호받을 수 있는 장치를 마련해야 드론의 발전으로부터 얻는 사회적 이익이 더욱 커질 것이다.

[글의 구조 파악]

06 다음은 윗글의 내용을 정리한 것이다. 빈칸에 들어가기에 적절한 말을 쓰시오.

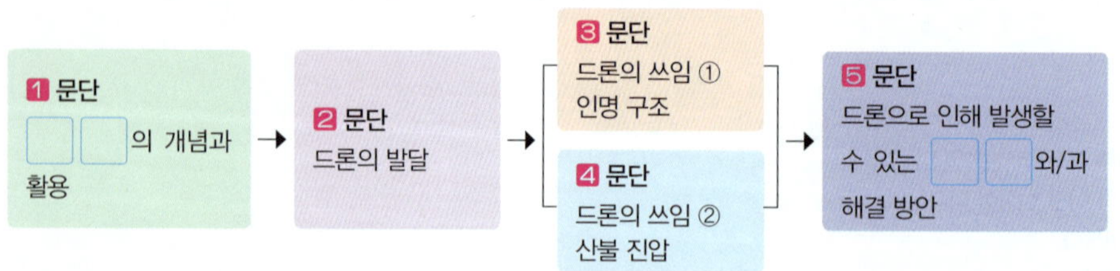

허가하다 : 행동이나 일을 하도록 허용하다.
구조하다 : 재난 따위를 당하여 어려운 처지에 빠진 사람을 구하여 주다.
이송하다 : 다른 데로 옮겨 보내다.
유용하다 : 쓸모가 있다.
진압되다 : 강압적인 힘으로 억눌러 진정되다.
침해하다 : 침범하여 해를 끼치다.

[주제 찾기]

07 다음은 윗글에 대한 설명이다. 빈칸에 들어가기에 적절한 말을 쓰시오.

> 1문단에서는 드론이 무엇인지, 2문단에서는 드론의 발달 과정을 소개하고 있다. 3문단과 4문단에서는 드론의 쓰임을 설명하고, 5문단에서는 드론으로 인해 발생할 수 있는 문제와 해결 방안을 제시하고 있다. 따라서 드론의 개념과 발달 과정, 쓰임과 문제점, 해결 방안에 대해 이야기하고 있으므로 이 글의 주제는 '☐☐의 활용과 문제점 및 해결 방안'이다.

08 윗글을 읽고 빈칸에 들어가기에 적절한 말을 쓰시오.

> 높은 산 속에서 응급 환자가 발생했을 때, 보통은 (   )로 환자를 구조하지만 기상 등의 영향으로 긴급 구조가 쉽지 않은 경우가 있다. 그러나 드론을 활용하면 드론이 먼저 환자에게 날아가서 환자에게 응급 처치를 하는 방법을 안내할 수 있다.

08
이 지문에서는 드론에 대해 설명하고 있어요. 특히 3문단에서 드론이 인명 구조용으로도 활용될 수 있음을 설명하고 있네요.

09 윗글의 내용으로 적절하지 <u>않은</u> 것은?

① 드론은 2000년대 초반에 군사용으로 개발되었다.
② 처음 개발되었던 드론에 비해 현재의 드론은 더 작고 가볍다.
③ 2017년부터 미국에서는 드론을 활용하여 물품을 배송하기 시작했다.
④ 미국 내에서 공중 배송 사업을 하기 위해서는 연방항공청이 허가를 해 주어야 한다.
⑤ 드론은 사람이 타지 않고도 전파를 통해 조정할 수 있는 비행 물체를 가리킨다.

09
선택지에서 언급하고 있는 표현이 이 지문의 어느 부분에 나오는지를 확인해 보세요.

10 ㉠의 이유로 가장 적절한 것은?

① 드론을 개발하는 데에 비용이 많이 들기 때문이다.
② 드론을 사용하는 것에 대한 법률이 까다롭기 때문이다.
③ 드론이 개인의 필요를 모두 만족시킬 수는 없기 때문이다.
④ 드론으로 인한 사생활 침해 문제가 발생할 수 있기 때문이다.
⑤ 고성능 카메라의 가격이 드론으로 인해 높아질 수 있기 때문이다.

10
㉠은 5문단의 내용을 요약하는 문장이라고 볼 수 있어요. ㉠의 뒤에 이어지는 내용을 꼼꼼히 살펴보세요.

응급 처치 : 갑작스러운 병이나 상처의 위급한 고비를 넘기기 위하여 임시로 하는 치료
배송하다 : 물자를 여러 곳에 나누어 보내 주디.
비용 : 어떤 일을 하는 데 드는 돈
법률 : 국가의 강제력을 수반하는 사회 규범
고성능 : 매우 뛰어난 성질과 기능

Review 어휘

★ 정답은 [해설편 표지] 안쪽에 있습니다.

* **[01~04]** 제시된 글자들을 조합하여 다음 뜻풀이에 해당하는 단어를 쓰시오.

일	하	이	다
송	컨	률	능
성	법	고	다

01 다른 데로 옮겨 보내다. (   )

02 국가의 강제력을 수반하는 사회 규범 (   )

03 이름 지어 부르다. (   )

04 매우 뛰어난 성질과 기능 (   )

* **[05~08]** 문맥을 고려하여 다음 문장의 빈칸에 들어가기에 알맞은 단어를 고르시오.

05
> 우리나라 사람이라면 임진왜란이 일어나게 된 역사적 (   )을/를 잘 알아야 한다.

① 배경　　　② 개발　　　③ 기호

06
> 여행 일정에 (   ) 사항이 있으면 알려 주세요.

① 처리　　　② 변동　　　③ 현황

07
> 상처 부위를 발견하지 못해 (   )이/가 늦어졌다.

① 재정 계획　　② 소액 청구　　③ 응급 처치

08
> 구조선이 제때에 도착하여 수많은 인명을 (   ) 할 수 있었다.

① 구조　　　② 유용　　　③ 악용

* **[09~11]** 문맥을 고려하여 다음 문장의 빈칸에 들어가기에 알맞은 단어를 〈보기〉에서 찾아 쓰시오.

〈보기〉
> 탈　편견　비용

09 어제 먹은 음식이 잘못되었는지 (   )이 나서 밤새 고생을 했다.

10 최근 많은 기업들이 광고에 시간과 (   )을 지출하고 있다.

11 그가 사회적 약자에 대한 (   )을 담은 말을 하자 주변 사람들은 눈살을 찌푸렸다.

* **[12~13]** 문맥을 고려하여 밑줄 친 단어의 뜻과 가장 가까운 것을 고르시오.

12
> 사흘간의 휴가를 신청하니 허가해 주시기 바랍니다.

① 인식하다　　② 구성하다　　③ 허락하다

13
> 그가 학계에 제시한 가설이 10년 만에 증명되었다.

① 조정하다　　② 내놓다　　③ 인정하다

* **[14~16]** 문맥을 고려하여 다음 문장의 빈칸에 들어가기에 알맞은 단어를 고르시오.

14 격렬하게 진행된 이번 시위는 (진압 / 진찰)되는 과정에 충돌이 많았다.

15 그는 그녀의 말에 전적으로 (가정 / 동의)하였다.

16 다른 사람의 사생활을 함부로 (침해 / 침수)해서는 안 된다.

✳ 드론과 안티드론

드론이 인간의 생활을 더욱 편리하게 만들 수 있을 것이라고 생각하는 사람들이 늘어나고 있습니다. 하지만 이와 함께 드론의 발전이 인간의 삶을 위협할 수도 있다는 우려의 목소리도 늘고 있습니다. 실제로 드론의 불법 비행은 급격하게 늘고 있고, 드론을 이용한 몰카 등의 범죄가 발생하기도 하고 있습니다.

이에 대한 대책으로 떠오르는 것이 바로 '안티드론'입니다. 안티드론이란 불법적인 드론을 탐지하여 추적하는 기술을 의미하며, 최근 이와 관련한 연구가 활발히 진행되고 있습니다. 실제로 우리나라 대학교의 한 연구팀이 드론과 조종기 간의 링크를 통해 드론의 기계 정보와 비행경로를 실시간으로 파악해 주는 장치를 이용하여 '안티드론' 시스템을 설치하는 데 성공하기도 했습니다. 이 장치는 무차별 테러 등 위협이 될 수 있는 드론을 탐지하고 추적하기 위한 목적으로 만들어졌으며, 실제로 연구실 주변 반경 18km 내를 비행하던 다른 드론을 추적해 내는 데 성공하였다고 합니다.

통계에 따르면, 4개월 간 769건의 불법 드론이 김해국제공항의 관제권 안을 날아다녔다고 합니다. 공항의 관제권은 항공기와의 충돌할 우려가 있기 때문에 원칙적으로 드론 비행이 금지되어 있습니다. 이 통계 조사 결과는 드론의 불법 비행이 많이 일어나고 있다는 것을 의미합니다. 안티드론 시스템은 이와 같이 불법 비행을 하는 드론을 탐지하고 추적하는 데 큰 도움이 될 것으로 예상됩니다. 다만 그 전에, 드론을 이용하는 사람들이 스스로 올바른 이용 방법과 규정을 지키려는 의식을 갖추어야 할 것입니다.

노는 게 잘못인가요?

어린이들의 대통령인 뽀로로도 노는 것이 제일 좋다고 하고, 시험이 끝난 주말에는 많은 친구들이 놀 계획을 세우는 것을 보면 인간과 노는 것은 뗄 수 없어 보인다. 과연 인간은 언제부터 놀았을까?

인간이 언제부터 놀았냐는 질문에 답을 하려면 꽤 오랜 시간을 거슬러 올라가야 한다. 많은 사람들이 농사를 지으며 살았던 농경 사회 시대에는 힘들고 고된 농사일을 즐겁게 하기 위해 노동요, 즉 노래를 부르며 일을 했다. 이는 어업을 할 때에도 적용되었다. 우리나라에는 다양한 ㉠〈뱃노래〉가 전해지는데, 이 노래들은 배를 닦는 내용부터 고기를 잡는 내용까지 종류도 다양하다. 이를 통해 인간은 오랜 시간 전부터 일을 할 때도 놀았음을 알 수 있다.

네덜란드의 학자 '요한 하위징아' 역시 오래전부터 인간들은 놀이를 하면서 살아왔다고 주장한다. 그는 모든 문화 현상이 놀이에서 시작되었다면서 놀이 속에서 비로소 문화가 발달했다고 설명한다. 그는 노는 행위가 생존에 직결되지 않고 자유로우며 목적을 갖지 않지만, 점차 생활 전체를 보완하고 문화의 기능을 갖는 필수적인 것으로 발전했다고 보았다.

우리가 매일매일 놀기만 한다면 어떻게 될까? 만약 노는 것을 매일매일 해야 한다면, 그것은 더 이상 노는 것이 될 수 없다. 진정한 놀이는 잠시 일상생활에서 벗어나서 이루어지는 것이기 때문에, 그것이 매일매일 해야 하는 일이 되는 순간 놀이는 놀이가 아니게 되는 것이다.

어린아이들이 하는 놀이는 아이들의 심신 발달에 중요한 역할을 한다. 청소년이나 성인들이 하는 놀이는 일상생활이나 일에서 생기는 스트레스를 해소하고 기분을 전환하며, 피로를 푸는데 도움이 된다. 지나치게 노느라 일상생활을 제대로 하지 못하면 문제가 되겠지만, 그렇지 않다면 놀이는 우리의 삶에서 긍정적인 역할을 한다. 이번 주말에는 친구들과 즐거운 놀이를 해 보자. 일상생활에 활력이 찾아올 것이다.

＊ 글 전체의 중심 문단을 요약하고 주제를 쓰시오.

1) ☐ 문단 요약 :

2) 주제
☐☐ 의 유래와 긍정적 역할

농경 : 논밭을 갈아 농사를 지음.
고되다 : 하는 일이 힘에 겨워 고단하다.
어업 : 이익을 목적으로 물고기, 조개, 김, 미역 따위를 잡거나 기르는 산업
직결되다 : 사이에 다른 것이 개입되지 않고 직접 연결되다.
보완하다 : 모자라거나 부족한 것을 보충하여 완전하게 하다.
심신 : 마음과 몸을 아울러 이르는 말
해소하다 : 어려운 일이나 문제가 되는 상태를 해결하여 없애 버리다.
전환하다 : 다른 방향이나 상태로 바꾸다.

[글의 구조 파악]

01 다음은 윗글의 내용을 정리한 것이다. 빈칸에 들어가기에 적절한 말을 쓰시오.

> 1문단에서는 중심 대상인 '☐☐'에 대해 소개하고 놀이가 언제부터 시작되었는지에 대해 질문을 던지고 있다. 그리고 2문단에서 이에 대해 답하며 구체적 사례로 노동요를 제시하고 있다. 3문단에서는 네덜란드의 학자의 주장을 통해 모든 ☐☐ ☐☐이/가 놀이에서 시작되었음을 설명하고, 4문단에서는 진정한 놀이의 의미를 설명하고 있다. 5문단에서는 놀이의 긍정적 역할에 대해 밝히고 있다.

▶ 정답과 해설 p. 86

[주제 찾기]

02 다음은 윗글에 대한 설명이다. 빈칸에 들어가기에 적절한 말을 쓰시오.

> 윗글에서는 인간의 놀이가 언제 나타났는지, 놀이의 긍정적인 효과는 무엇인지 설명하고 있다. 이 글 전체의 핵심어는 '놀이'이고, 놀이가 생겨난 때와 놀이의 역할에 대해 이야기하고 있으므로 이 글의 주제는 '인간의 ☐☐의 유래와 긍정적 역할'이다.

03 윗글을 읽고 빈칸에 들어가기에 적절한 말을 순서대로 쓰시오.

> 놀이는 아이들의 (   ) 발달, 청소년이나 성인들의 (   ) 해소에 도움을 준다. 따라서 지나치게 놀면 일상생활을 하는 데에 문제가 될 수 있지만, 그렇지 않다면 놀이는 우리의 삶에 긍정적인 영향을 미친다.

03
이 지문의 5문단에서 놀이의 긍정적 영향을 설명하고 있어요. 이에 주목하여 문제를 풀어 보세요.

04 윗글의 내용으로 적절하지 <u>않은</u> 것은?

① 농경 사회 시대에 노래는 놀이의 한 형태였다.
② 진정한 놀이는 일상에서 벗어날 때 이루어진다.
③ 놀이는 모든 문화 현상을 새롭게 바꾸려는 목적으로 생겨났다.
④ 노는 것이 매일 해야 하는 일이 되면 더 이상 놀이가 아니게 된다.
⑤ 요한 하위징아는 놀이가 생활을 보완하는 필수적인 것으로 발전했다고 보았다.

04
선택지에서 언급하고 있는 표현들이 지문의 어느 부분에 등장하고 있는지를 잘 살펴보세요.

05 ㉠에 대한 설명으로 적절하지 <u>않은</u> 것은?

① 생존에 직결되는 다양한 주제를 담고 있었다.
② 일을 할 때에도 놀이와 함께 하였음을 보여 준다.
③ 인간의 놀이가 오래 전부터 이어져 왔음을 드러낸다.
④ 힘들고 고된 노동을 이겨 내기 위한 하나의 방법이었다.
⑤ 어업과 관련된 배, 물고기 등을 소재로 하여 창작되었다.

05
㉠은 어업을 할 때 불렀던 노동요입니다. 2문단에서 노동요의 특징을 설명하고 있네요.

필수적 : 꼭 있어야 하거나 하여야 하는 것
생존 : 살아 있음. 또는 살아남음.
소재 : 예술 작품에서 지은이가 말하고자 하는 바를 나타내기 위해 선택하는 재료
창작되다 : 예술 작품이 독창적으로 지어내어지다.

22 DAY

아기가 어른보다 추위를 덜 타는 이유

맛있는 삼겹살을 구워 먹는다고 생각해 보자. 삼겹살을 굽는 판의 아래에는 보통 통을 두는데, 이 통에는 비계라 불리는 돼지고기의 지방이 모이게 된다. 시간이 지나면 이 지방은 하얗게 굳는데, 이 때문에 모든 지방이 하얗다고 생각하는 사람들이 많다.

하지만 모든 지방이 하얀 것은 아니다. 우리 몸속의 지방 세포는 '갈색 지방 조직'과 '백색 지방 조직'으로 이루어져 있다. 백색 지방 조직은 우리가 흔히 알고 있는 흰색의 지방 조직으로, 과잉 영양분인 지방을 저장하는 역할을 한다. 그리고 갈색 지방 조직 안에는 지방 조직을 갈색으로 보이게 하는 갈색 미토콘드리아가 들어 있는데, 갈색 지방 조직은 백색 지방 조직에서 원료 공급을 받아 열을 발생시키는 역할을 한다.

우리는 추위를 느끼면 몸을 떨게 된다. 우리의 몸이 추위에 맞서 체온을 올리기 위해 저절로 몸을 떨게 만드는 것이다. 혹은 우리가 일부러 몸을 움직여 열을 내려고 하기도 한다. 하지만 근육이 충분히 발달하지 못한 신생아들은 추워도 몸을 떨 수 없다. 그럼에도 신생아들은 어른보다 추위를 잘 견딘다. 그 이유는 바로 신생아들이 열을 발생시키는 갈색 지방 조직을 많이 갖고 있기 때문이다.

연구 결과에 따르면 성인은 전체 몸의 지방 중 갈색 지방 조직이 0.1%도 채 되지 않는다고 한다. 반면 신생아의 경우 전체 몸의 지방 가운데 약 5%가 갈색 지방 조직으로 구성되어 있어, 많은 열을 생성하기 때문에 추위를 덜 느끼게 된다고 한다. 다만 신생아가 성인으로 커 가는 동안 갈색 지방 조직이 점차 줄어들게 된다.

만약 내가 다른 사람보다 추위를 많이 탄다면 갈색 지방 조직을 상대적으로 적게 갖고 있기 때문이라고 추측할 수 있다. 학자들은 갈색 지방 조직을 늘리려면 꾸준히 운동을 해야 한다고 조언한다. 추위를 많이 타는 사람이라면, 꾸준히 운동을 함으로써 갈색 지방 조직을 늘려 추위에도 강한 몸을 만들어 보자.

* 글 전체의 중심 문단을 요약하고 주제를 쓰시오.

1) ☐ 문단 요약 :

2) 주제

신생아가 어른에 비해 ☐☐을/를 덜 느끼는 이유

[글의 구조 파악]

06 다음은 윗글의 내용을 정리한 것이다. 빈칸에 들어가기에 적절한 말을 쓰시오.

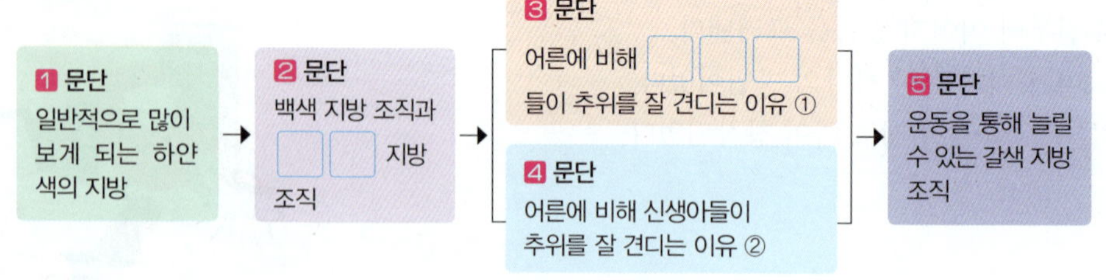

과잉 : 예정하거나 필요한 수량보다 많아 남음.
원료 : 어떤 물건을 만드는 데 들어가는 재료
공급 : 요구나 필요에 따라 물품 따위를 제공함.
생성하다 : 사물이 생겨나다. 또는 사물이 생겨 이루어지게 하다.
상대적 : 서로 맞서거나 비교되는 관계에 있는 것
추측하다 : 미루어 생각하여 헤아리다.

▶ 정답과 해설 p. 88

[주제 찾기]

07 다음은 윗글에 대한 설명이다. 빈칸에 들어가기에 적절한 말을 쓰시오.

> 1문단에서는 지방에 대한 사람들의 생각을 이야기하고, 2문단에서는 백색 지방 조직과 갈색 지방 조직에 대해 설명하고 있다. 3문단과 4문단에서는 갈색 지방 조직의 역할을 이야기하며 신생아가 어른에 비해 추위에 잘 견디는 이유를 설명하고 있다. 5문단에서는 운동을 통해 갈색 지방 조직을 늘릴 수 있다고 하였다. 따라서 갈색 지방 조직의 역할을 바탕으로 신생아가 어른에 비해 추위에 더 잘 견디는 이유에 대해 이야기하고 있으므로 이 글의 주제는 '□□□이/가 어른에 비해 추위를 덜 느끼는 이유'이다.

08 윗글을 읽고 빈칸에 들어가기에 적절한 말을 쓰시오.

> 갈색 지방 조직은 지방 조직 안에 있는 갈색 (　　　　　　　　) 때문에 갈색으로 보이게 된다.

08
이 지문에서는 '갈색 지방 조직'에 대해 설명하고 있어요. 특히 2문단에서 그 특징이 제시되어 있어요.

09 윗글에서 언급된 내용으로 적절하지 <u>않은</u> 것은?

① 성인이 추위를 견디는 방법
② 지방 조직의 종류와 각각의 역할
③ 신생아가 성인보다 추위에 강한 이유
④ 인류가 추위를 극복해 온 방법과 그 한계
⑤ 성인과 신생아의 몸 속 갈색 지방 조직의 구성 차이

09
지문에 쓰인 표현과 다른 선택지를 찾아보세요.

10 윗글을 읽고 난 후의 반응으로 적절하지 <u>않은</u> 것은?

① 추운 날씨에 몸을 자꾸 움직이면 몸에서 열이 나서 덜 춥겠군.
② 삼겹살의 기름 때문에 모든 지방이 하얗다고 오해하는 사람들이 있군.
③ 갓 태어난 아기들은 근육이 충분히 발달하지 못해서 마음대로 움직이기 어렵겠군.
④ 신생아의 몸속 지방 중에서 갈색 지방 조직이 차지하는 비율은 성인이 될수록 줄어드는군.
⑤ 친구보다 내가 추위를 더 많이 타는 이유는 내가 갈색 지방 조직을 더 가지고 있기 때문이겠군.

10
3문단에서부터 5문단에서 갈색 지방 조직과 추위를 타는 것의 관계에 대해 설명하고 있어요. 이에 주목하여 문제를 풀어 보세요.

신생아 : 태어난 지 얼마 되지 아니한 아이
극복하다 : 악조건이나 고생 따위를 이겨 내다.
한계 : 사물이나 능력, 책임 따위가 실제 작용할 수 있는 범위. 또는 그런 범위를 나타내는 선
비율 : 다른 수나 양에 대한 어떤 수나 양의 비

★ 정답은 [해설편 표지] 안쪽에 있습니다.

✱ **[01~04]** 제시된 글자들을 조합하여 다음 뜻풀이에 해당하는 단어를 쓰시오.

고	적	대	업
상	하	되	생
다	다	어	성

01 사물이 생겨나다. 또는 사물이 생겨 이루어지게 하다. (　　　　)

02 영리를 목적으로 물고기, 조개, 김, 미역 따위를 잡거나 기르는 산업 (　　　　)

03 하는 일이 힘에 겨워 고단하다. (　　　　)

04 서로 맞서거나 비교되는 관계에 있는 것 (　　　　)

✱ **[05~07]** 문맥을 고려하여 다음 문장의 빈칸에 들어가기에 알맞은 단어를 고르시오.

05
> 우리나라 남부 지역은 기후나 토양으로 볼 때 (　　　　)에 적합하다.

① 농경　　　② 문명　　　③ 정서

06
> 선진국일수록 평균 수명이 길어 상대적으로 인구 중 노년층의 (　　　　)이 높다.

① 건강　　　② 비율　　　③ 심신

07
> 겨울철 체온은 (　　　　)과 직결되어 있다.

① 역할　　　② 내용　　　③ 생존

✱ **[08~10]** 문맥을 고려하여 다음 문장의 빈칸에 들어가기에 알맞은 단어를 〈보기〉에서 찾아 쓰시오.

〈보기〉
> 과잉　　원료　　신생아

08 (　　　　)은/는 성인에 비해 면역력이 떨어진다.

09 △△ 지역은 동네는 인구에 비해 상점이 매우 많은, 즉 (　　　　) 상태이다.

10 두부의 맛을 제대로 내려면 (　　　　)인 콩이 좋아야 한다.

✱ **[11~12]** 문맥을 고려하여 밑줄 친 단어의 뜻과 가장 가까운 것을 고르시오.

11
> 이제 극심한 빈부 격차를 <u>해소할</u> 방안을 마련해야 할 때이다.

① 해결하다　　　② 해제하다　　　③ 준비하다

12
> 이 일은 좀 더 자료를 <u>보완해서</u> 다시 의논하기로 하였다.

① 정리하다　　　② 보충하다　　　③ 설명하다

✱ **[13~15]** 문맥을 고려하여 다음 문장의 빈칸에 들어가기에 알맞은 단어를 고르시오.

13 우리 지역에서는 자동차 위주의 교통 정책을 보행자 위주로 (전환 / 적응) 하기로 하였다.

14 인간의 능력에는 (통계 / 한계)가 있기 마련이다.

15 산사태로 수도관이 깨지는 바람에 일시적으로 수돗물 (공급 / 공지)이/가 중단되었다.

✱ 손발이 꽁꽁, 혈액 순환의 문제?

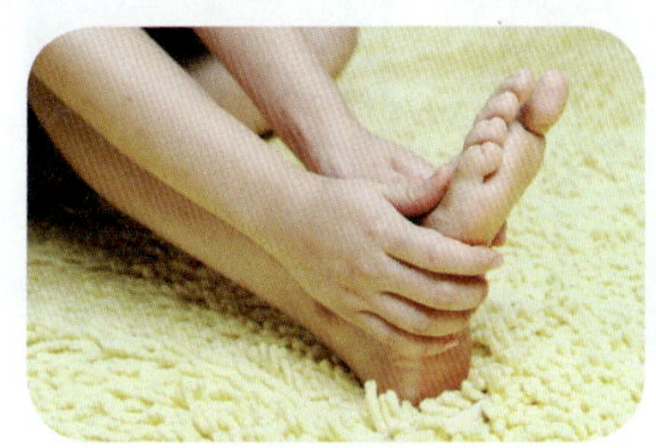

　손발이 다른 사람에 비해 유독 차다면 우리 몸의 열을 전달하는 역할에 문제가 있다고 생각할 수 있습니다. 우리 몸에서 열을 전달하는 역할을 하는 것은 바로 혈액입니다. 혈액이 순환하면서 온몸 구석구석까지 열을 전달하는 것입니다. 따라서 혈액이 우리 몸속에서 잘 돌지 않으면 손발이 차가워집니다. 손발이 찬 사람이 차가운 바깥 공기를 쐬면 손발이 차지 않은 사람보다 추위를 더 많이 느끼게 됩니다. 그래서 손발이 찬 사람들 중에는 유독 겨울에 약한 모습을 보이는 사람들이 많습니다. 그렇다면 손발이 차가운 문제를 해결하려면 어떻게 해야 할까요?

　전문가들은 가장 효과적인 방법으로 운동을 할 것을 추천합니다. 운동을 하면 우리 몸의 에너지 작용이 활발해지고, 그로 인해 열을 발생시키게 됩니다. 또한 운동을 해서 심장이 뛰면 그 작용으로 혈액의 순환이 빨라지기 때문에 손발이 차가운 증상이 완화될 수 있습니다. 그리고 전문가들은 균형 있게 영양분을 섭취하는 것도 중요하다고 말합니다. 특히 체중이 적게 나가는 사람은 근육과 지방이 부족하여 상대적으로 열이 적게 발생하는데, 그에 비해 열을 발산하는 양은 많아서 추위에 더욱 민감합니다. 따라서 영양분을 골로루 섭취하고 정상 체중을 유지하여 건강한 신체를 만드는 것이 손발이 차가운 문제를 해결하는 방법입니다.

원근법과 서양의 철학

▲ 그림 A

▲ 그림 B

　그림 A와 B 중 어떤 그림이 더 실제로 우리의 눈앞에서 공간이 펼쳐져 있는 것처럼 느껴지는가? 대부분의 사람이 A라고 답할 것이다. 이 두 그림의 차이는 '원근법'이 적용되었는가, 그렇지 않은가의 차이이다. 원근법이란, 일정한 시점에서 본 물체와 공간을 눈으로 보는 것과 같이 멀고 가까움을 느낄 수 있도록 평면 위에 표현하는 방법이다.

　원근법이 처음 체계화된 것은 15세기의 건축가 브루넬레스코에 의해서이다. 그는 쭉 뻗은 길을 바라보면 멀어질수록 길 양 끝이 하나의 점으로 모이고, 주변의 사물이 작아지는 것에 주목했다. 길 양 끝이 하나로 모이는 점을 소실점이라고 하는데, 브루넬레스코는 주변의 사물이 작아지고 이들이 하나의 점으로 모인다는 것을 최초로 확인하였다.

　이후 마사치오가 피렌체의 산타마리아노벨라 성당의 벽화 〈삼위일체〉에서 원근법을 최초로 실현하였다. 〈삼위일체〉에는 성부, 성자, 성령이 그려져 있는데, 원근법 덕분에 사람들은 그림 속의 성부, 성자, 성령을 더욱 생생하게 느끼게 되었다. 이러한 원근법이 사용된 그림은 유럽 곳곳에 퍼져나가기 시작하였고, 사람들은 화가들에게 원근법을 활용해 그림을 그릴 것을 요구하게 되었다.

　원근법은 근대의 철학과도 밀접한 연관이 있다. 원근법은 하나의 시점에서 사물을 바라보는 것을 전제하는데, 이는 세계의 중심이 개인이라는 근대적 사고관과 연결된다. 또 원근법에 의해 공간들이 질서 있게 구현될 수 있었는데, 근대 철학자들은 이것이 이성적인 논리를 중시하는 세계관을 보여 준다고 생각했다. 이와 같은 근대 철학과의 연관 덕분에 원근법은 더욱 공고하게 정착될 수 있었다.

[글의 구조 파악]

01 다음은 윗글의 내용을 정리한 것이다. 빈칸에 들어가기에 적절한 말을 순서대로 쓰시오.

> 　1문단에서는 두 그림을 비교하며 중심 대상인 '☐☐☐'에 대해 설명하고, 2문단에서는 원근법을 체계화한 사람, 3문단에서는 원근법을 최초로 실현한 사람을 소개하고 있다. 4문단에서는 1~3문단에서 설명한 원근법이 근대 ☐☐과도 관련이 있음을 설명하며 글을 마무리하고 있다.

[주제 찾기]

02 다음은 윗글에 대한 설명이다. 빈칸에 들어가기에 적절한 말을 쓰시오.

> 윗글에서는 원근법의 개념을 설명하고, 원근법과 근대 철학 사이의 연관성을 제시하고 있다. 이 글 전체의 핵심어는 '원근법'이고, 원근법의 개념과 원근법과 근대 철학에 대해 이야기하고 있으므로 이 글의 주제는 '◻◻◻의 개념과 ◻◻ 철학과의 연관성'이다.

03 윗글을 읽고 빈칸에 들어가기에 적절한 말을 쓰시오.

> 원근법은 근대 철학과 관련이 있다. 원근법이 하나의 시점에서 사물을 바라보는 것을 전제로 하듯, 근대적 사고관 역시 세계의 중심이 (   )(이)라고 보기 때문이다.

03
4문단에서 원근법과 근대 철학과의 관계를 설명하고 있어요.

04 윗글의 내용으로 적절하지 <u>않은</u> 것은?

① 원근법이 적용된 그림은 눈앞에 공간이 펼쳐져 있는 것처럼 느껴지게 한다.
② 마사치오는 피렌체의 산타마리아노벨라 성당의 벽화 〈삼위일체〉를 그렸다.
③ 브루넬레스코는 길게 뻗은 길의 양 끝이 하나의 점으로 모인다는 사실에 주목했다.
④ 마사치오는 유럽에 원근법을 널리 알리기 위한 목적으로 〈삼위일체〉를 그렸다.
⑤ 〈삼위일체〉 속의 성부, 성자, 성령의 모습은 이전의 작품들에서와 달리 원근법이 적용된 모습이다.

04
1문단에서는 원근법의 개념을 소개하고 있어요. 2문단에서는 브루넬레스코에 대해, 3문단에서는 마사치오의 〈삼위일체〉에 대해 설명하고 있어요.

23 DAY

05 윗글에 대한 설명으로 적절하지 <u>않은</u> 것은?

① 구체적인 작품들을 예로 들어 독자의 이해를 돕고 있다.
② 중심 대상으로 인해 발생한 사회적 문제를 비판하고 있다.
③ 실존했던 인물들을 언급하며 중심 대상의 역사를 설명하고 있다.
④ 서로 다른 두 영역 간의 공통점을 통해 그 연관성을 설명하고 있다.
⑤ 질문을 던지고, 그에 대한 답을 예상해서 답함으로써 독자의 흥미를 이끌고 있다.

05
선택지에서 설명하는 '중심 대상'은 '원근법'을 가리킵니다. 이에 주목하여 문제를 풀어 보세요.

적용되다 : 알맞게 이용되거나 맞추어져 쓰이다.
비판하다 : 현상이나 사물의 옳고 그름을 판단하여 밝히거나 잘못된 점을 지적하다.
연관성 : 사물이나 현상이 일정한 관계를 맺는 특성이나 성질

▶ 정답과 해설 p. 90

무역은 모두에게 똑같은 이익을 줄까?

무역이란 지역과 지역, 나라와 나라 사이에 서로 물건을 사고파는 일을 의미한다. 국가 간의 무역을 통해 신발이나 자동차와 같은 상품뿐만 아니라, 기술이나 서비스, 자본 등이 이동하게 되며, 이 과정에서 국가의 이익이 발생하게 된다. 그렇다면 무역에 참여하는 모든 국가들은 모두 똑같은 이익을 얻을까?

우리나라와 미국의 자유무역협정(FTA)이 이루어질 때, 우리나라에서는 이를 찬성하는 의견과 반대하는 의견이 공존했다. 자동차와 섬유 등을 수출하는 입장의 사람들은 한미 FTA를 찬성했지만, 국내 축산 업계는 소고기 수입 등의 이유로 이를 격렬하게 반대했다. 이와 같은 사례는 무역을 통해 이익을 보는 사람이 있다면 손해를 보는 사람도 있을 수 있다는 것을 보여 준다.

세계무역기구(WTO)는 1955년부터 2015년까지의 세계 무역 규모가 150배 이상 증가했다고 발표했다. 무역 규모의 증가와 함께 전 세계 국내 총생산(GDP)도 빠르게 증가하였다. 기존의 선진국과 신흥 공업국의 GDP 규모가 전 세계 GDP의 85%를 차지하고 있는 상황을 고려하면 무역을 통해 상대적으로 이득을 많이 보는 나라는 대부분 선진국과 신흥 공업국임을 알 수 있다.

우리가 자주 먹는 초콜릿의 원료인 카카오 열매를 재배하여 판매하는 사람은 상대적으로 ㉠가난한 나라의 농부이다. 하지만 이 원료를 수입하여 초콜릿을 만들어 소비자에게 비싼 값으로 판매하는 주체는 선진국이나 신흥 공업국의 기업이다. 기업들은 더 많은 이익을 얻기 위해 원료의 가격을 낮추려고 하고, 이 과정에서 가난한 농업국과 선진국이 가져가는 이득 차이는 점점 더 벌어진다.

그렇다면 초콜릿의 경우에서처럼 선진국이나 신흥 공업국이 아닌 국가는 왜 무역을 하는 것일까? 가난한 국가들은 선진국과 같은 부유한 국가에서 기술, 자본 등의 도움을 받고자 무역에 응하는 경우가 많다. 즉, 어쨌든 이득이 있기 때문에 무역을 하는 것이다.

세계의 여러 나라는 자국의 이익을 위해 무역에 참여하지만, 무역을 한다고 해서 모든 국가들이 똑같은 이익을 얻는 것은 아니다. 무역이 활발히 이루어진다고 해도 국가 간의 이익이 차이가 나기 때문에 각 나라의 경제적 격차는 더욱 심화될 수도 있다.

＊ 글 전체의 중심 문단을 요약하고 주제를 쓰시오.

1) ☐ 문단 요약 :

2) **주제**
국가들의 경제적 격차를 심화시킬 수 있는 ☐☐

자본 : 상품을 만드는 데 필요한 생산 수단이나 노동력을 통틀어 이르는 말
공존하다 : 두 가지 이상의 사물이나 현상이 함께 존재하다.
국내 총생산(GDP) : 국민 총생산에서 투자 수익 따위의 해외로부터의 순소득을 제외한 표지
원료 : 어떤 물건을 만드는 데 들어가는 재료
응하다 : 물음이나 요구, 필요에 맞추어 대답하거나 행동하다.
격차 : 빈부, 임금, 기술 수준 따위가 서로 벌어져 다른 정도
심화되다 : 정도나 경지가 점점 깊어지다.

[글의 구조 파악]

06 다음은 윗글의 내용을 정리한 것이다. 빈칸에 들어가기에 적절한 말을 쓰시오.

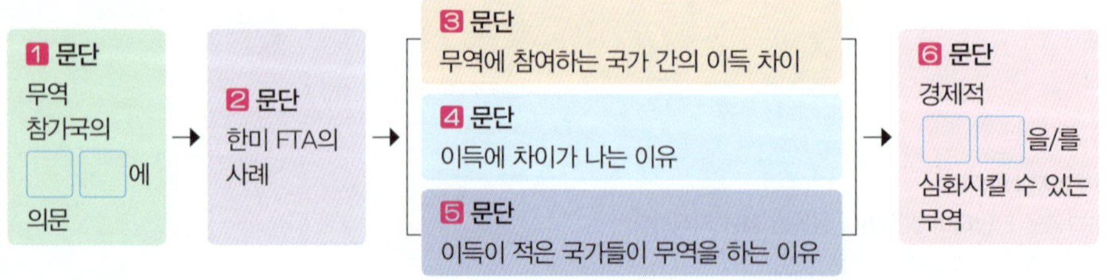

▶ 정답과 해설 p. 92

07 다음은 윗글에 대한 설명이다. 빈칸에 들어가기에 적절한 말을 쓰시오.

> 1문단에서는 무역이 무엇인지 설명하고, 2문단에서는 구체적인 사례를 통해 무역의 양면성을 드러내고 있다. 3~5문단에서는 무역으로부터 얻는 국가 간의 이득의 차이에 대해 설명하고, 6문단에서는 무역이 나라들 사이의 경제적 격차를 심화할 수 있다고 하였다. 따라서 무역의 개념과 특징에 대해 설명하고, 무역이 나라 간 경제적 격차를 심화할 수 있다고 이야기하고 있으므로 이 글의 주제는 '국가들의 경제적 격차를 심화할 수 있는 ☐☐'이다.

08 윗글을 읽고 빈칸에 들어가기에 적절한 말을 순서대로 쓰시오.

> 상대적으로 가난한 국가의 농부가 카카오 열매를 재배하면, (   )(이)나 신흥 공업국의 기업이 이를 (   )하여 초콜릿을 만들고 비싼 값에 소비자에게 판매한다.

08
4문단에서는 무역이 이루어지는 과정을 설명하고 있어요. 이를 중심으로 빈칸에 들어갈 말을 생각해 보세요.

09 윗글의 내용으로 적절하지 <u>않은</u> 것은?

① 약 60년 동안 세계 무역 규모는 150배 이상 증가하였다.
② 우리나라의 자동차 업계에서는 한미 FTA를 찬성하였다.
③ 무역은 지역 간, 국가 간에 물건을 사고파는 일을 가리킨다.
④ 선진국과 신흥 공업국의 GDP 규모는 전 세계 GDP의 85%를 차지한다.
⑤ 각국이 무역에 참여하는 이유는 무역으로 모든 국가가 동등한 이익을 얻기 때문이다.

09
'무역'은 지문의 전반에서, 'FTA'는 2문단에서, 'GDP'는 3문단에서, '선진국'과 '신흥 공업국'은 4~5문단에서 주로 언급하고 있어요.

10 ㉠이 무역에 참여하는 이유로 가장 적절한 것은?

① 더 많은 국가들과 자유무역협정을 맺기 위해
② 원료의 가격을 낮추고 상품을 비싸게 팔기 위해
③ 선진국이나 신흥 공업국으로부터 돈만 빌리기 위해
④ 소비자에게 비싼 값에 원료를 팔아 이익을 얻기 위해
⑤ 선진국이나 신흥 공업국과의 거래를 통해 이익을 얻기 위해

10
㉠은 5문단의 '선진국이나 신흥 공업국이 아닌 국가'를 의미해요. 이들이 무역을 하는 이유는 무엇일까요?

재배하다 : 식물을 심어 가꾸다.
신흥 공업국 : 급속한 공업화를 바탕으로 두드러지게 발전한 나라를 이르는 말
업계 : 같은 산업이나 상업에 종사하는 사람들의 활동 분야
동등하다 : 등급이나 정도가 같다.

★ 정답은 [해설편 표지] 안쪽에 있습니다.

＊ [01~02] 제시된 초성을 바탕으로 다음 뜻풀이에 해당하는 단어를 쓰시오.

01 ㅂㅍ하다 : 현상이나 사물의 옳고 그름을 판단하여 밝히거나 잘못된 점을 지적하다. (　　　　　)

02 ㄷㄷ하다 : 등급이나 정도가 같다. (　　　　　)

＊ [03~05] 문맥을 고려하여 다음 빈칸에 들어가기에 알맞은 단어를 〈보기〉에서 찾아 쓰시오.

〈보기〉
신흥 공업국　정착
연관성　국내 총생산

03 그 두 사건 사이에는 어떠한 (　　　　)도 없다.

04 그 (　　　　)은/는 뛰어난 대통령 덕분에 최근 5년 간 엄청난 경제 성장을 이루었다.

05 우리 반에 건전한 토론 문화가 (　　　　)될 때까지 노력해야 한다.

＊ [06~07] 문맥을 고려하여 밑줄 친 단어의 뜻과 가장 가까운 것을 고르시오.

06
우리나라 헌법의 조항들은 인간이 평등하다는 것을 먼저 내세운다.

① 전제하다　　② 반박하다　　③ 삭제하다

07
자동차의 증가로 우리나라의 공기 오염이 점차 심화되어 갔다.

① 심각해지다　　② 방해되다　　③ 생성되다

＊ [08~11] 문맥을 고려하여 다음 문장의 빈칸에 들어가기에 알맞은 단어를 고르시오.

08
쑥은 요즘 화장품 등을 만들 때 (　　　　)로 쓰인다.

① 원료　　　② 상표　　　③ 소비

09
아버지는 퇴직금을 (　　　　)으로 삼아 우리 동네에서 작은 식당을 열기로 하셨다.

① 대책　　　② 자본　　　③ 결론

10
우리의 역사 속에서 남한산성은 적들의 침략을 막아내는 (　　　　)한 방어벽이었다.

① 공지　　　② 공허　　　③ 공고

11
김 박사는 (　　　　)된 이론을 통해 학계의 주목을 받았다.

① 세계화　　② 체계화　　③ 수작업

＊ [12~15] 문맥을 고려하여 다음 문장의 빈칸에 들어가기에 알맞은 단어를 고르시오.

12 우리 정부에서는 친환경 정책들을 통해서 동식물과 (공존 / 독립)하려고 한다.

13 불평등한 노동법은 빈부 (격차 / 박차)를 더욱 심화시킨다.

14 그 사람은 나와 같은 (업계 / 통계)에서 일한다.

15 식물 (재배 / 수배)는 그의 취미이다.

✱ 축구공의 비밀

　전 세계의 축구공 중 약 70%는 파키스탄의 한 지역에서 만들어진다는 사실을 아는 사람은 많지 않습니다. 또한 축구공을 만드는 과정에서는 공장에서 기계로 하는 작업보다 사람의 손으로 직접 해야 하는 작업이 더 많은 비중을 차지한다는 사실도 잘 알지 못하죠. 축구공은 사람이 인조 가죽 조각을 무려 약 1,620회 정도 바느질해서 이어 붙여야 완성되는 제품입니다. 즉, 축구공을 만들 때에는 그만큼 노동력이 중요합니다.

　축구공을 만드는 기업들은 많은 노동력을 필요로 하고, 그 노동력에 대한 비용도 많이 지불해야 합니다. 기업의 입장에서는 더 많은 이익을 얻고 싶어 하기 때문에 축구공을 만드는 데 필요한 비용, 그 중에서도 인건비를 최소화하고자 합니다. 그래서 상대적으로 인건비가 싼 파키스탄에서, 특히 어린아이들을 동원하여 축구공을 만드는 경우가 많습니다. 파키스탄의 어린이 한 명은 꼬박 2~3일 동안 바느질을 하여 축구공 하나를 만들고 그 대가로 1,200원 정도의 돈을 받습니다. 축구공이 우리나라에서만 10만 원 정도에 팔리는 것을 고려하면, 중간에 기업이 가져가는 이윤이 얼마나 큰지를 알 수 있습니다.

　최근에는 이와 같이 무역이 이루어지는 과정에서 발생하는 가난한 나라와 선진국의 이익 차이를 지켜만 보아서는 안 된다는 사회적 움직임이 등장하고 있습니다. 이러한 현상에 소비자인 우리가 주목하지 않으면, 선진국의 기업들이 더 싼 값에 노동력을 얻기 위해 착취, 인권 침해 등의 비윤리적인 행위들을 할 수도 있습니다. 지금 우리가 무심코 차고 있는 공이 다른 나라 아이들의 눈물은 아닐지 생각해 보아야 합니다.

23 DAY

우유를 마시면 배가 아픈 이유

민하는 어릴 때 날마다 우유를 마실 정도로 우유를 좋아했다. 하지만 초등학생 때부터 우유보다는 다른 음료수를 즐겨 찾게 되었고, 중학생인 지금은 우유만 마시면 배가 아프다. 왜 어릴 때는 괜찮았는데, 지금은 우유만 마시면 배가 아플까?

민하처럼 우유를 마시면 배가 아프고, 설사를 하게 되는 것을 유당 분해 효소 결핍증 또는 유당불내증이라고 한다. 이것은 우유 속의 영양분인 유당을 우리가 소화할 수 있는 포도당과 갈락토스라는 것으로 분해하는 효소인 락타아제가 모자라서 생긴다. 보통 아기들의 몸은 락타아제를 분비하여 유당을 소화할 수 있지만, 성인이 되면 몸에서 락타아제가 더 이상 분비되지 않는다. 그래서 민하는 어릴 때는 우유를 마셔도 배가 아프지 않았지만, 중학생이 된 지금은 몸 속에 락타아제가 부족하여 우유를 마시면 설사를 하고 배가 아프게 된 것이다.

그렇다면 유당 분해 효소 결핍증은 전 세계인이 갖고 있을까? 설문 조사 결과에 따르면 한국인 4명 중 3명이 유당 분해 효소 결핍증을 갖고 있다고 한다. 하지만 전 세계인이 이를 갖고 있는 것은 아니다. 유당 분해 효소 결핍증은 유럽 국가, 특히 북유럽에 살고 있는 사람들에게는 잘 나타나지 않는다고 한다.

인간의 몸속에는 락타아제를 분비하게 하는 유전자가 있는데, 이를 가진 사람들이 많은 지역과 젖소가 많이 살고 있는 지역이 겹친다는 연구 결과가 2003년에 발표되었다. 이 연구를 진행한 학자들은 젖소가 많이 길러지는 지역에 사는 사람들은 우유를 생존을 위한 식량으로 삼았고, 그 결과 우유를 먹고 소화시키는 유전자가 많아지는 방향으로 인체가 발달하였다고 보았다.

이러한 연구 결과를 고려하면, 한국인과 달리 북유럽 사람들이 유당을 잘 소화할 수 있는 것은 유전자 때문임을 알 수 있다. 즉, 인간이 생활하는 지역의 특성이 인간의 식생활에 변화를 가져오고, 이것이 유전자에까지 영향을 미친 것이다.

[글의 구조 파악]

01 다음은 윗글의 내용을 정리한 것이다. 빈칸에 들어가기에 적절한 말을 쓰시오.

> 1문단에서는 '민하'의 사례를 들고 있고, 2문단에서는 이러한 '민하'의 사례의 원인인 '◯◯ 분해 효소 결핍증'에 대해 설명하고 있다. 3문단에서는 '유당 분해 효소 결핍증'이 각 나라의 사람별로 다르게 나타남을 설명하고, 그 이유를 4문단에서 밝히고 있다. 5문단에서는 4문단의 내용을 바탕으로 유당을 소화시키는 능력이 ◯◯◯ 때문이라고 설명하고 있다.

✳ 글 전체의 중심 문단을 요약하고 주제를 쓰시오.

1) ◯ 문단 요약 :

2) 주제

◯◯ 분해 효소 결핍증과 거주 지역이 인간의 식생활과 유전자에 미치는 영향

분해하다 : 한 종류의 화합물이 두 가지 이상의 간단한 화합물로 변화하다.

분비하다 : 샘세포의 작용에 의하여 만든 액즙을 배출관으로 보내다.

생존 : 살아 있음. 또는 살아남음.

삼다 : 무엇을 무엇이 되게 하거나 여기다.

발달하다 : 신체, 정서, 지능 따위가 성장하거나 성숙하다.

[주제 찾기]

02 다음은 윗글에 대한 설명이다. 빈칸에 들어가기에 적절한 말을 쓰시오.

윗글에서는 유당 분해 효소 결핍증이 무엇인지 소개하고, 인간의 거주 지역이 식생활과 유전자에 미치는 영향에 대해 설명하고 있다. 이 글 전체의 핵심어는 '유당 분해 효소 결핍증'이고, 유당 분해 효소 결핍증을 바탕으로 인간의 거주 지역이 인간의 식생활과 유전자에 미치는 영향에 대해 이야기하고 있으므로 이 글의 주제는 '□□□□□□□□□ 와/과 거주 지역이 인간의 식생활과 유전자에 미치는 영향'이다.

03 윗글을 읽고 빈칸에 들어가기에 적절한 말을 쓰시오.

우유를 먹으면 배가 아픈 이유는 우유 속의 유당을 분해하여 소화할 수 있게 만드는 효소인 (   )이/가 부족하기 때문이다.

03
2문단에서 설명하고 있는 '유당 분해 효소 결핍증'의 개념에 주목하여 문제를 풀어 보세요.

04 윗글의 내용으로 적절하지 <u>않은</u> 것은?

① 아기들은 보통 몸에서 유당의 소화를 돕는 효소가 분비된다.
② 한국인은 절반 이상의 확률로 유당 분해 효소 결핍증을 가지고 있다.
③ 우유 속의 유당이 포도당과 갈락토스로 분해되어야 우리가 우유를 소화할 수 있다.
④ 어릴 때 유당 분해 효소 결핍증이 나타나지 않으면 성인이 되어서도 나타나지 않는다.
⑤ 북유럽 사람들은 우리나라 사람들보다 락타아제를 분비하게 하는 유전자를 가지고 있는 경우가 많다.

04
지문에서 '유당 분해 효소 결핍증'과 관련하여 어떤 내용을 설명하고 있는지를 꼼꼼하게 살펴보세요.

05 〈보기〉는 윗글의 내용을 요약한 것이다. ㉮의 내용으로 가장 적절한 것은?

─〈보기〉─

연구 결과에 따르면, 젖소가 많은 지역에는 우유를 잘 소화시키는 사람의 수도 많다. 왜냐하면 __________ ㉮ __________.

① 젖소가 살기 좋은 지역은 사람에게도 살기 좋기 때문이다.
② 인간은 자신의 식생활에 맞춰 거주 지역을 정하기 때문이다.
③ 젖소 고기가 유당을 분해하는 유전자를 만드는 데 도움이 되기 때문이다.
④ 우유를 소화시키지 못하는 사람들은 다른 지역으로 이주하였기 때문이다.
⑤ 인간의 거주 환경이 식생활, 나아가 유전자의 발달에까지 영향을 미치기 때문이다.

05
〈보기〉는 4문단과 5문단을 정리한 것이네요. 5문단의 마지막 문장에 집중하여 문제를 풀어 보세요.

거주 : 일정한 곳에 머물러 삶.
이주하다 : 본래 살던 집에서 다른 집으로 거처를 옮기다.
식생활 : 먹는 일이나 먹는 음식에 관한 생활

그림 한 점에 1000억 원이 넘는다고?

최근 ㉠한 연예인이 그린 그림이 1,800만 원에 팔렸다고 한다. 또 ㉡모네의 〈건초더미〉라는 작품은 2019년에 열린 경매에서 1억 1070 달러(약 1316억 원)에 낙찰되었다고 한다. 이 낙찰 금액은 역대 모네 작품 가운데 가장 높았으며, 지금까지 국제 경매에서 팔린 그림 가운데 9번째로 높은 가격이었다. 여기에서 도대체 그림의 가치는 어떻게 정해지는 것인지에 대한 궁금증이 생긴다.

우선 미술 작품의 가격에 영향을 미치는 요소로는 재료비와 인건비 등의 제작비를 들 수 있다. 보통 하나의 작품을 만들 때 드는 제작비는 쉽게 예측할 수 있다. 캔버스의 크기, 드는 물감의 양 등은 수치화할 수 있기 때문이다.

하지만 단순히 제작비만이 그림의 가치를 정하는데 영향을 끼치는 것은 아니다. 작품의 가치를 정하는 데에 있어 가장 중요한 요인은 바로 작품의 예술적 가치와 작가의 상업적 가치이다. 이 두 가지는 사람들마다 다르게 평가할 수 있기 때문에 물감의 양처럼 측정하기는 어렵다. 게다가 시대나 지역에 따라 그 작품과 작가를 평가하는 것이 달라지기 때문에 변동 폭도 매우 크다. 영국의 유명 작가인 허스트가 무명일 때 그의 작품은 1억 원 정도에 판매되었으나, 그가 유명해진 뒤에는 그의 작품들의 가격이 몇 백 억대로 상승하기도 했다는 점을 고려하면, 이러한 사실은 더욱 분명해진다.

지금까지 살펴본 것을 고려하면 그림의 가치에 영향을 미치는 것은 제작비와 작품, 작가의 가치라고 할 수 있다. 일부 사람들은 작품 가격에 너무 거품이 심하다고 불평을 하기도 한다. 하지만 한 작가가 똑같은 작품은 단 한 개만을 남긴다는 것 때문에 미술 작품의 가치는 예로부터 높게 평가되어 왔고, 앞으로도 높게 평가될 것이다. 주변 친구들의 그림이나 낙서도 쉽게 지나치지 말고 유심히 살펴보자. 언젠가 그 친구가 유명한 사람이 된다면, 그들의 그림이나 낙서의 가치도 높아질 것이니 말이다.

---

* 글 전체의 중심 문단을 요약하고 주제를 쓰시오.

1) ☐ 문단 요약 :

2) 주제
미술 작품의 ☐☐에 영향을 미치는 요소

낙찰되다 : 경매나 경쟁 입찰 따위에서 물건이나 일이 일정한 가격으로 결정되다.
인건비 : 사람을 부리는 데에 드는 비용
예측하다 : 미리 헤아려 짐작하다.
수치화하다 : 사물이나 현상을 계산하여 얻은 값으로 나타내다.
상업적 : 상품을 사고파는 행위를 통하여 이익을 얻는 것
측정하다 : 일정한 양을 기준으로 하여 같은 종류의 다른 양의 크기를 재다.
변동 : 바뀌어 달라짐.

[글의 구조 파악]

06 다음은 윗글의 내용을 정리한 것이다. 빈칸에 들어가기에 적절한 말을 쓰시오.

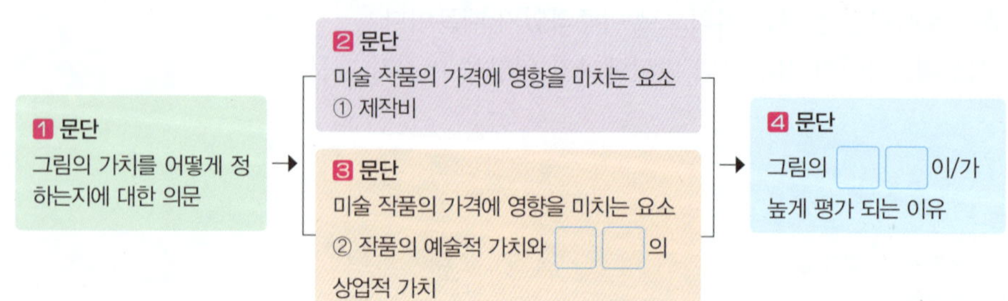

[주제 찾기]

07 다음은 윗글에 대한 설명이다. 빈칸에 들어가기에 적절한 말을 쓰시오.

> 1문단에서는 그림의 가치가 정해지는 원리에 대한 궁금증을 드러내고, 2, 3문단에서는 그림의 가치에 영향을 미치는 요소를 설명하고 있다. 4문단에서는 그림의 가치가 높게 평가되는 이유를 언급하고 있다. 따라서 그림의 가격에 제작비와 작품, 작가의 가치에 의해 미술 작품 가격이 결정된다고 이야기하고 있으므로 이 글의 주제는 '미술 작품의 ☐☐에 영향을 미치는 요소'이다.

08 윗글을 읽고 빈칸에 들어가기에 적절한 말을 쓰시오.

> 예로부터 미술 작품의 가치가 높게 평가되어 온 이유는 한 작가가 똑같은 (   )은/는 단 한 개만 남기기 때문이다.

08
4문단에서 그림의 가치가 예로부터 높게 평가되어 온 이유를 설명하고 있어요.

09 ㉠, ㉡의 공통점으로 가장 적절한 것은?

① 전 세계적으로 예술적 가치를 인정받았다.
② 작품의 가격이 높게 정해지기 어려움을 보여 준다.
③ 재료비가 많이 들어 작품의 가격이 높게 매겨졌다.
④ 작품의 가치에 비해 과대평가되었다고 문제가 제기되었다.
⑤ 작품을 창작한 작가의 상업적 가치가 작품 가격에 반영되었다.

09
1문단에서 ㉠과 ㉡을 통해 '그림의 가치'에 대해 설명하고 있어요. 이를 고려하여 문제를 풀어 보세요.

10 윗글을 읽고 난 후의 반응으로 적절하지 **않은** 것은 ?

① 작품의 예술적 가치는 구체적인 양으로 측정해 내기 어렵겠군.
② 미술 작품을 보고 느끼는 작품의 가치는 사람마다 다를 수 있겠군.
③ 한 작가의 똑같은 작품이라도 시대에 따라 평가는 달라질 수 있겠군.
④ 작품 제작에 사용되는 물감의 양과 캔버스의 크기 등은 상대적으로 쉽게 비용을 예측할 수 있겠군.
⑤ 허스트의 작품의 가격이 오른 것은 기존과 달리 작품에 들어간 제작비가 반영되었기 때문이군.

10
지문의 세부적인 내용을 아주 조금씩 틀리게 설명하는 경우가 많으니, 각 문단의 세부 내용을 꼼꼼히 확인하세요.

매기다 : 일정한 기준에 따라 사물의 값이나 등수 따위를 정하다.
과대평가되다 : 실제보다 지나치게 높이 평가되다.
제기되다 : 의견이나 문제가 내어놓아지다.
상대적 : 서로 맞서거나 비교되는 관계에 있는 것

★ 정답은 [해설편 표지] 안쪽에 있습니다.

✱ **[01~02]** 제시된 초성을 바탕으로 다음 뜻풀이에 해당하는 단어를 쓰시오.

01 ㅊㅈ하다 : 일정한 양을 기준으로 하여 같은 종류의 다른 양의 크기를 재다. (　　　　　)

02 ㅇㅈ하다 : 본래 살던 집에서 다른 집으로 거처를 옮기다. (　　　　　)

✱ **[03~05]** 문맥을 고려하여 다음 문장의 빈칸에 들어가기에 알맞은 단어를 〈보기〉에서 찾아 쓰시오.

〈보기〉
변동　생존　분해

03 물은 산소와 수소로 (　　　　)될 수 있다.

04 올해는 장마 기간이 길고 비가 많이 내리는 바람에 과일 값의 (　　　　)이/가 특히 심했다.

05 지금 인류의 (　　　　)을/를 위협하고 있는 환경오염에 대해 생각해 보자.

✱ **[06~07]** 문맥을 고려하여 밑줄 친 단어의 뜻과 가장 가까운 것을 고르시오.

06
그 제품은 품질에 비해 가격이 높게 <u>매겨졌다</u>.

① 정해지다　　② 추정되다　　③ 투입되다

07
그 작품은 결국 엄청난 가격으로 <u>낙찰되었다</u>.

① 결정되다　　② 대응되다　　③ 정리되다

✱ **[08~11]** 문맥을 고려하여 다음 문장의 빈칸에 들어가기에 알맞은 단어를 고르시오.

08
그 정책을 시행하려고 하자 심각한 문제점이 반론으로 (　　　　)되었다.

① 예찬　　　　② 제기　　　　③ 혼란

09
수찬이는 자기 또래에 비해 (　　　　)적으로 키가 크다.

① 상대　　　　② 체계　　　　③ 상술

10
그는 운동 신경이 매우 (　　　　)하였다.

① 개발　　　　② 발달　　　　③ 시작

11
그 잡지는 (　　　　)적인 성격이 강하다.

① 상업　　　　② 상승　　　　③ 상점

✱ **[12~15]** 문맥을 고려하여 다음 문장의 빈칸에 들어가기에 알맞은 단어를 고르시오.

12 지연이의 어머니는 현재 (거주 / 이주) 중인 아파트를 팔 계획이다.

13 그는 상황이 나아질 것이라고 (예측 / 경고)했다.

14 공장을 기계화함에 따라 (인건비 / 수치화)를 줄일 수 있었다.

15 최근 건강이 안 좋아진 민철이는 과식을 하지 않고 기름진 음식을 피하는 등 나쁜 (식사량 / 식생활)을 고치기 위해 노력한다.

✻ 33년 만에 44배 상승한 그림의 가격

▲ 모네, 〈건초더미〉
출처 : HELLO PHOTO

  2019년 5월 14일, 미국 뉴욕의 한 경매장에서 프랑스의 인상파 화가로 유명한 '클로드 모네'의 작품 한 점이 역대 최고 가격으로 팔렸습니다.

  뉴욕타임스에 따르면 경매는 약 8분 동안 진행되었고, 예상 낙찰가였던 5500만 달러의 2배가 넘는 가격인 1억 1070만 달러, 우리 돈으로 약 1316억 원에 낙찰되었다고 합니다. 이번에 팔린 모네의 작품은 지난 1986년에 뉴욕에서 250만 달러, 우리 돈으로 약 30억 원에 팔렸었는데, 이것이 33년 만에 44배나 오른 가격인 1억 1070만 달러에 낙찰된 것입니다.

  미술품을 경매를 통해 구입하는 사람들은 유명한 작가의 세상에 단 하나뿐인 작품을 수집한다는 것에 큰 의미를 둡니다. 또한 일종의 미술품 재테크로 작품을 구입하는 사람들도 있습니다. 실제로 한 연구에 따르면, 1955년부터 2006년까지 50년 간 미국 미술품들의 가격이 꾸준히 상승해 왔다고 합니다. 모네의 그림 〈건초더미〉처럼 말이지요. 이렇게 비교적 짧은 시간 동안 미술 작품의 가격이 큰 폭으로 상승한다는 것은, 사람들에게 미술 작품의 가치가 점점 더 높게 평가되고 있다는 것을 의미합니다. 다음에 모네의 〈건초더미〉가 또 경매에 나온다면 과연 얼마에 낙찰될지 그 결과가 궁금해지네요.

학교 시험 일등급을 위한 고품격 수학!

[일등급 중등 수학 시리즈]
· 중등 수학 1(상), 1(하)
· 중등 수학 2(상), 2(하)
· 중등 수학 3(상), 3(하)

어려운 수학 문제를 엄선하여 쉽고 단기간에 총정리하는 명품 문제집입니다!

1 개념이 쉽게 이해되는 꿀팁과 개념 필수 문제로 수학 완성

수학 개념을 이해하기 쉽게 다양한 예로 정리하였고,
꿀팁으로 개념을 좀 더 재미있게 공부할 수 있도록 하였습니다.
개념에 문제를 적용시켜 개념＋유형을 한꺼번에 총정리하고,
또 수학적 사고력을 키울 수 있도록 구성하였습니다.

2 수학 상위권 도달을 위한 고난도 도전 문제 집중 훈련

복잡하기만 한 문제가 아닌 폭넓게 생각하고, 종합적으로 판단하여
해법에 도달할 수 있는 고품격 서술형 문제와 고난도 도전 문제를
엄선하여 수록하였습니다. 한 문제 한 문제 고민하고, 차근차근
풀어가면 수학 실력이 한층 깊어지는 매력을 경험할 수 있을 것입니다.

3 대단원 개념을 총정리하여 상위 1%에 도달

대단원별로 종합적인 사고력을 측정하는 문제로 구성하였습니다.
소단원별 문제를 통합하여 한번에 풀어 가면 대단원별 개념을 충실히
이해할 수 있어 학교 시험 만점에 도달할 수 있을 것입니다.

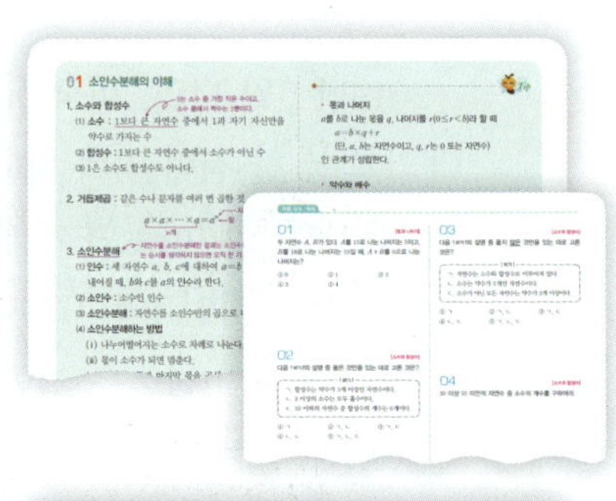

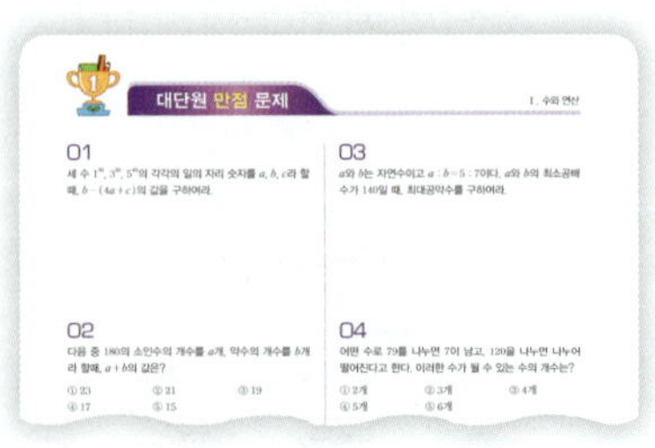

⊙ (주)수경출판사의 모든 교재에는 **마인드 트리**가 있습니다.

⊙ 교재의 **마인드 트리** 5개를 모아서 보내주시는 모든 분께 선물을 드립니다.

⊙ 각각 다른 교재의 **마인드 트리**를 모아 주셔야 됩니다.

>> 다음 교재 중 1권과 개념정리 노트 1권을 드립니다.
- 형상기억 수학공식집(중1)
- 형상기억 수학공식집(중등 종합)
- 보카 레슨 Level **1**
- 보카 레슨 Level **2**
- 보카 레슨 Level **3**

중 1권 + 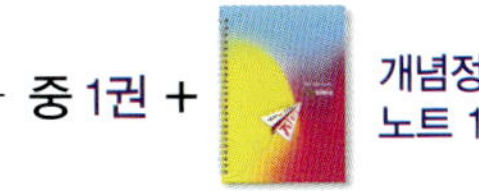 개념정리 노트 1권

*오려서 보내 주세요.

자이스토리
중학 국어 독해력 완성 [2]

풀이나 스카치 테이프를 이용해 붙여 주세요.

우 편 봉 함 엽 서

보내는 사람

*주소 ________________________________

*이름 ____________ *학년 (중 ____ . 고 ____)

우표

받는 사람
서울시 영등포구 양평로 21길 26(양평동 5가)
IS비즈타워 807호
(주)수경출판사 교재 기획실
0 7 2 0 7
자이스토리 중학 국어 **독해력 완성 2** [비문학]

자이스토리

Mind Tree

5개를 모아 보내 주세요!
(각각 다른 교재로)

1. 이 책을 구입하게 된 동기는 무엇입니까? [교재명 :   ]
   ① 서점에서 다른 책들과 비교해 보고   ② 광고를 보고/듣고   ③ 학교/학원 보충 교재 [학교명(학원명):   ]
   ④ 선생님의 추천   ⑤ 친구/선배의 권유   ⑥ 기타 [   ]

2. 교재를 선택할 때 가장 큰 기준이 되는 것은?(복수 응답 가능)
   ① 유명 출판사   ② 교재 내용   ③ 디자인   ④ 난이도
   ⑤ 교재 분량   ⑥ 해설   ⑦ 동영상 강의   ⑧ 기타 [   ]

3. 이 책의 전반적인 부분에 대한 질문입니다.
   ◆ 표지 디자인: 좋다 ☐ 보통이다 ☐ 좋지 않다 ☐   ◆ 본문 디자인: 좋다 ☐ 보통이다 ☐ 좋지 않다 ☐
   ◆ 문제 난이도: 어렵다 ☐ 알맞다 ☐ 쉽다 ☐   ◆ 교재의 분량: 많다 ☐ 알맞다 ☐ 적다 ☐

4. 이 책의 구성 요소를 평가한다면?
   - 지문 구성 (   )   • Follow me! (   )   • 단계별 독해 방법 (   )   • 문제 해결 tip (   )
   - 어휘 테스트 (   )   • 배경지식 (   )   • 첨삭 해설 (   )   • 왜 정답, 왜 오답 (   )

   ① 매우 만족   ② 만족   ③ 보통   ④ 불만   ⑤ 매우 불만

5. 이 책에서 추가되어야 할 점이 있다면 무엇입니까?

____

____

6. 최근 본인이 크게 도움을 받은 책이 있다면? (또는 가장 인기있는 교재는?)

교재명 :   과목 :

____

____

7. 내가 원하는 교재가 있다면?

____

____

____

이름 :   연락처 :   이메일 :

학 교 :   학 년 :

❄ **마인드 트리**를 붙이고 원하는 교재를 체크하세요.

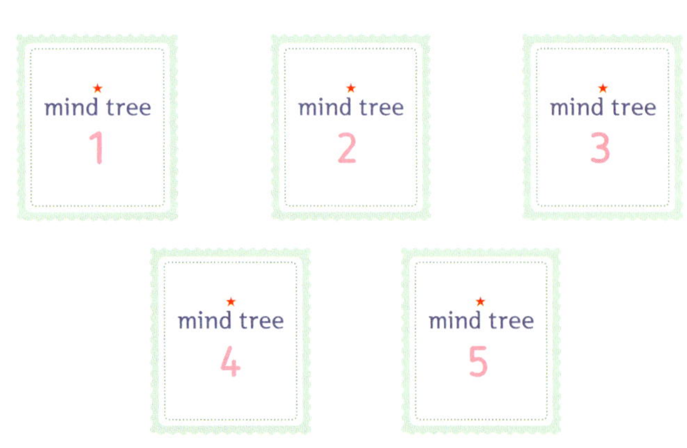

※ 원하는 교재를 **1권** 체크

- ☐ **형상기억** 수학공식집 중1
- ☐ **형상기억** 수학공식집 중등 종합
- ☐ **보카** 레슨 Level 1
- ☐ **보카** 레슨 Level 2
- ☐ **보카** 레슨 Level 3

자이스토리

중학 국어 **독해력 완성** 2

[비문학]

[해 설 편]

수경출판사

Review 어휘 정답

STEP Ⅰ

DAY 01
01 밥심 02 함유 03 독소 04 유도 05 현혹 06 인식 07 경향 08 ① 09 ① 10 수익 11 매출 12 주체적 13 주식 14 이유식

DAY 02
01 가공 02 볏짚 03 가옥 04 건축사 05 대부분 06 가혹 07 격리 08 범람 09 환풍 10 유익 11 이룩 12 너와집 13 경제적 14 일반적 15 문명

DAY 03
01 ⓒ 02 ⓛ 03 ⓔ 04 ⓜ 05 ⓖ 06 마찰력 07 체계 08 추상적 09 고분 10 계승 11 기이 12 무동 13 감지 14 의수 15 ② 16 ③ 17 ①

DAY 04
01 침해 02 고원 03 대우 04 오만 05 존중 06 당부 07 소재 08 포식 09 제재 10 자부 11 간과 12 황폐 13 보장 14 동등 15 ⓒ 16 ⓖ 17 ⓛ 18 ⓜ 19 ⓔ

DAY 05
01 ⑤ 02 ③ 03 ④ 04 ② 05 ① 06 시범적 07 상징적 08 로고 09 과 10 고유 11 연상 12 정의 13 압축 14 강화 15 언급

DAY 06
01 통합 02 개혁 03 등용 04 감흥 05 등재 06 고려 07 구성 08 원통 09 인재 10 파격적 11 발간하다 12 합판 13 설정하다 14 ④ 15 ③ 16 ① 17 ②

DAY 07
01 기법 02 결실 03 주목 04 진리 05 묘사 06 추구 07 확립 08 제시 09 ① 10 ④ 11 ② 12 ③ 13 ① 14 ② 15 ③

DAY 08
01 ⓜ 02 ⓛ 03 ⓜ 04 ⓖ 05 ⓔ 06 ⓒ 07 효율적 08 멸종 09 우리 10 관점 11 개량 12 단정 13 야생 14 위협 15 ② 16 ① 17 ③

STEP Ⅱ

DAY 09
01 ⓒ 02 ⓖ 03 ⓛ 04 치명적 05 발암 물질 06 점막 07 입장 08 ② 09 ④ 10 ③ 11 ① 12 ① 13 ② 14 ③

DAY 10
01 번식지 02 저작권 03 독자성 04 자원 05 ② 06 ② 07 ② 08 ③ 09 ⓛ 10 ⓖ 11 ⓒ 12 ③ 13 ① 14 지적 15 합당한 16 규정

DAY 11
01 ④ 02 ③ 03 ① 04 ② 05 성향 06 인식 07 애매 08 고정 관념 09 문화인류학자 10 모호하다 11 설정하다 12 ③ 13 ② 14 ① 15 ① 16 ③

DAY 12
01 ① 02 ④ 03 ⑤ 04 ② 05 ③ 06 한계 07 비례하다 08 반박하다 09 성취감 10 ⓛ 11 ⓔ 12 ⓖ 13 ⓒ 14 추세 15 차지 16 자본주의 17 전환

DAY 13
01 대처 02 분별 03 사전 04 거장 05 선상 06 ③ 07 ① 08 ② 09 ③ 10 ② 11 ① 12 ② 13 전염 14 면역력 15 화풍 16 변종 17 평론가

DAY 14
01 해수면 02 관측하다 03 생태계 04 실질적 05 ① 06 ② 07 자재 08 매립 09 ① 10 ② 11 ② 12 ③ 13 가공 14 재앙 15 골머리

DAY 15
01 수익 02 주체적 03 살림 04 효율성 05 유용성 06 한정 07 독점 08 통제 09 ⓛ 10 ⓒ 11 ⓖ 12 ⓔ 13 ⓜ 14 ③ 15 ① 16 ②

DAY 16
01 배출 02 자백 03 강화 04 자유자재 05 용의자 06 노출 07 최선 08 뚜렷 09 온실가스 10 ② 11 ③ 12 ① 13 ② 14 ③ 15 ①

STEP Ⅲ

DAY 17
01 완성도 02 허용 03 유사 04 제재 05 무의식적 06 상업적 07 ③ 08 ① 09 ① 10 ① 11 ① 12 각인 13 압박 14 제기 15 배치

DAY 18
01 제외 02 주목 03 허위의식 04 천체 05 중력 06 ② 07 ② 08 ① 09 ② 10 ② 11 ① 12 ① 13 공전 14 편견 15 배제

DAY 19
01 개화기 02 조예 03 기리다 04 격상하다 05 ② 06 ③ 07 ② 08 풍속 09 왕후 10 왜구 11 ③ 12 ① 13 혼잡 14 장려 15 주관

DAY 20
01 번식 02 선정 03 보장 04 분할 05 여부 06 ③ 07 ③ 08 ② 09 ③ 10 ② 11 확정 12 유사 13 결론 14 각박 15 제치고

DAY 21
01 이송하다 02 법률 03 일컫다 04 고성능 05 ① 06 ② 07 ③ 08 ① 09 탈 10 비용 11 편견 12 ③ 13 ② 14 진압 15 동의 16 침해

DAY 22
01 생성하다 02 어업 03 고되다 04 상대적 05 ① 06 ② 07 ③ 08 신생아 09 과잉 10 원료 11 ① 12 ② 13 전환 14 한계 15 공급

DAY 23
01 비판 02 동등 03 연관성 04 신흥 공업국 05 정착 06 ① 07 ① 08 ① 09 ② 10 ③ 11 ② 12 공존 13 격차 14 업계 15 재배

DAY 24
01 측정 02 이주 03 분해 04 변동 05 생존 06 ① 07 ① 08 ② 09 ① 10 ② 11 ① 12 거주 13 예측 14 인건비 15 식생활

차례

STEP I
핵심어 찾기,
중심 문장 찾기

STEP II
문단 요약하기,
문단 간의 관계 파악하기

STEP III
글의 구조 파악하기,
주제 찾기

★ 다시는 틀리지 않게 완벽히 이해시키는 입체 첨삭 해설

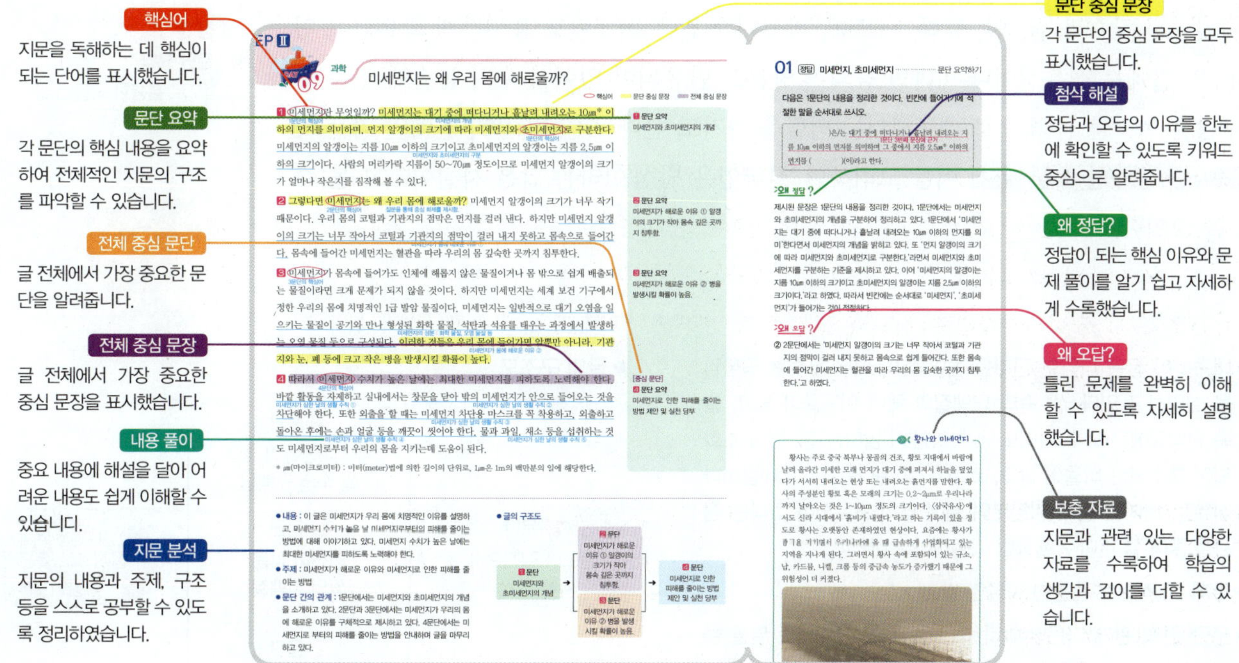

핵심어
지문을 독해하는 데 핵심이 되는 단어를 표시했습니다.

문단 요약
각 문단의 핵심 내용을 요약하여 전체적인 지문의 구조를 파악할 수 있습니다.

전체 중심 문단
글 전체에서 가장 중요한 문단을 알려줍니다.

전체 중심 문장
글 전체에서 가장 중요한 중심 문장을 표시했습니다.

내용 풀이
중요 내용에 해설을 달아 어려운 내용도 쉽게 이해할 수 있습니다.

지문 분석
지문의 내용과 주제, 구조 등을 스스로 공부할 수 있도록 정리하였습니다.

문단 중심 문장
각 문단의 중심 문장을 모두 표시했습니다.

첨삭 해설
정답과 오답의 이유를 한눈에 확인할 수 있도록 키워드 중심으로 알려줍니다.

왜 정답?
정답이 되는 핵심 이유와 문제 풀이를 알기 쉽고 자세하게 수록했습니다.

왜 오답?
틀린 문제를 완벽히 이해할 수 있도록 자세히 설명했습니다.

보충 자료
지문과 관련 있는 다양한 자료를 수록하여 학습의 생각과 깊이를 더할 수 있습니다.

과학

'한국인은 밥심'이라는 말은 진짜일까?

○ 핵심어 ▢ 문단 중심 문장 ▢ 전체 중심 문장

1 '한국인은 밥심'이라는 말이 있다. 한국인의 에너지는 한국인의 주식인 밥에서 나온
_{한국인은 밥을 먹고 생긴 힘으로 살아간다는 의미로, 한국인에게 밥이 그만큼 중요하다는 의미임.}
다는 의미의 우스갯소리이다. 이 말을 단순히 우스갯소리로만 볼 수는 없다. 밥의 재료
인 쌀이 포함하고 있는 영양소들이 밀의 영양소보다 질적으로 더 우수하기 때문이다.
_{1문단의 핵심어}

2 쌀은 대표적인 탄수화물 식품으로 알려져 있지만, 그렇다고 쌀이 탄수화물로만 구성
된 것은 아니다. 쌀에는 79% 정도의 탄수화물 외에도 7% 정도의 단백질이 함유되어 있
다. 단백질을 10% 정도 함유하고 있는 밀과 비교하면 낮은 수준이지만, 영양가는 밀이
갖고 있는 단백질보다 쌀이 갖고 있는 단백질이 더 높다. 실제로 단백질의 체내 이용률
_{2문단의 핵심어}
을 나타내는 수치가 밀은 42인 반면 쌀은 70이기도 하다.

3 쌀의 단백질에는 필수 아미노산인 '리신'도 많다. 같은 양의 밀가루나 옥수수, 조보다
_{3문단의 핵심어}   _{동물이 생명을 유지하는 데에 필요한 아미노산 가운데 음식물로 꼭 섭취하여야 하는 아미노산}
리신이 두 배나 많을 뿐만 아니라, 몸에 흡수되어 활용되는 정도도 높다. 이러한 이유들
로 일부 사람들은 여러 가지 곡물 중에서 쌀이 질적으로 가장 뛰어난 곡물이라고 여긴
_{쌀의 경우, 체내에서 단백질이 이용되는 수치가 밀보다 훨씬 높기 때문에}
다. 그래서 그들은 쌀에 함유된 단백질의 질이 좋기 때문에 쌀을 주식으로 하는 사람들
은 따로 고기를 많이 챙겨 먹을 필요가 없다고 생각하기도 한다.
_{쌀에 질 좋은 단백질이 많이 함유되어 있기 때문에}

4 쌀의 장점은 여기서 끝이 아니다. 쌀은 몸속에서 소화되어 흡수되는 비율이 아주 높
고, 수분이 많아서 밀가루나 다른 곡물에 비해 소화도 잘 된다. 그래서 우리는 어린아이
_{4문단의 핵심어}
부터 노인에 이르기까지, 큰 부담을 느끼지 않고 쌀을 먹을 수 있다. 심지어는 갓 태어
난 신생아들에게 처음으로 먹이는 이유식도 쌀로 만든다.
_{쌀은 소화가 잘 되고 몸속에서 흡수되는 비율도 높기 때문에}

5 쌀에는 칼슘과 철, 인, 칼륨, 나트륨, 마그네슘 같은 미네랄도 풍부하게 함유되어 있
_{5문단의 핵심어}
다. 또 쌀에는 섬유질이나 비타민 등의 영양분도 함유되어 있어서 우리 몸속에 있는 좋
지 않은 독소를 몸 밖으로 배출시키는 역할을 하기도 한다. 이처럼 우리가 매일 먹는 쌀
은 아주 훌륭한 곡물이다. 이를 고려하면 '한국인은 밥심'이라는 말은 사실이라고 볼 수
있을 것이다.

---

1 문단 요약
밀보다 질적으로 우수한 쌀

2 문단 요약
체내 이용률이 좋은 쌀 속의 단백질

3 문단 요약
리신이 많은 쌀의 단백질

4 문단 요약
소화, 흡수가 잘 되는 쌀

[중심 문단]
5 문단 요약
질적으로 훌륭한 곡물인 쌀

- **내용 :** 이 글은 다양한 근거를 들어 쌀이 매우 우수한 곡물임
  을 설명하고 있다. 쌀 속의 단백질의 체내 이용률이 높고, 쌀
  속 단백질에는 필수 아미노산인 '리신'이 많다는 점, 쌀이 소화
  되어 흡수되는 비율이 높고, 소화가 잘 된다는 점, 미네랄이나
  섬유질, 비타민 등의 영양분이 쌀에 많이 함유되어 있다는 점
  등을 들어 쌀이 아주 훌륭한 곡물이라고 하였다.

- **주제 :** 질적으로 훌륭한 곡물인 쌀

- **문단 간의 관계 :** 1문단에서는 '한국인은 밥심'이라는 말을 들
  어 밀보다 쌀이 질적으로 우수하다는 화제를 제시하고 있다.
  또 2문단부터 5문단에서는 다양한 근거를 들어 쌀이 우수한 이
  유를 제시하고 있다.

- **글의 구조도**

	2 문단 체내 이용률이 좋은 쌀 속의 단백질	
1 문단 밀보다 질적으로 우수한 쌀 →	**3 문단** 리신이 많은 쌀의 단백질	→ **5 문단** 질적으로 훌륭한 곡물인 쌀
	4 문단 소화, 흡수가 잘 되는 쌀	

01 [정답] 쌀 ·········· 핵심어 찾기

> 다음은 윗글의 핵심 내용을 정리한 것이다. 빈칸에 들어가기에 적절한 말을 쓰시오.
>
> ( )에 포함된 영양소들은 밀의 영양소보다 질적으로 더 우수하다.
>
> 체내 이용률이 더 높음.

왜 정답?

1문단에서 '밥의 재료인 쌀이 포함하고 있는 영양소들이 밀의 영양소보다 질적으로 더 우수하'다고 설명하고 있다.

또 2문단에서 쌀에는 '7% 정도의 단백질이 함유되어 있'는데, '영양가는 밀이 갖고 있는 단백질보다 쌀이 갖고 있는 단백질이 더 높다. 실제로 단백질의 체내 이용률을 나타내는 수치가 밀은 42인 반면 쌀은 70이기도 하다.'라고 했다.

이어 3문단에서는 '쌀의 단백질에는 필수 아미노산인 '리신'도 많'다면서 '같은 양의 밀가루나 옥수수, 조보다 리신이 두 배나 많'다고 했다.

또 4문단에서는 '밀가루나 다른 곡물에 비해 소화도 잘 된다.'라고 하였다.

이와 같은 내용을 고려하면, 이 지문에서는 쌀의 우수성에 대해 설명하고 있으므로, 빈칸에는 '쌀'이 들어가는 것이 가장 적절하다.

02 [정답] ① ·········· 중심 문장 찾기

> 4문단의 중심 문장으로 가장 적절한 것은?
>
> ① 쌀은 몸속에서 소화되어 흡수되는 비율이 아주 높고, 수분이 많아서 밀가루나 다른 곡물에 비해 소화도 잘 된다.
> 중심 문장
>
> ② 심지어는 갓 태어난 신생아들에게 처음 먹이는 이유식도 쌀로 만든다.
> 뒷받침 문장

왜 정답?

4문단에서는 쌀의 장점 가운데 몸속에서 소화되어 흡수되는 비율이 아주 높고, 소화도 잘 된다는 것을 이야기하면서 '그래서 우리는 어린아이부터 노인에 이르기까지, 큰 부담을 느끼지 않고 쌀을 먹을 수 있다. 갓 태어난 신생아들에게 처음 먹이는 이유식도 쌀로 만든다.'라고 하였다. 어린아이부터 노인이 부담을 갖지 않고 쌀을 먹을 수 있는 이유와 신생아의 이유식을 쌀로 만드는 이유는 쌀이 소화가 잘 되고, 몸에 흡수되는 비율이 높기 때문이다.

그러므로 4문단의 중심 문장으로는 '쌀은 몸속에서 소화되어 흡수되는 비율이 아주 높고, 수분이 많아서 밀가루나 다른 곡물에 비해 소화도 잘 된다.'를 들 수 있다.

✿ 쌀의 우수성

쌀이란, 벼에서 껍질을 벗겨 낸 알맹이로 우리가 먹는 밥의 재료이다. 우리는 옛날부터 지금에 이르기까지 쌀을 중심으로 한 식생활을 계속하여 왔다. 서구화된 식생활로 예전보다 쌀을 먹는 양이 많이 줄었지만, 여전히 쌀은 우리의 주요 열량원으로, 우리의 삶 속 가장 중요한 곡물이라고 할 수 있다.

쌀을 주기적으로 먹으면 대장암의 발생 확률을 낮춰주고, 피 속의 콜레스테롤 수치도 낮춰준다. 쌀에 함유된 섬유질들은 구리, 아연, 철 성분 등과 결합하는데, 이 덕분에 우리 몸속에 해로운 중금속이 흡수되는 것도 막아준다. 또한 몸속에 들어오면 수분을 잘 잡고 있어서 변비를 막아 주고, 비만, 고혈압, 동맥경화증 등 성인병도 예방할 수 있다.

▲ 벼의 껍질을 벗기면 쌀이 된다.

제품 가격에 숨겨진 기업의 전략

○ 핵심어　　□ 문단 중심 문장　　□ 전체 중심 문장

1 마트나 홈쇼핑에서 판매되는 물건의 가격을 보면 10,000원과 같이 딱 떨어지는 경우보다 9,900원과 같이 900원 단위로 끝나는 경우가 많다. 이처럼 물건 가격의 끝자리가 홀수, 특히 9로 끝나는 가격을 단수 가격이라고 한다. 그렇다면 ⓐ마트나 홈쇼핑에서 제품의 가격을 단수 가격으로 정하는 이유는 무엇일까?

2 이는 소비자들에게 해당 제품이 저렴하다는 생각을 심어 주어 구매를 유도하기 위함이다. 사실 10,000원짜리 제품과 9,900원짜리 제품의 가격 차이는 100원밖에 안 된다. 그러나 소비자들은 그 차이를 더 크게 인식하기 때문에 9,900원짜리 제품이 10,000원짜리 제품보다 훨씬 더 저렴하다고 느끼게 된다.

3 단수 가격과 비슷한 예로는 왼쪽 자릿수 효과가 있다. 왼쪽 자릿수 효과는 소비자들이 가격을 인식할 때 가장 왼쪽 자리의 숫자만 보고 전체적인 가격을 판단하는 경향을 말한다. 예를 들어, 『소비자들은 똑같이 1,100원을 할인한 가격이라도 제품 가격이 5,100원에서 4,000원으로 낮아질 때는 1,000원 정도 할인받은 것으로 생각하는 반면에 4,000원에서 2,900원으로 낮아질 때는 마치 2,000원 정도 할인받은 것으로 생각하는 경향이 있다는 것이다.』

4 이와 같은 현상이 일어나는 공통적인 이유는 사람들이 제품의 가격 수준을 인식할 때 무의식적으로 가장 왼쪽 자리의 숫자에 더 큰 영향을 받기 때문이다. 실제로 많은 기업들은 제품의 가격을 정할 때 단수 가격이나 왼쪽 자릿수 효과를 활용하고 있다. 기업의 입장에서는 이를 통해 적은 금액만 할인하고도 소비자들의 구매 심리를 더 쉽게 이끌어 내서 판매량을 더 높일 수 있기 때문이다.

5 이처럼 제품의 가격에는 소비자들의 심리를 이용하여 매출을 늘리기 위한 기업들의 치밀한 가격 전략이 반영되어 있다. 따라서 주체적이고 현명한 소비 생활을 하려면 눈에 보이는 가격에 쉽게 현혹되지 않으려고 노력해야 한다.

1 문단 요약
단수 가격의 개념

2 문단 요약
제품 가격을 단수 가격으로 정하는 이유

3 문단 요약
왼쪽 자릿수 효과의 의미와 사례

[중심 문단]
4 문단 요약
기업이 단수 가격이나 왼쪽 자릿수 효과를 활용하는 이유

5 문단 요약
현명한 소비 생활을 위한 글쓴이의 당부

- **내용 :** 이 글은 단수 가격과 왼쪽 자릿수 효과를 소개하고, 이를 통해 제품 가격에 숨겨진 기업들의 전략에 대해 설명하고 있다. 기업들은 단수 가격이나 왼쪽 자릿수 효과를 활용하여 제품의 가격을 정함으로써 소비자들의 구매를 유도한다. 그러므로 현명한 소비자가 되려면 단수 가격이나 왼쪽 자릿수 효과와 같은 기업의 전략에 쉽게 현혹되지 말아야 한다.

- **주제 :** 단수 가격과 왼쪽 자릿수 효과 등을 활용한 기업들의 제품 가격 전략

- **문단 간의 관계 :** 1문단에서는 단수 가격의 뜻을 설명하고 있으며, 2문단에서는 1문단에서 언급한 단수 가격으로 기업이 제품 가격을 정하는 이유를 설명하고 있다. 3문단에서는 왼쪽 자릿수 효과의 개념을 예를 들어 설명하고 있고, 4문단에서는 기업이 제품의 가격을 매길 때 단수 가격이나 왼쪽 자릿수 효과를 활용하는 이유를 설명하고 있다. 5문단에서는 기업의 전략에 현혹되지 말고 현명하게 소비 생활을 할 것을 당부하고 있다.

- **글의 구조도**

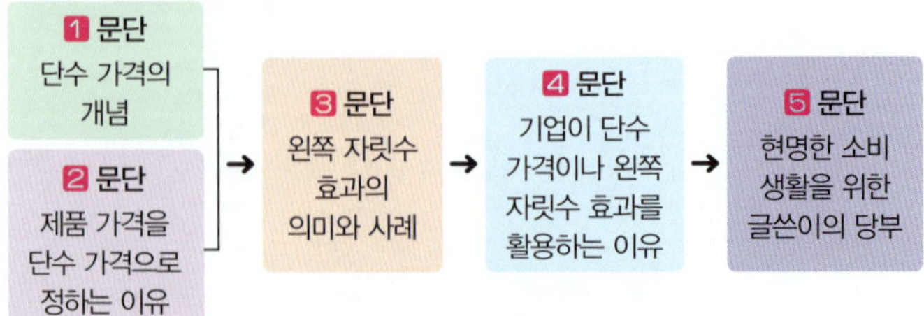

03 [정답] 단수 ·· 핵심어 찾기

>왜 정답 ?

4문단에서 '많은 기업들은 제품의 가격을 정할 때 단수 가격이나 왼쪽 자릿수 효과를 활용하고 있다.'라면서 그 이유를 '기업의 입장에서는 이를 통해 적은 금액만 할인하고도 소비자들의 구매 심리를 더 쉽게 이끌어 내서 판매량을 더 높일 수 있기 때문이다.'라고 했다.

04 [정답] ① ·· 중심 문장 찾기

>왜 정답 ?

① 1문단에서 마트나 홈쇼핑에서 제품의 가격을 단수 가격으로 정하는 이유가 무엇인지 묻고, 2문단에서는 이에 대한 대답으로 '소비자들에게 해당 제품이 저렴하다는 생각을 심어 주어 구매를 유도하기 위함이다.'라고 했다.

05 [정답] 왼쪽 ·· 내용 파악하기

> 윗글을 읽고 빈칸에 공통적으로 들어가기에 적절한 말을 쓰시오.
>
> '단수 가격'은 물건 가격의 끝자리가 홀수. 특히 9로 끝나는 가격을 의미하고, '(　　　　) 자릿수 효과'는 소비자들이 가격을 인식할 때 가장 (　　　　) 자리의 숫자만 보고 전체적인 가격을 판단하는 경향을 말한다.
>
> *단수 가격의 의미*
> *왼쪽 자릿수 효과의 의미*

>왜 정답 ?

제시된 내용은 '단수 가격'과 '왼쪽 자릿수 효과'에 대해 정리한 것이다. 3문단에서 '왼쪽 자릿수 효과는 소비자들이 가격을 인식할 때 가장 왼쪽 자리의 숫자만 보고 전체적인 가격을 판단하는 경향을 말한다.'라고 했다.

06 [정답] ① ·· 내용 파악하기

> ㉠에 대한 대답으로 가장 적절한 것은?
>
> ① 인아 : 소비자들의 심리를 이용하여 수익을 늘리기 위해서야.
> 2문단에 근거 → 소비자들에게 저렴하다는 생각을 심어 주어 구매를 유도함.
>
> ② 윤정 : 단수 가격을 가진 제품이 일반적으로 더 저렴하기 때문이야.
> 실제로 저렴한 것이 아니라, 소비자들이 그렇게 인식하는 것임.
>
> ③ 기문 : 사람들이 가격을 판단할 때 딱 떨어지는 가격을 선호하기 때문이야.
> 지문을 통해 알 수 없음.
>
> ④ 서영 : 제품 가격을 크게 할인해 줌으로써 판매량을 좀 더 높이기 위해서야.
> 제품 가격을 크게 할인해 주는 것은 아님.
>
> ⑤ 준영 : 사람들은 물건 가격의 끝자리가 짝수인 것을 더 선호하기 때문이야.
> 지문을 통해 알 수 없음.

>왜 정답 ?

① ㉠은 마트나 홈쇼핑에서 제품의 가격을 단수 가격으로 정하는 이유가 무엇인지 묻고 있다. 이에 대한 대답은 이어지는 2문단에서 '소비자들에게 해당 제품이 저렴하다는 생각을 심어 주어 구매를 유도하기 위함이다.'라고 제시되어 있다. 이는 소비자들의 심리를 이용하여 수익을 늘리기 위한 것이라고 볼 수 있다.

>왜 오답 ?

② 2문단을 고려하면, 단수 가격의 제품이 일반적으로 더 저렴하다기보다는 단수 가격을 활용하면 소비자들이 제품의 가격을 훨씬 더 저렴하다고 느끼는 것일 뿐이다.

③ 이 지문에서는 사람들이 딱 떨어지는 가격을 선호한다고 이야기하고 있지는 않다.

④ 2문단에서 단수 가격은 단수 가격이 적용되지 않은 것과 비교했을 때, 가격 면에서는 큰 차이가 나지 않는다고 하였다.

⑤ 이 지문에서는 사람들이 물건 가격의 끝자리가 짝수인 것을 더 선호한다고 이야기하고 있지는 않다.

07 [정답] ② ···································· 글쓴이의 의도 파악하기

> 글쓴이가 윗글을 통해 궁극적으로 말하고자 하는 바로 가장 적절한 것은?
>
> ① 단수 가격과 왼쪽 자릿수 효과를 알면 제품을 싸게 살 수 있다.
> 제품 가격 면에서는 큰 차이가 없음.
>
> ② 현명한 소비 생활을 하려면 눈에 보이는 가격에 현혹되지 말아야 한다.
> 5문단에 근거
>
> ③ 제품의 가격을 살펴볼 때는 왼쪽 자릿수뿐만 아니라 오른쪽 자릿수도 확인해야 한다.
> 지문의 내용과 관련 없음.
>
> ④ 단수 가격이나 왼쪽 자릿수 효과를 사용하여 가격을 제시한 제품은 사지 말아야 한다.
> 지문의 내용과 관련 없음.
>
> ⑤ 기업은 제품의 가격을 정할 때 단수 가격이나 왼쪽 자릿수 효과를 사용하지 말아야 한다.
> 지문의 내용과 관련 없음.

>왜 정답 ?

② 글쓴이는 5문단에서 '현명한 소비 생활을 하려면 눈에 보이는 가격에 쉽게 현혹되지 않으려고 노력해야 한다.'라고 당부하고 있다.

>왜 오답 ?

① 2문단에서 단수 가격을 활용한 제품의 가격과 그렇지 않은 제품의 가격 차이는 크지 않다고 하였다.

③ 이 지문에서 오른쪽 자릿수에 대해서 이야기하지 않았다.

④ 이 지문에서 단수 가격과 왼쪽 자릿수 효과에 대해 설명하고 있지만, 이러한 것을 반영한 제품을 사지 말아야 한다고 하지는 않았다.

⑤ 이 지문에서 기업은 제품의 가격을 정할 때 단수 가격이나 왼쪽 자릿수 효과를 사용한다고 설명하고 있을 뿐, 이러한 것을 사용하지 말아야 한다고 하지는 않았다.

한옥의 지붕

○ 핵심어　　▨ 문단 중심 문장　　▨ 전체 중심 문장

1 지붕은 집의 모양과 기능을 결정하는 중요한 요소 중 하나이다. 특히 기와집, 초가집, 너와집 등 우리 전통 가옥들의 이름도 지붕과 관련이 있다. 그만큼 우리의 건축사에서 지붕은 중요한 부분으로 여겨져 왔다.

2 가장 대표적인 한옥 두 가지는 기와집과 초가집이다. 기와집은 기와로 지붕을 만든 집을 가리키고, 초가집은 짚이나 갈대 등으로 지붕을 만든 집을 가리킨다. 일반적으로 사람들은 초가지붕보다는 기와지붕이 더 좋다고 생각한다. 그 이유는 『초가지붕을 만드는 재료는 농사짓는 사람들이 구하기 쉬운 것들이어서 농민이나 가난한 백성들이 주로 사용했고, 비교적 비싼 재료로 만드는 기와지붕은 양반이나 부자들이 많이 사용했다고 여기기 때문』이다. 확실히 짚이나 갈대 같은 풀보다는 기와가 더 튼튼하기 때문에 기와지붕이 더 견고하기는 하다.

3 하지만 초가지붕이 꼭 나쁘지만은 않다. 일단 초가지붕의 서까래는 다른 지붕의 서까래보다 훨씬 경제적이다. 초가지붕의 서까래는 가벼워도 괜찮고, 숲에 있는 곧은 나무를 베어서 다듬은 뒤 바로 지붕 위에 올려도 될 만큼 크게 가공을 하지 않아도 된다. 또한 초가지붕은 환풍이 잘 되며, 집안의 온도도 적절히 조절해 준다.

4 그렇다면 기와지붕과 초가지붕은 어떻게 만들까? 기와지붕은 먼저 나무로 지붕의 뼈대를 만들고, 그 위에 판을 깔아 흙을 두껍게 바른 후에 기와를 이어서 만든다. 초가지붕을 만드는 방법도 이와 비슷하다. 『지붕을 얹을 자리에 보토라는 흙을 깔아 주고, 그 위에 풀을 썰어 넣어 고르게 반죽한 진흙을 올린다. 그리고 위에 볏짚을 엮어서 이어 준다.』

5 이렇게 만들어진 한옥의 지붕들은 대부분 아래쪽의 실제 거주하는 공간에 비해 훨씬 크고 넓다. 이것은 우리나라의 기후를 고려한 것이다. 우리나라는 여름과 겨울의 날씨 차이가 뚜렷한데, 넓은 지붕은 여름에는 시원한 그늘을 만들어 주고, 겨울에는 눈과 바람을 막아 집안을 따뜻하게 해 준다. 이와 같이 한옥의 지붕은 보기에만 멋스러운 것이 아니라 우리 조상들의 삶의 지혜가 담긴 소중한 유물이다.

---

1 문단 요약
집의 중요한 요소인 지붕

2 문단 요약
초가지붕과 기와지붕에 대한 일반적인 생각

3 문단 요약
초가지붕의 장점

4 문단 요약
기와지붕과 초가지붕을 만드는 방법

[중심 문단]
5 문단 요약
조상들의 지혜가 담긴 한옥의 지붕

- **내용 :** 이 글은 우리 전통 가옥에 쓰이는 대표적인 지붕인 초가지붕과 기와지붕에 대해 설명하고 있다. 또 지붕에 담긴 우리 조상들의 삶의 지혜를 강조하고 있다.
- **주제 :** 조상들의 삶의 지혜가 담긴 한옥의 지붕
- **문단 간의 관계 :** 1문단에서는 핵심어인 '지붕'에 대해 이야기하였다. 2문단에서는 초가지붕과 기와지붕을 비교하여 기와지붕을 더 좋게 보는 사람들의 생각을 제시하고, 3문단에서는 초가지붕의 장점을 제시하고 있다. 4문단에서는 기와지붕과 초가지붕을 만드는 방법을 소개한 후, 5문단에서는 이러한 지붕에는 조상들의 삶의 지혜가 담겨 있음을 강조하고 있다.

● **글의 구조도**

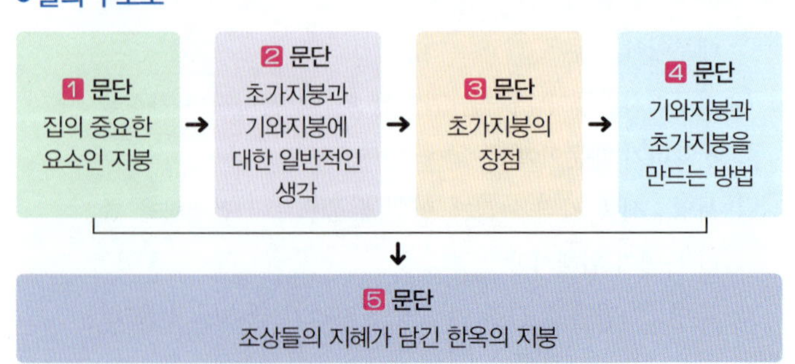

01 [정답] 기와지붕 ·· 핵심어 찾기

다음은 윗글의 핵심 내용을 정리한 것이다. 빈칸에 들어가기에 적절한 말을 쓰시오.

> 우리 한옥의 대표적인 지붕에는 (　　　　　)와/과 초가지붕
> 이 있다.
> 　　　　　　2, 3문단에 근거

>왜 정답 ?

2문단에서는 '가장 대표적인 한옥 두 가지는 기와집과 초가집'이라면서 '기와집은 기와로 지붕을 만든 집을 가리키고, 초가집은 짚이나 갈대 등으로 지붕을 만든 집을 가리킨다.'라고 하였다. 그 이후에는 초가지붕과 기와지붕에 대한 사람들의 생각을 소개하고 있다.

3문단에서는 초가지붕의 장점을 설명하였고, 4문단에서는 기와지붕과 초가지붕을 만드는 방법에 대해 소개하였다.

이러한 내용을 고려하면, 빈칸에 들어가기에 적절한 우리 한옥의 대표적인 지붕은 '기와지붕'이다.

02 [정답] ① ·· 중심 문장 찾기

1문단의 중심 문장으로 가장 적절한 것은?

① 지붕은 집의 모양과 기능을 결정하는 중요한 요소 중 하나이다.
　　중심 문장

② 특히 기와집, 초가집, 너와집 등 우리 전통 가옥들의 이름도 지붕과 관련이 있다.
　　뒷받침 문장 – 구체적인 사례

>왜 정답 ?

① 1문단에서는 핵심어인 지붕에 대해 언급하고 있다. 첫 번째 문장에서는 지붕이 집의 모양과 기능을 결정하는 중요한 요소라고 하였고, 두 번째 문장에서는 우리 전통 가옥의 이름도 지붕과 관련이 있다고 하였다.

어떤 문단의 중심 문장은 그 문단의 핵심 내용을 포함하고 있어야 하므로, 지붕에 대해 폭넓은 내용을 다루고 있는 '지붕은 집의 모양과 기능을 결정하는 중요한 요소 중 하나이다.'가 중심 문장으로 더 적절하다.

너와집

　　지붕을 만들 때 기와처럼 쓰는 얇은 돌 조각이나 나뭇조각을 너새, 혹은 너와라고 한다. 보통 오래된 나무를 쪼개서 너와를 만들었는데, 이러한 너와(너새) 지붕을 올린 집을 너와집이라고 한다. 강원도에서는 느에집 또는 능에집이라고도 부른다.

　　너와집은 나무가 많고, 산으로 둘러싸여 있거나 높은 산이 많은 산간 지방에서 주로 만들어졌다. 여름에는 시원하고 겨울에는 따뜻하다. 오늘날에는 너와집이 거의 사라지고 강원도 삼척 일대에 일부 남아 있어, 너와 마을을 형성하고 있다.

좌절을 긍정적으로 평가하는 이유

○ 핵심어　🟨 문단 중심 문장　🟪 전체 중심 문장

1 좌절하는 것을 좋아하는 사람은 없다. 그만큼 대부분의 사람들은 '좌절'을 되도록 피하고 싶은 부정적인 경험으로 여긴다. 하지만 일부 사람들은 좌절을 경험하는 것이 유익하며, 좌절이 인간의 삶에 꼭 필요한 것이라고 주장하기도 한다. ㉠이 사람들이 보통은 가혹한 시련으로만 여겨지는 좌절의 경험을 긍정적으로 평가하는 이유는 무엇일까?

2 인간이 겪는 좌절, 즉 가혹한 시련과 관련하여 재미있는 역사 이론을 펼쳤던 역사학자가 있다. 바로 인류 문명의 역사를 연구했던 역사학자 토인비이다. 토인비는 그의 저서 〈역사의 연구〉에서 인류의 문명은 인간이 가혹한 환경에 맞서 싸우는 과정에서 발전해 왔다면서 고대 중국 문명의 발전을 예로 들었다.

3 과거에도 양쯔강과 황허강은 중국을 대표하는 강이었다. 양쯔강 주변 지역은 기후가 따뜻하고 땅이 기름져서 농사를 짓기에 아주 좋은 환경이었다. 반면 황허강 주변 지역은 너무 추워서 겨울이면 강물이 얼고, 강이 자주 범람하여 농사를 지어도 항상 피해가 매우 큰 곳이었다. 하지만 중국의 고대 문명이 생겨난 곳은 양쯔강이 아니라 황허강이 있는 지역이었다. 이를 근거로 토인비는 인간에게 좌절을 경험하게 하는 가혹한 환경이 없었다면 인류 문명이 지금처럼 발전할 수 없었을 것이라고 주장했다.

4 1960년대 초, 어느 생물학자는 갓 태어난 쥐 여러 마리를 데리고 실험을 했다. 그는 쥐들을 두 무리로 구분하여, 한쪽 무리의 쥐들을 작은 우리 속에 넣어 어미 쥐와 격리하였다가 다시 어미에게 보내 주는 일을 21일 동안 반복했다. 그동안 다른 무리의 쥐들은 별다른 조치 없이 어미 쥐들과 함께 두었다. 그랬더니 21일 후에 두 쥐들은 다른 성향을 보였다. 어미와 격리되었던 경험을 반복한 쥐들은 여러 가지 스트레스 자극을 주어도 크게 반응하지 않았고, 도전하는 것을 두려워하지 않고 새로운 환경에 금방 적응했다. 반면 어미와 떨어져 본 경험이 없는 쥐들은 작은 스트레스 자극에도 민감하게 반응하며 괴로워했다. 이 실험을 근거로 적절한 좌절을 경험하면 앞으로의 새로운 시련을 더 잘 극복해 낼 확률이 높다고 주장하게 되었다.

5 이처럼 좌절을 경험하는 것을 긍정적으로 평가하는 사람들은 좌절을 통해 심리적으로 더 단단해질 수 있다고 생각한다. 이제 우리에게 좌절할 일이 생긴다고 해도 너무 절망적으로 생각하지 말고, 이를 잘 견뎌 내면 스스로가 더욱 성숙해질 것이라고 긍정적으로 생각해 보면 어떨까?

● 내용 : 이 글은 인간에게 좌절의 경험이 유익하다고 주장하고 있다.

● 주제 : 좌절하는 경험의 유익함

● 문단 간의 관계 : 1문단에서는 좌절에 대해 질문하고 있다. 2문단에서는 토인비의 주장을 언급하고 있으며, 3문단에서는 2문단 내용을 보충하고 있다. 4문단에서는 생물학자의 쥐 실험을 소개하였고, 5문단에서는 전체 내용을 정리하고 있다.

● 글의 구조도

[오른쪽 요약란]

1 문단 요약
좌절을 좋게 평가하는 사람들

2 문단 요약
가혹한 시련과 관련된 토인비의 주장

3 문단 요약
토인비의 주장에 대한 보충 : 가혹한 환경을 극복하고 발전한 중국의 고대 문명

4 문단 요약
쥐 실험을 통해 증명된 좌절의 긍정적인 역할

[중심 문단]
5 문단 요약
좌절이 주는 유익함

03 [정답] 좌절 ···························· 핵심어 찾기

>왜 정답?

이 지문에서는 좌절하는 것을 긍정적으로 평가하는 일부 사람들의 견해를 소개하고, 이와 관련하여 토인비의 이론과 어느 생물학자가 한 실험의 내용을 예로 들고 있다. 따라서 빈칸에 들어가기에 적절한 말은 '좌절'이다.

04 [정답] ② ···························· 중심 문장 찾기

>왜 정답?

② 3문단에서는 2문단에서 언급한 가혹한 시련과 관련된 토인비의 주장을 보충하고 있다. 즉, 토인비는 양쯔강이 아니라 황허강에서 중국 고대 문명이 생겨난 것을 근거로 들어 자신의 주장을 뒷받침하고 있다. 따라서 3문단의 중심 문장은 '이를 근거로 ~ 주장했다.'이다.

05 [정답] ⑤ ···························· 내용 파악하기

> 윗글의 내용으로 가장 적절한 것은?
> ① 사람이 성공하려면 반드시 좌절을 경험해야 한다.
>   지문에서 이야기하고 있지 않음.
> ② 모든 사람들이 좌절을 부정적인 경험으로만 생각한다.
>   1문단에 근거 → 일부 사람들은 좌절을 긍정적으로 평가함.
> ③ 인간은 가혹한 환경을 통해서만 좌절을 경험할 수 있다.
>   지문에서 이야기하고 있지 않음.
> ④ 지리적인 약점을 피해 이룩한 중국의 고대 문명은 가치
>   중국 고대 문명은 가혹한 환경인 황허강이 있는 주변에서 생겨남.
>   가 있다.
> ⑤ 환경적인 시련, 좌절을 이겨 내는 과정에서 인류의 문명
>   황허강에서 중국 고대 문명이 발전함.
>   이 발전하였다.

>왜 정답?

⑤ 3문단에서 '황허강 주변 지역은 ~ 피해가 매우 큰 곳이었'지만, 중국의 고대 문명이 생겨난 곳이라고 하였다.

>왜 오답?

① 이 지문에서는 적절한 좌절이 필요하다고 주장하고 있지만, 성공을 위해서 좌절을 경험해야 한다고 이야기하고 있지는 않다.

② 1문단에서 '일부 사람들은 좌절을 경험하는 것이 유익하'다고 여긴다고 했다.

③ 2, 3문단에서는 가혹한 환경을 통해 인류 문명이 발전하였다는 토인비의 주장을 이야기하고 있다. 그러나 가혹한 환경을 통해서만 좌절을 경험할 수 있다고 이야기하고 있지는 않다.

④ 3문단에서 '황허강 주변 지역은 ~ 피해가 매우 큰 곳이었'다고 하였으므로 중국의 고대 문명이 지리적인 약점을 피했다고 할 수 없다. 또 이 지문은 중국 고대 문명의 가치를 이야기하고 있지도 않다.

06 [정답] 좌절 ···························· 내용 파악하기

> ㉠에 대한 답을 쓰고자 한다. 빈칸에 들어가기에 적절한 말을 쓰시오.
>
> | (   )의 경험을 통해 심리적으로 더 단단해질 수 있다 |
> 5문단에 근거
> 고 생각하며, 이를 잘 견뎌 내면 스스로가 더욱 성숙해질 것이라고 생각하기 때문이다.

>왜 정답?

5문단에서 '좌절을 경험하는 것을 긍정적으로 평가하는 사람들은 좌절을 통해 심리적으로 더 단단해질 수 있을 것이라고 생각한다.'라고 했다. 따라서 빈칸에 들어가기에 적절한 말은 '좌절'이다.

07 [정답] ⑤ ···························· 반응의 적절성 평가하기

> 윗글을 읽고 난 후의 반응으로 적절하지 <u>않은</u> 것은?
> ① 정서 : 대부분의 사람들과 달리 좌절을 긍정적으로 여기
>   1문단에 근거 → '일부 사람들'
>   는 사람들도 있구나.
> ② 정우 : 청소년기에 적절한 좌절을 경험해 보는 것도 살아
>   적절한 좌절의 유익함을 깨달음.
>   갈 때 도움이 되겠구나.
> ③ 준섭 : 실패할 바에는 처음부터 도전하지 않는 것이 낫다
>   고 생각했는데, 내 생각이 잘못되었구나.
>   좌절에 대해 긍정적으로 생각하는 계기가 되었음을 밝힘.
> ④ 주혁 : 생물학자의 실험을 보니 어미와 격리되었던 경험
>   이 오히려 새끼 쥐들에게 긍정적으로 작용했구나.
>   4문단에 근거 → 스트레스에 크게 반응하지 않음, 새로운 환경에 금방 적응함. 등
> ⑤ 태민 : 적절한 좌절을 경험하지 못한 사람은 실패한 인생
>   지문에서 이야기하고 있지 않음.
>   을 살게 되므로 좌절은 인간의 삶에서 꼭 필요한 것이구나.

>왜 정답?

⑤ 이 지문에서는 적절한 좌절이 유익하다고 주장하고 있다. 그러나 좌절을 경험하지 못했다고 해서 인생에서 실패하게 된다고는 이야기하지 않았다.

>왜 오답?

① 1문단에서 '일부 사람들은 좌절을 경험하는 것이 유익하며, 좌절이 인간의 삶에 꼭 필요한 것이라고 주장하기도 한다.'라고 했다.

② 이 지문에서는 적절한 좌절의 유익함에 대해서 이야기하고 있다.

③ 이 지문에서는 적절한 좌절의 유익함에 대해서 이야기하고 있다. 주혁이도 '실패'라는 좌절을 긍정적으로 생각하게 되었음을 밝히고 있다.

④ 4문단에서 생물학자가 쥐를 데리고 한 실험을 소개하면서 적절한 좌절을 경험한 쥐들은 '여러 가지 스트레스 ~ 적응했다.'라고 하였다.

사람에게는 왜 지문이 있을까?

○ 핵심어　▆ 문단 중심 문장　▆ 전체 중심 문장

1 드라마나 영화 속 범죄 현장에서는 형사가 나와서 사건이 일어난 곳에 놓여 있는 물건의 ○지문○을 채취하는 장면이 빠짐없이 등장한다. **왜 형사들은 물건에 찍힌 지문들을 채취하는 것일까?**

1문단의 핵심어 / 설명하는 대상(지문)에 대한 읽는 사람의 호기심을 불러일으킴.

2 ○지문○**은 손가락 안쪽 끝에 있는 살갗의 무늬나 그것이 남긴 흔적을 의미한다.** 보통 지문은 임신 4개월째에 만들어지는데, 유전자적 체계에 따라 형태가 달라진다. 엄마 뱃속에서 태아가 있는 위치나 태아가 받는 압력 등도 지문 모양에 영향을 미친다. **그래서 일란성 쌍둥이라고 하더라도 지문은 서로 다르게 나타난다. 나이가 들면 얼굴 생김새는 변하지만 지문은 한번 생겨나면 바뀌지 않는다.** 이 때문에 형사들이 범인을 잡을 때 지문을 이용한다.

2문단의 핵심어 / 지문의 의미 / 지문이 형성되는 시기 / 지문의 형태가 사람마다 다른 이유 / 지문 모양에 영향을 미치는 요소 / 형사들이 범인을 잡을 때 지문을 이용하는 이유 / 사람마다 지문이 다르고 지문은 바뀌지 않기 때문에

3 ▆그렇다면 사람의 손끝에는 왜 ○지문○이 있을까?▆ 지금까지 많은 과학자들은 손가락 끝에 있는 지문이 손가락과 물체 사이의 마찰력을 높여 주고, 이 마찰력 때문에 사람의 손이 물체를 더 단단히 붙잡게 된다고 생각했다. 즉, 미끄러운 비누를 잡을 때 지문이 비누가 손에서 미끄러지지 않도록 도움을 준다는 것이다. 하지만 영국의 한 연구팀이 실험을 한 결과, 지문이 물체와 손 사이의 마찰력을 3분의 1이나 줄인다는 것이 밝혀졌다. 지문의 굴곡이 물건과 손이 닿는 면적을 줄임으로써 오히려 마찰력이 낮아진다는 것이다.

3문단의 핵심어 / 지문의 역할에 대한 많은 과학자들의 생각 / 지금까지의 과학자들의 생각과는 반대되는 결과

4 이러한 결과에 충격을 받은 과학자들은 최근 ○지문○의 또 다른 역할을 찾아냈다. **프랑스 과학자들이 지문이 손의 촉각을 예민하게 한다는 것을 밝혀낸 것이다.** 이들은 사람이 손끝으로 물건을 만질 때 지문이 있으면 물체의 진동을 더 섬세하게 감지할 수 있어서 손가락에 지문이 없을 때보다 지문이 있을 때 물건의 재질을 예민하게 느낄 수 있다고 했다.

4문단의 핵심어 / 지문의 역할에 대한 새로운 연구 결과

5 ○지문○의 기능이 무엇이든 상관이 없다고 보는 사람도 있을 수 있다. **하지만 지문의 역할을 정확히 이해해야 의수나, 로봇의 손의 기능을 사람의 손 정도의 수준까지 끌어올릴 수 있다.** 이 때문에 여전히 지문이 존재하는 이유를 밝히기 위한 과학자들의 노력은 계속되고 있다.

5문단의 핵심어 / 지문의 역할에 대한 이해가 필요한 이유 → 지문에 대한 과학자들의 연구가 계속되는 이유

---

1 문단 요약
지문에 대한 호기심

2 문단 요약
지문의 개념과 특성

[중심 문단]
3 문단 요약
지문의 역할에 대한 과학자들의 연구 결과

4 문단 요약
지문의 역할에 대한 최근의 연구 결과

5 문단 요약
지문의 역할에 대한 정확한 이해가 필요한 이유

● **내용**：이 글은 지문의 개념과 기능에 대해 설명하고 있다. 그 동안 많은 과학자들은 지문이 손가락과 물체 사이의 마찰력을 높여준다고 생각했으나 오히려 지문이 물체와 손 사이의 마찰력을 줄인다는 실험 결과가 발표되었다. 최근에는 지문이 손의 촉각을 예민하게 한다는 것이 밝혀지기도 했다.

● **주제**：지문의 역할

● **문단 간의 관계**：1문단에서는 질문을 통해 지문에 대한 독자들의 호기심을 이끌어 내고, 2문단에서는 핵심어인 지문의 개념과 특징을 설명했다. 3, 4문단에서는 지문의 역할에 대한 과학자들의 연구 결과를 제시하고 5문단에서는 연구가 계속되는 이유를 밝히고 있다.

● **글의 구조도**

1 문단
지문에 대한 호기심
→
2 문단
지문의 개념과 특성
→
3 문단
지문의 역할에 대한 과학자들의 연구 결과
4 문단
지문의 역할에 대한 최근의 연구 결과
→
5 문단
지문의 역할에 대한 정확한 이해가 필요한 이유

01 [정답] 지문 ·· 핵심어 찾기

〉왜 정답?

2문단에서 '지문은 손가락 안쪽 끝에 있는 살갗의 무늬나 그것이 남긴 흔적을 의미한다.'라고 하였다. '지문'은 이 지문의 핵심어이다.

02 [정답] ② ······································ 중심 문장 찾기

〉왜 정답?

1문단의 1번째 문장에서는 지문이 이용되는 예를 들고, 2번째 문장에서는 질문을 던짐으로써 '지문'에 대한 읽는 사람의 흥미를 이끌어 내고 있다. 그리고 이는 지문이 존재하는 이유, 즉 중심 화제와도 연결된다. 따라서 1문단의 중심 문장은 '왜 형사들은 물건에 찍힌 지문들을 채취하는 것일까?'이다.

03 [정답] 기능 ·································· 내용 파악하기

> 윗글을 읽고 다음 질문에 답하려고 한다. 빈칸에 들어가기에 적절한 말을 쓰시오.
>
> **질문** : 과학자들이 우리의 손에 지문이 존재하는 이유를 밝히려고 하는 까닭은 무엇일까?
>
> ↓
>
> **답** : 지문의 역할을 정확히 이해하면 의수나 로봇의 손의 (　　　　)을/를 사람의 손 정도의 수준까지 끌어올릴 수 있기 때문이다.
> 5문단에 근거

〉왜 정답?

5문단에서 '지문의 역할을 정확히 이해해야 의수나, 로봇의 손의 기능을 사람의 손 정도의 수준까지 끌어올릴 수 있다.'라고 했다. 이를 고려하면 빈칸에 들어가기에 적절한 말은 '기능'이다.

04 [정답] ① ···························· 글쓴이의 의도 파악하기

> 윗글의 글쓴이가 글을 쓴 이유로 가장 적절한 것은?
> ① 지문의 특성과 역할을 알리려고
> 　지문의 중심 내용임.
> ② 지문의 다양한 형태를 소개하려고
> 　지문에서 이야기하고 있지 않음.
> ③ 지문이 활용되는 분야를 밝히려고
> 　지문의 중심 내용은 아님.
> ④ 지문의 개념과 지문이 형성되는 시기를 연구하려고
> 　지문의 중심 내용은 아님.
> ⑤ 형사가 범죄 현장에서 지문을 채취하는 이유를 조사하려고
> 　지문의 중심 내용은 아님.

〉왜 정답?

① 이 지문에서는 지문의 개념과 지문의 형성에 영향을 미치는 요소, 지문의 특성을 소개하고 지문의 역할에 대해 설명하고 있다.

〉왜 오답?

② 2문단에서 지문이 '유전자적 체계에 따라 형태가 달라진다.'라고는 하였지만, 지문의 다양한 형태에 대해서는 이야기하고 있지 않다.

③ 1문단과 2문단에서 형사가 범인을 잡을 때 지문을 이용한다고 하였고, 5문단에서는 의수나 로봇의 손의 기능을 끌어올리기 위해 지문의 기능을 파악하려고 한다고 하였다. 하지만 이를 이야기하고자 글쓴이가 글을 썼다고 보기는 어렵다.

④ 2문단의 '지문은 손가락~의미한다.'에서 지문의 개념을, '보통 지문은 임신 4개월째에 만들어지는데'에서 지문이 형성되는 시기를 이야기하고 있다. 하지만 이것들을 연구하기 위해 글쓴이가 글을 썼다고 보기는 어렵다.

⑤ 2문단에서 형사가 범인을 잡을 때 지문을 이용하는 이유를 밝히고는 있지만, 이것을 조사하기 위해 글쓴이가 글을 썼다고 보기 어렵다.

05 [정답] ④ ·································· 내용 파악하기

> 다음은 윗글을 읽고 '지문'에 대해 메모한 것이다. 적절하지 <u>않은</u> 것은?
>
> ① 지문은 한번 생겨나면 바뀌지 않음.
> 　2문단의 5번째 문장에 근거
> ② 지문은 범죄 수사에 이용되는 경우가 많음.
> 　1문단과 2문단에 근거
> ③ 지문은 손의 촉각을 예민하게 하여 물체의 진동을 더 섬세하게 감지할 수 있게 함.
> 　4문단에 근거
> ④ 실험을 통해 지문이 손가락과 물체 사이의 마찰력을 높여 준다는 것이 증명되었음.
> 　4문단에 근거 → 마찰력을 3분의 1이나 줄임.
> ⑤ 유전자적 체계, 엄마 뱃속에서 태아가 있는 위치, 태아가 받는 압력 등에 따라 지문의 형태가 달라짐.
> 　2문단에 근거

〉왜 정답?

④ 3문단에서 '영국의 한 연구팀이 실험을 한 결과, 지문이 물체와 손 사이의 마찰력을 3분의 1이나 줄인다는 것이 밝혀졌다.'라고 했다. 따라서 지문이 손가락과 물체 사이의 마찰력을 높여준다고 할 수 없다.

〉왜 오답?

① 2문단에서 '지문은 한번 생겨나면 바뀌지 않는다.'라고 했다.

② 1문단과 2문단에서 '형사들이 범인을 잡을 때 지문을 이용한다.'라고 했다.

③ 4문단에서 '프랑스 과학자들이 ~ 느낄 수 있다고 했다.'라고 했다.

⑤ 2문단에서 지문은 '유전자적 형태에 따라 달라진다. 엄마 뱃속에서 태아가 있는 위치나 태아가 받는 압력 등도 지문 모양에 영향을 미친다.'라고 했다.

우리나라 풍속화의 발전

○ 핵심어　　▢ 문단 중심 문장　　▢ 전체 중심 문장

1 풍속화란 말 그대로 풍속, 즉 옛날부터 한 사회에 전해 오는 생활 전반의 습관이나 모습 등을 그린 그림이다. 그래서 풍속화에는 그것이 그려진 당시의 사람들이 살아가는 모습이 생생하게 드러나 있다. 풍속화는 그 자체로 훌륭한 미술 작품이 되기도 하고, 조상들의 생활 방식이나 당대의 사회상을 연구하는 데에 귀중한 자료로 활용되기도 한다. 우리나라의 풍속화는 어떻게 발전되어 왔을까?

2 우리나라 사람들은 선사 시대부터 풍속화를 그려왔다. 사냥을 하는 모습, 제사를 지내는 모습 등 생활 모습이 새겨진 선사 시대의 바위나 청동기 유물들이 출토되기도 했다. 당시는 뾰족한 도구로 돌이나 청동을 긁어내어 새기는 방법으로 그림을 그렸기 때문에, 선이나 면으로 실루엣만 간략하게 표현하거나 추상적이고 기이하게 표현하는 경우가 많았다.

3 우리가 보편적으로 떠올리는 '그림' 형태의 풍속화는 삼국 시대의 유물에서부터 찾아볼 수 있다. 특히 4세기 후반에서 5세기 고구려에서는 고분 벽화에 풍속도를 그리는 것이 유행하였다. 당시의 풍속화에는 무덤 주인의 사회적 지위를 과시하려는 의도나, 무덤 주인이 생전에 누렸던 권세를 죽어서도 유지하기를 바라는 소망이 담긴 경우가 많았다.

4 고려 시대까지 풍속화가 꾸준히 그려지기는 했으나 발달하지는 않았고, 조선 후기에 이르러서야 본격적으로 발달하게 되었다. 조선 후기에 풍속화가 급격히 발전한 이유는 당시의 사회적 변화와 관련이 있다. 상업의 발달로 평민들 가운데 부자들이 생겨났고, 그들은 부를 과시하기 위해 각종 그림으로 집안을 장식하였다. 그들은 자연 풍경이 담긴 산수화보다는 자신들의 삶의 모습이 담긴 풍속화를 더 선호하였다. 여기에 실생활을 유익하게 하는 것을 목표로 한 학문이었던 실학의 발달로 일상생활을 묘사한 풍속화가 크게 유행하게 되었다.

5 조선 후기의 대표적인 풍속화가인 김홍도는 서민들의 일상을 사실적이고도 익살스럽게 그려 냈다. 그의 대표작 중 하나인 〈무동(舞童)〉에는 북, 장구, 두 개의 피리, 대금, 해금을 연주하는 여섯 명의 연주자들과 그들이 연주하는 삼현육각 장단에 맞추어 춤을 추는 무동의 모습이 묘사되어 있다. 이 작품을 통해 우리는 그 당시에 살던 사람들의 일상과 문화를 생생하게 알 수 있다. 이러한 풍속화는 동양화나 서양화의 형식으로 현재까지 꾸준히 계승되고 있다.

[중심 문단]

1 문단 요약
풍속화의 개념과 발전에 대한 의문

2 문단 요약
선사 시대의 풍속화

3 문단 요약
삼국 시대의 풍속화

4 문단 요약
조선 후기의 풍속화

5 문단 요약
조선 후기 풍속화의 예와 풍속화의 계승

● **내용** : 이 글은 우리나라 풍속화의 발전 과정을 설명하고 있다.

● **주제** : 우리나라의 풍속화의 발전 과정

● **문단 간의 관계** : 1문단에서는 풍속화의 개념을 밝히고, 2문단에서는 선사 시대, 3문단에서는 삼국 시대, 4문단에서는 조선 후기의 풍속화에 대해 설명하고 있다. 6문단에서는 조선 후기 풍속화의 예와 풍속화의 현대적 계승에 대해 설명하고 있다.

● **글의 구조도**

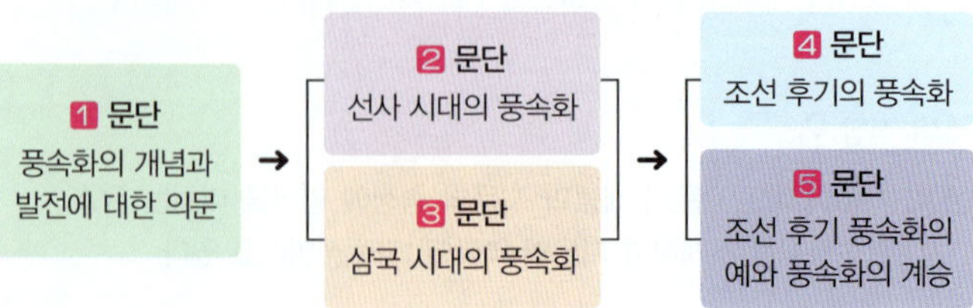

06 [정답] 풍속화 ································· 핵심어 찾기

>왜 정답?

1문단에서 풍속화는 풍속을 그린 그림으로, '그것이 그려진 당시의 사람들이 살아가는 모습이 생생하게 드러나 있다.'라고 하였다. 따라서 빈칸에 들어가기에 적절한 말은 '풍속화'이다. '풍속화'는 이 지문의 핵심어이다.

07 [정답] ① ································· 중심 문장 찾기

>왜 정답?

① 4문단에서는 조선 후기의 풍속화에 대해 설명하면서, 조선 후기에 풍속화가 발달한 이유를 상업과 실학의 발달 때문이라고 하였다. 이러한 내용을 포함하는 중심 문장은 '조선 후기에 풍속화가 급격히 발전한 이유는 당시의 사회적 변화와 관련이 있다.'이다.

08 [정답] ③ ································· 내용 파악하기

윗글의 내용으로 적절하지 <u>않은</u> 것은?
① 김홍도는 조선 후기의 대표적인 풍속 화가이다.
　　5문단 1번째 문장에 근거
② 풍속화는 사람들의 생활 습관이나 모습을 그린 그림이다.
　　1문단 1번째 문장에 근거
③ 선사 시대의 풍속화는 당시의 생활 모습을 섬세하게 그려 냈다.
　　간략하게 표현하거나 추상적이고 기이하게 표현함.
④ 고분 벽화의 풍속화를 통해 무덤 주인의 사회적 지위를 엿볼 수 있다.
　　3문단 3번째 문장에 근거
⑤ 조선 후기에는 상업이 발달하면서 평민 가운데 부자가 된 사람들이 생겨났다.
　　4문단 3번째 문장에 근거

>왜 정답?

③ 2문단에서 선사 시대의 풍속화는 '선이나 면으로 실루엣만 간략하게 표현하거나 추상적이고 기이하게 표현하는 경우가 많았다.'라고 하였다. 따라서 당시의 생활 모습을 섬세하게 그려 냈다고 할 수 없다.

>왜 오답?

① 5문단에서 김홍도는 '조선 후기의 대표적인 풍속화가'라고 하였다.
② 1문단에서 '풍속화란 말 그대로 풍속, 즉 옛날부터 한 사회에 전해 오는 생활 전반의 습관이나 모습 등을 그린 그림이다.'라고 했다.
④ 3문단에서 고분 벽화에는 '무덤 주인의 사회적 지위를 과시하려는 의도나, 무덤 주인이 생전에 누렸던 권세를 죽어서도 유지하기를 바라는 소망이 담긴 경우가 많았다.'라고 했다.
⑤ 4문단에서 조선 후기에 '상업의 발달로 평민들 가운데 부자들이 생겨났'다고 했다.

09 [정답] ④ ································· 내용 파악하기

윗글의 내용을 고려했을 때, 〈보기〉에서 조선 후기에 풍속화가 본격적으로 발달한 이유로 적절한 것을 모두 고른 것은?

〈보기〉
㉠ 상업의 발달로 풍속화의 값이 매우 쌌기 때문에
　　지문에서 이야기하고 있지 않음.
㉡ 실학의 발달로 일상생활을 소재로 한 풍속화가 유행했기 때문에
　　4문단에 근거
㉢ 김홍도와 같은 전문 화가가 부자들의 일상을 잘 그려 냈기 때문에
　　5문단에 근거 → 서민들의 일상을 그림.
㉣ 평민 출신 부자들이 집안을 장식하기 위한 그림으로 풍속화를 선호했기 때문에
　　4문단에 근거

① ㉠, ㉡　② ㉠, ㉢　③ ㉡, ㉢　④ ㉡, ㉣　⑤ ㉢, ㉣

>왜 정답?

㉡ 4문단에서 '실학의 발달로 일상생활을 묘사한 풍속화가 크게 유행하게 되었다.'라고 했다.
㉣ 4문단에서 조선 후기에 '상업의 발달로 평민 부자들이 생겨났고,' 그들이 집안을 풍속화로 장식하는 것을 선호했다고 하였다.

>왜 오답?

㉠ 4문단에서 상업의 발달로 평민 부자들이 생겨났고, 이들이 풍속화를 선호했다고 하였을 뿐, 풍속화의 값에 대해서는 이야기하고 있지 않다.
㉢ 5문단에서 김홍도는 부자들의 일상이 아니라, '서민들의 일상을 사실적이고도 익살스럽게 그려 냈다.'라고 했다.

10 [정답] ㉢ → ㉠ → ㉣ → ㉡ ················· 내용 파악하기

다음의 ㉠~㉣을 풍속화의 발전 과정에 따라 순서대로 쓰시오.

㉠ 고분 벽화에 풍속도를 그리는 것이 유행하였다.
　　3문단에 근거 → 삼국 시대
㉡ 동양화나 서양화의 형식으로 풍속화가 꾸준히 계승되고 있다.
　　5문단에 근거 → 현재
㉢ 뾰족한 도구로 돌이나 청동을 긁어내어 새기는 방법으로 풍속을 나타냈다.
　　2문단에 근거 → 선사 시대
㉣ 김홍도와 같은 화가가 서민들의 일상을 사실적이고 익살스럽게 그려 냈다.
　　5문단에 근거 → 조선 후기

>왜 정답?

㉠은 3문단의 내용으로 삼국 시대의 풍속화에 대한 설명이다. ㉡은 5문단의 내용으로 현재의 풍속화에 대한 설명이다. ㉢은 2문단의 내용으로 선사 시대의 풍속화에 대한 설명이다. ㉣은 5문단의 내용으로 조선 후기의 풍속화에 대한 설명이다. 이를 순서대로 정리하면 '㉢ → ㉠ → ㉣ → ㉡'이다.

인간이라면 누구나 갖는 권리, 인권

핵심어 문단 중심 문장 전체 중심 문장

1 우리는 다른 사람도 나와 같은 인간이기 때문에 다른 사람을 존중해야 한다고 배워 왔다. ㉠그렇다면 인간은 당연히 존중받아야 하는 것일까? 정답은 '그렇다.'이다. 왜냐하면 인간은 인간으로서 당연히 가지는 기본적 권리, 즉 인권을 가지고 있기 때문이다. 우리나라 국민이든 외국인이든, 부자이든 가난한 사람이든, 여자이든 남자이든, 인간이라면 누구나 인권을 가진다. 그렇다면 이 인권에는 어떠한 권리들이 포함되어 있을까?
인권의 개념 / 1문단의 핵심어 / 앞으로 설명할 대상을 안내하고 질문을 통해 독자들의 흥미를 유도함.

2 인권은 ㉡인간이 인간답게 살기 위해 필요한 조건들을 포함하고 있다. 첫째, 인간은 건강과 생명, 자유를 지킬 권리가 있다. 인간이 생명을 보존하고 사람답게 살기 위해서는 깨끗한 물과 공기, 집, 음식 등이 필요한데, 인간이라면 누구나 이러한 기본적인 삶의 조건들을 누릴 수 있어야 한다. 또한 자유롭게 행동하며 자신의 사생활을 감시당하지 않을 권리도 있다.
2문단의 핵심어 / 자유를 지킬 권리

3 둘째, 인간은 차별받지 않고 누구나 동등한 대우를 받을 권리가 있다. 인종이나 피부색, 종교, 성별 등을 이유로 차별받지 않아야 하고, 사회적 약자이거나 소수인 사람도 다른 사람들과 동등하게 대우를 받아야 한다.
3문단의 핵심어

4 셋째, 인간은 자유롭게 표현할 권리가 있다. 인간은 사회적 동물이며, 타인과 사회적으로 교류를 하는 과정에서 의사소통을 한다. 이때 인간이라면 누구나 스스로 생각하고 말하고, 자신의 생각과 감정을 다양하게 표현할 수 있어야 한다. 인간은 자유롭게 생각하고 표현하는 것을 통해 자아를 형성하고, 실현하기 때문이다.
4문단의 핵심어 / 자아를 형성하고 실현하기 위한 조건

5 마지막으로, 인간은 자신이 원하는 일을 할 권리가 있다. 인간은 자신이 원하는 것을 배우고, 다양한 문화를 즐기며 원하는 일을 할 때에 행복을 느낀다. 따라서 누구나 알맞은 교육을 통해 직업을 가지고 일할 수 있어야 하며, 자신이 원하는 다양한 여가를 즐길 수 있어야 한다.
5문단의 핵심어

6 이와 같은 인권이 지켜져야 인간은 인간답게 살 수 있다. 그래서 우리의 헌법과 사회 제도도 기본적으로 모든 사람의 인권을 보장하는 것을 목표로 만들어졌다. 개인의 권리를 보장할 때 타인의 권리를 침해하지 않게 하기 위해 최소한의 제재가 있기는 하지만, 그 밑바탕에는 '인권 수호'라는 근본적인 목적이 포함되어 있다. 모든 사람들이 동등한 인권을 가진 존재임을 기억한다면 우리 사회는 조금 더 나은 방향으로 발전할 수 있을 것이다.
6문단 핵심어 / 개인의 권리를 위해 타인의 권리를 침해해서는 안 됨. / 서로의 인권을 존중한다는 의미임.

---

1 문단 요약
인권에 포함된 권리에 대한 호기심

2 문단 요약
인권의 조건 ① 건강, 생명, 자유를 지킬 권리

3 문단 요약
인권의 조건 ② 동등한 대우를 받을 권리

4 문단 요약
인권의 조건 ③ 자유롭게 표현할 권리

5 문단 요약
인권의 조건 ④ 원하는 일을 할 권리

[중심 문단]
6 문단 요약
인간을 인간답게 살 수 있게 하는 인권

● **내용** : 이 글은 인간이라면 누구나 갖는 권리인 인권에 대해서 설명하고, 인권이 포함하고 있는 조건 네 가지를 제시하고 있다.

● **주제** : 인권의 의미와 조건

● **문단 간의 관계** : 1문단에서는 인권의 개념을 제시하고, 질문을 통해 인권에 포함된 권리에 대한 독자들의 호기심을 유발하고 있다. 2문단부터 5문단에서는 인권이 포함하고 있는 조건들을 제시하고 있다. 6문단에서는 인권이 지켜질 때 인간은 인간답게 살 수 있다는 것을 강조하고 있다.

● **글의 구조도**

1 문단		**2~5 문단**		**6 문단**
인권에 포함된 권리에 대한 호기심	→	인권의 조건	→	인간을 인간답게 살 수 있게 하는 인권

01 [정답] 인권 ································ 핵심어 찾기

>왜 정답?

6문단에서 '인권이 지켜져야 인간은 인간답게 살 수 있다.'라고 하였다. 따라서 빈칸에 들어가기에 적절한 말은 이 지문의 핵심어인 '인권'이다.

02 [정답] ③ ································ 중심 문장 찾기

>왜 정답?

③ 1문단에서는 인권에 대해 이야기하면서 인권에 포함된 권리에 대해 설명할 것임을 안내하고 있다. '그렇다면 이 인권에는 어떠한 권리들이 포함되어 있을까?'를 통해 이후 문단에서 인권에 포함된 권리들을 설명할 것임을 알 수 있으므로 이것이 1문단의 중심 문장이다.

03 [정답] 인권 ································ 내용 파악하기

> ㉠에 대한 답을 쓰려고 한다. 빈칸에 들어가기에 적절한 말을 쓰시오.
>
> 인간이라면 누구나 인간으로서 당연히 가지는 기본적인 권리, 즉 (   )을/를 가지고 있기 때문에 인간은 당연히 존중받아야 한다.
> 1문단 4번째 문장에 근거

>왜 정답?

㉠은 인간이 당연히 존중받아야 하냐는 물음이다. 이에 대해 1문단에서는 '그렇다.'라고 하면서 '왜냐하면 인간은 인간으로서 당연히 가지는 기본적 권리, 즉 '인권'을 가지고 있기 때문이다.'라고 했다. 이를 고려하면 빈칸에 들어가기에 적절한 말은 '인권'이다.

04 [정답] ④ ································ 내용 파악하기

> ㉡에 대한 설명으로 적절하지 않은 것은?
>
> ① 의식주와 같은 기본적인 삶의 조건들을 누릴 수 있어야 한다.
> 2문단에 근거 → 깨끗한 물과 공기, 집, 음식 등이 필요함.
>
> ② 자유롭게 행동하며 자신의 사생활을 감시당하지 않아야 한다.
> 2문단 4번째 문장에 근거
>
> ③ 인종이나 피부색, 종교, 성별 등을 이유로 차별받지 않아야 한다.
> 3문단 2번째 문장에 근거
>
> ④ 누구나 원하는 일을 할 수 있도록 국가가 다양한 직업을 마련해야 한다.
> 5문단에 근거   지문에서 이야기하고 있지 않음.
>
> ⑤ 스스로 생각하고 말하고, 자신의 생각과 감정을 다양하게 표현할 수 있어야 한다.
> 4문단 3번째 문장에 근거

>왜 정답?

④ ㉡은 인간이 인간답게 살기 위해 필요한 조건들을 의미한다. 5문단에서 '인간은 자신이 원하는 일을 할 권리가 있다.'라고 했지만, 국가가 다양한 직업을 만들어 내야 한다는 내용은 이 지문에서 이야기하고 있지 않다.

>왜 오답?

① 2문단에서 '인간은 건강과 생명, 자유를 지킬 권리가 있다.'라고 하면서 '사람답기 살기 위해서는 깨끗한 물과 공기, 집, 음식 등'의 '기본적인 삶의 조건을 누릴 수 있어야 한다.'라고 했다.

② 2문단에서 '자유롭게 행동하며 자신의 사생활을 감시당하지 않을 권리도 있다.'라고 했다.

③ 3문단에서 '인종이나 피부색, 종교, 성별 등을 이유로 차별받지 않아야' 한다고 했다.

⑤ 4문단에서 '스스로 생각하고 말하고, 자신의 생각과 감정을 다양하게 표현할 수 있어야 한다.'라고 했다.

05 [정답] ② ································ 반응의 적절성 평가하기

> 윗글을 읽고 난 후의 반응으로 적절하지 않은 것은?
>
> ① 율희 : 모든 사람은 태어날 때부터 자유롭고 동등한 존엄성과 권리, 즉 인권을 가지고 있지.
> 1문단에 근거
>
> ② 지효 : 우리의 헌법은 인권을 보장하기 위해 만들어졌지만, 사회적 약자의 인권을 보장하지는 않는군.
> 6문단 2번째 문장에 근거 → 모든 사람의 인권을 보장함.
>
> ③ 경수 : 개개인의 권리를 보장하기 위한 법이나 사회 제도는 바로 인권을 보장하기 위해서 만들어졌군.
> 6문단에 근거
>
> ④ 기준 : 개인의 권리를 보장할 때 타인의 권리가 침해되지 않게 하려면 법적인 제재가 필요할 때도 있겠군.
> 6문단 3번째 문장에 근거
>
> ⑤ 진리 : 모든 사람들이 동등한 인권을 가진 존재이므로, 앞으로 내 인권뿐만 아니라, 다른 사람의 인권도 소중히 여겨야지.
> 6문단 4번째 문장에 근거

>왜 정답?

② 6문단에서 '우리의 헌법과 사회 제도도 기본적으로 모든 사람의 인권을 보장하는 것을 목표로 만들어졌다.'라고 했다. 즉, 헌법은 모든 사람의 인권을 보장하기 위해 만들어졌다는 것을 알 수 있다.

>왜 오답?

① 1문단에서 '인간은 인간으로서 ~ '인권'을 가지고 있'다고 하였다.

③, ④ 6문단에서 '개인의 권리를 보장할 때 타인의 권리를 침해하지 않도록 최소한의 제재가 있'다고 하였다. 이를 고려하면 법이나 사회 제도는 개인의 인권을 보장하기 위해서 만들어졌고, 타인의 권리가 침해되지 않게 하기 위해 최소한의 제재, 즉 법적인 제재가 있다고 볼 수 있다.

⑤ 6문단에서 '모든 사람들이 동등한 인권을 가진 존재임을 기억한다면 ~ 사회가 발전할 수 있을 것'이라고 하였다.

사람이 생태계를 바꿀 수 있을까?

핵심어   문단 중심 문장   전체 중심 문장

1 한때 미국의 카이밥 고원에서는 늑대와 퓨마, 코요테 등의 포식 동물을 집중적으로 사냥하여 잡아 죽이는 작업이 실시되었다. 그 동물들이 사슴과 같은 약한 야생 동물들을 마구잡이로 잡아먹고, 심지어는 사람에게까지 해를 입혔기 때문이다. 사람들은 해로운 포식 동물이 사라지면 카이밥 고원에 평화가 찾아올 것이라고 생각했다. 과연 그들이 생각한 대로 카이밥 고원은 평화로워졌을까?

2 포식 동물들의 수가 크게 줄어들자 이전에는 약 4,000마리 정도였던 사슴의 수가 20년간에 걸쳐 6~7만 마리까지 늘어났다. 약한 야생 동물들의 천국이 찾아온 것만 같았다. 그런데 갈수록 사슴의 수가 줄어들더니 그 많던 사슴이 1만 마리 정도밖에 남지 않게 되었다. 포식 동물들이 사라지면 고원이 평화로워질 것이라고 예상했던 사람들의 생각이 틀렸던 것이다.

3 ㉠대체 왜 이런 일이 생긴 걸까? 사슴의 수가 너무 많아진 것이 문제였다. 포식 동물들이 사라지고 얼마 후까지는 그들이 사슴을 잡아먹을 일이 없으니 자연스럽게 사슴의 수가 증가했다. 그러나 사슴의 수가 너무 많아지자 사슴의 먹이가 부족해졌다. 사슴들은 고원의 식물들을 모두 먹어 치웠고, 자라나고 있는 식물의 싹까지 다 먹어 버렸다. 이윽고 사슴들은 굶주린 채 죽어 갔고, 카이밥 고원은 오히려 황폐하게 되었다.

4 사람들의 예상이 빗나간 이유는 그들이 생태계에서 포식 동물들이 맡았던 역할을 간과했기 때문이다. 카이밥 고원의 사슴들은 포식 동물들이 있어서 카이밥 고원에서 굶어 죽지 않고 살아갈 만큼 딱 적당한 수를 유지할 수 있었던 것이다. 포식 동물들이 사라진 고원은 당장은 사슴들이 살기 좋은 환경이 된 것 같았지만, 결국에는 사슴 수의 균형이 깨져 사슴이 살기 어려운 환경이 되어 버렸다.

5 이는 사람이 자연의 질서를 마음대로 바꾸려고 했다가 성공하지 못한 대표적인 사례이다. 자연은, 즉 생태계는 그물처럼 복잡하게 얽혀 있고 서로 연관되어 있어서 사람이 그것을 완전하게 이해하기가 어렵다. 그것을 모두 이해했다고 자부하며 인간이 마음대로 바꾸려고 하는 것은 자연의 이치에 맞지 않는 오만한 일이 될 수 있다. 따라서 우리는 할 수 있는 한 생태계를 온전히 지키도록 노력해야 한다.

---

1 문단 요약
포식 동물을 잡아 죽인 카이밥 고원

2 문단 요약
사슴의 수가 오히려 줄어든 카이밥 고원

3 문단 요약
먹이 부족으로 죽은 카이밥 고원의 사슴들

4 문단 요약
포식 동물들의 역할을 간과한 사람들

[중심 문단]
5 문단 요약
생태계를 온전히 지키기 위한 노력의 필요성

- **내용** : 이 글은 카이밥 고원의 예를 들어 인간이 생태계를 온전히 지키도록 노력해야 한다고 주장하고 있다.
- **주제** : 생태계를 온전히 지키기 위한 노력의 필요성
- **문단 간의 관계** : 1문단에서는 카이밥 고원의 이야기를 통해 독자의 흥미를 이끌고 있다. 2문단~4문단에서는 카이밥 고원이 어떻게 변화하였는지 설명하고 있다. 5문단에서는 생태계를 온전히 지키기 위해 노력해야 함을 언급하고 있다.

- **글의 구조도**

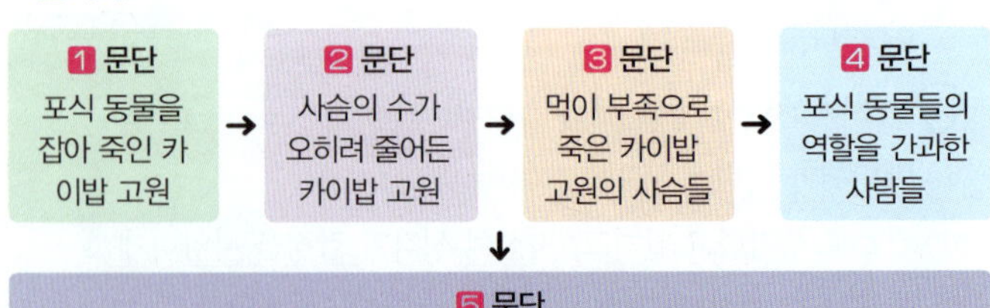

06 [정답] 생태계 ·· 핵심어 찾기

>왜 정답 ?

이 글에서는 카이밥 공원의 예를 통해 인간이 자연, 즉 생태계를 마음대로 바꾸려고 하지 말고 온전히 지키려고 노력해야 한다고 하였다. 따라서 빈칸에 들어가기에 적절한 말은 '생태계'이다.

07 [정답] ④ ·· 중심 문장 찾기

>왜 정답 ?

1문단에서는 '그들이 생각한 대로 카이밥 고원은 평화로워졌을까?'라고 질문을 하고 있다. 2문단은 이에 대한 대답으로, 카이밥 고원의 사슴의 수가 오히려 줄어들었다는 이야기를 하고 있다. 따라서 이와 같은 내용을 포함한 1문단의 질문에 대한 대답인 '포식 동물들이 사라지면 고원이 평화로워질 것이라고 예상했던 사람들의 생각이 틀렸던 것이다.'가 2문단의 중심 문장이다.

08 [정답] ⑤ ·· 전개 방식 파악하기

윗글에 대한 설명으로 적절하지 <u>않은</u> 것은?

① 생명의 그물인 생태계를 소재로 삼았다.
　　지문의 중심 소재는 생태계임.
② 구체적인 근거를 들어 주장을 뒷받침하고 있다.
　　카이밥 고원의 사례를 근거로 들고 있음.
③ <u>읽는 사람들에 대한 글쓴이의 당부로 글을 마무리하고</u>
　　생태계를 온전히 지키도록 노력해야 한다고 당부하고 있음.
　　있다.
④ 질문을 던지고 이에 대해 답을 하는 방식으로 글을 전개
　　1~2문단과 3문단에서 질문을 던지고 이에 답하고 있음.
　　하고 있다.
⑤ 상반되는 학자들의 의견을 소개하고 새로운 결론을 이끌
　　지문에서 드러나지 않음.
　　어 내고 있다.

>왜 정답 ?

⑤ 이 지문에서는 카이밥 고원의 사례를 바탕으로 인간이 생태계를 온전히 지키도록 노력해야 한다고 당부하고 있다. 그러나 이 과정에서 서로 반대되는 학자들의 의견을 소개하거나, 새로운 결론을 이끌어 내고 있지는 않다.

>왜 오답 ?

① 전체적인 내용을 고려하면 이 지문의 중심 소재, 즉 핵심어는 '생태계'임을 알 수 있다.
② 글쓴이는 1~4문단에서 카이밥 고원의 사례를 근거로 들어 생태계를 온전히 지키도록 노력해야 한다고 당부하고 있다.
③ 5문단에서 글쓴이는 '우리는 할 수 있는 한 생태계를 온전히 지키도록 노력해야 한다.'라고 독자에게 당부하며 글을 마무리하고 있다.
④ 1문단의 '과연 그들이 생각한대로 카이밥 공원은 평화로워졌을까?'라는 질문에 2문단에서 답하고 있으며, 3문단의 '대체 왜 이런 일이 생긴 걸까?'에서 질문을 던지고 이어지는 내용에서 이에 대해 답을 하고 있다.

09 [정답] ④ ·· 내용 파악하기

윗글을 통해 알 수 없는 내용은?

① 카이밥 고원이 황폐해진 이유
　　3문단에 근거 → 사슴의 수가 많아져서 굶주린 채 죽어 감.
② 인간이 자연의 질서를 바꾸려고 한 결과
　　카이밥 고원의 사례를 통해 성공하지 못했음을 드러냄.
③ 카이밥 공원에서 잡아 죽인 동물들의 종류
　　늑대와 퓨마, 코요테 등의 포식 동물
④ 포식 동물들이 인간에게 해를 끼치지 못한 원인
　　지문에서 이야기하고 있지 않음.
⑤ 카이밥 공원에서 20년 동안 사슴의 수가 늘어난 이유
　　포식 동물의 수가 크게 줄어들었기 때문임.

>왜 정답 ?

④ 1문단에서 카이밥 고원의 포식 동물들이 '심지어는 사람에게까지 해를 입혔다'고 했다. 따라서 포식 동물들이 인간에게 해를 끼치지 못한 것은 아니며, 그 원인에 대해서 이 지문에서 이야기하고 있지 않다.

>왜 오답 ?

① 3문단에서 카이밥 고원의 포식 동물을 잡아 죽이자, '사슴의 수가 너무 많아진 것이 문제였다.'라면서 '이윽고 사슴들은 굶주린 채 죽어 갔고, 카이밥 고원은 오히려 황폐하게 되었다.'라고 했다.
② 이 지문은 카이밥 공원의 사례를 통해 인간이 자연의 질서를 바꾸려고 한 결과를 보여 주고 있다. 6문단에서 카이밥 고원의 사례는 '사람이 자연의 질서를 마음대로 바꾸려고 했다가 성공하지 못한 대표적인 사례이다.'라고 했다.
③ 1문단에서 '카이밥 고원에서는 늑대와 퓨마, 코요테 등의 포식 동물을 집중적으로 사냥하여 잡아 죽이는 작업이 실시되었다.'라고 했다.
⑤ 2문단에서 '포식 동물들의 수가 크게 줄어들자' '사슴의 수가' 늘어났다고 했다.

10 [정답] 포식 동물, 먹이 ·························· 내용 파악하기

㉠에 대해 답을 쓰고자 한다. 빈칸에 들어가기에 적절한 말을 순서대로 쓰시오.

사슴을 잡아먹는 (　　　　)이/가 사라져서 사슴의 수가 늘
　　　　3문단 3번째 문장에 근거
어났지만, 사슴이 너무 많아지자 (　　　　)이/가 부족해져서
　　　　　　　　　　　　3문단 4번째 문장에 근거
굶어 죽는 사슴이 늘어났기 때문이다.

>왜 정답 ?

3문단에서 카이밥 고원에서는 '포식 동물들이 사라지고' '자연스럽게 사슴의 수가 증가했다.'라고 했다. 또 '사슴의 수가 너무 많아지자 사슴의 먹이가 부족해졌다.'라고 했다. 이를 고려하면 빈칸에는 '포식 동물'과 '먹이'가 들어가야 한다.

스몸비를 벗어나는 방법

○ 핵심어　　☐ 문단 중심 문장　　☐ 전체 중심 문장

1 스마트폰 중독에 대한 사람들의 경각심이 날로 높아지고 있는 가운데, 스몸비라는 단어도 심심찮게 볼 수 있다. 스몸비란, 스마트폰과 좀비가 합쳐진 말이다. 스마트폰에 정신이 팔려서 주변의 다른 것들에는 전혀 신경 쓰지 않고 걸어 다니는 사람들이 마치 공포 영화 속의 좀비의 모습을 연상하게 한다는 의미에서 만들어졌다. 스몸비로 대표되는 스마트폰 중독에는 어떤 문제점이 있으며 우리는 이를 어떻게 예방할 수 있을까?

2 우선 스마트폰에 중독되면 반드시 해야 할 일에도 소홀하게 된다. 전화나 메시지가 오지 않아도 전화나 메시지가 와서 스마트폰이 울리고 있다는 착각이 들고, 이와 같은 착각 때문에 몇 분 간격으로 스마트폰을 계속 들여다보게 된다. 이렇게 되면 집중력도 흐트러지고, 시간도 낭비하게 된다. 친구들과 얼굴을 맞대고 이야기를 나누거나 열심히 책을 읽어야 하는 상황에서도 자신도 모르게 스마트폰만 들여다보게 되어, 인간관계를 맺고 유지하거나 지식을 쌓는 데에 어려움을 겪게 되는 것이다.

3 또한 스마트폰에 중독되면 건강을 잃을 수도 있다. 스마트폰을 들여다보기 위해 불편한 자세를 오랫동안 유지하다 보면 척추에 부담이 가고, 목 근육과 인대가 늘어나 거북목 증후군을 앓을 수도 있다. 게다가 오랫동안 스마트폰의 화면만 바라보니 안구 건조증을 앓거나 시력이 저하되는 경우도 있다. 또 스마트폰에 과하게 의존하기 때문에 기억력과 계산 능력이 떨어질 수도 있다.

4 스마트폰 중독을 예방하거나 치료하려면 어떻게 해야 할까? 가장 중요한 것은 계획적인 생활을 하는 것이다. 스마트폰으로 게임을 즐기더라도 미리 스마트폰을 사용하기로 정해 둔 시간을 넘지 않도록 노력해야 한다. 또 메신저나 SNS에 지나치게 몰입하지 않도록 신경을 써야 한다. 그리고 국가적 차원에서 스마트폰 중독 예방을 위해 제작해 배포하고 있는 실천 노트를 활용하여 스마트폰을 자기주도적으로 사용하도록 힘써야 한다.

---

1 문단 요약
스마트폰 중독의 문제점과 예방법에 대한 의문

2 문단 요약
스마트폰 중독의 문제점 ① 해야 할 일에 소홀하게 됨.

3 문단 요약
스마트폰 중독의 문제점 ② 건강을 해침.

[중심 문단]
4 문단 요약
스마트폰 중독을 예방, 치료하는 방법

● **내용 :** 이 글은 스마트폰 중독의 문제점과 예방법을 소개함으로써 올바른 스마트폰 사용자가 되기를 권유하고 있다. 스마트폰에 중독되면 일상생활에서 자신이 해야 할 일에 소홀하게 되고, 건강을 해치게 될 수 있다. 이와 같은 스마트폰 중독을 예방하기 위해서는 계획적인 생활을 해야 하며, 실천 노트 등을 활용하여 스마트폰을 자기주도적으로 사용하도록 노력해야 한다.

● **주제 :** 스마트폰 중독의 문제점과 예방 및 치료법

● **문단 간의 관계 :** 1문단에서는 스마트폰 중독의 문제점과 예방법에 대해 의문을 드러내고 있다. 이어지는 2~3문단에서는 스마트폰 중독의 문제점에 대해 이야기하고, 4문단에서는 스마트폰 중독의 예방법과 치료법을 소개하고 자기주도적인 스마트폰 사용을 강조하고 있다.

● **글의 구조도**

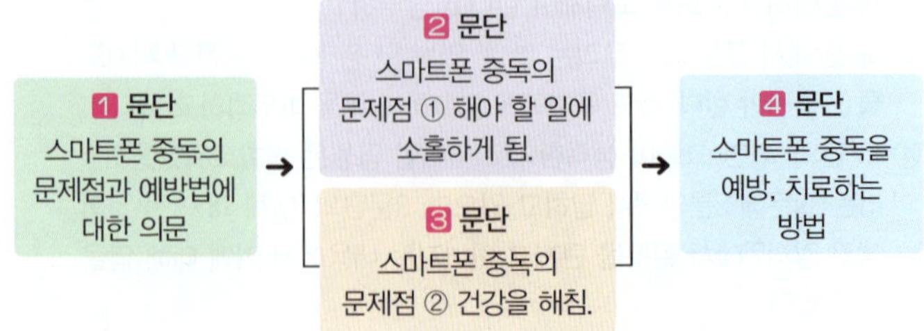

01 [정답] 스몸비 ······································· 핵심어 찾기

〉왜 정답 ?

1문단에서 '스몸비란, 스마트폰과 좀비가 합쳐진 말이다. ~ 좀비의 모습을 연상하게 한다는 의미에서 만들어졌다.'라고 했다.

02 [정답] ① ····································· 중심 문장 찾기

〉왜 정답 ?

① 3문단에서는 거북목 증후군, 안구 건조증 등 스마트폰 중독으로 건강을 잃게 되는 예를 제시하고 있다. 이 내용을 포함하는 '또한, 스마트폰에 중독되면 건강을 잃을 수도 있다.'가 3문단의 중심 문장이다.

03 [정답] ④ ····································· 내용 파악하기

> **윗글을 읽고 알 수 있는 내용은?**
> ① 게임 중독의 의미와 특성
>   지문에서 이야기하고 있지 않음.
> ② 게임 중독의 원인과 증상
>   지문에서 이야기하고 있지 않음.
> ③ 스몸비가 되면 좋은 점과 나쁜 점
>   지문에서 이야기하고 있지 않음.
> ④ 스마트폰 중독의 문제점과 예방법
>   지문의 중심 내용임.
> ⑤ 스마트폰 중독과 시험 성적의 관계
>   지문에서 이야기하고 있지 않음.

〉왜 정답 ?

④ 2문단과 3문단에서는 스마트폰 중독의 문제점을, 4문단에서는 스마트폰 중독을 예방하고 치료하는 방법을 설명하고 있다.

〉왜 오답 ?

①, ②, ③, ⑤ 이 지문에서 게임 중독의 의미와 특성, 게임 중독의 원인과 증상, 스몸비나 스마트폰 중독의 좋은 점, 스마트폰 중독과 시험 성적의 관계에 대해서는 이야기하고 있지 않다.

04 [정답] ⑤ ····································· 내용 파악하기

> **윗글의 내용으로 적절하지 않은 것은?**
> ① 스마트폰 중독은 건강에도 악영향을 미칠 수 있다.
>   3문단에 근거
> ② 스마트폰 중독을 경계하는 사람들이 점차 늘어나고 있다.
>   1문단 1번째 문장에 근거
> ③ 스마트폰 중독은 주변 사람들과의 인간관계에 영향을 준다.
>   2문단에 근거
> ④ 스마트폰에 중독되면 일상생활에서 자신이 해야 할 일에 집중하지 못할 수도 있다.
>   2문단에 근거
> ⑤ 스마트폰 중독을 예방하기 위해서는 국가에서 만든 스마트폰 중독 예방을 위한 실천 노트를 반드시 활용해야 한다.
>   반드시 활용해야 한다는 것은 아님.

〉왜 정답 ?

⑤ 4문단에서 '국가적 차원에서 스마트폰 중독 예방을 위해 제작해 배포하고 있는 실천 노트를 활용'할 수도 있다고 했을 뿐, 실천 노트를 반드시 활용해야 한다고 이야기하지는 않았다.

〉왜 오답 ?

① 3문단에서 '스마트폰에 중독되면 건강을 잃을 수도 있다.'라면서 거북목 증후군 등의 예를 들고 있다.

② 1문단에서 '스마트폰 중독에 대한 사람들의 경각심이 날로 높아지고 있'다고 했다.

③ 2문단에서 스마트폰에 중독되면 '인간관계를 맺고 유지하거나 지식을 쌓는 데에 어려움을 겪게' 된다고 했다.

④ 2문단에서 '스마트폰에 중독되면 반드시 해야 할 일에도 소홀하게 된다.'라고 했다.

05 [정답] ② ····························· 반응의 적절성 평가하기

> **윗글을 읽고 난 후의 반응으로 적절하지 않은 것은?**
> ① 로이 : 스마트폰에 과하게 의존하면 친구와 멀어질 수도 있겠군.
>   2문단에 근거
> ② 찬희 : 통계 자료를 제시하여 읽는 사람에게 신뢰감을 심어 주고 있군.
>   지문에서 통계 자료는 제시하고 있지 않음.
> ③ 수지 : 글쓴이는 제목을 통해 말하고자 하는 바를 압축하여 제시하였군.
>   '스몸비를 벗어나는 방법'
> ④ 별이 : 글쓴이는 읽는 사람들에게 스마트폰에 중독되지 않도록 노력하라면서 글을 마무리했군.
>   4문단의 근거 → '스마트폰을 자기주도적으로 사용하도록 힘써야 한다.'
> ⑤ 진영 : 글쓴이는 질문을 던짐으로써 읽는 사람의 흥미를 이끌고 글의 내용에 집중하도록 하였군.
>   1문단, 4문단에 근거 → '~어떻게 예방할 수 있을까?', '~ 어떻게 해야 할까?'

〉왜 정답 ?

② 글에서 통계 자료를 제시하면 읽는 사람에게 신뢰감을 줄 수 있다. 그러나 이 지문에 통계 자료는 쓰이지 않았다.

〉왜 오답 ?

① 2문단에서 스마트폰에 중독되면 '인간관계를 맺고 유지하거나 지식을 쌓는 데에 어려움을 겪게' 된다고 했다.

③ 이 지문에서는 스몸비로 대표되는 스마트폰 중독의 문제점과 예방법, 치료법에 대해 설명하고 있다. '스몸비를 벗어나는 방법'이라는 제목을 통해 글의 내용을 압축적으로 제시하고 있다.

④ 4문단에서 '스마트폰을 자기주도적으로 사용하도록 힘써야 한다.'라는 당부로 글을 마무리하고 있다.

⑤ 1문단에서 '스몸비로 대표되는 ~ 예방할 수 있을까?', 4문단에서 '스마트폰 중독을 ~ 해야 할까?'라며 질문하고 있다. 이와 같이 질문을 던지면 읽는 사람의 흥미를 이끌어 낼 수 있다.

색깔의 상징적 의미

○ 핵심어　　🟨 문단 중심 문장　　🟪 전체 중심 문장

1 사람들은 색깔을 통해 많은 것들을 표현한다. 색깔이 있는 옷을 입음으로써 자신의 기분을 드러내기도 하고, 기업들은 기업 고유의 색깔을 통해 회사와 상품의 이미지를 표현하기도 한다. 이것들이 가능한 이유는 각각의 색이 고유한 상징성을 갖고 있기 때문이다.

1문단의 핵심어 / 사람들과 기업들이 색을 통해 많은 것을 표현할 수 있는 이유

2 신분 제도가 있던 과거에는 색이 가진 고유한 상징성을 고려하여 옷의 색상으로 신분을 표현하기도 했다. 대표적인 것이 인도의 카스트 제도*의 시작이 된 '바르나(Varna)' 제도이다. 바르나는 산스크리트어로 '색'을 의미한다. 인도인들이 많이 믿는 힌두교에서는 인간 세상을 4개의 바르나로 나누고, 각 집단은 고유의 색을 가지고 있다고 여긴다. 이 제도에서 비롯된 인도의 카스트 제도에서는 제일 높은 계급은 흰색, 그 다음 계급은 빨간색, 서민 계급은 노란색, 최하위 계급은 검정색을 가리킨다고 알려져 있다.

2문단의 핵심어 / 브라만(승려) / 크샤트리아(군인) / 바이샤 / 수드라(천민)

3 또한 우리 민족이 흰옷을 즐겨 입은 것도 흰색이 가진 상징성과 관련이 있다. 우리 조상들은 태양을 숭배하였고, 우리 민족을 하늘의 자손이라고 믿었다. 흰색이 태양의 밝은 빛을 상징한다고 여겨서 흰색을 신성하게 여겼으며, 흰옷을 즐겨 입어서 '백의민족(白衣民族)'이라고 불리기도 했다.

3문단의 핵심어 / '흰 옷을 입은 민족'이라는 뜻

4 최근에는 ㉠'컬러 마케팅'이라는 이름으로, 많은 기업들이 각 색깔이 가진 상징성을 이용하여 물건을 판매하는 전략을 세우기도 한다. 제품의 색깔을 결정할 때에 소비자들이 선호하는 색깔이 무엇인지 조사하고, 제품의 이미지와 가장 잘 맞는 색깔을 찾기 위해 다양한 색깔의 상품을 시범적으로 생산하여 그 반응을 살피기도 한다. 또 회사의 로고 등을 만들 때에도 어떤 색깔을 사용하여야 기업의 이미지를 효과적으로 살릴 수 있는지를 연구하기도 한다.

4문단의 핵심어 / 컬러 마케팅의 개념 / 색깔이 소비자가 물건을 선택하는 기준이 되기도 함.

5 옛날부터 지금에 이르기까지 상징성을 갖고 있는 색깔들은 우리 주변에서 다양하게 활용되고 있다. 우리 주변의 물건이나 다른 것들이 가지고 있는 색깔이 어떤 것을 상징하고 있는지 생각해 보자.

5문단의 핵심어

*카스트 제도 : 인도의 계급 제도로 계급에 따라 결혼, 직업, 식사 따위의 일상생활에 몹시 엄한 규제가 있다.

---

1 문단 요약
색이 가진 상징성

2 문단 요약
옷의 색으로 신분을 표현했던 인도

3 문단 요약
흰옷을 즐겨 입은 우리 민족

4 문단 요약
오늘날 기업들의 컬러 마케팅

[중심 문단]
5 문단 요약
옛날부터 지금까지 다양하게 활용되는 색의 상징성

- **내용** : 이 글은 다양하게 활용되는 색의 상징성에 대해서 설명하고 있다. 과거에는 옷의 색상으로 신분을 표현하기도 했고, 우리 민족이 흰옷을 즐겨 입은 것도 흰색이 가진 상징성 때문이었다. 컬러 마케팅도 색이 가진 상징성을 이용한 것이다.
- **주제** : 색깔의 상징적 의미
- **문단 간의 관계** : 1문단에서는 색이 가진 상징성에 대해 이야기하고 있다. 2문단부터 4문단에서 과거부터 현재에 이르기까지 색의 상징성이 활용된 구체적인 사례를 들고 있다. 5문단에서는 전체 내용을 요약하며, 색의 상징성에 대해 생각해 볼 것을 권하고 있다.

- **글의 구조도**

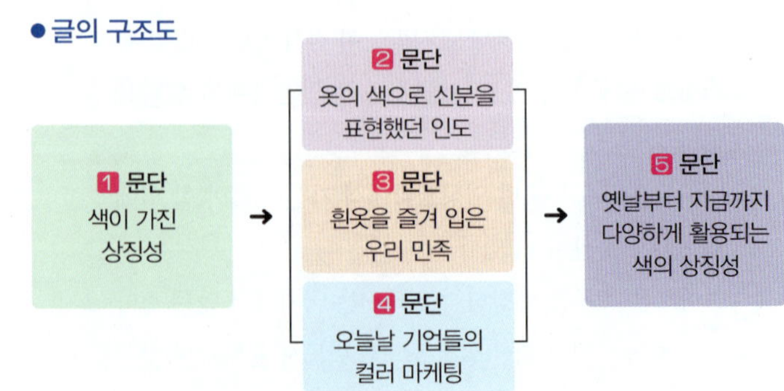

06 정답 색깔 ·· 핵심어 찾기

> **왜 정답?**

1문단에서는 '사람들은 색깔을 통해 많은 것들을 표현'하는데, 이는 '색이 고유한 상징성을 갖고 있기 때문'이라고 했다.

07 정답 ① ·· 중심 문장 찾기

> **왜 정답?**

① 2문단에서는 바르나 제도를 예로 들어 색이 가진 상징성을 설명하고 있다. 이와 같은 내용을 모두 포함하고 있는 '신분 제도가 있던 과거에는 ~ 신분을 표현하기도 했다.'가 중심 문장이다.

08 정답 ⑤ ·· 전개 방식 파악하기

> **윗글에 대한 설명으로 가장 적절한 것은?**
>
> ① 신분 제도에 대해 정의하고 있다.
>   신분 제도를 정의하고 있지 않음.
> ② 컬러 마케팅을 주장한 사람을 소개하고 있다.
>   컬러 마케팅을 주장한 사람을 소개하고 있지 않음.
> ③ 신분 제도와 우리 민족의 관계를 밝히고 있다.
>   우리 민족의 신분 제도에 대해 설명하고 있지 않음.
> ④ 다양한 색깔을 만드는 방법에 대해 언급하고 있다.
>   색깔을 만드는 방법에 대해서는 언급하고 있지 않음.
> ⑤ 구체적인 사례를 들어 색의 상징성에 대해 설명하고 있다.
>   바르나 제도, 백의 민족, 컬러 마케팅의 사례를 듦.

> **왜 정답?**

⑤ 2~4문단에서는 각각 '바르나 제도', '백의 민족', '컬러 마케팅'이라는 사례를 들어 색의 상징성에 대해 구체적으로 설명하고 있다.

> **왜 오답?**

① 2문단에서 바르나 제도와 카스트 제도에 대해 이야기하고 있지만, 신분 제도에 대해서 정의하고 있지는 않다.

② 4문단에서 컬러 마케팅에 대해 이야기하고 있지만, 컬러 마케팅을 주장한 사람을 소개하고 있지는 않다.

③, ④ 이 지문에서 이야기하고 있지 않은 내용이다.

09 정답 ② ·· 내용 파악하기

> **윗글의 내용으로 적절하지 않은 것은?**
>
> ① 과거에는 옷의 색상으로 신분을 표현하기도 했다.
>   2문단 1번째 문장에 근거
> ② 과거보다는 현대에 색깔에 대한 상징적 의미가 더 강화되었다.
>   지문에서 이야기하고 있지 않음.
> ③ 사람들은 자신의 기분을 드러내기 위해 색깔이 있는 옷을 입기도 한다.
>   1문단 2번째 문장에 근거
> ④ 과거 우리 민족은 흰색을 신성하게 여기고 흰옷을 즐겨 입어서 '백의민족'이라고 불렸다.
>   3문단 3번째 문장에 근거
> ⑤ 힌두교에서는 인간 세상을 크게 4개의 집단으로 나누고 각 집단에는 고유한 색이 있다고 여겼다.
>   2문단에 근거

> **왜 정답?**

② 5문단에서 색은 '옛날부터 지금에 이르기까지 상징성을 갖고 있'다고 했다. 그러나 과거보다 현대에 색깔에 대한 상징적 의미가 강화되었다는 것은 이 지문에서 이야기하고 있지 않다.

> **왜 오답?**

① 2문단에서 '신분 제도가 있던 과거에는 ~ 옷의 색상으로 신분을 표현하기도 했다.'라고 했다.

③ 1문단에서 우리는 '색깔이 있는 옷을 입음으로써 자신의 기분을 드러'낸다고 했다.

④ 3문단에서 '우리 조상들은 ~ 흰색을 신성하게 여겼으며, 흰옷을 즐겨 입어서 '백의민족'이라고 불리기도 했다.'라고 했다.

⑤ 2문단에서 '힌두교에서는 인간 세상을 4개의 바르나로 나누고, 각 집단은 고유의 색을 가지고 있다고 여긴다.'라고 했다.

10 정답 ③ ·· 내용 추론하기

> **윗글의 내용을 고려할 때 ㉠에 대한 설명으로 적절하지 않은 것은?**
>
> ① 소비자들이 선호하는 색이 있다는 생각이 밑바탕이 된다.
>   4문단 2번째 문장에 근거
> ② 기업 고유의 색깔을 이용해 기업에 대한 이미지를 드러내기도 한다.
>   4문단 3번째 문장에 근거
> ③ 사람들이 다양한 색깔을 싫어한다는 생각에서부터 만들어진 전략이다.
>   사람들이 선호하는 색깔이 있다는 생각에서부터 만들어짐.
> ④ 특정 색깔을 사용해서 기업 이미지나 로고를 만드는 것도 이에 해당한다.
>   4문단 3번째 문장에 근거
> ⑤ 색깔의 상징성을 활용하여 기업들이 물건의 판매 전략을 세우는 것을 의미한다.
>   4문단 1번째 문장에 근거

> **왜 정답?**

③ 4문단에서 컬러 마케팅을 하는 기업들은 '제품의 색깔을 결정할 때에 소비자들이 선호하는 색깔이 무엇인지 조사'한다고 했다. 이를 고려하면 '컬러 마케팅'은 사람들이 다양한 색깔을 싫어하기보다는, 좋아하는 색이 있음을 고려하여 만들어진 것이라고 볼 수 있다.

> **왜 오답?**

① 4문단에서 '소비자들이 선호하는 색깔이 무엇인지 조사'한다고 했다. 따라서 '소비지들이 선호하는 색이 있다는 생각'이 '컬러 마케팅'의 밑바탕이 된다고 볼 수 있다.

②, ④ 4문단에서 '회사의 로고 등을 만들 때에도 어떤 색깔을 사용하여야 기업의 이미지를 효과적으로 살릴 수 있는지를 연구하기도 한다.'라고 했다.

⑤ 4문단에서 '컬러 마케팅'을 '기업들이 각 색깔이 가진 상징성을 이용하여 물건을 판매하는 전략'이라고 했다.

정조는 어떤 사람이었을까?

○ 핵심어　▨ 문단 중심 문장　▨ 전체 중심 문장

1 조선 시대의 왕들 중에서 긍정적으로 평가받고 있는 왕 중 한 사람이 정조이다. 정조는 조선의 제22대 왕으로, 정치적으로는 대통합을 꿈꾸고 사회적으로는 개혁을 이루려고 했다. 그 과정에서 왕실 도서관이자 정책을 연구하는 기관인 규장각을 세우고, 가문에 상관없이 능력이 있는 인재를 적극적으로 등용했다. 요즘에도 정조가 긍정적으로 평가받는 이유는 과연 무엇일까? 정조의 업적과 생전의 모습들을 통해 그가 어떤 사람이었는지를 알아보자.

2 정조는 ㉠〈무예도보통지〉를 발간하여 국력을 키우고 왕권을 강화하여 나라를 안정시키고자 했다. 〈무예도보통지〉는 조선의 모든 무예를 국가적 차원에서 모아 정리한 것으로, 총 4권으로 구성되어 있다. 특히 기존의 무예서들이 이론을 주로 설명한 것에 비해 〈무예도보통지〉는 무예 동작 하나하나를 글과 그림으로 상세하게 설명해 놓았다. 또한 조선의 전통 무예뿐만 아니라, 중국과 일본 등 당대 동아시아의 무예들 중 받아들일 만한 것들도 기록하였다. 그 결과 〈무예도보통지〉는 그 가치를 인정받아 유네스코 세계 기록 유산에 등재되어 있다.

3 또한 정조는 백성들을 무척 사랑했다. 조선 시대에는 왕이 가마를 타고 행차할 때 백성들이 왕의 가마를 바라보지 못하고 바닥에 엎드려야만 했다. 하지만 정조는 백성들을 배려하여 백성들이 자신의 가마 행차를 볼 수 있도록 하였다. 게다가 정조는 수원에 화성을 쌓을 때 작업에 참여한 백성들에게 임금을 후하게 주라고 명령하였다. 왕의 명령에 따른 노동이 의무로 여겨지던 당대에는 보기 드문 파격적인 대우였다. 그리고 궁궐 밖에서 정조가 직접 주최하는 잔치가 있을 때에는 인근에 사는 노인들을 초청하여 술과 음식을 배불리 먹을 수 있게 하였다.

4 정조는 ㉡자식으로서도 도리를 다했다. 원통하게 죽은 아버지 사도 세자*의 명예를 회복시키고, 신하들의 반대에도 사도 세자의 묘를 수원으로 옮겼다. 또한 새로 지은 화성의 행궁에서 어머니의 환갑잔치를 크게 열기도 했다.

5 여러 이야기를 종합하면 정조는 국가와 백성을 지극히 생각하고 자식으로서도 도리를 다한 왕이라고 평가할 수 있다. 정조가 현대에 이르기까지 긍정적으로 평가받는 이유는 바로 이러한 지도자로서의, 개인으로서의 훌륭함 때문일 것이다.

* 사도 세자 : 영조의 아들이자 정조의 친아버지로, 영조의 명으로 뒤주 속에 갇혀 굶어 죽었다.

---

1 문단 요약
정조가 긍정적으로 평가받는 이유에 대한 궁금증

2 문단 요약
정조가 긍정적으로 평가받는 이유 ① 국력을 키우고 왕권을 강화함.

3 문단 요약
정조가 긍정적으로 평가받는 이유 ② 백성을 사랑함.

4 문단 요약
정조가 긍정적으로 평가받는 이유 ③ 자식으로서의 도리를 다함.

[중심 문단]
5 문단 요약
정조에 대한 평가

● **내용** : 이 글은 정조가 지금까지도 좋은 왕으로 평가받는 이유를 구체적으로 설명하고 있다.

● **주제** : 정조가 긍정적으로 평가받는 이유

● **문단 간의 관계** : 1문단에서는 중심 화제인 정조가 긍정적으로 평가받는 이유를 알아보자고 하였고, 2~4문단에서는 정조가 긍정적으로 평가받는 이유를 설명하고 있다. 5문단에서는 앞의 내용을 요약하며 정조에 대해 평가하고 있다.

● **글의 구조도**

1 문단
정조가 긍정적으로 평가받는 이유에 대한 궁금증
→
2 문단
정조가 긍정적으로 평가받는 이유 ①
3 문단
정조가 긍정적으로 평가받는 이유 ②
4 문단
정조가 긍정적으로 평가받는 이유 ③
→
5 문단
정조에 대한 평가

01 [정답] 정조 ·· 핵심어 찾기

>왜 정답 ?

1문단에서 '조선 시대의 여러 왕들 중에서 긍정적으로 평가받고 있는 왕 중 한 사람이 정조'라면서 정조에 대해 알아보자고 했다. 따라서 빈칸에 들어가기에 적절한 말은 이 글의 핵심어인 '정조'이다.

02 [정답] ① ·· 중심 문장 찾기

>왜 정답 ?

① 3문단에서는 정조가 백성들을 배려하여 자신의 가마 행차를 볼 수 있게 하고, 화성을 쌓을 때 참여한 백성들의 임금을 후하게 쳐 주었으며, 자신이 주최하는 잔치에는 노인들을 초대하여 배불리 먹였다는 사례를 들고 있다. 이는 모두 백성들에 대한 정조의 사랑을 드러내는 사례들이므로, 이 내용들을 모두 포함하는 문장인 '또한 정조는 백성들을 무척 사랑했다.'가 3문단의 중심 문장이다.

03 [정답] 규장각 ·· 내용 파악하기

> 윗글을 읽고 빈칸에 들어가기에 적절한 말을 쓰시오.
>
> > 조선의 제22대 왕인 정조는 왕실 도서관 역할을 했던
> > (   )을/를 세웠으며, 능력이 있는 인재를 적극적으로 등
> > 1문단 3번째 문장에 근거
> > 용하여 사회 개혁을 이루려고 했다.

>왜 정답 ?

1문단에서 정조는 '왕실 도서관이자 정책을 연구하는 기관인 규장각을 세웠다고 했다. 따라서 빈칸에 '규장각'이 들어가야 한다.

04 [정답] ① ·· 내용 파악하기

> ㉠에 대한 설명으로 적절하지 않은 것은?
> 〈무예도보통지〉
> ① 이론을 위주로 무예 동작을 자세하게 설명해 놓은 책
> '기존의 무예서'에 대한 설명임.
> 이다.
> ② 유네스코 세계 기록 유산에 등재되어 있을 만큼 가치가
> 2문단 5번째 문장에 근거
> 있다.
> ③ 국가적으로 조선의 모든 무예를 모아 체계적으로 정리한
> 2분단 2번째 문장에 근거
> 책이다.
> ④ 국력을 키우고 왕권을 강화하고자 했던 정조의 의도가
> 2문단 1번째 문장에 근거
> 담겨 있는 책이다.
> ⑤ 주변 국가들의 무예들 중에서 우리나라에 적용할 수 있
> 2문단 4번째 문장에 근거
> 는 무예들도 함께 기록한 책이다.

>왜 정답 ?

① 2문단에서 '기존의 무예서들이 이론을 주로 설명한 것에 비해 〈무예도보통지〉는 무예 동작 하나하나를 글과 그림으로 상세하게 설명해 놓았다.'라고 했다. 따라서 ㉠, 즉 〈무예도보통지〉가 이론을 위주로 무예 동작을 자세하게 설명해 놓은 책이라고 보기는 어렵다.

>왜 오답 ?

② 2문단에서 '〈무예도보통지〉는 그 가치를 인정받아 유네스코 세계 기록 유산에 등재되어 있다.'라고 했다.
③ 2문단에서 '〈무예도보통지〉는 조선의 모든 무예를 국가적 차원에서 모아 체계적으로 정리한 것'이라고 했다.
④ 2문단에서 '정조는 〈무예도보통지〉를 발간하여 국력을 키우고 왕권을 강화하여 나라를 안정시키고자 했다.'라고 했다.
⑤ 2문단에서 〈무예도보통지〉에는 '중국과 일본 등 당대 동아시아의 무예들 중 받아들일 만한 것들도 기록하였다.'라고 했다.

05 [정답] ③ ·· 내용 파악하기

> 윗글의 내용을 고려할 때, ㉡에 해당하는 정조의 업적으로 가
> 자식으로서도 도리를 다했다.
> 장 적절한 것은?
> ① 규장각을 세웠다.
> 임금으로서 정조의 업적
> ② 〈무예도보통지〉를 발간하였다.
> 임금으로서 정조의 업적
> ③ 화성의 행궁에서 어머니의 환갑잔치를 크게 열기도 했다.
> 개인으로서 자식의 도리를 다한 정조
> ④ 가문에 상관없이 능력이 있는 인재라면 적극적으로 등용
> 임금으로서 정조의 업적
> 했다.
> ⑤ 수원에 화성을 쌓을 때 작업에 참여한 백성들에게 임금
> 임금으로서 정조의 업적
> 을 후하게 주었다.

>왜 정답 ?

③ ㉡은 정조가 자식으로서도 도리를 다했다는 것이다. 4문단에서 정조가 자식으로서 도리를 다한 내용이 언급되어 있다. 정조는 '새로 지은 화성의 행궁에서 어머니의 환갑잔치를 크게 열기도 했다.'라고 했다.

>왜 오답 ?

① 1문단에서 이야기한 내용으로, 이는 임금으로서 나라를 위하는 정조의 모습이 드러난 업적이다.
② 2문단에서 이야기한 내용으로, 이는 임금으로서 나라를 위하는 정조의 모습이 드러난 업적이다.
④ 1문단에서 이야기한 내용으로, 이는 임금으로서 나라를 위하는 징조의 모습이 드러난 업적이다.
⑤ 3문단에서 이야기한 내용으로, 이는 임금으로서 백성을 위하는 정조의 모습이 드러난 업적이다.

공연을 볼 때 장소가 중요한 이유

○ 핵심어 　▨ 문단 중심 문장 　▨ 전체 중심 문장

1 지난 달 율희는 A 콘서트홀에서 ○○음악회를 관람했고, 지난 주 토요일에는 B 콘서트홀에서 ○○음악회에 참석했다. 그러나 A 콘서트홀에서 받은 감흥을 B 콘서트홀에서는 느끼지 못했다. 같은 사람이 같은 음악을 연주하는 공연을 봤는데 왜 느낌이 달랐을까? 바로 콘서트홀이 달라져 공연의 질에 영향을 미쳤기 때문이다.

2 공연의 질을 좌우하는 중요한 요소로 잔향 시간을 꼽을 수 있다. 잔향이란 소리가 울리다가 그친 후에도 남아서 들리는 소리를 가리키며, 잔향 시간은 이러한 잔향이 지속되는 시간을 의미한다. 즉, 콘서트 등에서의 잔향 시간은 오케스트라 등이 연주를 마치고 나서도 소리가 유지되는 시간을 가리킨다.

3 콘서트홀에 따라 적절한 잔향 시간도 다르다. 오케스트라가 주로 공연을 하는 오케스트라 전용 콘서트홀은 잔향 시간을 1.6~2.2초로 다소 길게 설정한다. 청중들이 오케스트라 연주를 듣고 풍성하고 웅장한 감동을 느낄 수 있게 하기 위해서이다. 오페라 가수가 노래를 불러 대사를 전달하는 오페라 전용 콘서트홀은 보통 잔향 시간을 1.3~1.8초로 설계한다. 소리가 덜 울려야 청중들에게 대사가 잘 전달되기 때문이다.

4 ⊙그렇다면 잔향 시간을 조절하기 위해서는 어떻게 해야 할까? 콘서트홀의 크기를 고려해야 한다. 규모가 작은 콘서트홀에서는 무대에서 만들어지는 소리가 벽에 부딪히기까지 걸리는 시간이 짧아서 소리가 벽에 부딪히는 횟수가 많다. 벽에 소리가 많이 부딪히게 되면 소리의 에너지가 빨리 줄어드는데, 이 때문에 잔향 시간이 짧아진다. 규모가 큰 콘서트홀은 규모가 작은 콘서트홀과는 반대의 현상이 일어나 잔향 시간이 길어진다.

5 콘서트홀의 재료도 고려해야 한다. 콘서트홀을 구성하고 있는 벽, 바닥, 객석 등의 재료에 따라 잔향 시간도 달라진다. 공기가 잘 통하고 푹신푹신한 소재의 경우에는 소리를 잘 흡수한다. 이와는 반대로 돌이나 합판 등은 소리를 튕겨 낸다. 그래서 소리를 잘 흡수하는 소재와 소리를 잘 튕겨 내는 소재를 적절히 조합하면 잔향 시간을 원하는 대로 설정할 수 있다. 또 반사판 등을 사용하면 작은 소리를 크게 울리게 할 수도 있다.

6 같은 사람이 연주하는 같은 곡도 연주가 진행되는 장소의 잔향 시간에 따라 다른 느낌을 준다. 앞으로 공연을 즐길 때 잔향 시간과 공연의 관계를 고려해 보는 것은 어떨까?

---

1 문단 요약
장소에 따라 달라지는 공연의 질

2 문단 요약
공연의 질을 좌우하는 잔향 시간

3 문단 요약
콘서트홀에 따른 잔향 시간의 차이

4 문단 요약
잔향 시간을 조절하는 방법 ① 콘서트홀의 크기

5 문단 요약
잔향 시간을 조절하는 방법 ② 콘서트홀의 재료

[중심 문단]
6 문단 요약
잔향 시간과 공연의 관계

● **내용** : 이 글은 콘서트홀의 잔향 시간이 공연의 질에 영향을 미칠 수 있다는 것을 설명하고 있다.

● **주제** : 공연의 질을 좌우하는 잔향 시간

● **문단 간의 관계** : 1문단에서는 중심 화제인 콘서트홀에 대해서 이야기 하고, 2문단에서는 잔향 시간을 소개하고 있다. 3문단에서는 콘서트홀에 따른 잔향 시간의 차이를 설명하고 있다. 4문단과 5문단에서는 잔향 시간을 조절하는 방법을 소개하고 있고, 6문단에서는 지금까지의 내용을 정리하고 있다.

● **글의 구조도**

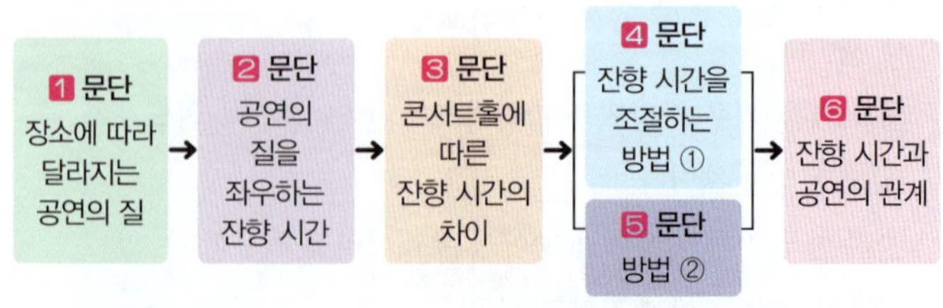

06 [정답] 잔향 시간 ·········· 핵심어 찾기

>왜 정답?

이 지문에서는 잔향 시간에 대해 설명하면서 잔향 시간이 공연의 질에 영향을 미친다고 하였다. 따라서 빈칸에 들어가기에 적절한 말은 이 글의 핵심어인 '잔향 시간'이다.

07 [정답] ① ·········· 중심 문장 찾기

>왜 정답?

① 1문단에서는 율희의 사례를 들어 콘서트홀이 공연의 질에 영향을 미친다는 것을 이야기하고 있다. 따라서 1문단의 내용을 모두 포함하는 '바로 콘서트홀이 달라져 공연의 질에 영향을 미쳤기 때문이다.'가 1문단의 중심 문장이다.

08 [정답] ④ ·········· 내용 파악하기

> 윗글의 내용으로 가장 적절한 것은?
> ① 큰 콘서트홀은 기본적으로 잔향 시간이 짧다.
>   잔향 시간이 길어짐.
> ② 콘서트홀을 구성할 때 푹신푹신한 소재를 쓰면 소리를 더 많이 튕겨낼 수 있다.
>   흡수를 더 많이 함.
> ③ 콘서트홀의 재료로 돌이나 합판 등을 많이 사용하면 소리를 더 많이 흡수할 수 있다.
>   더 많이 튕겨낼 수 있음.
> ④ 보통 오페라 전용 콘서트홀보다 오케스트라 전용 콘서트홀의 잔향 시간이 더 길다.
>   3문단에 근거
> ⑤ 잔향 시간이 다른 콘서트홀에서 똑같은 오케스트라에 똑같은 가수가 노래를 하면, 공연의 질은 같아진다.
>   달라짐.

>왜 정답?

④ 3문단에서 '오케스트라 전용 콘서트홀은 잔향 시간을 1.6~2.2초로 다소 길게 설정'하고 '오페라 전용 콘서트홀은 보통 잔향 시간을 1.3~1.8초로 설계한다.'라고 했다. 이를 고려하면 오페라 전용 콘서트홀보다 오케스트라 전용 콘서트홀의 잔향 시간이 더 길다.

>왜 오답?

① 4문단에서 규모가 작은 콘서트홀에서는 '잔향 시간이 짧아진다.'라고 하였고, 규모가 큰 콘서트홀에서는 '잔향 시간이 길어진다.'라고 하였다.
② 5문단에서 '공기가 잘 통하고 푹신푹신한 소재의 경우에는 소리를 잘 흡수한다.'라고 했다.
③ 5문단에서 '돌이나 합판 등은 소리를 튕겨 낸다.'라고 했다.
⑤ 1문단에서 '콘서트홀이 달라져 공연의 질에 영향을 미쳤기 때문이다.'라고 했고, 6문단에서 '같은 사람이 연주하는 같은 곡도 연주가 진행되는 장소의 잔향 시간에 따라 다른 느낌을 준다.'라고 했다. 따라서 잔향 시간이 다른 콘서트홀에서 똑같은 오케스트라에 똑같은 가수가 노래를 하면, 공연의 질은 달라진다.

09 [정답] 크기, 재료 ·········· 내용 파악하기

> ㉠에 대한 답을 쓰고자 한다. 빈칸에 들어가기에 적절한 말을 순서대로 쓰시오.
>
> 잔향 시간을 조절하려면 콘서트홀의 (　　　)와/과 (　　　)을/를 고려해야 한다.
>   4문단과 5문단에 근거

>왜 정답?

4문단에서 '잔향 시간을 조절하기 위해서는 어떻게 해야 할까?'라고 질문하고, 4문단에서는 '콘서트홀의 크기'를, 5문단에서는 '콘서트홀의 재료'를 고려해야 한다고 했다. 이를 고려하면 빈칸에는 '크기'와 '재료'가 들어가야 한다.

10 [정답] ② ·········· 반응의 적절성 평가하기

> 윗글을 읽고 난 후의 반응으로 적절하지 <u>않은</u> 것은?
> ① 태민 : 잔향 시간을 고려하면 콘서트홀을 구성하는 재료도 달라지겠구나.
>   구성 재료에 따라 잔향 시간이 달라지므로 적절함.
> ② 정서 : 잔향 시간이 길면 무대 위의 가수가 하는 대사가 청중들에게 잘 전달되겠구나.
>   잔향 시간이 짧아야 잘 전달되므로 적절하지 않음.
> ③ 정우 : 어떤 공연인가에 따라서 콘서트홀을 구성하고 있는 재료를 고려하는 것도 좋겠어.
>   공연에 따라 적합한 잔향 시간이 다르므로 적절함.
> ④ 지수 : 나도 율희와 같은 경험을 한 적이 있었는데, 그것이 콘서트홀마다 잔향 시간이 다르기 때문이었구나.
>   잔향 시간으로 인해 느낌이 달라진 것이므로 적절함.
> ⑤ 주혁 : 나는 잔향 시간이 긴 공연을 보고 싶으니까 규모가 작은 콘서트홀보다는 규모가 큰 콘서트홀에서 공연을 보는 것이 좋겠어.
>   규모가 큰 콘서트홀이 잔향 시간이 기므로 적절함.

>왜 정답?

② 3문단에서 오페라 전용 콘서트홀의 잔향 시간은 비교적 짧은 편인데, 그 이유는 '소리가 덜 울려야 청중들에게 대사가 잘 전달되기 때문이다.'라고 했다.

>왜 오답?

① 5문단에서 '콘서트홀을 구성하고 있는 ~ 재료에 따라 잔향 시간도 달라진다.'라고 했다.
③ 3문단에서 '콘서트홀에 따라 적절한 잔향 시간도 다르다.'라고 했고, 5문단에서 '재료에 따라 잔향 시간도 달라진다.'라고 했다. 따라서 공연에 따라 콘서트홀의 재료를 고려한다는 반응은 적절하다.
④ 6문단에서 '같은 사람이 연주하는 ~ 잔향 시간에 따라 다른 느낌을 준다.'라고 했다. '율희'의 경험은 이러한 경험을 한 예이므로, 그와 같은 경험을 잔향 시간 때문이라고 반응하는 것은 적절하다.
⑤ 4문단에서 '규모가 큰 콘서트홀은 ~ 잔향 시간이 길어진다.'라고 했다.

태극기에 담긴 뜻

○ 핵심어　　▮ 문단 중심 문장　　▮ 전체 중심 문장

1 우리나라의 국기는 태극기(太極旗)라고 부른다. 우리는 3·1절과 같은 국경일, 국군의 날 등의 기념일 등에 태극기를 게양한다. 태극기는 흰 바탕의 한가운데 붉은빛과 푸른빛으로 이루어진 원을 두고, 네 모서리에 검은 선들이 놓인 모양으로 구성되어 있다. 이것은 무엇을 의미하는 것일까?

2 태극기의 흰 바탕은 밝음과 순수, 그리고 전통적으로 평화를 사랑하는 우리의 민족성을 나타낸다. 우리 민족이 과거에 흰옷을 즐겨 입어 백의민족이라고 불렸던 것을 고려하면 이 흰색은 우리의 민족과 아주 가까운 색으로 볼 수 있다.

3 태극기의 정 가운데에 붉은빛과 푸른빛으로 구성된 문양을 태극 문양이라고 한다. 이것은 음과 양의 조화를 상징하는데, 붉은빛은 양을, 푸른빛은 음을 상징한다고 한다. 이는 우주의 만물이 음양의 상호 작용에 의해 생기고 발전한다는 대자연의 진리를 형상화한 것이다.

4 마지막으로 네 모서리에 있는 검은 선들은 4괘라고 부른다. 이는 음과 양이 서로 변화하고 발전하는 모습을 선들의 조합을 활용해 나타낸 것이다. 『왼편 위에 있는 것을 건괘(乾卦)라고 하는데, 이는 우주 만물 중에서 하늘을 상징한다. 한편 오른편 아래에 있는 곤괘(坤卦)는 땅을, 오른편 위쪽에 있는 감괘(坎卦)는 물을, 왼편 아래에 있는 이괘(離卦)는 불을 상징한다.』 이들을 '건곤감리'라고 하며, 이 4괘는 태극 문양을 중심으로 조화를 이루고 있다.

5 태극기에는 우리 선조들이 중요하게 생각했던 조화의 가치가 담겨 있다. 또한 태극기는 우주와 더불어 끊임없이 창조와 번영을 추구하는 우리 민족의 이상을 품고 있다. 그러므로 태극기를 함부로 다루거나, 태극기에 담긴 뜻을 잊어서는 안 된다. 태극기에 담긴 의미를 생각하며 이번 국경일에는 내가 먼저 태극기를 달아 보는 것은 어떨까?

1 문단 요약	태극기의 구성 요소
2 문단 요약	흰 바탕의 의미
3 문단 요약	태극 문양의 의미
4 문단 요약	4괘의 의미
[중심 문단] **5** 문단 요약	태극기에 담긴 가치

● **내용 :** 이 글은 태극기의 의미를 설명하고 있다. 태극기는 흰 바탕과 태극 문양, 그리고 4괘로 구성되어 있다. 흰 바탕은 평화를 사랑하는 우리 민족의 민족성을 상징하고, 태극 문양과 4괘는 음양의 조화와 발전을 의미한다. 이처럼 태극기에는 우리 선조들이 중요하게 생각했던 가치가 담겨 있다.

● **주제 :** 태극기를 구성하는 요소의 의미와 태극기의 가치

● **문단 간의 관계 :** 1문단에서 태극기를 구성하는 요소의 의미가 무엇인지 질문한 후, 2, 3, 4문단에서 각각의 구성 요소들에 대하여 설명하고 있다. 마지막으로 5문단에서는 태극기에 담긴 가치를 이야기하며 글을 마무리하고 있다.

● **글의 구조도**

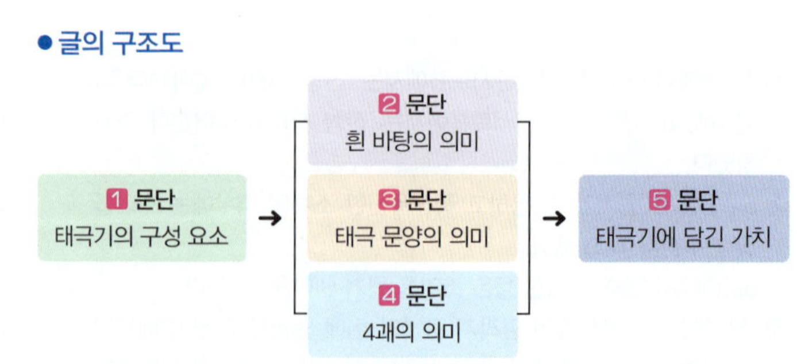

01 [정답] 태극기 ·········· 핵심어 찾기

>왜 정답?

이 지문에서는 태극기의 구성 요소들 각각에 담긴 의미와 태극기의 가치에 대해 설명하고 있다. 따라서 빈칸에 들어가기에 적절한 핵심어는 '태극기'이다.

02 [정답] ② ·········· 중심 문장 찾기

>왜 정답?

② 4문단에서는 네 모서리에 있는 검은 선들인 4괘, 즉 건곤감리에 담긴 의미를 설명하고 있다. 이 내용을 모두 포함한 '이는 음과 양이 서로 변화하고 발전하는 모습을 선들의 조합을 활용해 나타낸 것이다.'가 4문단의 중심 문장으로 가장 적절하다.

03 [정답] ③ ·········· 내용 파악하기

> **윗글의 내용으로 적절하지 않은 것은?**
>
> ① 태극기는 흰 바탕에 태극 문양, 그리고 4괘로 이루어져
>   흰 바탕의 한 가운데 태극 문양을 두고 네 모서리에 4괘가 놓인 모양임.
>   있다.
> ② 태극기에는 우리 선조들이 중요하게 여겼던 조화의 가치
>   조화의 가치와 창조와 번영을 추구하는 우리 민족의 이상이 담김.
>   가 담겨 있다.
> ③ 태극 문양은 우주의 만물이 지구의 중심으로 집중된다는
>   지문에서 이야기하고 있지 않음.
>   것을 의미한다.
> ④ 네 모서리에 위치한 건곤감리는 태극 문양을 중심으로
>   4괘는 태극 문양을 중심으로 조화를 이루고 있음.
>   조화를 이루고 있다.
> ⑤ 태극기의 흰 바탕은 밝음과 순수, 평화를 사랑하는 우리
>   2문단에 근거
>   의 민족성을 나타낸다.

>왜 정답?

③ 3문단에서 태극 문양은 '음과 양의 조화를 상징'하며, '이는 우주 만물이 음양의 상호 작용에 의해 생기고 발전한다는 대자연의 진리를 형상화한 것'이라고 했다. 따라서 태극 문양이 우주의 만물이 지구를 중심으로 집중된다는 것을 의미한다고 보기는 어렵다.

>왜 오답?

① 1문단에서 '태극기는 흰 바탕의 한가운데 붉은빛과 푸른빛으로 이루어진 원을 두고, 네 모서리에 검은 선들이 놓인 모양으로 구성되어 있다.'라고 했다. '붉은빛과 푸른빛으로 이루어진 원'은 태극 문양이고, '네 모서리에 검은 선'은 4괘이다.

② 5문단에서 '태극기에는 우리 선조들이 중요하게 생각했던 '조화'의 가치가 담겨 있다.'라고 했다.

④ 4문단에서 4괘를 '건곤감리'라고 하는데, 이 4괘는 태극 문양을 중심으로 조화를 이루고 있다.'라고 했다.

⑤ 2문단에서 '태극기의 흰 바탕은 밝음과 순수, 그리고 전통적으로 평화를 사랑하는 우리의 민족성을 나타낸다.'라고 했다.

04 [정답] ③ ·········· 내용 파악하기

> **윗글을 읽고 답할 수 있는 질문으로 가장 적절한 것은?**
>
> ① 태극기는 어떻게 만들어졌는가?
>   지문에서 이야기하고 있지 않음.
> ② 태극기가 처음 만들어진 시기는 언제인가?
>   지문에서 이야기하고 있지 않음.
> ③ 태극기의 각 요소가 의미하는 바는 무엇인가?
>   2, 3, 4문단에 근거
> ④ 태극기와 다른 나라 국기와의 차이점은 무엇인가?
>   지문에서 이야기하고 있지 않음.
> ⑤ 태극기를 함부로 다루면 처벌을 받는 이유는 무엇인가?
>   지문에서 이야기하고 있지 않음.

>왜 정답?

③ 이 글은 태극기를 구성하고 있는 요소들에 대해 설명하고 있다. 흰 바탕의 의미는 2문단에서, '태극 문양'의 의미는 3문단에서, 4괘에 담긴 의미는 4문단에서 설명하고 있다.

>왜 오답?

①, ②, ④, ⑤이 지문에서 설명하고 있는 내용이 아니다.

05 [정답] ⑤ ·········· 전개 방식 파악하기

> **윗글에 대한 설명으로 적절하지 않은 것은?**
>
> ① 태극기의 모습을 자세히 묘사하고 있다.
>   흰 바탕, 태극 문양, 4괘로 구성됨.
> ② 태극기와 관련해서 질문을 던지고 있다.
>   1문단에 근거→ 이것들은 무엇을 의미하는 것일까?
> ③ 태극기를 게양하는 날에 대한 예시를 들고 있다.
>   3·1절, 국군의 날
> ④ 태극기를 구성하고 있는 각 요소로 나누어 설명하고 있다.
>   2, 3, 4문단에 근거 → 흰 바탕, 태극 문양, 4괘
> ⑤ 태극기의 의미가 변화해 온 과정을 시간 순서에 따라 설
>   지문에서 이야기하고 있지 않음.
>   명하고 있다.

>왜 정답?

⑤ 5문단에서 태극기에는 조화의 가치와 '우주와 더불어 끊임없이 창조와 번영을 추구하는 우리 민족의 이상'이 담겨있다고 하였다. 그러나 태극기의 의미가 어떻게 변화해왔는지에 대해서는 이야기하고 있지 않다.

>왜 오답?

① 1문단에서 '태극기는 흰 바탕의 한가운데 붉은빛과 푸른빛으로 이루어진 원을 두고, 네 모서리에 검은 선들이 놓인 모양으로 구성되어 있다.'라고 했다.

② 1문단에서 '이것은 무엇을 의미하는 것일까?'라며 태극기를 구성하는 요소들의 의미를 묻고 있다.

③ 1문단에서 '우리는 3·1절과 같은 국경일, 국군의 날 등의 기념일 등에 태극기를 게양한다.'라고 했다.

④ 태극기를 구성하고 있는 흰 바탕의 의미는 2문단에서, 태극 문양의 의미는 3문단에서, 4괘에 담긴 의미는 4문단에서 설명하고 있다.

계절을 담은 음악, 〈사계〉

○ 핵심어　　🟨 문단 중심 문장　　🟪 전체 중심 문장

1 이탈리아를 대표하는 작곡가로 많은 사람들을 꼽을 수 있겠지만, 그 중에서 우리에게 가장 친숙한 사람은 아마도 안토니오 비발디(Antonio Vivaldi, 1678~1741)일 것이다. 바이올린 연주자이기도 했던 그가 작곡한 대표적인 바이올린 협주곡으로 〈사계〉가 있다.

1문단의 핵심어
안토니오 비발디의 〈사계〉에 대해서 이야기할 것임을 안내함.

2 〈사계〉는 말 그대로 사계절을 노래하고 있는 바이올린 협주곡이다. 본래 《화성과 창의의 시도》라는 협주곡집의 일부로 만들어졌으나, 사계절을 묘사한 앞의 네 곡이 자주 연주되면서 앞의 네 곡을 따로 떼서 〈사계〉라고 부르게 되었다. 각 곡에는 '봄', '여름', '가을', '겨울'이라는 제목이 붙어 있고, 각각 3악장으로 구성되어 있다.

2문단의 핵심어
「」: 〈사계〉가 〈사계〉로 불리게 된 과정
〈사계〉의 구성

3 〈사계〉 중 '봄'은 싱그러운 햇살과 작은 새들의 지저귐, 얼음이 녹은 시냇가에서 물이 솟는 모습 등을 묘사하여 봄이 오는 기쁨을 노래하였다. 또 '여름'은 천둥과 번개를 묘사하면서 시작하는데, 가뜩이나 더운 날씨에 모기들이 사람들에게 달려드는 모습을 표현함으로써 무덥고 지루한 여름날의 모습을 그리고 있다. '가을'은 수확을 기뻐하는 농부와 화창한 가을 날씨, 가을날 사냥을 즐기는 모습과 마을 사람들의 춤과 노래 등을 통해 가을이 결실의 계절임을 드러내고 있다. 그리고 '겨울'에서는 눈과 바람을 통해 추위와 차가움을 표현하였고, 마지막 부분에서는 이렇게 매서운 겨울도 봄에게 자리를 내어 준다는 것을 묘사하였다. 이처럼 계절의 변화를 음악으로 표현하고 있다는 점에서 〈사계〉는 '음으로 그려낸 풍경화'라고 할 수 있다.

3문단의 핵심어　「」: 〈사계〉에서 묘사하고 있는 계절의 모습
〈사계〉의 의미

4 비발디는 〈사계〉 외에도 여러 곡을 작곡하며 협주곡의 형식을 확립하였고, 후세까지 큰 영향을 ⊙미쳤다는 점에서 음악사적으로 의의가 있다. 특히 바흐가 그의 작품을 편곡하여 그 기법을 익힌 것이 알려지면서 전 세계가 다시 비발디를 주목하게 되는 계기가 되기도 하였다. 집에서 편안하게 계절을 느끼고 싶다면 비발디의 〈사계〉를 들어 보자. 눈을 감고 〈사계〉를 듣다 보면 어느새 사계절을 온몸으로 느낄 수 있을 것이다.

4문단의 핵심어　비발디의 음악사적 의의

---

1 문단 요약
비발디의 바이올린 협주곡 〈사계〉

2 문단 요약
〈사계〉가 사계로 불리게 된 과정과 구성

3 문단 요약
〈사계〉에서 묘사하는 계절의 모습과 의미

[중심 문단]
4 문단 요약
비발디의 음악사적 의의

● **내용 :** 이 글은 비발디가 작곡한 바이올린 협주곡 〈사계〉에 대해 설명하고 있다. 〈사계〉는 봄, 여름, 가을, 겨울의 사계절의 모습을 표현하고 있다. 비발디는 〈사계〉 외에도 여러 곡을 작곡해 협주곡 형식을 확립하였으며, 후세에까지 영향을 미쳤다.

● **주제 :** 비발디의 〈사계〉와 비발디의 음악사적 의의

● **문단 간의 관계 :** 1문단에서는 비발디와 그의 대표적인 바이올린 협주곡 〈사계〉를 소개하였다. 2문단에서는 〈사계〉가 〈사계〉로 불리게 된 과정과 구성을 설명하였고, 3문단에서는 〈사계〉가 각 계절을 어떻게 묘사하고 있는지를 설명하였다. 마지막으로 4문단에서는 비발디의 음악사적 의의를 설명하고 있다.

● **글의 구조도**

1 문단	**2 문단**	**3 문단**	**4 문단**
비발디의 바이올린 협주곡 〈사계〉	〈사계〉가 사계로 불리게 된 과정과 구성	〈사계〉에서 묘사하는 계절의 모습과 의미	비발디의 음악사적 의의

06 [정답] 사계 ·········· 핵심어 찾기

오왜 정답 ?

이 지문에서는 비발디가 작곡한 바이올린 협주곡 〈사계〉에 대해 설명하고 있다. 따라서 빈칸에 들어가기에 적절한 핵심어는 '사계'이다.

07 [정답] ① ·········· 중심 문장 찾기

오왜 정답 ?

① 1문단에서는 비발디를 소개하고, 그의 대표적인 바이올린 협주곡인 〈사계〉에 대해 이야기하고 있다. 이와 같은 내용을 포함하고 있는 '바이올린 연주자이기도 했던 그가 작곡한 대표적인 바이올린 협주곡으로 〈사계〉가 있다.'가 1문단의 중심 문장으로 가장 적절하다.

08 [정답] ④ ·········· 내용 파악하기

> **윗글의 내용으로 적절하지 않은 것은?**
> ① 〈사계〉는 총 12악장으로 구성되어 있다.
>   〈사계〉는 4곡으로 구성되어 있고, 각 곡은 3악장으로 구성되어 있음.
> ② 안토니오 비발디는 이탈리아의 작곡가이다.
>   이탈리아를 대표하는 작곡가임.
> ③ 비발디는 〈사계〉 외에도 여러 곡을 작곡하였다.
>   〈사계〉 외에도 여러 곡을 작곡하여 협주곡의 형식을 확립함.
> ④ 비발디는 바흐의 작품을 편곡하여 주목을 받았다.
>   바흐가 비발디의 작품을 편곡함.
> ⑤ 〈사계〉는 원래 다른 협주곡집에 포함되어 있었다.
>   본래 《화성과 창의의 시도》의 일부로 만들어짐.

오왜 정답 ?

④ 4문단에서 '바흐가 그의 작품을 편곡하면서 그 기법을 익힌 것이 알려지면서 전 세계가 비발디를 다시 주목하게 되는 계기가 되었다.'라고 하였다. 그러므로 비발디가 바흐의 작품을 편곡한 것이 아니라, 바흐가 비발디의 작품을 편곡한 것이라고 이해해야 한다.

오왜 오답 ?

① 2문단에서 '각 곡에는 '봄', '여름', '가을', '겨울'이라는 제목이 붙어 있고, 각각 3악장으로 구성되어 있다.'라고 하였다. 따라서 〈사계〉는 총 12악장으로 구성되어 있다.

② 1문단에서 '이탈리아를 대표하는 작곡가' 중 '우리에게 가장 친숙한 사람은 아마도 안토니오 비발디일 것이'라고 하였다.

③ 4문단에서 '비발디는 〈사계〉 외에도 여러 곡을 작곡하며 협주곡의 형식을 확립'했다고 하였다.

⑤ 2문단에서 〈사계〉는 '본래 《화성과 창의의 시도》라는 협주곡집의 일부로 만들어졌으나,' '앞의 네 곡이 자주 연주되면서 앞의 네 곡을 따로 떼서 〈사계〉라고 부르게 되었다.'라고 했다.

09 [정답] ⑤ ·········· 전개 방식 파악하기

> **윗글에 대한 설명으로 가장 적절한 것은?**
> ① 〈사계〉가 유명해진 이유를 분석하고 있다.
>   지문에서 이야기하고 있지 않음.
> ② 〈사계〉를 싫어하는 사람들의 의견을 제시하고 있다.
>   지문에서 이야기하고 있지 않음.
> ③ 〈사계〉와 다른 협주곡들 간의 차이점을 밝히고 있다.
>   지문에서 이야기하고 있지 않음.
> ④ 〈사계〉보다 풍경화가 훌륭하다는 것을 주장하고 있다.
>   지문에서 이야기하고 있지 않음.
> ⑤ 〈사계〉에 포함된 4가지 곡의 내용을 상세하게 설명하고 있다.
>   3문단에 근거 → '봄', '여름', '가을', '겨울'의 내용을 설명함.

오왜 정답 ?

⑤ 3문단에서 〈사계〉에 포함된 4가지 곡, 즉 '봄', '여름', '가을', '겨울'이 각각의 계절을 어떻게 묘사하고 있는지에 대해 자세하게 설명하고 있다.

오왜 오답 ?

①, ②, ③, ④ 모두 이 지문에서 이야기하고 있지 않다.

10 [정답] ③ ·········· 어휘의 의미 파악하기

> **다음 중 ㉠의 의미와 가장 가까운 것은?**
> 미쳤다
> ① 지호의 점수는 합격 기준에 미치지 못했다.
>   '공간적 거리나 수준 따위가 일정한 선에 닿다.'
> ② 결승선에 미치지 못하고 결국 넘어지고 말았다.
>   '공간적 거리나 수준 따위가 일정한 선에 닿다.'
> ③ 영선이에게 사과를 하라는 압력이 지훈이에게 미쳤다.
>   '영향이나 작용 따위가 대상에 가하여지다. 또는 그것을 가하다.'
> ④ 그림을 그리는 나의 실력은 미선이에게 미치지는 못한다.
>   '공간적 거리나 수준 따위가 일정한 선에 닿다.'
> ⑤ 그녀는 과거의 일에 생각이 미치자 문득 그때가 그리워졌다.
>   '생각이나 화제의 내용이 어떠한 수준이나 상태에 닿거나 이르다.'

오왜 정답 ?

③ '영향을 미쳤다'의 '미치다'는 '영향이나 작용 따위가 대상에 가하여지다. 또는 그것을 가하다.'라는 의미이다. ③에서도 지훈이에게 사과를 하라는 압력이 가하여졌다는 의미로 사용되었다.

오왜 오답 ?

①, ②, ④ '공간적 거리나 수준 따위가 일정한 선에 닿다.'라는 의미로 사용되었다.

⑤ '(생각이나 화제의 내용이 어떠한 수준이나 상태에) 닿거나 이르다.'의 의미로 사용되었다.

금속으로 만들어진 목관 악기, 플루트

◯ 핵심어　▇ 문단 중심 문장　▇ 전체 중심 문장

1 서양 악기는 소리를 내는 방법에 따라 크게 현악기, 타악기, 건반 악기, 관악기로 나뉜다. 현악기는 악기에 달려 있는 현을 켜거나 타서 소리를 내는 악기로, 바이올린 등이 이에 속한다. 타악기는 악기의 몸체를 손이나 채로 치거나 혹은 몸체끼리 서로 부딪쳐 소리를 내는 악기로, 북이 이에 속한다. 건반 악기는 건반을 가진 모든 악기를 말하며, 피아노가 대표적이다. 관악기는 기다란 관을 입으로 불어서 소리를 내는 악기이다. 관악기는 관을 나무로 만들면 목관 악기로, 관을 금속으로 만들면 금관 악기로 분류된다.

2 관악기 가운데 대표적인 것에는 플루트가 있다. 플루트는 관악기 중에서 유일하게 가로로 연주하는 악기이며, 굉장히 높은 음역을 가졌다. 그런데 우리가 알고 있는 플루트의 재질은 분명히 금속인데, 플루트는 목관 악기로 분류된다. 그 이유는 무엇일까?

3 악기를 분류할 때는 악기의 구조, 소리 내는 방법과 악기의 '기원'을 함께 고려한다. 악기의 기원이란 어떤 악기가 처음 만들어졌을 때의 구조, 재료, 음역, 연주법 등을 말한다. 즉, 플루트는 처음 만들어졌을 때의 '기원'을 고려하여 목관 악기로 분류되었다.

4 관악기, 타악기, 현악기 모두가 함께 연주하는 오케스트라가 처음 만들어졌던 18세기에만 해도 플루트는 나무로 된 악기였다. 금속으로 된 현대식 플루트는 독일의 플루트 연주자였던 테오도르 뵘에 의해 개량된 것이다. 그래서 현대식 플루트를 '뵘식 플루트'라고 부르기도 한다.

5 플루트는 개량된 이후 더욱 화려한 음색을 갖게 되었다. 금속관이 나무관에 비해 두께가 얇기 때문에 금속관으로 만든 플루트는 고음역에 좀 더 어울리는 날카로운 소리를 낼 수 있게 된 것이다. 하지만 기본적인 구조와 소리 내는 방법, 음색과 음량 등은 나무 플루트와 크게 다르지 않다. 그래서 사람들은 여전히 플루트를 목관 악기로 분류한다.

6 한편 나무 플루트가 아예 사라진 것은 아니다. 지금도 16세기에서 18세기 사이의 음악을 그 시대의 악기와 연주법으로 연주하는 경우에는 여전히 나무 플루트를 사용한다. 앞으로 플루트의 연주를 들을 때, 나무로 만들어졌던 플루트의 기원을 한 번쯤 떠올려 보면 연주를 더욱 재미있게 감상할 수 있을 것이다.

---

1 문단 요약
서양 악기의 분류

2 문단 요약
플루트가 목관 악기로 분류된 이유에 대한 의문

[중심 문단]
3 문단 요약
기원에 따라 목관 악기로 분류된 플루트

4 문단 요약
뵘에 의해 금속으로 개량된 플루트

5 문단 요약
플루트를 목관 악기로 분류하는 이유

6 문단 요약
지금도 사용되는 나무 플루트

● **내용** : 이 글은 금속으로 만들어진 관악기인 플루트를 금관 악기가 아닌 목관 악기로 분류하는 이유를 설명하고 있다.

● **주제** : 플루트가 목관 악기로 분류되는 이유

● **문단 간의 관계** : 1문단에서는 서양 악기를 분류하고, 2문단에서는 금속 재질의 플루트가 목관 악기로 분류되는 이유를 묻고 있다. 3문단에서는 기원을 고려하여 플루트를 목관 악기로 분류하고 있음을 밝히고, 4문단과 5문단에서는 뵘에 의해 개량된 플루트에 대해 이야기하고 있다. 6문단에서는 여전히 나무 플루트도 사용되고 있음을 밝히고 있다.

● **글의 구조도**

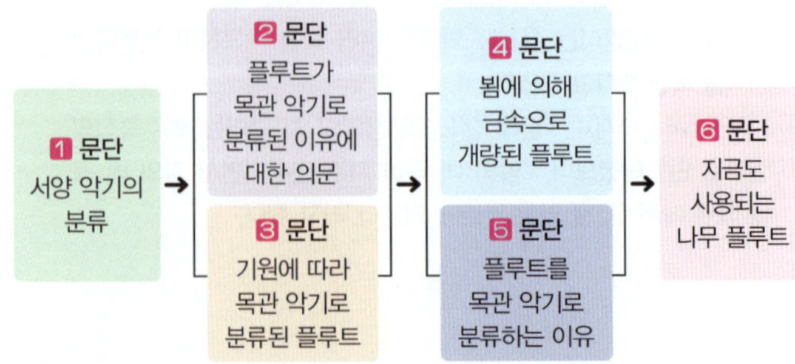

01　[정답]　플루트　·· 핵심어 찾기

>왜 정답?

이 지문에서는 금속으로 만들어진 플루트가 목관 악기로 분류되는 이유에 대해 설명하고 있다. 따라서 빈칸에 들어가기에 적절한 말은 이 글의 핵심어인 '플루트'이다.

02　[정답]　③　·· 중심 문장 찾기

>왜 정답?

③ 3문단에서 악기를 분류할 때는 악기의 구조, 소리 내는 방법과 악기의 기원을 고려하는데, 플루트는 처음 만들어졌을 때의 기원을 고려하여 목관 악기로 분류되었다고 설명하고 있다. 따라서 이러한 내용을 모두 포함하고 있는 문장인 '즉, 플루트는 처음 만들어졌을 때의 '기원'을 고려하여 목관 악기로 분류되었다.'가 3문단의 중심 문장이다.

03　[정답]　기원　·· 내용 파악하기

> 윗글을 읽고 빈칸에 들어가기에 적절한 말을 쓰시오.
>
> 플루트의 재질은 금속이지만 플루트는 목관 악기로 분류된다. 왜냐하면 악기를 분류할 때에는 악기의 (　　　　)을/를 고려
> 3문단 3번째 문장에 근거
> 하는데, 플루트는 처음 만들어졌을 때 나무로 된 악기였기 때문이다.

>왜 정답?

2문단에서는 금속 재질의 플루트가 목관 악기로 분류되는 이유에 대한 의문을 드러내고 있다. 이어서 3문단에는 '플루트는 처음 만들어졌을 때의 '기원'을 고려하여 목관 악기로 분류되었다.'라고 하였다. 따라서 빈칸에 들어갈 말로 '기원'이 적절하다.

04　[정답]　④　·· 전개 방식 파악하기

> 윗글에 대한 설명으로 적절하지 않은 것은?
> ① 플루트가 목관 악기로 분류된 이유를 밝히고 있다.
> 처음 만들어졌을 때 나무로 만들어짐.
> ② 서양 악기를 일정한 기준에 따라 나누어서 설명하고 있다.
> 소리를 내는 방법에 따라 나눔.
> ③ 플루트를 현대식으로 개량한 사람의 이름을 언급하고 있다.
> 테오도르 뵘
> ④ 바이올린과 플루트를 비교하여 플루트의 장점을 드러내
> 지문에서 이야기하고 있지 않음.
> 고 있다.
> ⑤ 플루트가 현대식으로 개량된 이후 달라진 점들을 소개하
> 화려한 음색을 갖게 됨, 고음역에 어울리는 날카로운 소리를 가지게 됨.
> 고 있다.

>왜 정답?

④ 이 지문에서 바이올린과 플루트를 비교하고 있지는 않다.

>왜 오답?

① 3문단에서 '플루트는 처음 만들어졌을 때의 '기원'을 고려하여 목관 악기로 분류되었다.'라고 했다.

② 1문단에서 '서양 악기는 소리를 내는 방법에 따라 크게 현악기, 타악기, 건반 악기, 관악기로 나뉜다.'라고 했다.

③ 4문단에서 '금속으로 된 현대식 플루트는 독일의 플루트 연주자였던 테오도르 뵘에 의해 개량된 것이다.'라고 했다.

⑤ 5문단에서 '플루트는 지금의 형태로 개량된 이후 더욱 화려한 음색을 가지게 되었다.'라면서 '고음역에 좀 더 어울리는 날카로운 소리를 낼 수 있게 된 것이다.'라고 했다.

05　[정답]　⑤　·· 내용 파악하기

> 윗글의 내용으로 적절하지 <u>않은</u> 것은?
> ① 아직도 나무 플루트가 사용되기도 한다.
> 6문단에 근거
> ② 나무 플루트는 한 연주자에 의해 금속 플루트로 개량되었다.
> 4문단에 근거
> ③ 서양의 관악기 가운데 가로로 연주하는 악기는 플루트뿐이다.
> 2문단에 근거
> ④ 나무 플루트보다 금속 플루트가 더 고음역에 어울리는 소리가 난다.
> 5문단에 근거
> ⑤ 나무 플루트와 금속 플루트는 구조와 소리 내는 방법에서 차이가 난다.
> 기본적인 구조, 소리 내는 방법, 음색, 음량 등은 크게 다르지 않음.

>왜 정답?

⑤ 5문단에서 금속으로 개량된 플루트는 '기본적인 구조와 소리 내는 방법, 음색과 음량 등은 나무 플루트와 크게 다르지 않다.'라고 했다. 따라서 나무 플루트와 금속 플루트가 구조와 소리 내는 방법이 다르다는 것은 적절하지 않다.

>왜 오답?

① 6문단에서 '나무 플루트가 아예 사라진 것은 아니'라면서 '여전히 나무 플루트를 사용한다.'라고 했다.

② 4문단에서 '금속으로 된 현대식 플루트는 독일의 플루트 연주자였던 테오도르 뵘에 의해 개량된 것이다.'라고 했다.

③ 2문단에서 '플루트는 모든 관악기 중에서도 유일하게 가로로 연주하는 악기'라고 했다.

④ 5문단에서 금속 플루트의 '금속관이 나무 관에 비해 두께가 얇기 때문에 금속관으로 만든 플루트는 고음역에 좀 더 어울리는 날카로운 소리를 낼 수 있게 된 것이다.'라고 했다.

지리산에 사는 반달곰은 행복할까?

○ 핵심어　▮ 문단 중심 문장　▮ 전체 중심 문장

1 동물원에 사는 반달곰과 지리산에 사는 반달곰을 떠올려 보자. 동물원의 반달곰은
우리에 갇혀 답답한 삶을 살 것이고, 지리산의 반달곰은 이와 반대로 자유롭게 자연을
누비며 살 것이다. 그래서 대부분의 사람들은 당연히 반달곰이 동물원에 사는 것보다
지리산에 사는 것이 더 행복할 것이라고 생각한다.

2 하지만 경제학자들의 관점에서는 반달곰이 지리산에 사는 게 더 행복할 것이라고 단
정하지 못한다. 왜냐하면 지리산에 사는 반달곰은 일종의 공유 재산이기 때문이다. 공
유 재산은 사회의 구성원이 공동으로 소유하는 재산으로, 필요에 따라 국가나 공공 단
체가 소유권을 가지고 관리한다. 이는 특정 개인이 소유권을 가지는 사유 재산과는 반
대되는 개념이다. 사유 재산은 말 그대로 '내 것'이기 때문에 그 주인은 자신의 재산을
최대한 아끼고 효율적으로 사용하며 유지하려 한다. 하지만 공유 재산은 내가 이용할
수는 있지만 '내 것'이 아니기 때문에 사람들이 마구 사용하는 경향이 있다.

3 정부에서는 멸종 위기에 처한 반달곰을 살리기 위해 반달곰을 사육해 지리산에 풀어
주고, 그들이 야생에 적응하도록 도우며 추적 장치를 달아 잘 살고 있는지를 지켜보고
있다. 하지만 반달곰을 지리산에 풀어 주는 순간부터 반달곰은 공유 재산이 되기 때문
에 반달곰이나 다른 야생 동물을 노리는 불법 사냥꾼들로부터 위협을 받게 된다. 실제
로 지리산에 살던 반달곰들 중 일부가 사람들이 놓은 덫에 걸려 죽는 일도 있었다.

4 반달곰이 산속에서 자유롭게 살아야 행복하다는 것에는 누구나 동의할 것이다. 하지
만 반달곰이 공유 재산이 됨으로써 맞게 될 여러 위험들을 생각하면, 모든 반달곰을 산
에 풀어 주는 것이 꼭 최선이라고 볼 수는 없지 않을까? 반달곰들이 자유를 누리면서도
안전을 보장받을 수 있는 방법에 대해 생각해 보아야 한다.

---

1 문단 요약
반달곰에 대한 일반적인 생각

2 문단 요약
공유 재산인 지리산의 반달곰

3 문단 요약
공유 재산이 된 반달곰이 맞이하는
위험

[중심 문단]
4 문단 요약
반달곰이 행복해질 수 있는 방법을
찾아야 함.

● **내용 :** 이 글은 경제학자들의 관점에서 지리산에 사는 반달곰
이 행복하다고 볼 수 있을지에 대해 이야기하고 있다. 경제학
적 관점에서 지리산에 사는 반달곰은 '공유 재산'이기 때문에
여러 위협을 받게 된다. 따라서 반달곰이 자유를 누리면서도
안전을 보장받을 수 있는 방법에 대해 생각해 보아야 한다.

● **주제 :** 공유 재산인 '반달곰'이 행복해질 수 있는 방법

● **문단 간의 관계 :** 1문단에서는 반달곰에 대한 사람들의 일반적
인 생각을 밝히고 있다. 2문단과 3문단에서는 공유 재산의 개
념과 특징에 대해 이야기하고, 반달곰이 일종의 공유 재산이라
고 설명하고 있다. 4문단에서는 반달곰들이 자유를 누리면서
도 안전을 보장받을 수 있는 방법을 생각해야 한다고 주장하
고 있다.

● **글의 구조도**

1 문단 반달곰에 대한 일반적인 생각 → **2 문단** 공유 재산인 지리산의 반달곰 → **3 문단** 공유 재산이 된 반달곰이 맞이하는 위험 → **4 문단** 반달곰이 행복해질 수 있는 방법을 찾아야 함.

06 [정답] 공유 재산 ······················· 핵심어 찾기

>왜 정답?

이 지문에서는 지리산에 사는 반달곰이 일종의 공유 재산이어서 불법 사냥꾼들로부터 위협을 받고 있다고 하였다. 이러한 내용을 고려하면 빈칸에 들어가기에 적절한 말은 핵심어인 '공유 재산'이다.

07 [정답] ③ ······················· 중심 문장 찾기

>왜 정답?

4문단에서는 반달곰이 공유 재산이 됨으로써 맞게 될 위험들을 언급하면서 반달곰들이 안전하게 자유를 누릴 수 있는 방법을 생각해 보아야 한다고 이야기하고 있다. 따라서 이러한 내용을 모두 포함하고 있는 '반달곰들이 ~ 생각해 보아야 한다.'가 4문단의 중심 문장이다.

08 [정답] ⑤ ······················· 내용 파악하기

> **윗글의 내용으로 적절하지 않은 것은?**
> ① 정부는 반달곰을 살리기 위해 노력하고 있다.
> 3문단에 근거
> ② 사람들은 공유 재산을 함부로 사용하는 경향이 있다.
> 2문단에 근거
> ③ 지리산에 살던 반달곰의 일부는 실제로 위험에 처하기도
> 했다. 3문단에 근거
> ④ 지리산에 사는 반달곰은 사유 재산보다는 공유 재산에
> 가깝다. 2문단에 근거
> ⑤ 경제학자들은 동물원의 반달곰보다 지리산의 반달곰이
> 더 행복하다고 여긴다. 단정하지 못한다고 함.

>왜 정답?

⑤ 2문단에서 '하지만 경제학자들의 관점에서는 반달곰이 지리산에 사는 게 더 행복할 것이라고 단정하지 못한다.'라고 했다.

>왜 오답?

① 3문단에서 '정부에서는 멸종 위기에 ~ 지켜보고 있다.'라고 했다.
② 2문단에서 '공유 재산은 ~ 마구 사용하는 경향이 있다.'라고 했다.
③ 3문단에서 '실제로 지리산에 ~ 걸려 죽는 일도 있었다.'라고 했다.
④ 2문단에서 '왜냐하면 ~ '공유 재산'이기 때문이다.'라고 했다.

09 [정답] ⑤ ······················· 내용 파악하기

> **윗글의 '공유 재산'에 대한 설명으로 적절하지 않은 것은?**
> ① 사회 구성원이 공동으로 소유하는 것이다.
> 2문단에 근거
> ② 누구나 이용할 수 있지만, '내 것'이라고 여기지는 않
> 는다. 2문단에 근거
> ③ 필요에 따라 국가나 공공 단체가 소유권을 가지고 관리
> 한다. 2문단에 근거
> ④ 특정 개인이 소유권을 가지는 사유 재산과는 반대되는
> 개념이다. 2문단에 근거
> ⑤ 사람들이 자신의 것이 아니라고 생각하기 때문에 효율적
> 으로 사용하며 유지하려 한다.
> '내 것'이 아니기 때문에 마구 사용하는 경향이 있음.

>왜 정답?

⑤ 2문단에서 '공유 재산은 내가 이용할 수는 있지만 '내 것'이 아니기 때문에 사람들이 마구 사용하는 경향이 있다.'라고 하였다.

>왜 오답?

① 2문단에서 '공유 재산은 ~ 공동으로 소유하는 재산'이라고 했다.
② 2문단에서 '공유 재산은 ~ '내 것'이 아니'라고 했다.
③ 2문단에서 공유 재산은 '필요에 따라 ~ 가지고 관리한다.'라고 했다.
④ 2문단에서 공유 재산은 '특정 개인이 ~ 반대되는 개념이다.'라고 했다.

10 [정답] ⑤ ······················· 반응의 적절성 평가하기

> **다음은 윗글을 읽은 학생들의 반응이다. 글쓴이의 생각을 가장 잘 이해한 학생은?**
> ① 윤정 : 멸종 위기에 처한 반달곰을 살리기 위해서는 동물
> 원에서 키우는 것이 최선이야. 글쓴이의 생각이라고 볼 수 없음.
> ② 기문 : 반달곰이 자유롭게 살아가도록 하려면 동물원에
> 더 큰 우리를 마련해 놓아야 해. 글쓴이의 생각이라고 볼 수 없음.
> ③ 서영 : 지리산에 풀어 놓은 반달곰을 사유 재산으로 인정
> 하면 불법 사냥꾼들이 없어지지 않을까? 글쓴이의 생각이라고 볼 수 없음.
> ④ 준영 : 산속에서 사는 반달곰보다는 동물원의 우리에서
> 안전하게 살아가는 반달곰이 더 행복하겠지? 글쓴이의 생각이라고 볼 수 없음.
> ⑤ 성준 : 반달곰들이 자유를 누리면서도 안전하게 살아갈
> 수 있는 방법을 생각하는 시간을 가져야 할 때야. 4문단에 근거

>왜 정답?

⑤ 4문단에서 '반달곰들이 자유를 누리면서도 안전을 보장받을 수 있는 방법에 대해 생각해 보아야 한다.'라고 했다. 따라서 성준이의 반응이 글쓴이의 생각을 가장 잘 이해한 것이라고 할 수 있다.

>왜 오답?

①, ②, ④ 4문단에서 '반달곰이 산속에서 자유롭게 살아야 행복하다는 것에는 누구나 동의할 것이다.'라고 했다. 따라서 반달곰은 동물원에서 키우는 것과 관련된 반응은 글쓴이의 생각을 제대로 이해하지 못한 것이다.
③ 2문단에서 지리산에 사는 반달곰은 일종의 '공유 재산'이라고 하기는 하였지만, 반달곰을 사유 재산으로 인정하자는 것이 글쓴이의 생각은 아니다.

과학

미세먼지는 왜 우리 몸에 해로울까?

○ 핵심어   문단 중심 문장   전체 중심 문장

1 미세먼지란 무엇일까? 미세먼지는 대기 중에 떠다니거나 흩날려 내려오는 10㎛* 이하의 먼지를 의미하며, 먼지 알갱이의 크기에 따라 미세먼지와 초미세먼지로 구분한다. 미세먼지의 알갱이는 지름 10㎛ 이하의 크기이고 초미세먼지의 알갱이는 지름 2.5㎛ 이하의 크기이다. 사람의 머리카락 지름이 50~70㎛ 정도이므로 미세먼지 알갱이의 크기가 얼마나 작은지를 짐작해 볼 수 있다.

2 그렇다면 미세먼지는 왜 우리 몸에 해로울까? 미세먼지 알갱이의 크기가 너무 작기 때문이다. 우리 몸의 코털과 기관지의 점막은 먼지를 걸러 낸다. 하지만 미세먼지 알갱이의 크기는 너무 작아서 코털과 기관지의 점막이 걸러 내지 못하고 몸속으로 들어간다. 몸속에 들어간 미세먼지는 혈관을 따라 우리의 몸 깊숙한 곳까지 침투한다.

3 미세먼지가 몸속에 들어가도 인체에 해롭지 않은 물질이거나 몸 밖으로 쉽게 배출되는 물질이라면 크게 문제가 되지 않을 것이다. 하지만 미세먼지는 세계 보건 기구에서 정한 우리의 몸에 치명적인 1급 발암 물질이다. 미세먼지는 일반적으로 대기 오염을 일으키는 물질이 공기와 만나 형성된 화학 물질, 석탄과 석유를 태우는 과정에서 발생하는 오염 물질 등으로 구성된다. 이러한 것들은 우리 몸에 들어가면 암뿐만 아니라, 기관지와 눈, 폐 등에 크고 작은 병을 발생시킬 확률이 높다.

4 따라서 미세먼지 수치가 높은 날에는 최대한 미세먼지를 피하도록 노력해야 한다. 바깥 활동을 자제하고 실내에서는 창문을 닫아 밖의 미세먼지가 안으로 들어오는 것을 차단해야 한다. 또한 외출을 할 때는 미세먼지 차단용 마스크를 꼭 착용하고, 외출하고 돌아온 후에는 손과 얼굴 등을 깨끗이 씻어야 한다. 물과 과일, 채소 등을 섭취하는 것도 미세먼지로부터 우리의 몸을 지키는데 도움이 된다.

* ㎛(마이크로미터) : 미터(meter)법에 의한 길이의 단위로, 1㎛은 1m의 백만분의 일에 해당한다.

1 문단 요약
미세먼지와 초미세먼지의 개념

2 문단 요약
미세먼지가 해로운 이유 ① 알갱이의 크기가 작아 몸속 깊은 곳까지 침투함.

3 문단 요약
미세먼지가 해로운 이유 ② 병을 발생시킬 확률이 높음.

[중심 문단]
4 문단 요약
미세먼지로 인한 피해를 줄이는 방법 제안 및 실천 당부

- **내용** : 이 글은 미세먼지가 우리 몸에 치명적인 이유를 설명하고, 미세먼지 수치가 높은 날 미세먼지로부터의 피해를 줄이는 방법에 대해 이야기하고 있다. 미세먼지 수치가 높은 날에는 최대한 미세먼지를 피하도록 노력해야 한다.

- **주제** : 미세먼지가 해로운 이유와 미세먼지로 인한 피해를 줄이는 방법

- **문단 간의 관계** : 1문단에서는 미세먼지와 초미세먼지의 개념을 소개하고 있다. 2문단과 3문단에서는 미세먼지가 우리의 몸에 해로운 이유를 구체적으로 제시하고 있다. 4문단에서는 미세먼지로 부터의 피해를 줄이는 방법을 안내하며 글을 마무리하고 있다.

- **글의 구조도**

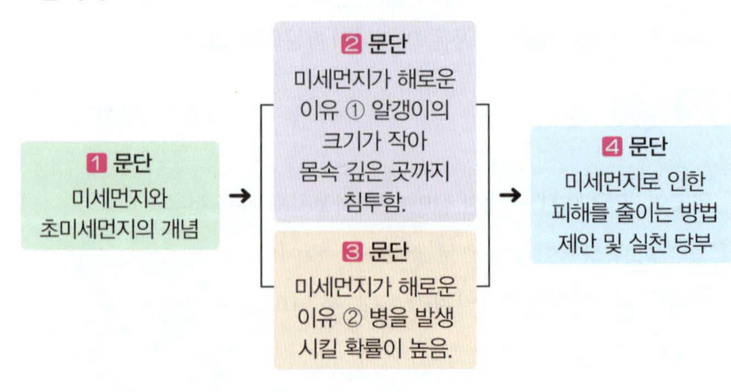

> 다음은 1문단의 내용을 정리한 것이다. 빈칸에 들어가기에 적
> 절한 말을 순서대로 쓰시오.
>
> ( )은/는 대기 중에 떠다니거나 흩날려 내려오는 지
> 1문단 2번째 문장에 근거
> 름 10㎛ 이하의 먼지를 의미하며 그 중에서 지름 2.5㎛* 이하의
> 1문단 3번째 문장에 근거
> 먼지를 ( )(이)라고 한다.

✔ 왜 정답 ?

제시된 문장은 1문단의 내용을 정리한 것이다. 1문단에서는 미세먼지
와 초미세먼지의 개념을 구분하여 정리하고 있다. 1문단에서 '미세먼
지는 대기 중에 떠다니거나 흩날려 내려오는 10㎛ 이하의 먼지를 의
미'한다면서 미세먼지의 개념을 밝히고 있다. 또 '먼지 알갱이의 크기
에 따라 미세먼지와 초미세먼지로 구분한다.'라면서 미세먼지와 초미
세먼지를 구분하는 기준을 제시하고 있다. 이어 '미세먼지의 알갱이는
지름 10㎛ 이하의 크기이고 초미세먼지의 알갱이는 지름 2.5㎛ 이하의
크기이다.'라고 하였다. 따라서 빈칸에는 순서대로 '미세먼지', '초미세
먼지'가 들어가는 것이 적절하다.

🐟 황사와 미세먼지

> 황사는 주로 중국 북부나 몽골의 건조, 황토 지대에서 바람에
> 날려 올라간 미세한 모래 먼지가 대기 중에 퍼져서 하늘을 덮었
> 다가 서서히 내려오는 현상 또는 내려오는 흙먼지를 말한다. 황
> 사의 주성분인 황토 혹은 모래의 크기는 0.2~2㎛로 우리나라
> 까지 날아오는 것은 1~10㎛ 정도의 크기이다. 〈삼국유사〉에
> 서도 신라 시대에서 '흙비가 내렸다.'라고 하는 기록이 있을 정
> 도로 황사는 오랫동안 존재하였던 현상이다. 요즘에는 황사가
> 중국을 거치면서 우리나라에 올 때 급속하게 산업화되고 있는
> 지역을 지나게 된다. 그러면서 황사 속에 포함되어 있는 규소,
> 납, 카드뮴, 니켈, 크롬 등의 중금속 농도가 증가했기 때문에 그
> 위험성이 더 커졌다.
>
> 그렇다면 황사와 미세먼지의 차이는 무엇일까? 황사는 중국
> 몽골 지역에서 강한 바람에 의해 공기 중의 높은 곳에 올라간
> 흙먼지가 바람을 타고 이동해 지상으로 떨어지는 자연 현상이
> 다. 반면에 미세먼지는 자동차·공장·가정 등에서 사용하는 화
> 석 연료를 사용함에 따라 배출된 오염 물질이 주요 원인이다.
> 즉 황사는 자연 현상이고 미세먼지는 인간이 만든 현상이라는
> 차이가 있다.

02 [정답] ① ┈┈┈┈┈ 문단 간의 관계 파악하기

> 윗글에 대한 설명으로 적절하지 <u>않은</u> 것은?
>
> ① 1문단에서는 전문가의 의견을 인용하여 미세먼지의 개
> 전문가의 의견을 인용하고 있지 않음.
> 념을 설명하고 있다.
>
> ② 2문단, 3문단에서는 미세먼지가 우리 몸에 해로운 이유
> 크기가 작아서 몸에 잘 침투하며, 1급 발암 물질로 병을 일으킬 확률이 높음.
> 를 설명하고 있다.
>
> ③ 4문단에서는 미세먼지로 인한 피해를 줄이는 방법에 대
> 창문 닫기, 마스크 쓰기, 손과 얼굴 씻기, 물, 과일, 채소 섭취하기 등
> 해 설명하며 글을 마무리하고 있다.

✔ 왜 정답 ?

① 1문단에서 '미세먼지는 대기 중에 떠다니거나 흩날려 내려오는 10
㎛ 이하의 먼지를 의미'한다면서 미세먼지의 개념을 설명하고 있
다. 그러나 전문가의 의견을 인용하지는 않았다. 미세먼지를 먼지
알갱이의 크기에 따라 미세먼지와 초미세먼지로 구분하고 있을 뿐
이다.

✔ 왜 오답 ?

② 2문단에서는 '미세먼지 알갱이의 크기는 너무 작아서 코털과 기관
지의 점막이 걸러 내지 못하고 몸속으로 쉽게 들어간다. 또한 몸속
에 들어간 미세먼지는 혈관을 따라 우리의 몸 깊숙한 곳까지 침투
한다.'고 하였다. 또 3문단에서는 '미세먼지는 세계 보건 기구에서
정한 우리의 몸에 치명적인 1급 발암 물질'로, '우리 몸에 들어가면
암뿐만 아니라, 기관지와 눈, 폐 등에 크고 작은 병을 발생시킬 확
률이 높다.'라고 했다. 이처럼 2문단과 3문단에서는 미세먼지가 우
리 몸에 해로운 이유를 구체적으로 설명하고 있다.

③ 4문단에서는 '미세먼지 수치가 높은 날에는 최대한 미세먼지를 피
하도록 노력해야 한다.'라면서 바깥 활동을 자제하고, 실내에서는
창문을 닫으며, 외출을 할 때는 마스크를 꼭 써야 한다고 했다. 또
외출 후에는 손과 얼굴 등을 깨끗이 씻고, 물과 과일, 채소 등을 섭
취하는 것도 미세먼지로부터 우리의 몸을 지키는데 도움이 된다고
하였다.

어떤 사람을 소비자라고 할까?

○ 핵심어　　▨ 문단 중심 문장　　▨ 전체 중심 문장

1 물건을 사러 마트에 갈 때나, 식사를 하러 음식점에 갈 때 우리는 항상 '㉠소비자'가 된다. 소비자란 우리가 일반적으로 아는 것처럼 '무언가를 돈으로 사는 사람'만을 의미할까? 이 질문에 정확하게 답을 하려면, 경제학적으로 소비자를 무엇이라고 정의하는지를 알아야 한다.

2 소비자란 '상품이나 서비스를 소비하는 사람'을 의미한다. 이때의 '소비'란 '돈이나 물건, 시간, 노력 등을 써서 없앰.'이라는 의미이다. 이를 고려하면 소비자는 '상품이나 서비스를 써서 없애는 사람'을 가리킨다. 어떤 상품 혹은 서비스를 써서 없앤다는 것은 결국 그것을 실제로 사용한다는 의미이다. 그래서 경제학에서는 소비자를 '최종 수요자*'라고 정의하기도 한다.

3 이러한 관점에서 보면 우리가 동네 과자 가게에서 먹고 싶은 과자를 사면 우리는 바로 소비자가 된다. 반면 과자 가게의 주인은 과자를 과자 회사에서 구입했지만, 최종적으로 그것을 먹어 없애는 사람이 아니기 때문에 소비자가 아닌 '판매자'가 된다.

4 한편 과자를 만드는 과자 공장은 '생산자'가 된다. 그렇지만 과자 공장에서도 과자를 만들 때 필요한 재료인 밀가루, 설탕, 포장 재료 등을 다른 업체에서 구입한다. 그러면 과자 공장도 이때는 소비자가 되는 것일까? 과자 공장에서 사용하는 과자의 재료들은 결국에는 과자로 만들어져 소비자에게 전해진다. 따라서 이런 경우에 과자 공장은 이러한 재료들을 잠깐 동안만 사용하게 되므로 과자 공장은 소비자가 아니라 '사용자'라고 보아야 한다. 다만 과자를 만드는 기계나 공장에서 일하는 사람들이 착용하는 작업복 등은 소비자에게 전해지지 않고 과자 공장에서 써 버리는 것들이므로, 이것들을 소비하는 측면에서는 과자 공장도 소비자라고 볼 수 있다.

5 이처럼 상황에 따라 생산자와 소비자의 역할이 바뀌기도 하기 때문에 생산자와 소비자를 항상 명확하게 구분할 수는 없다. 경제 활동을 하는 사람이라면 누구든지 생산자이면서 동시에 판매자, 소비자가 될 수 있다는 점을 기억하고 조금 더 바람직한 경제 활동을 하도록 노력하자.

* 최종 수요자 : 경제 활동의 가장 마지막 단계에서, 최종적으로 어떤 상품이나 서비스가 필요해서 사거나 얻고자 하는 사람

---

1 문단 요약
소비자의 개념에 대한 의문

[중심 문단]
2 문단 요약
소비자의 정의

3 문단 요약
과자 가게의 예 ① 판매자의 개념

4 문단 요약
과자 가게의 예 ② 생산자, 사용자의 개념

5 문단 요약
고정적이지 않은 소비자와 생산자의 역할

- **내용** : 이 글은 경제학적 관점에서 소비자의 개념을 설명하고, 구체적인 사례를 들어 소비자와 판매자, 사용자의 차이를 드러내고 있다.

- **주제** : 소비자의 개념과 특징

- **문단 간의 관계** : 1문단에서 소비자의 개념에 대해 의문을 제기한 후, 2문단에서 이에 답하고 있다. 3문단과 4문단에서 과자 가게의 예를 통해 판매자, 생산자, 사용자의 개념을 설명하고, 5문단에서는 생산자와 소비자의 역할이 고정적이지 않다는 것을 밝히고 있다.

- **글의 구조도**

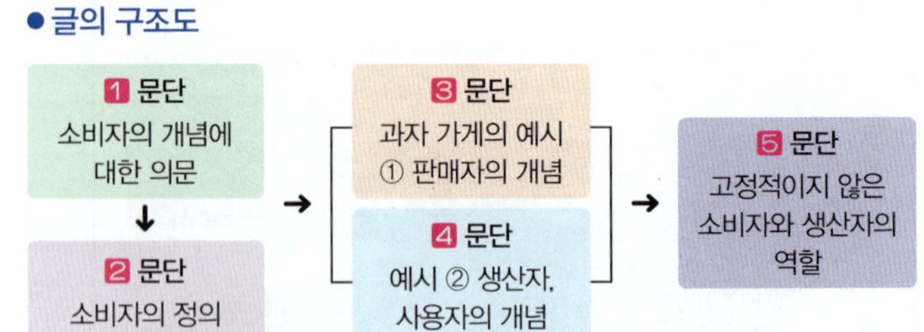

03 [정답] 생산자, 사용자, 소비자 ·············· 문단 요약하기

>왜 정답?

4문단에서 '과자를 만드는 과자 공장은 '생산자'가 된다.'라고 하였고, '과자 공장은 이러한 재료들을 잠깐 동안만 사용하게 되므로 과자 공장은 소비자가 아니라 '사용자'라고 하였다. 또 '작업복 등은 소비자에게 전해지지 않고 과자 공장에서 써 버리는 것들이므로, 이것들을 소비하는 측면에서는 과자 공장도 소비자'라고 하였다. 따라서 빈칸에 들어가기에 적절한 말은 순서대로 '생산자', '사용자', '소비자'이다.

04 [정답] ③ ·············· 문단 간의 관계 파악하기

>왜 정답?

③ 3문단에서는 과자 가게의 예를 통해 판매자와 소비자의 차이를, 4문단에서는 과자 공장의 예를 들어 생산자인 과자 공장이 사용자, 소비자가 되는 것을 설명하고 있다. 따라서 4문단이 3문단의 예를 반복한다거나, 4문단에서 입장을 정리한다고 할 수 없다.

05 [정답] ㉠ 판매자, ㉡ 소비자 ·············· 내용 파악하기

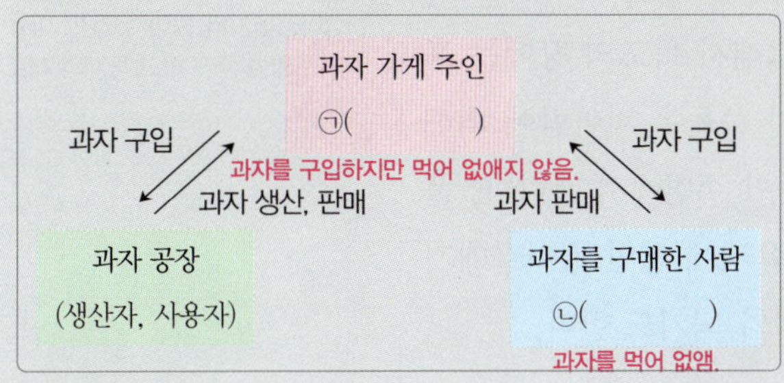

>왜 정답?

3문단에서 '우리가 동네 과자 가게에서 먹고 싶은 과자를 사면 우리는 바로 소비자가 된다. 반면 과자 가게의 주인은 과자를 과자 회사에서 구입했지만, 최종적으로 그것을 먹어 없애는 사람이 아니기 때문에 소비자가 아닌 '판매자'가 된다.'라고 하였다.

06 [정답] ② ·············· 내용 파악하기

>왜 정답?

② 2문단에서 소비자는 구입한 상품이나 서비스를 써서 없애는 사람이라고 했다. 또 3문단에서 사용자는 재료들을 잠깐 동안 사용만 한다고 했다. 따라서 무엇인가를 써서 없애는 사람은 '소비자'이다.

>왜 오답?

① 2문단에서 '소비자란 '상품이나 서비스를 소비하는 사람'을 의미한다.'라고 하였는데, '어떤 상품 혹은 서비스를 써서 없앤다는 것은 결국 그것을 실제로 사용한다는 의미'이므로 '소비'의 개념은 '사용'의 의미를 포함한다고 할 수 있다.

③ 5문단에서 '상황에 따라 생산자와 소비자의 역할이 바뀌기도' 한다고 하였다.

④ 1문단에서 일반적으로 우리는 소비자를 '무언가를 돈으로 사는 사람'으로 안다고 하였다. 하지만 2문단에서 경제학적으로 소비자는 '상품이나 서비스를 써서 없애는 사람'을 의미한다고 하였다.

⑤ 3문단에서 '과자 가게의 주인은 과자를 과자 회사에서 구입했지만, 최종적으로 그것을 먹어 없애는 사람이 아니기 때문에 소비자가 아닌 '판매자'가 된다.'라고 하였다.

07 [정답] ② ·············· 내용 파악하기

>왜 정답?

② 4문단에서 '과자 공장은 이러한 재료들을 잠깐 동안만 사용하게 되므로 과자 공장은 소비자가 아니라 '사용자'라고 보아야 한다.'라 하였다. 따라서 상품을 만드는 과정에서 잠깐 동안만 사용하는 사람은 소비자가 아니라 사용자이다.

>왜 오답?

① 5문단에서 '경제 활동을 하는 사람이라면 누구든지 생산자이면서 동시에 판매자, 소비자'라고 하였다.

③ 2문단에서 '소비자는 '상품이나 서비스를 써서 없애는 사람'을 의미하는 것이다.'라고 하였다.

④ 2문단에서 '경제학에서는 소비자를 '최종 수요자'라고 정의하기도 한다.'라고 하였다. 또한 최종 수요자란 '경제 활동의 가장 마지막 단계에서, 최종적으로 어떤 상품이나 서비스가 필요해서 사거나 얻고자 하는 사람'을 의미한다고 했다.

⑤ 1문단에서 '물건을 사러 마트에 갈 때나, 식사를 하러 음식점에 갈 때 우리는 항상 '소비자'가 된다.'라고 하였다.

새똥이 먹여 살리는 독도

○ 핵심어 ▉ 문단 중심 문장 ▉ 전체 중심 문장

1 독도에는 많은 수의 괭이갈매기가 살고 있다. 독도가 괭이갈매기의 번식지이기 때문이다. 독특한 울음소리를 내는 괭이갈매기를 많이 볼 수 있는 것은 좋다. 하지만 이 많은 괭이갈매기들이 모두 독도에 똥을 싸면 독도의 온 땅이 괭이갈매기의 똥으로 뒤덮이는 문제가 발생하지 않을까? 실제로 독도 선착장 부근의 새하얀 바닥은 온통 괭이갈매기의 똥이라고 한다.

독도가 괭이갈매기의 똥으로 뒤덮이지 않을지에 대한 의문 → 독자들의 호기심을 유발함.
1문단의 핵심어

2 하지만 우리의 걱정과 달리, 독도에서는 괭이갈매기의 똥이 오히려 도움이 된다고 한다. 독도에 사는 많은 생물들이 괭이갈매기의 똥을 유용하게 사용하기 때문이다.

앞의 내용과 반대되는 내용을 이어 줌.
2문단의 핵심어
1문단에서 제기한 의문에 대한 답을 제시함.

3 육지와 동떨어져 바다 위에 홀로 떠 있는 독도와 그 주변에는 늘 영양분이 부족하다. 그래서 독도와 그 주변에 사는 생물들에게 괭이갈매기의 똥은 훌륭한 먹이가 된다. 새는 먹은 것의 영양분을 대부분 흡수하지 못하고 배설하기 때문에 새똥에는 영양분이 아주 풍부하다. 그 덕에 독도 주변의 바닷속에 사는 작은 생물인 플랑크톤은 괭이갈매기의 똥을 먹음으로써 영양분을 충분히 섭취할 수 있다.

3문단의 핵심어
괭이갈매기의 똥이 유용한 이유 ①
괭이갈매기의 똥이 독도 주변의 생물에게 훌륭한 먹이가 됨.

4 육지에 쌓이는 괭이갈매기의 똥은 독도의 토양을 좋게 만들기도 한다. 독도는 바다 속의 화산이 분출하면서 화산재가 쌓여 만들어진 화산섬이다. 그래서 독도의 땅에는 흙이 거의 없고, 뿌리를 깊게 내린 나무도 찾아보기 어렵다. 그나마 풀들은 비바람에 의해 바위가 부서져 흙이 된 부분, 그 중에서도 특히 괭이갈매기의 둥지 주변에서 자란다. 풀 등의 식물들이 괭이갈매기의 똥을 양분으로 삼기 때문이다. 또 육지에 쌓인 괭이갈매기의 똥은 독도에 사는 다른 새들이 둥지를 만들 때 쓰는 좋은 재료가 되기도 한다.

4문단의 핵심어
괭이갈매기의 똥이 유용한 이유 ②
독도의 땅에 흙이 거의 없는 이유
괭이갈매기의 똥이 식물들이 자랄 수 있는 환경을 만들어 줌.
괭이갈매기의 똥이 유용한 이유 ③

5 이처럼 독도에서는 전혀 쓸모없을 것만 같은 괭이갈매기의 똥이 유용하게 쓰이고 있다. 독도에 사는 생물들의 유용한 자원이 되는 괭이갈매기의 똥을 통해 새똥이 더럽기만 하다는 우리의 인식을 바꾸어 보는 것은 어떨까?

5문단의 핵심어

---

1 문단 요약
괭이갈매기의 똥으로 인해 생길 수 있는 문제 제기

2 문단 요약
괭이갈매기의 똥의 유용성

3 문단 요약
괭이갈매기의 똥이 유용한 이유
① 독도와 그 주변 생물들의 먹이가 됨.

4 문단 요약
괭이갈매기의 똥이 유용한 이유
② 토양을 좋게 하고 둥지의 재료가 됨.

[중심 문단]
5 문단 요약
괭이갈매기의 똥이 유용하게 쓰이는 독도

- **내용 :** 이 글은 독도에서 괭이갈매기의 똥이 유용한 자원으로 쓰이고 있음을 설명하고 있다. 괭이갈매기의 똥은 영양분이 부족한 독도와 주변 생물들에게 훌륭한 먹이가 되며, 화산섬인 독도의 토양을 좋게 만든다. 또 다른 새들이 둥지를 만들 때 쓰는 재료로도 사용된다.

- **주제 :** 독도에서 유용하게 쓰이는 괭이갈매기의 똥

- **문단 간의 관계 :** 1문단에서는 괭이갈매기의 똥으로 인해 독도에 생길 수 있는 문제에 대해 의문을 드러내고 있다. 2문단에서는 괭이갈매기의 똥의 유용성에 대해 언급하고, 3문단과 4문단에서는 괭이갈매기의 똥이 유용한 이유를 구체적으로 제시하고 있다. 5문단에서는 앞 문단의 내용을 요약하며 글을 마무리하고 있다.

- **글의 구조도**

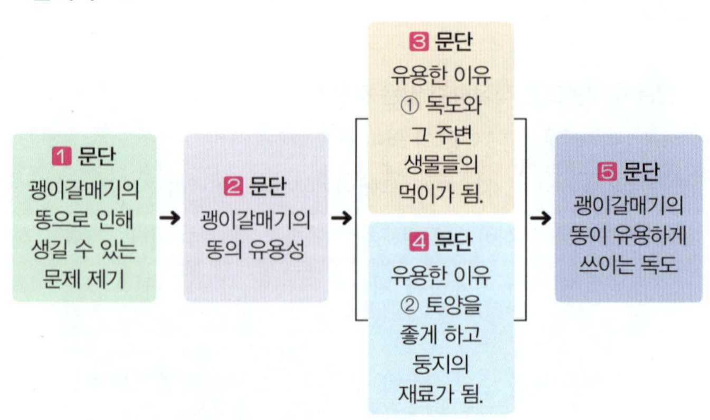

다음은 5문단의 내용을 정리한 것이다. 빈칸에 들어가기에 적절한 말을 쓰시오.

> 독도에서는 전혀 쓸모없을 것만 같은 (　　　　　)이/가 유용하게 쓰이고 있다.
> 유용한 자원이 됨.

>왜 정답?

제시된 문장은 5문단의 내용을 정리한 것이다. 5문단에서는 '이처럼 독도에서는 전혀 쓸모없을 것만 같은 괭이갈매기의 똥이 유용하게 쓰이고 있다.'라고 하면서 괭이갈매기 똥의 유용성을 강조하고 있다. 또한 이러한 괭이갈매기 똥의 사례를 통해 '새똥이 더럽기만 하다는 우리의 인식을 바꾸어 보는 것은 어떨까?'라고 하면서 '새똥'에 대한 인식의 전환을 촉구하고 있다. 따라서 빈칸에 들어가기 적절한 말은 이 글의 핵심어인 '괭이갈매기의 똥'이다.

윗글에 대한 설명으로 적절하지 <u>않은</u> 것은?

① 1문단에서는 서로 다른 두 견해를 가진 학자들의 예를 들고 있다.
이야기하지 않음

② 2문단에서 괭이갈매기의 똥이 유용하다고 언급한 후, 3문단과 4문단에서 이를 구체적으로 설명하고 있다.
먹이가 됨, 토양을 좋게 함, 둥지의 재료가 됨.

>왜 정답?

① 1문단에서는 독도에 많은 수의 괭이갈매기가 살고 있다면서 '이 많은 괭이갈매기들이 독도에 똥을 싸면 독도의 온 땅이 괭이갈매기의 똥으로 뒤덮이는 문제가 발생하지 않을까?'라며 의문을 제기하고 있다. 그러나 서로 다른 두 견해를 가진 학자들에 대해서는 이야기하고 있지는 않다.

>왜 오답?

② 2문단에서는 괭이갈매기의 똥이 독도에서 도움이 된다고 하였다. 3문단에서는 괭이갈매기의 똥이 독도와 그 주면에 사는 생물들의 먹이가 된다고 하였고, 4문단에서는 괭이갈매기의 똥이 토양을 좋게 하고, 다른 새들이 만드는 둥지의 재료가 된다고 하였다. 따라서 2문단의 내용을 3문단과 4문단에서 구체적으로 설명하여 보충하고 있다고 볼 수 있다.

🐟 소중한 우리의 영토, 독도

우리 국토의 동쪽 끝에 있는 섬, 독도는 '국토의 파수꾼'이자 어부들의 어장, 새들의 쉼터이다. 독도는 동도와 서도라는 두 개의 큰 섬과 89개의 바위섬으로 이루어져 있다. 독도는 옛날에 삼봉도, 우산도, 가지도라 불렸으며, 1881년 고종 18년부터 독도라고 불리게 되었다.

독도 주변은 고기가 잘 잡히는 황금 어장이다. 독도 주변의 바다는 한류와 난류가 만나는 지점이기 때문에 물고기들의 먹이인 플랑크톤이 풍부하다. 독도 주변의 바다는 명태, 오징어, 상어, 연어 등 다양한 물고기들이 많이 잡힌다. 바닷속에도 다시마, 소라, 전복 등 해조류가 다양하게 서식하며 상당량의 지하자원이 묻혀 있기도 하다.

아름다운 섬 독도는 군사적으로도 큰 가치가 있다. 현재 우리나라에서는 독도에 통신 기지를 세워 전략적 차원에서 기지를 관리하고 있다. 이 독도 관측소에서는 러시아 태평양 함대와 일본 및 북한의 해군과 공군의 이동 상황을 신속히 파악하는 등 한반도 평화에 필요한 군사 정보를 모으고 있다.

AI에게 권리를 인정해 주어야 할까?

○ 핵심어   문단 중심 문장   전체 중심 문장

1 인공 지능(Artificial Intelligence, AI)이란, 인간의 지능이 가지는 학습, 추리, 적응, 논증 따위의 기능을 갖춘, 즉 인간과 같이 사고하고 학습하고 판단하는 논리적인 방식을 사용하는 컴퓨터 프로그램을 의미한다. AI와 관련된 기술이 발달함에 따라, 이를 이용하여 피카소의 그림을 그대로 따라서 그리게 하거나, 음악을 작곡하고, 새로운 컴퓨터 프로그램을 만들어 내는 등의 작업도 활발하게 이루어지고 있다.

1문단의 핵심어 · 인공 지능의 개념 · 인공 지능이 활용되는 예

2 현재 우리나라에서는 '지식(지적) 재산권'이라 하여 '문학·예술 및 과학 작품, 연출, 예술가의 공연·음반 및 방송, 발명, 과학적 발견 등에 대한 보호 권리와 공업·과학·문학 또는 예술 분야의 지적 활동에서 발생하는 기타 모든 권리'를 보호하고 있다. 그렇다면 AI가 만든 창작물에 대한 권리는 인정하고 보호하고 있을까?

2문단의 핵심어 · 지식 재산권에 포함되는 범위 · 질문을 통해 이어질 화제를 제시함.

3 저작권법 제2조에서 저작자는 저작물을 창작한 자를 말한다고 규정하고 있다. 이를 고려하면 우리나라에서 지식 재산권을 보호받을 수 있는 것은 '저작물을 창작한 자', 즉 사람뿐이라고 보아야 한다. 하지만 일각에서는 인공 지능이 만든 저작물도 보호해 주어야 한다는 주장도 있다. 인공 지능은 기본적으로 인간이 제작하였으므로, 인공 지능 자체의 권리라기보다는 인공 지능을 제작한 사람의 권리로 보아 이를 보장하는 것이 합당하다는 것이 그들의 생각이다. 이에 반대하는 사람들은 인공 지능은 일종의 도구로, 인간처럼 독자성을 가진 존재로 보기는 어렵기 때문에 권리와 책임의 주체로 인정할 수 없다고 주장한다.

저작자의 개념 · 현재 지식 재산권을 보호받을 수 있는 대상은 사람으로 제한됨. · 3문단의 핵심어 · 지식 재산권의 적용 범위를 넓혀야 한다고 주장하는 사람들이 있음. · 인공 지능이 만든 창작물의 권리를 보호하는 것에 찬성하는 이유 · 인공 지능이 만든 창작물의 권리를 보호하는 것에 반대하는 이유

4 인공 지능이 다양한 창작물을 쏟아 내는 요즈음의 현실을 고려하면, 인공 지능의 창작물에 대한 권리를 둘러싼 이러한 논쟁은 이야기할 만한 가치가 있다. 인공 지능의 권리를 어디까지 인정해 주어야 할지, 지금 같이 생각해 볼 때이다.

인공 지능의 권리 보장에 대해 논의가 필요한 이유 · 4문단의 핵심어

---

1 문단 요약
인공 지능의 개념과 활용

2 문단 요약
지식 재산권의 적용 범위와 대상

3 문단 요약
인공 지능이 만든 창작물의 권리 보호에 대한 찬성과 반대의 입장

[중심 문단]
4 문단 요약
인공 지능의 권리 보장에 대한 논의의 필요성

- **내용 :** 이 글은 인공 지능의 개념을 설명하고, 인공 지능이 만든 창작물의 권리를 보장하는 것에 대한 찬성 측과 반대 측의 의견을 제시하고 있다. 인공 지능이 만든 창작물의 권리를 보호하는 것에 찬성하는 사람들은 인공 지능이 만든 창작물을 인공 지능을 제작한 사람의 권리로 보고 이를 보장해야 한다고 주장한다. 반면 반대 입장의 사람들은 인공 지능을 권리의 주체로 인정할 수 없음을 근거로 내세운다. 인공 지능의 창작물이 많이 창작되고 있는 현 시점에서, 이러한 논의는 이야기할 만한 가치가 있다.

- **주제 :** 인공 지능이 만든 창작물에 대한 권리 보호

- **문단 간의 관계 :** 1문단에서는 인공 지능의 개념을 설명하고 있다. 2문단에서는 '지식 재산권'을 소개하며 인공 지능이 만든 창작물의 권리에 대해 의문을 제기하고 있다. 3문단에서는 이에 대한 답으로 현재 저작자로서 보호받는 대상은 사람뿐임을 밝히고, 보호 대상을 인공 지능으로까지 확대하는 것에 대한 찬성과 반대의 입장을 소개하고 있다. 4문단에서는 이러한 논의가 현 시점에서 갖는 의미에 대해 이야기하고 있다.

- **글의 구조도**

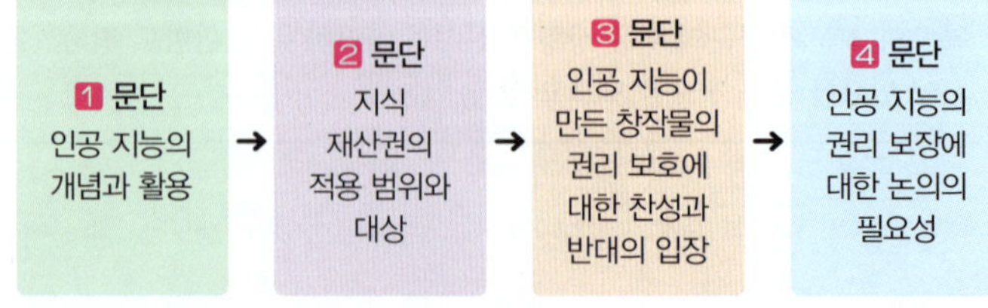

03 [정답] 지식(지적) 재산권 ·········· 문단 요약하기

> **왜 정답?**

2문단에서 '현재 우리나라에서는 '지식(지적) 재산권'이라 하여 ~ 지적 활동에서 발생하는 기타 모든 권리'를 보호하고 있다.'라고 하였다. 따라서 빈칸에 들어가기에 적절한 말은 '지식(지적) 재산권'이다.

04 [정답] ③ ·········· 문단 간의 관계 파악하기

> **왜 정답?**

③ 4문단에서 '인공 지능의 창작물에 대한 권리를 둘러싼 이러한 논쟁은 이야기할 만한 가치가 있다.'라고 하였다. 이는 글쓴이의 평가이지, 인공 지능 혹은 인공 지능을 둘러싼 논의에 대한 타인의 평가라고 볼 수는 없다.

05 [정답] 독자성 ·········· 내용 파악하기

> 다음은 윗글을 읽고 그 내용을 정리한 것이다. 빈칸에 들어가기에 적절한 말을 쓰시오.

주장	인간의 지식 재산권만을 보호해야 한다.	인공 지능의 지식 재산권도 보호해야 한다.
근거	인공 지능은 일종의 도구일 뿐, 인간과 같은 (　　　)을 /를 갖지 못하기 때문이다. 3문단 5번째 문장에 근거	인공 지능도 기본적으로 인간이 만든 것이므로 그 권리를 보호해야 한다. 3문단 4번째 문장에 근거

> **왜 정답?**

3문단에서 인공 지능의 지식 재산권을 보호하는 것에 반대하는 사람들은 '인공 지능은 일종의 도구로, 인간처럼 독자성을 가진 존재로 보기는 어렵기 때문에 권리와 책임의 주체로 인정할 수 없다고 주장한다.'라고 하였다. 따라서 빈칸에 들어가기에 적절한 말은 '독자성'이다.

06 [정답] ⑤ ·········· 내용 파악하기

> 윗글의 내용으로 적절하지 <u>않은</u> 것은?
>
> ① 과학적 발견도 지식 재산권의 보호 범위에 포함된다.
> 　발명, 과학적 발견 등에 대한 보호 권리가 포함됨.
> ② 인공 지능을 활용하여 피카소의 그림을 똑같이 그릴 수 있다.
> 　인공 지능과 관련된 기술을 이용하여 피카소의 그림을 따라서 그림.
> ③ 인공 지능은 인간처럼 생각하고 판단할 수 있는 프로그램이다.
> 　인공 지능은 인간과 같이 사고, 학습, 판단하는 컴퓨터 프로그램임.
> ④ 현재 우리나라에서 저작권법으로 보호를 받는 대상은 사람으로 한정되어 있다.
> 　저작권법에 의해 지식 재산권을 보호받을 수 있는 대상은 사람뿐임.
> ⑤ 전세계적으로 인공 지능을 제작한 사람들은 인공 지능이 만든 저작물에 대한 권리를 보호받을 수 있다.
> 　우리나라에서 인공 지능이 만든 저작물은 그 권리를 보호받지 못함.

> **왜 정답?**

⑤ 3문단에서 '우리나라에서 지식 재산권을 보호받을 수 있는 것은 '저작물을 창작한 자', 즉 사람뿐이라고 보아야 한다.'라고 하였다. 따라서 우리나라에서는 인공 지능이 만든 저작물은 권리를 보호받지 못함을 알 수 있다.

> **왜 오답?**

① 2문단에서 '현재 우리나라에서는 '지식 재산권'이라 하여 ~ 발명, 과학적 발견 등에 대한 보호 권리'를 보호하고 있다고 했다.
② 1문단에서 'AI와 관련된 기술이 발달함에 따라, 이를 이용하여 피카소의 그림을 따라서 그리게' 한다고 하였다.
③ 1문단에서 인공지능은 '인간과 같이 사고하고 학습하고 판단하는 논리적인 방식을 사용하는 컴퓨터 프로그램을 의미한다.'라고 하였다.
④ 3문단에서 '우리나라에서 지식 재산권을 보호받을 수 있는 것은 '저작물을 창작한 자', 즉 사람뿐이라고 보아야 한다.'라고 하였다.

07 [정답] ② ·········· 글쓴이의 의도 파악하기

> 윗글의 글쓴이가 글을 쓴 이유로 가장 적절한 것은?
>
> ① 저작권 보호의 중요성을 강조하기 위해서
> 　언급되지 않은 내용임.
> ② 인공 지능의 권리 인정에 대한 찬반 의견을 소개하고 싶어서
> 　4문단에 근거
> ③ 인공 지능의 개발로 우리 생활이 달라진 점을 부각하기 위해서
> 　1문단 근거 → 인공 지능의 다양한 활용을 알려 주기 위한 사례로만 제시함.
> ④ 인공 지능과 함께 등장한 지식 재산권 규정을 설명하기 위해서
> 　언급되지 않은 내용임.
> ⑤ 인공 지능도 지식 재산권을 인정해 주어야 한다고 주장하기 위해서
> 　일각의 주장이라고 소개함.

> **왜 정답?**

② 4문단에서 '인공 지능이 다양한 창작물을 쏟아 내는 요즈음의 현실을 고려하면, 인공 지능의 창작물에 대한 권리를 둘러싼 이러한 논쟁은 이야기할 만한 가치가 있다.'라고 하였다. 그리고 3문단에서 인공 지능 저작물의 권리 인정에 대한 찬반 의견을 소개하고 있으므로, 글쓴이는 이러한 논쟁을 소개하기 위해 글을 썼다고 볼 수 있다.

> **왜 오답?**

① 이 지문에서 저작권 보호의 중요성은 이야기하고 있지 않다.
③ 1문단에서 'AI와 관련된 기술이 ~ 활발하게 이루어지고 있다.'라고 하였다. 이는 인공 지능의 다양한 활용을 알려 주는 예일 뿐, 글쓴이가 인공 지능이 개발로 우리 생활이 달라진 점을 부각하기 위해서 이 글을 쓴 것이라고 볼 수는 없다.
④ 지식 재산권이 인공 지능과 함께 등장하였다고 설명하고 있지는 않다.
⑤ 3문단에서 '일각에서는 인공 지능이 만든 저작물도 보호해 주어야 한다는 주장도 있다.'라고 하였다. 따라서 인공 지능의 지식 재산권을 인정하자는 주장은 일부 사람들의 견해일 뿐, 글쓴이의 주장이라고 볼 수는 없다.

여성과 남성의 역할

○ 핵심어　　🟨 문단 중심 문장　　🟦 전체 중심 문장

1 ㉠남성과 여성의 역할이 따로 존재할까? 과거에 남성은 무리를 이끌고 책임감이 강한 사람을, 여성은 부드럽고 순종적인 사람을 이상적이라고 여기는 고정 관념이 있었다. 하지만 여성다움과 남성다움은 고정되어 있는 것이 아니며, 문화나 시대에 따라 차이가 있다. 이것은 미국의 문화인류학자인 마거릿 미드가 남태평양 파푸아뉴기니의 '챔블리', '먼더거머', '아라페쉬'라는 세 부족을 관찰한 결과를 통해서도 알 수 있다.

2 챔블리 족은 여성과 남성의 역할이 구분되어 있다. 여성들은 무거운 짐을 이고 이웃 지역과 장사를 하여 가족의 생계를 책임지며, 남자를 지배하고 이끌어 간다. 남성들은 정서적으로 여성에게 의존하며 멋을 부리고 자신을 가꾼다.

3 먼더거머 족 사람들은 남자와 여자 모두 다 경쟁적이고 공격적인 성향을 보인다. 이들은 다른 사람을 배려하고 돌보는 것에는 관심이 없어, 부족 내의 아이들도 잘 돌보지 않는다. 오히려 다른 사람을 보살피거나, 경쟁을 하지 않으려 하는 사람들이 따돌림을 당하기도 한다.

4 먼더거머 족 사람들과는 반대로 아라페쉬 족 사람들은 모두 다른 사람을 배려하고 평화를 사랑한다. 이들은 경쟁보다는 협동을 더 중요하게 생각하며, 남녀 구분 없이 누구나 아이를 돌보는 일을 매우 중요하게 여긴다.

5 이 세 부족 외에도 성별에 대해 다른 생각을 가진 사람들은 또 있다. 아프리카의 '누에르' 족은 아이를 낳았는지 여부로 성별을 구분한다. 여자라도 아이를 낳지 않은 사람은 남자로 여긴다. 즉, 결혼한 어떤 여성이 아이를 낳지 않으면 조카들은 그녀를 '삼촌'이라고 부르며, 아이를 낳지 않은 여성들은 다른 여자와 결혼할 경우, 남편으로 인정받는다.

6 파푸아뉴기니의 세 부족과 누에르 족의 생활상을 고려하면, 남성과 여성의 성 역할은 고정된 것이 아님을 알 수 있다. 즉, 사회가 요구하는 성 역할에 따라 사람들의 성 역할이 달라지는 것이다. 따라서 우리의 생각과 노력에 따라 성 역할에 대한 인식도 얼마든지 바꿀 수 있다. 우리가 여자나 남자라는 성별에 구속받지 않는다면, 나에게 숨겨진 힘과 재능을 발견할 수도 있을 것이다.

---

1 문단 요약
성 역할에 대한 문제 제기

2 문단 요약
성 역할이 구분된 챔블리 족

3 문단 요약
남녀 모두 경쟁적이고 공격적인 먼더거머 족

4 문단 요약
남녀 모두 평화를 사랑하는 아라페쉬 족

5 문단 요약
아이를 낳았는지 여부로 성별을 구분하는 누에르 족

[중심 문단]
6 문단 요약
성 역할에 대한 고정 관념에서 벗어나야 함.

- **내용 :** 이 글은 파푸아뉴기니의 세 부족과 누에르 족의 사례를 바탕으로 남성과 여성의 성 역할이 고정된 것이 아님을 주장하고 있다.
- **주제 :** 성 역할에 대한 고정 관념에서 벗어나야 할 필요성
- **문단 간의 관계 :** 1문단에서는 성 역할에 대한 고정 관념을 언급하며 문제를 제기하고, 2문단부터 5문단에서는 성 역할에 대한 고정 관념에서 벗어난 모습을 보여 주는 부족들의 사례를 제시하고 있다. 6문단에서는 성 역할에 대한 고정 관념에서 벗어나야 할 필요성을 언급하고 있다.

- **글의 구조도**

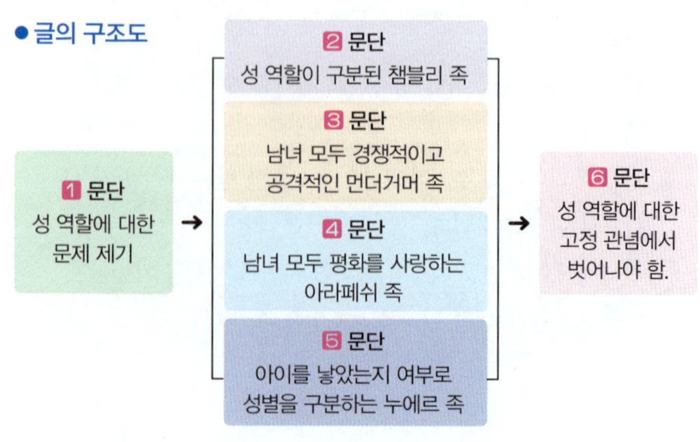

01 [정답] 성 역할 ·················· 문단 요약하기

>왜 정답?

6문단에서 '사회가 요구하는 성 역할에 따라 사람들의 성 역할이 달라지는 것이다.'라고 하였다. 따라서 빈칸에 공통적으로 들어갈 말은 '성 역할'이다.

02 [정답] ③ ·················· 문단 간의 관계 파악하기

>왜 정답?

③ 6문단에서는 사회가 요구하는 것에 따라 성 역할이 달라진다면서 글 전체의 내용을 요약하고 있다. 그러나 전문가의 의견을 인용하고 있지는 않다.

03 [정답] 문화, 시대 ·················· 내용 파악하기

> 윗글을 읽고 ㉠에 답하려고 한다. 빈칸에 들어가기에 적절한 말을 순서대로 쓰시오.
>
> > 남성다움과 여성다움은 ( )(이)나 ( )에 따
> > 1문단 3번째 문장에 근거
> > 라 달라지므로, 고정된 것이 아니다. 따라서 남성과 여성의 역할이 따로 존재한다고 할 수 없다.

>왜 정답?

1문단에서는 '남성과 여성의 역할이 따로 존재할까?(㉠)'라고 질문한 후, '여성다움과 남성다움은 고정되어 있는 것이 아니며, 문화나 시대에 따라 차이가 있다.'라고 하였다. 따라서 빈칸에 들어가기에 적절한 말은 '문화', '시대'이다.

04 [정답] ④ ·················· 내용 파악하기

> 윗글의 내용으로 적절하지 <u>않은</u> 것은?
>
> ① 과거에는 남성과 여성의 성 역할에 대한 고정 관념이 있
> 과거에는 이상적으로 여기는 성 역할이 따로 있었음.
> 었다.
> ② 챔블리 족은 남성과 여성의 역할이 구분되어 있어서 남
> 챔블리 족은 남성과 여성의 역할이 구분되어 있음.
> 성과 여성의 하는 일이 다르다.
> ③ 먼더거머 족과 아라페쉬 족 사람들의 성 역할은 크게 구
> 먼더거머 족과 아라페쉬 족은 성 역할과 성격이 성별에 따라 구별되지 않음.
> 분되어 있지 않고, 남성과 여성 모두 비슷한 성격이다.
> ④ 여성과 남성의 성 역할에 대한 인식은 문화와 시대에 따
> 라 달라지지만, 우리가 노력한다고 해서 바꿀 수는 없다.
> 성 역할에 대한 인식은 우리의 생각과 노력에 따라 바꿀 수 있음.
> ⑤ 파푸아뉴기니의 세 부족과 누에르 족의 생활상을 통해
> 사회가 요구하는 것에 따라 성 역할이 달라짐을 알 수 있다.
> 각기 다른 생활상을 통해 성 역할은 고정된 것이 아님을 알 수 있음.

>왜 정답?

④ 6문단에서 '우리의 생각과 노력에 따라 성 역할에 대한 인식도 얼마든지 바꿀 수 있다.'라고 하였다. 따라서 성 역할에 대한 인식은 노력을 통해 바꿀 수 있다.

>왜 오답?

① 1문단에서 '과거에는 남성은 무리를 이끌고 책임감이 강한 사람을, 여성은 부드럽고 순종적인 사람을 이상적이라고 여기는 고정 관념이 있었다.'라고 하였다.

② 2문단에서 챔블리 족의 '여성들은 ~ 가족의 생계를 책임지'고, '남성들은 정서적으로 여성에게 의존하며 멋을 부리고 자신을 가꾼다.'라고 하였다.

③ 3문단에서 '먼더거머 족 사람들은 남자와 여자 모두 다 경쟁적이고 공격적인 성향을 보인다.'라고 하였다. 또한 4문단에서 '아라페쉬 족 사람들은 모두 다른 사람을 배려하고 평화를 사랑한다.'라고 하였다.

⑤ 6문단에서 '파푸아뉴기니의 세 부족과 누에르 족의 생활상을 고려하면, ~ 사회가 요구하는 성 역할에 따라 사람들의 성 역할이 달라지는 것이다.'라고 하였다.

05 [정답] ⑤ ·················· 글쓴이의 의도 파악하기

> 글쓴이가 윗글을 통해 궁극적으로 말하고자 하는 바로 가장 적절한 것은?
>
> ① 성 역할에 대한 고정 관념을 유지해야 한다.
> 성별에 구속 받지 않아야 한다고 함.
> ② 각 부족이 가지고 있는 고유의 문화를 인정해야 한다.
> 글쓴이의 의견으로 적절하지 않음.
> ③ 시대나 문화의 변화에 따라 각 부족들이 달라져야 한다.
> 글쓴이의 의견으로 적절하지 않음.
> ④ 아라페쉬 족 사람들처럼 다른 사람을 배려하고 평화를
> 글쓴이의 의견으로 적절하지 않음.
> 사랑하는 사람이 되어야 한다.
> ⑤ 성 역할은 고정된 것이 아니므로, 성별에 구속받지 않고
> 성별에 구속받지 않으면 숨겨진 힘과 재능을 발견할 수 있을 것이라고 함.
> 나다움을 발견해 나가야 한다.

>왜 정답?

⑤ 글쓴이는 여러 부족의 사례를 들어 성 역할이 고정된 것이 아니라고 하였다. 특히 6문단에서 '우리가 여자나 남자라는 성별에 구속받지 않는다면, 나에게 숨겨진 힘과 재능을 발견할 수도 있을 것이다.'라면서 성별에 구속받지 않고 나다움을 발견해 나갈 것을 제안하고 있다.

>왜 오답?

①, ②, ③, ④ 글쓴이는 여러 부족의 사례를 통해 성 역할이 고정된 것이 아니라고 하였다. 따라서 성 역할에 대한 고정 관념을 유지해야 한다는 것은 글쓴이의 의견으로 적절하지 않다. 또한 다른 부족들의 사례는 글쓴이의 주장을 드러내기 위한 근거이므로, 이 부족들의 문화나 생활상에 대한 내용은 글쓴이가 궁극적으로 말하고자 하는 바라고 볼 수 없다.

DAY 11 인문+기술

에어컨을 '시원하게' 틀어라

핵심어 / 문단 중심 문장 / 전체 중심 문장

1 대부분의 사람들은 수학이 우리의 생활과 동떨어져 있다고 여긴다. 왜냐하면 수학이 '예' 또는 '아니오'라는 논리 구조로 설명할 수 있는 상황에만 적용된다고 생각하기 때문이다. 그래서 '멋있다', '예쁘다' 등의 주관적인 표현은 사람마다 그렇게 평가하는 기준이 다르기 때문에 수학으로 명확하게 표현하거나 증명할 수 없다고 여긴다. 하지만 1965년에 미국 버클리 대학교의 자데 교수는 모호한 것들을 수학적으로 표현하기 위해, '나쁘다'가 '0'이고 '좋다'가 '1'이라고 할 때 0과 1 사이에 '보통이다', '나름 괜찮다', '제법 괜찮다'와 같은 상대적인 중요도를 설정하고 이를 값으로 나타내었다. 즉, '나름 괜찮다'의 경우 '0.7 정도로 괜찮다'라고 표현한 것이다.

(수학: 1문단의 핵심어 / 자데 교수: 퍼지 이론을 만든 사람 / 주관적인 표현을 구체적인 수치로 표현함.)

1 문단 요약
퍼지 이론이 등장하게 된 배경

2 자데 교수는 이 이론을 '퍼지 이론'이라고 불렀다. 하지만 수학자들은 애매하고 모호한 것은 수학이 될 수 없다면서 퍼지 이론을 받아들이려 하지 않았다. 그런데 이 이론이 전자 제품에 응용됨에 따라 전자 제품들이 다양한 단계의 명령어를 처리할 수 있게 되었고, 현재는 이를 인정하게 되었다.

(퍼지 이론: 2문단의 핵심어 / 수학자들이 퍼지 이론을 받아들이게 됨.)

2 문단 요약
전자 제품에 응용된 퍼지 이론

3 전통적인 컴퓨터 프로그램에서는 '에어컨 온도를 25℃로 설정해라.'라는 구체적인 명령어는 처리할 수 있지만, '시원하게 에어컨을 틀어라.'와 같은 명령어를 처리할 수 없었다. 그러나 에어컨에 퍼지 이론을 적용하자, '시원하게 에어컨을 틀어라.'와 같은 명령어를 처리할 수 있게 되었다.

(온도를 몇 도로 설정해야 시원한지가 명확하지 않았기 때문에 / 퍼지 이론: 3문단의 핵심어)

3 문단 요약
에어컨에 적용된 퍼지 이론

4 퍼지 이론이 적용된 프로그램을 사용하는 에어컨이 작동하는 원리는 다음과 같다. 에어컨 기계 안에 들어 있는 센서를 이용하여 현재의 실내 온도를 측정하고, 이를 바탕으로 '시원하다'라는 명령의 정도를 파악한다. 현재의 실내 온도가 30℃일 때 에어컨의 설정 온도가 28℃라면, 퍼지 이론이 적용된 프로그램은 현재 사람들이 시원함을 느낄 확률을 25%로, 25℃이면 50%, 20℃이면 75%라고 여긴다. 18℃이면 대부분의 사람들이 확실히 시원함을 느끼므로 시원함을 느낄 확률을 100%라고 설정한다. 따라서 실내 온도가 30℃일 때 '시원하게 에어컨을 틀어라.'와 같은 요청을 받으면 대부분의 사람들이 시원함을 느낄 수 있는 온도인 18℃로 온도를 설정하는 것이다.

(에어컨이 작동하는 원리: 4문단의 핵심어 / 퍼지 이론이 적용된 에어컨은 애매한 상황을 판단하여 명령어를 처리함.)

4 문단 요약
퍼지 이론이 적용된 에어컨의 작동 원리

5 에어컨의 온도 설정뿐만 아니라, 자동차 자동 주행 시스템, 엘리베이터 운행 시스템 등 다양한 분야에서 퍼지 이론이 응용되고 있다. 수학 이론인 퍼지 이론이 우리의 생활을 편리하게 만들어 주는 것을 고려하면, 수학이 우리의 삶과 동떨어져 있지 않다는 것을 알 수 있다.

(수학: 5문단의 핵심어)

[중심 문단]
5 문단 요약
우리의 삶을 편리하게 해 준 수학 이론

- **내용 :** 이 글은 '퍼지 이론'을 통해 일상생활과 수학의 관련성을 드러내고 있다.
- **주제 :** 우리의 삶을 편리하게 해 준 퍼지 이론
- **문단 간의 관계 :** 1문단과 2문단에서는 퍼지 이론의 등장 배경과 활용을 소개하고 있다. 3문단과 4문단에서는 에어컨에 적용된 퍼지 이론에 대해 소개하고, 5문단에서는 수학과 우리의 삶의 관련성을 언급하고 있다.

글의 구조도

1 문단		2 문단		5 문단
퍼지 이론이 등장하게 된 배경	→	전자 제품에 응용된 퍼지 이론 / 3 문단: 에어컨에 적용된 퍼지 이론 / 4 문단: 퍼지 이론이 적용된 에어컨의 작동 원리	→	우리의 삶을 편리하게 해 준 수학 이론

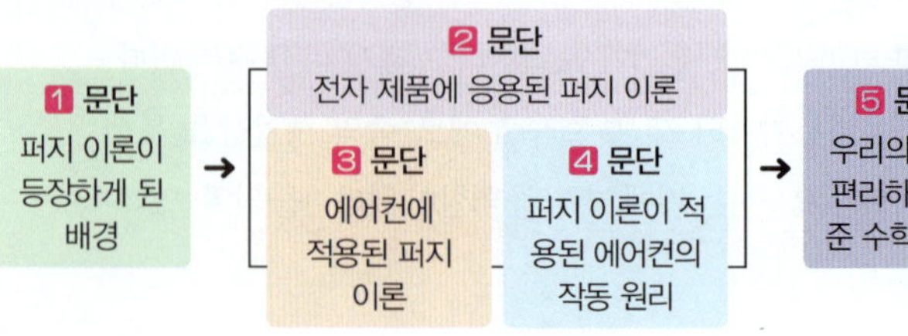

06 정답 수학 ························ 문단 요약하기

왜 정답?

5문단에서 '수학 이론인 퍼지 이론이 우리의 생활을 편리하게 만들어 주었다고 하였다. 따라서 빈칸에 들어가기에 적절한 말은 '수학'이다.

07 정답 ① ···················· 문단 간의 관계 파악하기

왜 정답?

① 1문단에서 '자데 교수는 모호한 것들을 ~ 값으로 나타내었다.'라고 하면서 화제를 제시하였다. 또한 2문단에서 '자데 교수는 이 이론을 '퍼지 이론'이라고 불렀다.'라면서 1문단의 내용을 보충하고 있다.

08 정답 ③ ···························· 내용 파악하기

> **윗글의 내용으로 적절하지 <u>않은</u> 것은?**
> ① 퍼지 이론을 만든 사람은 자데 교수이다.
> '모호한 것들을 수학적으로 표현하기 위해' 퍼지 이론을 만듦.
> ② 전통적인 컴퓨터 프로그램에서는 구체적인 명령어만 처
> 3문단 1번째 문장에 근거 → '구체적인 명령어'만 처리할 수 있었음.
> 리할 수 있었다.
> ③ 이 세상의 모든 것은 수학으로 명확하게 표현할 수 있거
> 지문에서 이야기하고 있지 않음.
> 나 증명할 수 있다.
> ④ 다양한 기술에 퍼지 이론이 응용되어 우리의 삶을 편리
> 다양한 분야에서 퍼지 이론이 응용되고 있음.
> 하게 만들어 주고 있다.
> ⑤ 수학자들이 퍼지 이론을 받아들이려 하지 않았던 이유는
> 2문단에 근거 → '애매하고 모호한 것은 수학이 될 수 없다'고 생각했음.
> 애매한 것은 수학이 될 수 없다고 생각했기 때문이다.

왜 정답?

③ 이 지문에서 이 세상의 모든 것을 수학으로 명확하게 표현할 수 있거나 증명할 수 있는지에 대해서는 이야기하고 있지 않다.

왜 오답?

① 1문단에서 '자데 교수는 모호한 것들을 ~ 값으로 나타내었다.'라고 설명한 후, 2문단에서 '자데 교수는 이 이론을 '퍼지 이론'이라고 불렀다.'라고 했다.
② 3문단에서 전통적인 컴퓨터 프로그램에서는 '구체적인 명령어는 처리할 수 있'다고 했다.
④ 5문단에서 '다양한 분야에서 ~ 응용되고 있다.'라고 하였다.
⑤ 2문단에서 '수학자들은 애매하고 모호한 것은 수학이 될 수 없다면서 퍼지 이론을 받아들이려 하지 않았다.'라고 하였다.

09 정답 ⑤ ···················· 반응의 적절성 평가하기

> **윗글을 읽은 후의 반응으로 적절하지 <u>않은</u> 것은?**
> ① 퍼지 이론은 우리의 생활을 더욱 편리하게 만들어 주었구나.
> 퍼지 이론은 우리 생활을 더욱 편리하게 만들어 줌.
> ② 퍼지 이론은 모호한 것을 수학으로 표현하는 것이라고
> 퍼지 이론은 '나름 괜찮다'와 같은 모호한 상황을 수학으로 표현함.
> 생각하면 되겠구나.
> ③ 주관적인 표현을 수학적으로 표현하려는 노력의 결과물
> 퍼지 이론은 주관적인 표현을 값으로 나타냄.
> 이 퍼지 이론이겠구나.
> ④ 자동차 자동 주행 시스템, 엘리베이터 운행 시스템에도
> 수학 이론인 퍼지 이론이 적용됨.
> 수학 이론이 적용되는구나.
> ⑤ 에어컨의 온도를 구체적으로 명령함으로써 처리할 수 있
> 구체적인 명령어는 전통적인 컴퓨터 프로그램에서도 처리할 수 있었음.
> 게 된 것도 결국은 퍼지 이론 때문이었구나.

왜 정답?

⑤ 3문단에서 '전통적인 컴퓨터 프로그램에서는 '에어컨 온도를 25℃로 설정해라.'라는 구체적인 명령어는 처리할 수 있'었다고 하였다. 이를 고려하면 에어컨의 온도를 구체적으로 명령함으로써 처리하는 것은 퍼지 이론이 개발되기 전에도 가능했을 것이다.

왜 오답?

① 5문단에서 '퍼지 이론이 우리의 생활을 편리하게 만들어 주'었다고 하였다.
② 1문단에서 퍼지 이론은 '나름 괜찮다'와 같이 모호한 상황을 값으로 나타내었다고 하였다.
③ 1문단에서 '주관적인 표현은 ~ 수학으로 명확하게 표현'하기 어렵다고 여겨졌지만, '자데 교수는 모호한 것들을 수학적으로 표현하기 위해' 퍼지 이론을 개발했다고 하였다.
④ 5문단에서 '자동차 자동 주행 시스템, 엘리베이터 운행 시스템 등 다양한 분야에서 퍼지 이론이 응용되고 있다.'라고 하였다.

10 정답 ⑤ ···························· 내용 파악하기

> **다음은 윗글을 읽고 나서 궁금한 점이나 더 알고 싶은 점을 정리한 것이다. 적절하지 <u>않은</u> 것은?**
> ㉠ 에어컨에 적용된 또 다른 수학 이론은 없는가?
> 퍼지 이론만 이야기하고 있으므로 적절함.
> ㉡ 퍼지 이론 외에 일상생활에 적용된 수학 원리는 무엇이 있는가?
> 퍼지 이론만 이야기하고 있으므로 적절함.
> ㉢ 에어컨 외에 퍼지 이론이 적용된 다른 사례에는 어떤 것이 있
> 지문에서 이미 이야기하고 있으므로 적절하지 않음.
> 는가?
> ㉣ 퍼지 이론이 등장하게 된 이유는 무엇이고 퍼지 이론을 개발
> 지문에서 이미 이야기하고 있으므로 적절하지 않음.
> 한 사람은 누구인가?
>
> ① ㉠, ㉡　② ㉠, ㉣　③ ㉡, ㉢　④ ㉡, ㉣　⑤ ㉢, ㉣

왜 정답?

4문단에서 '자동차 주행 시스템, 엘리베이터 운행 시스템' 등 다양한 분야에서 퍼지 이론이 응용되고 있다고 했으므로, ㉢은 추가 질문으로 적절하지 않다. 또 1문단에서 '자데 교수는 모호한 것들을 수학적으로 표현하기 위해' 노력했다고 하였고, 2문단에서 그 결과 '퍼지 이론'이 만들어졌다고 했으므로 ㉣도 추가 질문으로 적절하지 않다.

돈이 많으면 행복할까?

○ 핵심어　　🟨 문단 중심 문장　　🟦 전체 중심 문장

1 『유럽 신경제재단(NEF)이 국가별로 행복 지수를 조사한 결과에 따르면 1인당 국내 총생산이 2,000달러에도 미치지 못하는 부탄이 1위를 차지했다고 한다. 부탄에 비해 1인당 국내 총생산이 10배나 높은 우리나라는 어떨까? 전체 143개국 가운데 68위에 그쳤다고 한다.』 이러한 조사 결과가 의미하는 것은 무엇일까?

1문단의 핵심어
『 』: 통계 자료를 제시함으로써 독자들의 흥미를 유발함.

2 주변을 돌아보면 존재하는 모든 것은 가격이 정해져 있어 무엇이든 돈으로 살 수 있을 것처럼 느껴진다. 지금 우리가 입고 있는 옷도 돈을 주고 산 것이고, 어제 저녁에 우리가 먹은 밥이나 반찬도 시장이나 마트에서 돈을 주고 사 온 쌀과 채소, 고기 등으로 만든 것이다. 이러한 상황은 우리에게 돈이 많으면 많을수록 살 수 있는 것도 많아지고, 많은 것을 사게 되면 당연히 더 행복할 것이라는 생각이 들게 한다.

행복에 대한 잘못된 인식을 갖게 되는 이유
2문단의 핵심어

3 세상 모든 것을 돈을 주고 살 수 있을까? 돈으로 살 수 없는 것들도 있다. 우리는 돈을 주고 책을 살 수 있다. 하지만 시간과 노력을 들여 책을 읽지 않으면 책 속의 지식을 우리의 것으로 만들 수는 없다. 친구와의 우정도 마찬가지이다. 친구와 함께 공원에 놀러 간 시간, 함께 시험공부를 한 시간들은 돈으로 살 수 없다. 이를 고려하면 돈이 많다고 무조건 행복하다고 보기는 어렵다.

돈을 주고 살 수 없는 것의 예 ①
돈을 주고 살 수 없는 것의 예 ②
3문단의 핵심어

4 학교에서 공부를 하는데 지우개가 없어 연필로 쓴 글씨를 지울 수 없는 상황이었지만, 집에 가는 길에 지우개를 사서 잘못 쓴 글씨를 지웠다고 생각해 보자. 깨끗해진 공책을 보면 기분이 좋아질 것이다. 하지만 그 순간이 지나면 현재의 상태에 대해 별다른 생각이 없게 된다. 그 기분을 계속해서 느끼기는 어렵기 때문이다. 계속해서 더 새로운 물건, 더 비싼 물건을 사도, 기쁨은 순간일 뿐이다. 즉, ____㉠____

돈으로 살 수 있는 물건
돈으로 얻을 수 있는 기쁨이 순간적임.
4문단의 핵심어

5 그렇다면 행복하려면 어떻게 해야 할까? 내가 정말로 원하는 것은 무엇인지, 언제 내가 행복을 느끼는지를 파악해야 한다. 마구잡이로 물건을 구매하는 것이 아니라, 차분히 계획을 세우고 용돈을 모아 내가 원하는 물건을 사면, 그 물건은 나에게 그 물건이 가진 값어치 이상의 가치를 갖게 된다. 또 시간과 노력을 들여 내가 원하는 바를 이루게 되면 우리는 진짜 행복을 느낄 수 있다. 이렇게 본다면 행복은 결코 돈과 비례하지 않는다는 것을 깨닫게 된다.

5문단의 핵심어
진정한 행복을 느낄 수 있는 방법 ①
진정한 행복을 느낄 수 있는 방법 ②

---

1 문단 요약
국가별 행복 지수 조사 결과와 그에 대한 문제 제기

2 문단 요약
돈이 많으면 행복할 것이라는 생각

3 문단 요약
돈이 많다고 행복하다고 보기는 어려움.

4 문단 요약
돈으로 얻을 수 있는 행복의 한계

[중심 문단]
5 문단 요약
행복은 돈과 비례하지 않음.

- **내용** : 이 글은 행복과 돈 사이의 관계에 대해 이야기하고 있다.
- **주제** : 돈과 행복 사이의 관계
- **문단 간의 관계** : 1문단에서는 통계 자료를 제시하고 의문을 제기하고 있다. 2문단에서는 돈과 행복의 관계에 대해 잘못된 인식을 갖게 되는 이유를 밝히고, 3문단과 4문단에서는 돈이 많다고 행복하다고 볼 수 없는 근거를 제시하고 있다. 5문단에서는 진정한 행복을 느낄 수 있는 방법을 제시하며 글을 마무리하고 있다.

- **글의 구조도**

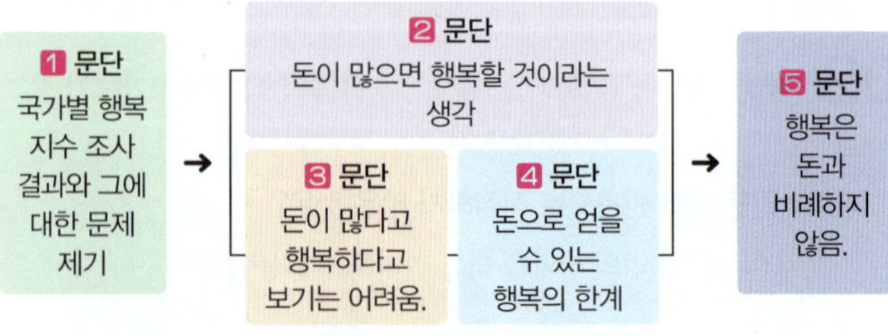

01 [정답] 행복 ·· 문단 요약하기

>왜 정답?

5문단에서 '행복은 결코 돈과 비례하지 않는다는 것을 깨닫게 된다.'라고 하였다. 따라서 빈칸에 들어가기에 적절한 말은 '행복'이다.

02 [정답] ② ································· 문단 간의 관계 파악하기

>왜 정답?

② 2문단에서는 '이러한 상황은 ~ 더 행복할 것이라는 생각이 들게 한다.'라고 하면서 돈과 행복 사이의 관계에 대한 보통 사람들의 인식에 대해 이야기하고 있다. 그러나 보통 사람들의 생각과 학자들의 생각을 비교하고 있지는 않다.

03 [정답] 돈, 행복 ································ 내용 파악하기

> 윗글을 읽고 빈칸에 들어가기에 적절한 말을 순서대로 쓰시오.
>
> 사람들은 (   )이/가 많으면 많을수록 살 수 있는 것이
> (2문단 3번째 문장에 근거)
> 더 많아져서 당연히 행복할 것이라고 생각한다. 그러나 세상에는
> 지식, 우정처럼 돈을 주고 살 수 없는 것들도 많기 때문에 돈이
> 많다고 무조건 (   )하다고 보기는 어렵다.
> (3문단에 근거)

>왜 정답?

2문단에서 '이러한 상황은 우리에게 돈이 많으면 ~ 더 행복할 것이라는 생각이 들게 한다.'라고 하였다. 하지만 3문단에서 지식, 우정 등은 돈을 주고 살 수 없다면서 '돈이 많다고 무조건 행복하다고 보기는 어렵다.'라고 하였다. 따라서 빈칸에 들어갈 말은 '돈', '행복'이다.

04 [정답] ① ································ 내용 추론하기

> 문맥을 고려할 때, ㉠에 들어갈 내용으로 가장 적절한 것은?
>
> ① 돈으로 얻을 수 있는 행복에는 한계가 있다.
> (4문단의 내용을 요약적으로 제시함.)
> ② 세상에 존재하는 모든 것은 돈으로 살 수 있다.
> (3문단에 근거 → 지식, 우정은 돈으로 살 수 없음.)
> ③ 이것이야 말로 사람들이 물건을 사지 않고 저축을 하려
> (4문단의 내용과 관련이 없음.)
> 고 하는 이유이다.
> ④ 심리학자들은 행복이란 '불편이 제기되었을 때 생기는
> (4문단의 내용과 관련이 없음.)
> 순간적인 감정'이라고 말한다.
> ⑤ 행복 지수를 조사한 결과, 가난한 나라의 국민들이 부유
> (4문단의 내용과 관련이 없음.)
> 한 나라의 국민들보다 훨씬 더 행복을 느끼는 이유가 바
> 로 여기에 있다.

>왜 정답?

① 4문단에서는 구체적인 예를 들어 돈으로 물건을 구입함으로써 얻는 기쁨은 순간일 뿐이라고 하였다. '즉'은 앞의 내용을 다시 요약하여 제시해 줄 때 쓰는 표현이므로 ㉠에는 4문단의 중심 내용을 요약한 것인 '돈으로 얻을 수 있는 행복에는 한계가 있다.'가 들어가는 것이 적절하다.

>왜 오답?

②, ③, ④, ⑤ 4문단의 내용과 관련이 없으므로, ㉠에 들어가기에 적절하지 않다.

05 [정답] ⑤ ································ 글쓴이의 의도 파악하기

> 다음은 윗글을 읽은 학생들이 행복에 대해 발표한 것이다. 글쓴이의 생각과 가장 유사한 학생은?
>
> ① 정우 : 자본주의 사회에서 살아가려면 돈이 많아야 행복
> (글쓴이의 의견과 다름.)
> 할 수 있습니다.
> ② 준영 : 사람은 원하는 물건을 사고 원하는 음식을 먹을
> (글쓴이의 의견과 다름.)
> 때 가장 행복합니다.
> ③ 주혁 : 저에게 행복이란, 물질적·정신적으로 풍요로운
> (글쓴이의 의견과 다름.)
> 상태를 의미합니다.
> ④ 성준 : 저는 열심히 공부해서 경제적으로 안정된 직장에
> (글쓴이의 의견과 다름.)
> 들어가면 행복할 것이라고 생각합니다.
> ⑤ 민경 : 저는 시간과 노력을 들여 제가 원하는 일을 이루
> (시간과 노력을 들여 원하는 바를 이루게 되면 진짜 행복을 느낄 수 있다고 했음.)
> 어서 성취감을 느꼈을 때 가장 행복합니다.

>왜 정답?

⑤ 5문단에서 '시간과 노력을 들여 내가 원하는 바를 이루게 되면 우리는 진짜 행복을 느낄 수 있다.'라고 하였다. 따라서 시간과 노력을 들여 원하는 일을 이루어서 성취감을 느꼈을 때 가장 행복하다고 말한 민경이가 글쓴이의 생각과 가장 유사한 생각을 가지고 있다.

>왜 오답?

① 3문단에서 '돈이 많다고 무조건 행복하다고 보기는 어렵다.'라고 하였다.

② 4문단에서 '더 새로운 물건, 더 비싼 물건을 사도, 기쁨은 순간일 뿐이다.'라고 하였으므로, 원하는 물건을 사고 원하는 음식을 먹을 때 가장 행복하다고 말하는 것은 글쓴이의 의견과 유사하지 않다.

③ 3문단에서 '돈이 많다고 무조건 행복하다고 보기는 어렵다.'라고 하였다. 따라서 행복이 물질적으로 풍요로운 상태를 의미한다고 하는 것은 글쓴이의 의견과 유사하지 않다.

④ 3문단에서 '돈이 많다고 무조건 행복하다고 보기는 어렵다.'라고 하였다. 따라서 안정된 직장에 들어가면 행복할 것이라 말하는 것은 글쓴이의 의견과 유사하지 않다.

미래의 식량, 곤충

○ 핵심어　　■ 문단 중심 문장　　■ 전체 중심 문장

1 유엔 식량 농업 기구가 우수한 미래 식량으로 (곤충)을 꼽았다. 그 이유는 무엇일까? 바로 멀지 않은 미래에 우리가 맞게 될 식량난 때문이다. 현재 세계의 인구 증가 추세를 고려하면, 2050년쯤에는 세계 인구가 90억 명을 훌쩍 뛰어넘게 된다고 한다. 하지만 인구가 증가한다고 경지나 식량이 늘어나는 것도 아니기 때문에 인류는 식량난을 맞이할 확률이 높다. 그래서 유엔 식량 농업 기구가 지구에 많이 존재하는 곤충을 식량난을 해결할 수 있는 미래 식량으로 꼽은 것이다.

2 또 하나의 중요한 이유로는 지구 온난화를 들 수 있다. 인류가 맞이한 심각한 환경 문제 중 하나인 지구 온난화가 심해지는 데에 소가 큰 역할을 한다. 소는 소화를 할 때 방귀를 끼거나 트림을 하는데, 소의 방귀와 트림 속의 메탄가스가 지구 온난화를 심화시킨다. 소에게서 발생한 메탄가스가 전체 온난화 요인의 약 18%를 차지할 정도라고 한다. 식량 연구자들은 이 같은 이유 때문에 미래에는 쇠고기를 통해 단백질을 얻는 대신, 곤충을 통해 단백질을 섭취하는 것이 바람직하다고 본다.

3 「그렇다면 (곤충)에 쇠고기를 대체할 만큼의 충분한 영양소가 있을까? 곤충은 단백질을 포함하여 지방, 아미노산, 섬유소, 칼슘, 철, 아연 등의 다양한 영양분을 골고루 갖췄다.」 대표적인 식용 곤충인 딱정벌레 유충에 함유된 영양분과 쇠고기의 영양분을 비교하면, 100g의 쇠고기에는 27.4g, 같은 양의 딱정벌레 유충에는 28.2g의 아미노산이 함유되어 있다. 또 딱정벌레 유충에는 단백질과 비타민, 무기질이 쇠고기나 생선과 비슷한 비율로 함유되어 있다. 즉, 곤충은 영양가 면에서 쇠고기와 비슷하거나 오히려 더 우수하다. 게다가 곤충은 사육하기도 쉽고 빨리 자라기 때문에 소를 키우는 것에 비해 시간이 적게 걸리고, 같은 양의 사료를 먹어도 소에 비해 이를 단백질로 전환하는 비율이 훨씬 높다.

4 훌륭한 영양소를 갖춘 곤충이 미래의 식량이 되기 위해서는 무엇보다 곤충을 먹는 것에 대한 우리의 거부감을 줄여야 한다. 문화적으로 곤충을 먹는 것이 익숙한 나라가 있는 것을 생각해 보면, (식용 곤충)에 대한 거부감은 단순히 인식의 문제라는 것을 알 수 있다. 우리나라에서도 메뚜기를 간식으로 먹기도 했고, 놀이공원이나 일부 식당에서는 현재 번데기 요리를 팔고 있다. 미래의 환경과 인류를 위해 식용 곤충에 대해 조금씩 긍정적으로 생각해 보아야 할 때이다.

---

1 문단 요약
미래의 식량난을 해결할 수 있는 곤충

2 문단 요약
지구 온난화를 해결할 수 있는 곤충

3 문단 요약
영양가가 풍부한 곤충

[중심 문단]
4 문단 요약
식용 곤충에 대한 긍정적 생각의 필요성

- **내용** : 이 글은 곤충이 환경과 영양 면에서 훌륭한 미래 식량이 될 수 있는 이유를 설명하고 있다.
- **주제** : 미래 식량으로서 곤충의 가치
- **문단 간의 관계** : 1문단과 2문단에서는 곤충이 우수한 미래 식량으로 꼽힌 이유를 제시하고 있다. 3문단에서는 영양가 면에서 곤충의 우수성을 설명하고 있다. 4문단에서는 식용 곤충에 대한 인식 전환의 필요성을 언급하며 글을 마무리하고 있다.

- **글의 구조도**

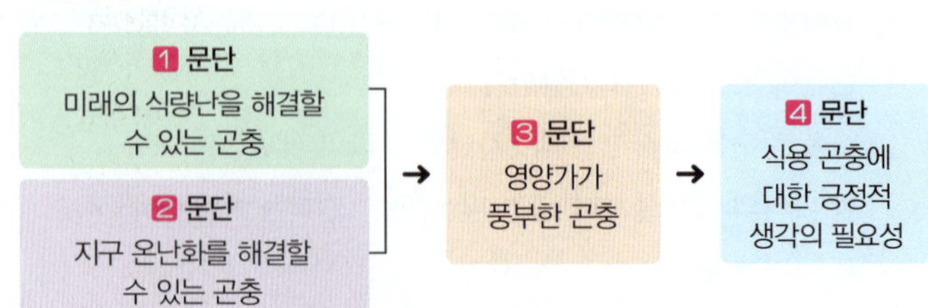

06 [정답] 곤충 ··· 문단 요약하기

＞왜 정답 ?

1문단에서 '유엔 식량 농업 기구가 우수한 미래 식량으로 곤충을 꼽았다.'라고 하였다. 따라서 빈칸에 들어가기에 적절한 말은 '곤충'이다.

07 [정답] ③ ·· 문단 간의 관계 파악하기

＞왜 정답 ?

③ 4문단에서는 3문단의 내용을 근거로 식용 곤충에 대한 인식을 바꿔야 한다는 글쓴이의 의견을 제시하고 있다. 구체적인 근거를 들어 3문단의 내용을 반박하고 있지는 않다.

08 [정답] 식량난, 지구 온난화 ···················· 내용 파악하기

> 윗글을 읽고 다음 질문에 답하려고 한다. 빈칸에 들어가기에 적절한 말을 순서대로 쓰시오.
>
> 질문 : 유엔 식량 농업 기구가 우수한 미래 식량으로 곤충을 꼽은 이유는 무엇일까?
>
> ↓
>
> 답 : 미래의 (   ) 문제를 해결하고 소가 만들어 내는 메탄
> 1문단에 근거   2문단에 근거
> 가스로 심화된 (   ) 문제를 해결하기 위해서

＞왜 정답 ?

1문단에서 '유엔 식량 농업 기구가 ~ 곤충을 식량난을 해결할 수 있는 미래 식량으로 꼽은 것이다.'라고 하였다. 또 2문단에서 '소의 방귀와 트림 속 메탄가스가 지구 온난화를 심화시킨다.'라고 하였다. 따라서 빈칸에 들어가기에 적절한 말은 '식량난', '지구 온난화'이다.

09 [정답] ① ·· 내용 파악하기

> 윗글의 내용으로 적절하지 <u>않은</u> 것은?
>
> ① 곤충은 소와 돼지에 비해 사육하기가 어렵다.
> 곤충은 사육하기 쉬움.
> ② 어떤 나라의 사람들은 곤충을 먹는 것에 대해 거부감이
> 문화적으로 곤충을 먹는 것이 익숙한 나라도 있음.
> 없다.
> ③ 소의 방귀와 트림 속 메탄가스가 지구 온난화를 심화시
> 소의 방귀와 트림 속 메탄가스가 지구 온난화를 심화시킴.
> 키기노 한다.
> ④ 같은 양의 소고기와 딱정벌레 유충의 영양소를 고려하
> 면, 딱정벌레 유충이 더 우수한 부분이 있다.
> 같은 양의 딱정벌레 유충에 소고기보다 더 많은 아미노산이 함유됨.
> ⑤ 2050년쯤에 식량 부족 문제가 일어나는 이유는 세계 인
> 늘어난 인구가 모두 소비할 만큼 경지나 식량이 늘어나지 않음.
> 구가 90억 명을 훨씬 넘게 되는 것과 관련이 있다.

＞왜 정답 ?

① 3문단에서 '곤충은 사육하기도 쉽고 빨리 자라기 때문에 소를 키우는 것에 비해 시간이 적게 걸'린다고 하였다.

＞왜 오답 ?

② 4문단에서 '문화적으로 곤충을 먹는 것이 익숙한 나라가 있'다고 하였다.

③ 2문단에서 '소의 방귀와 트림 속의 메탄가스가 지구 온난화를 심화시킨다.'라고 하였다.

④ 3문단에서 '100g의 쇠고기에는 27.4g, 같은 양의 딱정벌레 유충에는 28.2g의 아미노산이 함유되어 있다.'라고 하였다.

⑤ 1문단에서 '2050년쯤에는 세계 인구가 90억 명을 훌쩍 뛰어넘게' 될 것으로 예상되지만, '경지나 식량이 늘어나는 것도 아니기 때문에 인류는 식량난을 맞이할 확률이 높다.'라고 하였다.

10 [정답] ② ·· 글쓴이의 의도 파악하기

> 다음 중 글쓴이가 궁극적으로 주장하는 바로 가장 적절한 것은?
>
> ① 돼지고기에는 쇠고기를 대체할 만큼의 충분한 영양소가
> 지문에서 이야기하고 있지 않음.
> 함유되어 있다.
> ② 곤충에 대한 거부감을 줄이고, 식용 곤충에 대해 긍정적
> 미래의 환경과 인류를 위해 식용 곤충에 대한 긍정적 인식이 필요함.
> 으로 생각해야 한다.
> ③ 지구 온난화의 원인으로 소가 큰 역할을 하기 때문에 소
> 전체 온난화 요인의 약 18%
> 사육을 줄여야 한다.
> 지문에서 이야기하고 있지 않음.
> ④ 곤충은 사육하기도 쉽고 늦게 자라기 때문에 소보다는
> 빨리 자람.
> 곤충을 사육해야 한다.
> ⑤ 미래의 식량난을 해결하기 위해서 곤충을 이용한 음식
> 지문에서 이야기하고 있지 않음.
> 개발을 서둘러야 한다.

＞왜 정답 ?

② 4문단에서 '곤충이 미래의 식량이 되기 위해서는 무엇보다 곤충을 먹는 것에 대한 우리의 거부감을 줄여야 한다.'라면서 '식용 곤충에 대해 조금씩 긍정적으로 생각해 보아야 할 때이다.'라고 덧붙였다.

＞왜 오답 ?

① 이 지문에서는 돼지고기에는 쇠고기를 대체할 만큼의 충분한 영양소가 함유되어 있는지에 대해서는 이야기하고 있지 않다.

③ 소 사육을 줄여야 하는지에 대해서는 이야기하고 있지 않다.

④ 3문단에서 '곤충은 사육하기도 쉽고 빨리 자'란다고 했다.

⑤ 이 지문에서 곤충을 이용한 음식 개발을 서둘러야 하는지에 대해서는 이야기하고 있지 않다.

위작과 모작의 차이점

○ 핵심어   ▨ 문단 중심 문장   ▨ 전체 중심 문장

1 우리가 알고 있는 유명한 그림은 세상에 딱 1개만 존재할까? 예로부터 거장이나 스승의 작품을 본떠서 그리는 것은 미술가들의 일반적인 훈련 방법이었기 때문에, 우리가 알고 있는 유명한 그림들도 여러 점이 존재할 수 있다. 본래의 그림을 본작이라고 하고, 취미 또는 연습용으로 타인이 만든 작품을 그대로 본떠서 만든 작품을 모작이라고 한다. 한편 위작은 의도를 가지고 다른 작가가 만든 작품을 그대로 본떠서 만든 작품을 말한다.

2 실제로 스페인의 한 미술관에 있던 '모나리자'는 다빈치의 견습생이나 조수가 보고 그린 그림이라는 증거를 통해 모작이라는 것이 밝혀지기도 했다. 이는 모나리자를 그린 레오나르도 다빈치가 활동하던 르네상스 시대에는 스승과 제자가 함께 지내며 작품을 제작하는 일이 흔했기 때문에 일어난 일이다. 그렇다면 모작과 위작은 같은 선상에 놓고 평가해도 괜찮을까?

3 결론적으로 말하자면 '아니다.'이다. 젊은 화가가 있다고 하자. 이 화가가 거장의 화풍을 배울 목적으로 그의 작품을 따라 그렸다면 이 작품은 아직까지는 모작이다. 갑자기 가난해진 젊은 화가가 돈을 벌기 위해 그 작품을 다른 사람에게 팔았다면, 이 작품은 바로 위작이 된다. 그러나 이 화가가 작품을 팔기 전에 다른 사람에게 그 작품이 진품이 아니라 자신이 거장의 작품을 따라 그린 것이라는 사실을 설명했다면, 그 작품은 다시 위작이 아니라 모작이 된다.

4 사실 위작을 만드는 것은 쉽지 않은 일이다. 모작은 그 작품을 그린 화가와 그 작품을 산 사람만 보지만, 위작은 그 작품을 본작으로 속아서 산 사람뿐만 아니라, 그 작품이 진짜 본작인지를 분별하는 평론가, 연구원 등이 다 보게 되기 때문이다. 따라서 위작을 그리려면 모작을 그리는 것에 비해 본작과 같은 재료를 선택하는 등의 많은 기술력이 필요하다.

5 예술에 대해 잘 모르는 사람들에게 모작과 위작의 차이는 그리 크지 않을 수 있다. 그러나 어떤 그림이 경제적 이익을 얻기 위한 의도로 그려진 가짜 그림이라면, 이는 모작이 아닌 위작이라고 비판받을 수밖에 없다.

---

1 문단 요약
본작, 모작, 위작의 개념

2 문단 요약
모작이 흔했던 르네상스 시대

3 문단 요약
모작과 위작의 차이

4 문단 요약
위작을 만들기 어려운 이유

[중심 문단]
5 문단 요약
위작이 비판받는 이유

● **내용 :** 이 글은 위작과 모작의 차이를 설명하고 있다. 취미나 연습용으로 타인의 작품을 그대로 그리는 것은 모작이지만, 의도를 가지고 다른 작가의 작품을 그대로 본떠서 만든 작품은 위작이다. 한편 위작은 작품을 구매하는 사람을 속여서 경제적 이익을 얻기 위한 의도로 만들기 때문에 비판받는다.

● **주제 :** 위작과 모작의 차이

● **문단 간의 관계 :** 1문단은 '본작', '모작', '위작'의 개념을 설명하고 있다. 2문단에서는 위작과 모작에 대해 질문을 던진 후, 3문단에서 두 가지가 다르다고 답하고 있다. 4문단에서는 위작

을 만들기 어려운 이유를 설명하고, 5문단에서는 위작이 바람직하지 않은 이유를 설명하고 있다.

● **글의 구조도**

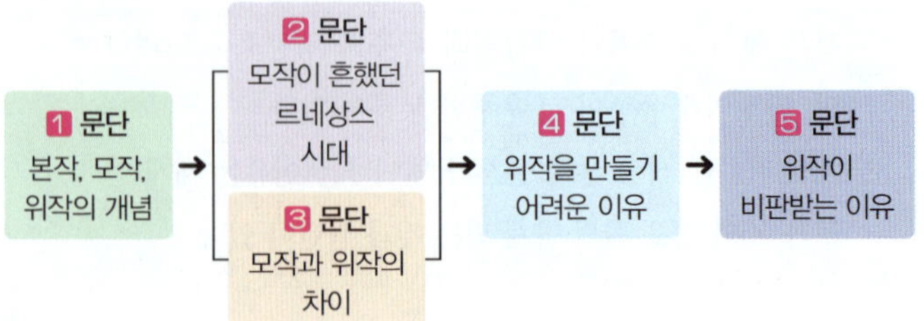

01 [정답] 위작 ·················· 문단 요약하기

>왜 정답?

5문단에서 '어떤 그림이 경제적 이익을 얻기 위한 의도로 그려진 가짜 그림이라면, 이는 모작이 아닌 위작이라고 비판받을 수밖에 없다.'라고 하였다.

02 [정답] ③ ·················· 문단 간의 관계 파악하기

>왜 정답?

③ 4문단에서는 위작을 만드는 것이 어려운 이유를, 5문단에서는 위작이 비판받는 이유를 설명하고 있다. 5문단은 4문단에서 언급한 내용을 보충하고 있지 않고, 구체적인 예를 들고 있지도 않다.

03 [정답] 모작 ·················· 내용 파악하기

> 윗글을 읽고 빈칸에 들어가기에 적절한 말을 쓰시오.
>
> 타인의 작품을 그대로 본떠서 작품을 만들더라도 취미 또는 연습용으로 만들면 그것은 (　　　　)이/가 되고, 경제적 이익을
> 1문단에 근거
> 얻으려는 의도를 가지고 만들면 위작이 된다.
> 5문단에 근거

>왜 정답?

1문단에서 '취미 또는 연습용으로 타인이 만든 작품을 그대로 본떠서 만든 작품을 '모작'이라고 한다.'라고 하였다. 또 '위작'은 의도를 가지고 다른 작가가 만든 작품을 그대로 본떠서 만든 작품을 말한다.'라면서 5문단에서 '경제적 이익을 얻기 위한 의도로 그려진 가짜 그림'이라고 덧붙였다.

04 [정답] ③ ·················· 내용 파악하기

> 윗글의 내용으로 가장 적절한 것은?
> ① 모작과 위작은 같은 개념으로 쓰일 수 있다.
> 모작과 위작은 의도에 따라 구분됨.
> ② 예술을 잘 모르는 사람도 위작과 모작을 구분할 수 있다.
> 예술에 대해 잘 모르는 사람들에게 모작과 위작의 차이는 그리 크지 않음.
> ③ 위작을 사는 사람들은 그 작품을 본작으로 알고 사는 것
> 위작을 산 사람은 그 작품을 본작으로 속아서 삼.
> 이다.
> ④ 위대한 스승의 작품을 따라 그린 것이 위작이라고 비판
> 스승의 작품을 따라 그리기 위해 만든 것은 모작임.
> 받기도 한다.
> ⑤ 스페인의 한 미술관에 있던 '모나리자'는 이익을 얻기 위
> 스페인 미술관에 있던 '모나리자'는 모작임.
> 한 목적으로 만든 모작이었다.

>왜 정답?

③ 4문단에서 '위작은 그 작품을 본작으로 속아서 산 사람'이라고 하였으므로 위작을 산 사람들은 그 작품을 진짜 작품으로 알고 사는 것이다.

>왜 오답?

① 1문단에서 '취미 또는 연습용으로 타인이 만든 작품을 그대로 본떠서 만든 작품을 '모작'이라고 한다. 한편 '위작'은 의도를 가지고 다른 작가가 만든 작품을 그대로 본떠서 만든 작품'이라고 했다.

② 5문단에서 '예술에 대해 잘 모르는 사람들에게 위작과 모작의 차이는 그리 크지 않을 수 있다.'라고 하였다.

④, ⑤ 2문단에서 스페인의 한 미술관에 있던 "모나리자"는 다빈치의 견습생이나 조수가 보고 그린 그림이라는 증거를 통해 모작이라는 것이 밝혀'졌다고 하였다. 따라서 스승의 작품을 따라 그리기 위한 목적으로 만든 것은 위작이 아니라 모작이고, 모작은 이익을 얻기 위해 그린 것이 아니다.

05 [정답] ① ·················· 내용 파악하기

> 〈보기〉는 윗글의 내용을 요약한 것이다. ㉮의 내용으로 가장 적절한 것은?
>
> ──〈보기〉──
> 위작을 만드는 것은 어려운 일이다. 왜냐하면 ___㉮___.
>
> ① 위작은 본작에 담긴 특징을 똑같이 구현해야 하기 때문
> 위작은 평론가, 연구원 등도 보기 때문에 본작과 똑같이 만들기 위해 많은 기술력이 필요함.
> 이다.
> ② 위작은 본작과 다른 점을 작품 안에 나타내야 하기 때문
> 위작은 본작과 똑같이 만들어야 함.
> 이다.
> ③ 평론가나 연구원의 판단에 따라 작품의 가치가 달라지기
> 평론가나 연구원은 그 작품이 진짜 본작인지를 분별함.
> 때문이다.
> ④ 위작이 본작보다 더 큰 명성을 거둘 수 있도록 만들어야
> 위작은 본작을 본뜨는 것이므로 본작과 같은 명성을 거두도록 만들어야 함.
> 하기 때문이다.
> ⑤ 작품을 사는 사람들이 위작과 모작을 헷갈리지 않도록
> 위작을 만드는 목적은 모작과는 관계 없음.
> 해야 하기 때문이다.

>왜 정답?

① 4문단에서 '위작을 그리려면 ~ 본작과 같은 재료를 선택하는 등의 많은 기술력이 필요하다.'라고 하였다. 따라서 위작은 본작을 그대로 구현해야 하기 때문에 만들기 어렵다고 볼 수 있다.

>왜 오답?

② 4문단에서 위작을 사는 사람은 '그 작품을 본작으로 속아서' 산다고 했으므로 위작은 본작과 똑같이 만들어야 한다.

③ 4문단에서 평론가와 연구원은 '그 작품이 진짜 본작인지를 분별하는' 사람이라고 하였다. 따라서 그들의 판단에 따라 가치가 달라진다고 볼 수는 없다.

④, ⑤ 위작은 본작을 그대로 본떠서 만드는 작품이므로 위작을 만든다고 하더라도 본작과 같은 명성을 얻지, 본작보다 더 큰 명성을 거두게 되지는 않을 것이다. 그리고 위작을 만드는 목적과 모작은 관계가 없다.

과학

사람도 새의 독감에 걸릴 수 있을까?

○ 핵심어 ▨ 문단 중심 문장 ▨ 전체 중심 문장

1 독감을 '독한 감기' 정도로 알고 있는 사람들이 많다. 그러나 사실 독감과 감기는 원인과 증상이 다른 각각의 병이다. 감기는 200여 개 이상의 서로 다른 종류의 바이러스가 일으키는 병이지만, 독감은 인플루엔자 바이러스가 폐에 침투해 일으키는 급성 호흡기 질환이다. 이 때문에 독감은 심할 경우 폐렴이나 천식 등 다른 병으로 이어져 독감이 걸린 환자의 생명을 위협할 수도 있다.

2 독감을 일으키는 인플루엔자 바이러스는 A, B, C 세 종류로 구분되며, 여러 종의 단백질 껍데기로 둘러싸여 있다. 매년 단백질 껍데기의 조합이 달라져서 새로운 종류의 바이러스가 만들어지고, 이 때문에 우리는 매년 독감 예방 주사를 맞아야 한다. 한편 인플루엔자 바이러스 중 A형 바이러스는 겉껍데기가 자주 달라지기 때문에 미리 알고 대처하기가 어렵다. 이 때문에 A형 바이러스가 종종 전 세계적으로 확산되어 독감을 유행시키고 수많은 사망자를 내는 경우도 있다.

3 그럼 사람만 독감에 걸릴까? 사람뿐만 아니라, 닭이나 오리와 같은 조류도 이 A형 바이러스를 통해 독감에 걸릴 수 있다. 다만 조류 인플루엔자 바이러스는 조류에게만, 사람 인플루엔자 바이러스는 사람에게만 감염을 일으키는 것으로 알려져 왔기 때문에 대부분의 사람들은 사람의 독감과 조류의 독감을 분리해서만 생각했다.

4 하지만 1997년 홍콩에서 사람이 조류 인플루엔자 바이러스의 변종에 감염되어 사망하는 사건이 발생하면서, 조류 사이에서만 전염이 가능하다고 여겨졌던 조류 인플루엔자 바이러스가 변이를 일으켜 사람에게도 전염될 수 있다는 사실이 밝혀졌다. 이에 따라 전문가들은 인간이 조류 인플루엔자 바이러스에 감염되고, 이것이 사람들 사이에서 전파될 가능성이 있다는 점에 주목하고 있다. 아직까지는 사람들끼리 조류 인플루엔자 바이러스를 옮긴 사례는 없지만, 어떤 바이러스가 언제, 어떻게 변이를 일으킬지는 아무도 예측할 수가 없기 때문이다.

5 우리는 독감에 걸리는 것을 막기 위해 예방 접종을 하고는 있지만, 100% 독감을 예방하지는 못하고 있는 상황이다. 따라서 면역력이 떨어지기 쉬운 겨울에는 영양가 있는 음식, 비타민C가 풍부한 과일을 잘 챙겨 먹고 집에 돌아오자마자 손발을 씻고 양치를 하는 등의 위생 관리를 해야 하며, 규칙적인 운동을 통해 체력을 기르는 것이 독감을 막는 최선의 방법이라고 할 수 있다.

---

1 문단 요약
독감과 감기의 개념

2 문단 요약
인플루엔자 바이러스의 종류

3 문단 요약
A형 인플루엔자 바이러스와 조류 독감

[중심 문단]
4 문단 요약
인간에게도 전염될 수 있는 조류 인플루엔자 바이러스

5 문단 요약
독감을 예방하는 방법

- **내용 :** 이 글은 독감의 개념과 독감을 일으키는 인플루엔자 바이러스의 특징을 설명하면서, 조류의 독감이 사람에게 전염될 수도 있다는 것을 설명하고 있다.

- **주제 :** 사람에게도 전염될 수 있는 조류의 독감

- **문단 간의 관계 :** 1문단에서는 독감과 감기를 비교하여 설명하고, 2문단에서는 인플루엔자 바이러스의 종류를 설명하고 있다. 3문단에서는 조류도 독감에 걸릴 수 있음을, 4문단에서는 조류 독감이 사람에게도 전염될 수 있음을 설명하고 있다. 5문단에서는 독감 예방 방법을 안내하고 있다.

- **글의 구조도**

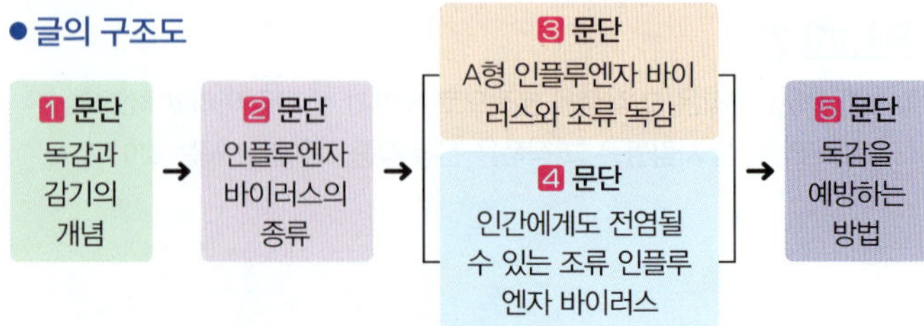

06 [정답] 독감 ······························· 문단 요약하기

> **왜 정답?**

3문단에서 '닭이나 오리와 같은 조류도 이 A형 바이러스를 통해 독감에 걸릴 수 있다.'라고 하였다. 따라서 빈칸에 들어가기에 적절한 말은 '독감'이다.

07 [정답] ② ······························· 문단 간의 관계 파악하기

> **왜 정답?**

② 3문단에서 '대부분의 사람들은 사람의 독감과 조류의 독감을 분리해서만 생각했다.'라고 한 후 4문단에서 '조류 사이에서만 전염이 가능하다고 여겨졌던 조류 인플루엔자 바이러스가 변이를 일으켜 사람에게도 전염될 수 있다는 사실이 밝혀졌다.'라고 하였다. 이를 고려하면 4문단에서는 3문단의 내용을 반박하고, 조류 인플루엔자 바이러스가 사람에게도 전염될 수 있다는 새로운 가능성을 언급하고 있다고 할 수 있다.

08 [정답] 인플루엔자 바이러스 ················· 내용 파악하기

> 윗글을 읽고 빈칸에 들어가기에 적절한 말을 쓰시오.
>
> 독감은 감기와 달리 세 종류의 (　　　　　　　　　)(으)
> **2문단 1번째 문장에 근거**
> 로 인해 나타나는 급성 호흡기 질환이다.

> **왜 정답?**

2문단에서 '독감을 일으키는 인플루엔자 바이러스는 A, B, C 세 종류로 구분'된다고 하였다. 따라서 빈칸에 들어가기에 알맞은 말은 '인플루엔자 바이러스'이다.

09 [정답] ⑤ ······························· 내용 파악하기

> 윗글에 언급된 내용으로 적절하지 않은 것은?
>
> ① 독감을 예방하기 위한 생활 습관
> **영양가 있는 음식 챙겨 먹기, 위생 관리, 운동**
> ② 독감을 일으키는 바이러스의 종류
> **인플루엔자 바이러스의 종류를 언급함.**
> ③ 인간이 인플루엔자 바이러스에 감염된 사례
> **홍콩에서 사람이 사망한 사례**
> ④ A형 바이러스가 전 세계적으로 확산되는 이유
> **미리 대처하기가 어려워 전 세계적으로 확산됨.**
> ⑤ 조류 인플루엔자 바이러스가 변이를 일으키는 방법
> **어떻게 변이를 일으키는지 알기 어려움.**

> **왜 정답?**

⑤ 4문단에서 조류 인플루엔자 바이러스에 대해 설명하면서 '어떤 바이러스가 언제, 어떻게 변이를 일으킬지는 아무도 예측할 수가 없'다고 하였을 뿐, 조류 인플루엔자 바이러스가 변이를 일으키는 방법에 대해서는 이야기하고 있지 않다.

> **왜 오답?**

① 5문단에서 '면역력이 떨어지기 쉬운 겨울에는 영양가 있는 음식, 비타민C가 풍부한 과일을 잘 챙겨 먹고 ~ 규칙적인 운동을 통해 체력을 기르는 것이 독감을 막는 최선의 방법이라고 할 수 있다.'라면서 일상생활에서 독감을 예방할 수 있는 습관을 언급하고 있다.

② 2문단에서 '독감을 일으키는 인플루엔자 바이러스는 A, B, C 세 종류로 구분'된다고 하였다.

③ 4문단에서 '1997년 홍콩에서 사람이 조류 인플루엔자 바이러스의 변종에 감염되어 사망하는 사건이 발생'했다고 하였다.

④ 2문단에서 'A형 바이러스는 겉껍데기가 자주 달라지기 때문에 미리 알고 대처하기가 어렵다.'라고 하였다.

10 [정답] ④ ······························· 반응의 적절성 평가하기

> 윗글을 읽고 난 후의 반응으로 가장 적절한 것은?
>
> ① 조류 인플루엔자 바이러스는 조류 사이에서만 전염되는
> **1997년 홍콩에서 조류 인플루엔자 바이러스가 사람에게 전염됨.**
> 구나.
> ② 감기와 독감은 원인과 증상이 같다는 점에서 비슷한 질
> **감기와 독감은 원인과 증상이 모두 다름.**
> 병이구나.
> ③ 사전에 독감 예방 접종을 하면 독감을 100% 예방할 수
> **예방 접종은 독감을 100% 예방하지 못함.**
> 있겠구나.
> ④ 조류 인플루엔자 바이러스의 변이 시기와 형태는 예측할
> **조류 인플루엔자 바이러스가 언제, 어떻게 변이를 일으킬지 예측할 수 없음.**
> 수가 없구나.
> ⑤ 닭, 오리와 같은 조류는 사람과 달리 A형 바이러스를 통
> **사람도 A형 바이러스를 통해 독감에 걸림.**
> 해 독감에 걸리는구나.

> **왜 정답?**

④ 4문단에서 조류 인플루엔자 바이러스가 '언제, 어떻게 변이를 일으킬지는 아무도 예측할 수가 없'다고 하였다. 따라서 조류 인플루엔자 바이러스의 변이가 일어나는 시기와 형태는 예측할 수가 없다.

> **왜 오답?**

① 4문단에서 '1997년 홍콩에서 사람이 조류 인플루엔자 바이러스의 변종에 감염되어 사망하는 사건이 발생'했다고 하였다.

② 1문단에서 '독감과 감기는 원인과 증상이 다른 각각의 병이다.'라고 하였다.

③ 5문단에서 '우리는 독감에 걸리는 것을 막기 위해 예방 접종을 하고는 있지만, 100% 독감을 예방하지는 못하고 있는 상황이다.'라고 하였다.

⑤ 2문단에서 '독감을 일으키는 인플루엔자 바이러스는 A, B, C 세 종류로 구분'된다면서 A형 바이러스가 전세계로 확산되어 독감을 일으키고 사망자를 낸다고 하였다. 따라서 사람도 조류와 마찬가지로 A형 바이러스를 통해 독감에 걸린다.

지구의 평균 기온과 생명체

○ 핵심어   ▨ 문단 중심 문장   ▨ 전체 중심 문장

1 2018년 8월 1일, 강원도 홍천의 온도는 41도를 기록했다. 이는 1904년 우리나라에서 기상을 관측한 이래 사상 최고 기온이다. 이제 더 이상 여름마다 최고 기온을 경신했다는 뉴스를 듣는 것은 새삼스럽지 않다.

2 지난 100년간 평균 기온이 전 세계적으로는 약 0.6~0.8℃ 정도, 우리나라는 이보다 높은 1.5℃가 올랐다고 한다. 전문가들은 앞으로도 기온은 꾸준히 상승할 것이라고 예상한다. 지구의 평균 기온은 왜 상승하는 것이며, 이것은 지구 생태계에 어떤 영향을 미칠까?

3 지구의 평균 기온은 이산화탄소의 농도와 관련이 있다. 빙하기가 도래했었던 신생대 때에는 대기 중 이산화탄소 농도가 180ppm에서 280ppm까지 변화했다고 한다. 지금은 대기 중 이산화탄소 농도가 400ppm까지 올라간 상태이므로, 이것이 지속되면 평균 기온은 2℃ 이상 높아질 것이다.

4 전문가들은 지구의 생태계가 버틸 수 있는 최대한의 기온 변화 폭이 2℃라고 주장한다. 기후변화정부간협의체는 「지구의 평균 온도가 2℃ 상승하면, 북극곰 등 생물 15~40%가 사라지고, 가뭄, 홍수, 사막화, 해수면 상승 등 여러 재앙이 몰려올 것이라고 덧붙였다. 만약 지구의 평균 온도가 3℃ 올라가면 전 세계에 살고 있는 생물의 20~50%가 멸종할 것이고, 4℃가 올라가면 남극의 빙하가 녹아 없어짐에 따라 여러 도시들이 물에 잠기고, 6℃가 올라가면 지구에 살고 있는 대부분의 생명체가 사라질 것이라고 경고했다.」

5 이러한 기후 변화의 속도를 줄이기 위해 우리 정부는 2017년에 '2030년 온실가스 감축 로드맵'을 세우고, 2030년까지 탄소를 5억 3600만 톤까지 배출하기로 설정했다. 문제는 평균 기온이 올라가는 곳이 우리나라만이 아니라, 전 지구라는 것이다. 전 세계적으로 국가적인 차원에서 탄소 배출을 줄여 지구의 기온이 올라가는 것을 막고 있지만, 우리 개인의 노력도 필요하다. 불필요한 쓰레기를 줄이고, 쓰레기를 재활용하는 등 생활 속에서 탄소를 줄일 수 있는 방법에 대해 생각해 볼 때이다.

---

1 문단 요약
해마다 경신되는 우리나라의 최고 기온

2 문단 요약
계속해서 상승하고 있는 지구의 평균 기온

3 문단 요약
지구 평균 기온이 상승하는 원인 : 이산화탄소 농도의 증가

4 문단 요약
지구 평균 기온 상승이 생태계에 미치는 영향

[중심 문단]
5 문단 요약
기후 변화의 속도를 줄이기 위한 국가와 개인의 노력

- **내용 :** 이 글은 지구의 평균 기온이 올라가는 현상을 제시하고, 이 현상이 발생하는 원인과 그로 인해 예상되는 결과를 설명하고 있다.

- **주제 :** 지구의 평균 기온의 상승과 이를 늦추기 위한 노력

- **문단 간의 관계 :** 1문단과 2문단에서는 우리나라의 사례와 전문가들의 의견을 통해 지구의 평균 기온이 상승하는 현상을 소개하고 있다. 그리고 3문단에서는 현상이 발생하는 원인을 설명하고, 4문단에서는 지구의 평균 기온 상승이 생태계에 미치는 영향을 설명하고 있다. 5문단에서는 국가와 개인의 노력이 중요함을 강조하며 글을 마무리하고 있다.

- **글의 구조도**

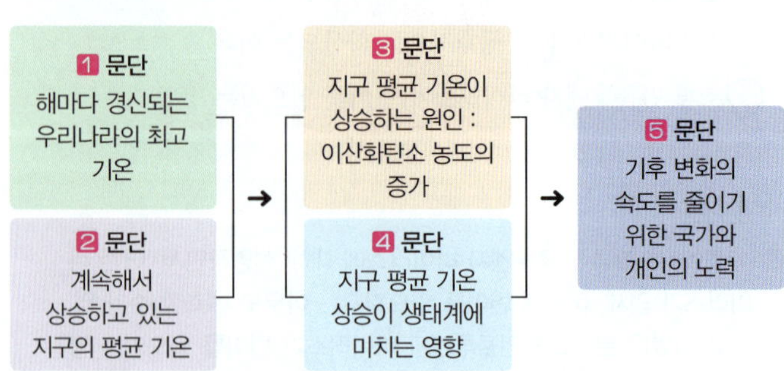

01 [정답] 이산화탄소 ················· 문단 요약하기

> **왜 정답 ?**

3문단에서 '지구의 평균 기온은 이산화탄소의 농도와 관련이 있다.'라고 하였고, '지금은 대기 중 이산화탄소 농도가 400ppm까지 올라간 상태이므로, 이것이 지속되면 평균 기온은 2℃ 이상 높아질 것이다.'라고 하였다. 따라서 빈칸에 들어가기에 적절한 말은 '이산화탄소'이다.

02 [정답] ③ ················· 문단 간의 관계 파악하기

> **왜 정답 ?**

③ 2~4문단에서는 지구의 평균 기온이 상승하는 현상을 이야기하고 있다. 그리고 5문단에서는 지구의 평균 기온이 상승하는 속도를 늦추기 위한 노력에 대해 설명하고 있다. 따라서 5문단에서 2~4문단에서 제시한 문제, 즉 지구의 평균 기온이 상승하는 현상에 대한 긍정적인 측면을 설명하고 있다고 볼 수는 없다.

03 [정답] 평균 기온 ················· 내용 파악하기

> **윗글을 읽고 빈칸에 들어가기에 적절한 말을 쓰시오.**
>
> 지구의 (   )이/가 올라가는 속도를 늦추기 위해서는
> 5문단에 근거
> 국가적인 차원의 노력뿐만 아니라 개인의 노력도 필요하다.

> **왜 정답 ?**

5문단에서 '전 세계적으로 국가적인 차원에서 탄소 배출을 줄여 지구의 온도가 올라가는 것을 막고 있지만, 우리 개인의 노력도 필요하다.'라고 하였다. 따라서 빈칸에 들어가기에 적절한 말은 '평균 기온'이다.

04 [정답] ⑤ ················· 내용 파악하기

> **윗글의 내용으로 적절하지 않은 것은?**
>
> ① 지구의 평균 기온이 2℃ 이상 오르면 생태계가 파괴될
> 지구의 생태계가 버틸 수 있는 최대한의 기온 변화 폭이 2℃임.
> 수 있다.
> ② 2018년 여름은 우리나라가 기상을 관측한 이후로 기온
> 2018년 홍천에서 우리나라가 기상을 관측한 이래로 사상 최고의 온도를 기록함.
> 이 제일 높았던 때이다.
> ③ 국가적 차원에서 현재 기후 변화의 속도를 줄이기 위한
> 전 세계적으로 국가적 차원에서 지구의 온도가 올라가는 것을 막고 있음.
> 노력을 실시하고 있다.
> ④ 지구의 평균 기온이 계속해서 상승하면 지구상에서 특정
> 평균 온도가 2℃ 상승하면 북극곰 등 생물 15~40%가 사라짐.
> 동물들이 사라질 수 있다.
> ⑤ 우리 정부가 세운 '온실가스 감축 로드맵'은 현재 실질적
> 온실가스 감축 로드맵의 실질적인 효과에 대해서는 언급되지 않음.
> 으로 효과를 나타내고 있다.

> **왜 정답 ?**

⑤ 5문단에서 '우리 정부는 2017년에 '2030년 온실가스 감축 로드맵'을 세우고, 2030년까지 탄소를 5억 3600만 톤까지 배출하기로 설정했다.'라고 하였다. 하지만 이것의 실질적인 효과에 대해서는 이야기하고 있지 않다.

> **왜 오답 ?**

① 2문단에서 '전문가들은 지구의 생태계가 버틸 수 있는 최대한의 기온 변화 폭이 2℃라고 주장'한다면서 기온이 상승함에 따라 생태계가 어떻게 파괴되어 갈지를 구체적으로 설명하고 있다. 따라서 지구의 평균 기온이 2℃ 이상 상승하면 생태계가 파괴될 것이다.

② 1문단에서 '2018년 8월 1일, 강원도 홍천의 온도는 ~ 기상을 관측한 이래 사상 최고 온도이다.'라고 하였다.

③ 5문단에서 '기후 변화의 속도를 줄이기 위해 우리 정부는 ~탄소를 5억 3600만 톤까지 배출하기로 설정했다.'라고 하였다.

④ 4문단에서 '지구의 평균 온도가 2℃ 상승하면, 북극곰 등 생물 15~40%가 사라지고', '지구의 평균 온도가 3℃ 올라가면 전 세계에 살고 있는 생물의 20~50%가 멸종할 것'이라고 하였다.

05 [정답] ⑤ ················· 전개 방식 파악하기

> **윗글에 대한 설명으로 적절하지 않은 것은?**
>
> ① 전문가의 의견을 인용하여 문제 현상을 소개하고 있다.
> 2문단, 4문단에 근거 → 전문가의 의견을 인용함.
> ② 구체적인 수치를 바탕으로 문제의 심각성을 설명하고 있다.
> 2, 4문단에 근거 → 평균 기온이 올라간 수치, 멸종할 것으로 예상되는 생물
> ③ 독자에게 생각해 볼 거리를 제시하며 글을 마무리하고
> 5문단에 근거 → 생활 속에서 탄소를 줄이는 방법에 대해 생각해 보자고 함.
> 있다.
> ④ 구체적인 예시를 들어 문제에 대한 해결 방안을 제시하
> 5문단에 근거 → 불필요한 쓰레기를 줄이고, 쓰레기를 재활용하기
> 고 있다.
> ⑤ 예상되는 반대 의견을 먼저 제시하며 자신의 주장을 강
> 반대 의견은 언급되지 않음.
> 조하고 있다.

> **왜 정답 ?**

⑤ 지구의 평균 기온이 오르는 현상에 대해서만 설명하고 있을 뿐, 반대 의견에 대해서는 언급하고 있지 않다.

> **왜 오답 ?**

① 2문단에서 '전문가들은 앞으로도 기온은 꾸준히 상승할 것이라고 예상한다.'라고 했고, 4문단에서 '전문가들은 지구의 생태계가 ~ 2℃'라고 했다. 즉, 전문가의 의견을 인용하여 지구의 평균 온도가 상승하는 문제 현상을 소개하고 있다고 할 수 있다.

② 2문단과 4문단에서 지구의 평균 기온이 올라간 수치, 기온이 올라감에 따라 멸종할 것으로 예상되는 생물의 수치 등을 구체적으로 제시하여 문제의 심각성을 설명하고 있다.

③, ④ 5문단에서 '불필요한 쓰레기를 줄이고, ~ 생각해 볼 때이다.'라고 하며 지구의 평균 온도가 상승하는 문제에 대한 해결 방안을 제시하고 독자에게 생각해 볼 거리를 제시하고 있다.

쓰레기를 처리하는 방법

○ 핵심어　　■ 문단 중심 문장　　■ 전체 중심 문장

1 우리가 편의점에서 자주 사 먹는 컵라면이나 떡볶이는 스티로폼 혹은 플라스틱 용기
에 담겨져 있다. 음식들을 맛있게 먹은 뒤 용기들은 어떻게 버려야 할까? 보통은 용기
의 재질에 따라 분리하여 버리면 재활용을 할 수 있을 것이라고 생각하지만, 용기에 음
식물이 남아 있다면 이것은 재활용하기가 어렵다.

2 우리가 만들어 내는 쓰레기는 종류에 따라 재활용되기도 하지만, 재활용을 할 수 없
는 경우에는 매립하거나 소각한다. 재활용을 할 수 없는 쓰레기를 땅에 묻으면 토양이
오염되고, 강이나 바다에 버리면 물이 오염된다. 또 쓰레기를 태우면 공기가 오염된다.
일부분만 자세히 살펴보자면, 땅에 묻은 스티로폼은 500년 이상, 페트병이라고 부르는
플라스틱 병은 100년 이상, 나무젓가락은 20년 이상이 지나야 썩어 없어진다고 한다.
매립된 쓰레기들은 썩어 없어지는 동안 계속하여 환경을 오염시킨다.

3 그렇다면 쓰레기를 어떻게 재활용해야 할까? 먼저 신문이나 박스, 혹은 깨끗이 씻은
우유곽 등의 종이는 가공 과정을 거치면 재활용 노트 등으로 다시 만들어진다. 또 겉의
상표 등이 적혀 있는 비닐을 제거한 페트병은 뜨거운 열로 녹인 후, 다시 가공하여 건축
자재의 일부로 쓸 수 있다. 유리병 등도 깬 후 다시 녹이면 새로운 유리병으로 만들 수
있다. 음식물 쓰레기들은 일정한 발효를 거치면 유기성 퇴비로 거듭날 수 있다.

4 전 세계의 여러 나라들이 쓰레기를 처리하는 문제로 골머리를 앓고 있다. 나부터라
도 쓰레기를 종류에 따라 올바른 방법으로 분리하여 버림으로써 쓰레기를 재활용하도
록 노력해야 한다. 쓰레기를 재활용하면 자원을 절약할 수도 있고, 지구의 환경오염도
막을 수 있기 때문이다.

---

1 문단 요약
쓰레기 처리 방법에 대한 의문

2 문단 요약
재활용이 되지 않는 쓰레기의 처리 방법과 문제점

3 문단 요약
쓰레기를 재활용하는 방법

[중심 문단]
4 문단 요약
쓰레기를 올바르게 처리하는 것의 중요성

● **내용** : 이 글은 일상생활 속에서 배출되는 쓰레기를 처리하는
방법에 대해 설명하고 있다. 재활용이 되는 쓰레기와 그렇지
않은 쓰레기를 나눈 뒤, 재활용이 되지 않는 쓰레기를 매립이
나 소각하는 과정에서 환경오염의 문제가 발생한다고 설명하
고 있다. 그리고 종이, 플라스틱, 유리병을 재활용하는 방법을
제시하고 있다. 또한 세계적으로 쓰레기를 처리하는 것이 심각
한 문제임을 언급하며, 쓰레기를 올바르게 처리하는 것이 중요
함을 강조하고 있다.

● **주제** : 쓰레기를 올바르게 처리하는 것의 중요성

● **문단 간의 관계** : 1문단에서는 우리 주변에서 쉽게 배출되는 쓰레기의 사
례를 제시하고, 2문단에서는 재활용 가능 여부에 따라 쓰레기를 분류한
뒤, 재활용이 되지 않는 쓰레기를 매립하거나 소각하는 과정에서 환경오염
이 발생함을 설명하고 있다. 3문단에서는 쓰레기를 재활용하는 방법을 설
명하고, 4문단에서는 쓰레기를 올바르게 처리하는 것이 중요함을 강조하
며 글을 마무리하고 있다.

● **글의 구조도**

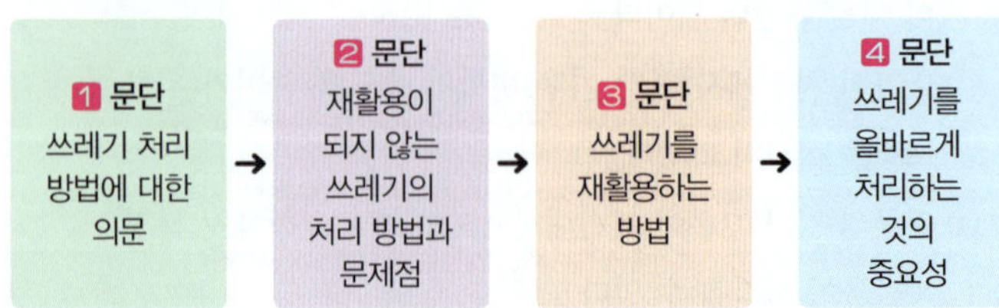

06 [정답] 재활용 ·· 문단 요약하기

>왜 정답?

4문단에서는 쓰레기를 재활용해야 하는 이유를 설명하고 있다. 따라서 빈칸에 들어가기에 적절한 말은 '재활용'이다.

07 [정답] ③ ·· 문단 간의 관계 파악하기

>왜 정답?

③ 3문단에서는 쓰레기들을 재활용하는 방법을 설명하고, 4문단에서는 이를 바탕으로 '쓰레기를 종류에 따라 올바른 방법으로 분리하여 버'릴 것을 권하고 있다. 따라서 4문단에서 3문단의 내용을 반박하고 있다고 설명하는 것은 적절하지 않다.

08 [정답] ③ ·· 내용 파악하기

> 윗글의 내용으로 적절하지 <u>않은</u> 것은?
> ① 재활용이 불가능한 쓰레기는 소각되거나 매립된다.
>   재활용이 불가능한 쓰레기는 소각, 매립됨.
> ② 일부 쓰레기들은 가공을 통해 다른 제품으로 만들어진다.
>   신문, 박스, 우유곽 등은 가공 과정을 거쳐 재활용 노트가 됨.
> ③ 음식물 쓰레기는 특별한 과정 없이 바로 재활용할 수 있다.
>   음식물 쓰레기는 발효의 과정을 거쳐야 유기성 퇴비로 거듭남.
> ④ 쓰레기를 재활용하려면 적절한 방법으로 분리해서 버려야 한다.
>   종류에 따라 분리하여 버려야 재활용할 수 있음.
> ⑤ 플라스틱 용기에 다른 물질이 남아 있으면 재활용을 할 수 없다.
>   용기에 음식물이 남아 있으면 재활용하기 어려움.

>왜 정답?

③ 3문단에서 '음식물 쓰레기들은 일정한 발효를 거치면 유기성 퇴비로 거듭날 수 있다.'라고 하였다.

>왜 오답?

① 2문단에서 '쓰레기는 ~ 재활용을 할 수 없는 경우에는 소각되거나 매립된다.'라고 하였다.
② 3문단에서 '신문이나, 박스, 혹은 깨끗이 씻은 유유곽 등의 종이는 가공 과정을 거치면 재활용 노트 등'이 된다고 했다.
④ 4문단에서 '쓰레기를 종류에 따라 올바른 방법으로 분리하여 버림으로써 재활용하도록 노력해야 한다.'라고 하였다.
⑤ 1문단에서 '용기에 음식물이 남아 있다면 이것은 재활용하기가 어렵다.'라고 하였다.

09 [정답] ④ ·· 글쓴이의 의도 파악하기

> 윗글의 글쓴이가 글을 쓴 이유로 가장 적절한 것은?
> ① 토양 오염의 심각성을 드러내기 위해
>   지문에서 설명하고 있지 않음.
> ② 쓰레기를 만들지 않는 방법을 설명하기 위해
>   지문에서 설명하고 있지 않음.
> ③ 쓰레기를 가공하는 과정의 어려움을 호소하기 위해
>   지문에서 설명하고 있지 않음.
> ④ 환경을 위해 올바른 방법으로 재활용하는 것이 중요함을 강조하기 위해
>   환경오염을 막기 위해 쓰레기가 재활용될 수 있도록 쓰레기를 올바른 방법으로 버릴 것을 권유함.
> ⑤ 우리가 재활용을 하는 것만으로는 환경오염 문제를 해결할 수 없다는 것을 알리기 위해
>   나부터라도 쓰레기를 올바르게 분리하여 버려야 함.

>왜 정답?

④ 4문단에서 '쓰레기를 종류에 따라 올바른 방법으로 분리하여 버림으로써 쓰레기를 재활용하'여 '지구의 환경오염'을 막아야 한다고 하였다. 즉, 글쓴이는 환경 보호를 위해 올바른 방법으로 쓰레기를 재활용하는 것이 중요함을 강조하고 있다.

>왜 오답?

① 2문단에서 '재활용을 할 수 없는 쓰레기를 땅에 묻으면 토양이 오염'된다고 하였다. 그러나 그 심각성을 드러내고 있지는 않다.
②, ③ 지문에서 쓰레기를 만들지 않는 방법이나, 가공하는 과정의 어려움에 대해 언급하고 있지는 않다.
⑤ 4문단에서 나부터라도 '쓰레기를 재활용하도록 노력해야 한다.'라고 하였다.

10 [정답] ① ·· 반응의 적절성 평가하기

> 윗글을 읽고 난 후의 반응으로 적절하지 <u>않은</u> 것은?
> ① 페트병은 100년 이상 썩지 않으므로 재활용이 되지 않는군.
>   겉에 부착된 비닐을 뗀 페트병은 재활용할 수 있음.
> ② 재활용하지 못하는 쓰레기들 때문에 환경이 오염될 수 있군.
>   매립 또는 소각되어 환경을 오염시킴.
> ③ 유리병을 재활용할 때는 유리를 녹이기 전에 먼저 깨야 하겠군.
>   유리를 깬 후 다시 녹여야 함.
> ④ 쓰레기를 처리하는 문제로 고민하는 것이 우리나라만은 아니군.
>   전 세계적인 문제임.
> ⑤ 재활용 노트는 우유곽이나 신문을 재활용하여 만들어지는 것이군.
>   우유곽, 신문, 박스 등의 종이를 가공하여 만들어짐.

>왜 정답?

① 3문단에서 '겉의 상표 등이 적혀 있는 비닐을 제거한 페트병은 뜨거운 열로 녹인 후, 다시 가공하여 건축 자재의 부가물로 쓸 수 있다.'라고 하였다.

>왜 오답?

② 2문단에서 '재활용을 할 수 없는 쓰레기를 ~ 공기가 오염된다.'라고 하였다.
③ 3문단에서 '유리병 등도 깬 후 다시 녹여서 새로운 유리병으로 만들 수 있다.'라고 하였다.
④ 4문단에서 '전 세계의 여러 나라들이 쓰레기를 처리하는 문제로 골머리를 앓고 있다.'라고 하였다.
⑤ 3문단에서 '먼저 신문이나, 박스 ~ 재활용 노트 등으로 다시 만들어진다.'라고 하였다.

돈을 안 버는 중학생도 세금을 낸다

○ 핵심어　　▢ 문단 중심 문장　　▢ 전체 중심 문장

1 일반적으로 국가는 국민들이 낸 세금으로 국가의 살림을 꾸려 나간다. 흔히 돈을 벌지 않는 학생들은 아직 세금을 내지 않는다고 생각하는 경우가 많다. 그러나 한 국가의 국민이라면 누구나 국가에 세금을 내며 살아간다. 그 이유를 지금부터 살펴보자.

2 세금은 그것을 납부하는 방식에 따라 직접세와 간접세로 나눌 수 있다. 직접세는 개인이나 기업이 자신이 벌어들인 소득의 일부를 세금으로 내는 것이다. 이 때문에 소득액이 높을수록 납부해야 할 직접세의 액수도 높아진다. 이와 같이 과세 대상의 수량이나 값이 증가함에 따라 점점 높은 세율을 적용하는 세금을 누진세라고 한다. 직접세의 경우에는 개인이나 기업이 국가에 직접 일정 금액을 납부해야 한다. 반면 간접세는 일반적으로 물건 값에 포함되어 있다. 따라서 소득에 상관없이 같은 물건을 사는 사람이라면 누구든 같은 금액을 간접세로 내게 된다. 이처럼 소득 수준에 관계없이 누구나 같은 비율로 부과, 징수되는 세금을 비례세라고 한다.

3 간접세의 일종인 부가 가치세는 기업이나 상인과 같은 생산자가 물건을 거래하며 얻는 이익에 국가가 세금을 부과하는 것이다. 『가령 지우개를 만드는 기업에서 지우개를 대량 생산하여 전국의 문구점에 갖다 팔면 기업에 수익이 발생한다. 그러나 이때 수익의 정확한 가치를 알 수 없으므로, 일반적으로 부가 가치세는 물건 값의 10% 정도를 부과한다. 즉, 100원짜리 지우개가 있다면 이 지우개의 원래 값은 90원이고 여기에 10원의 부가 가치세가 덧붙어서 100원이 된 것이다. 이때 지우개를 만드는 기업은 지우개 하나당 10원의 세금을 국가에 납부해야 한다.』

4 이와 같이 간접세의 경우 국가에 세금을 납부하는 대상은 소비자로부터 물건 값으로 돈을 받은 상인이나 기업이지만, 그 금액을 실제로 부담하는 대상은 소비자가 된다. 따라서 가게에서 어떤 물건이라도 사 본 경험이 있는 사람은 누구나 국가에 세금을 내며 살아가고 있는 것이다.

---

1 문단 요약
세금의 기능과 납세의 의무

2 문단 요약
세금의 종류와 특성

3 문단 요약
간접세의 일종인 부가 가치세의 개념과 예

[중심 문단]
4 문단 요약
누구나 국가에 세금을 내며 살아감.

● **내용 :** 이 글은 세금을 직접세와 간접세로 구분하고 각각의 특성을 구체적으로 설명하고 있다. 간접세의 일종인 부가 가치세는 생산자가 물건을 거래하며 얻는 이익에 국가가 세금을 부과하는 것이다. 소비자는 부가 가치세가 포함된 가격으로 물건을 구매하기 때문에 부가 가치세를 납부하고 있다고 볼 수 있다. 그래서 물건을 사 본 경험이 있는 사람이라면 누구나 국가에 세금을 내며 살아가고 있는 것이다.

● **주제 :** 세금의 종류와 특성

● **문단 간의 관계 :** 1문단에서는 세금의 기능을 이야기하고 있다. 2문단에서는 세금의 종류를 직접세와 간접세로 구분하고, 각각의 개념과 특성을 설명하고 있다. 3문단에서는 부가 가치세를 예로 들어 간접세에 대해서 구체적으로 설명하고 있다. 4문단에서는 3문단에서 언급한 간접세의 특성을 보충하여 설명한 후 글을 마무리하고 있다.

● **글의 구조도**

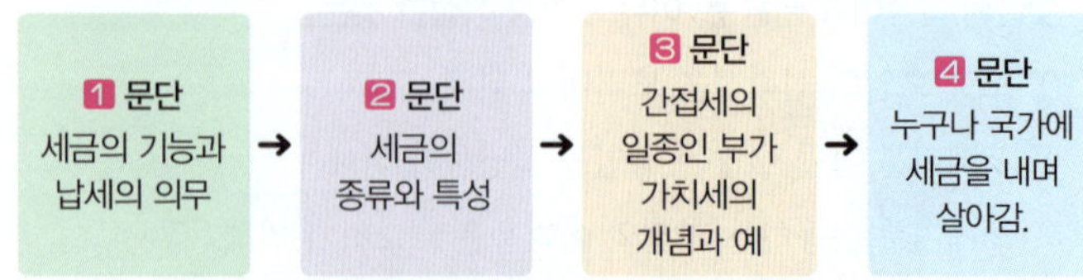

01 [정답] 직접세, 간접세 ················· 문단 요약하기

〉왜 정답?

2문단에서 '세금은 그것을 납부하는 방식에 따라 직접세와 간접세로 나눌 수 있다.'라고 하였다. 따라서 빈칸에 들어가기에 적절한 말은 '직접세'와 '간접세'이다.

02 [정답] ③ ················· 문단 간의 관계 파악하기

〉왜 정답?

③ 4문단에서는 간접세에 대해 설명하면서 글을 마무리하고 있다. 그러나 1문단에서는 간접세에 대하여 설명하고 있지 않다.

03 [정답] 부가 가치세 ················· 내용 파악하기

> 윗글을 읽고 빈칸에 들어가기에 적절한 말을 쓰시오.
>
> 물건 값에는 간접세의 일종인 (   )이/가 포함되어 있
> 3문단에 근거
> 기 때문에 물건을 사본 경험이 있는 사람은 누구나 세금을 내고
> 4문단 2번째 문장에 근거
> 있다. 그러므로 중학생도 세금을 낸다고 할 수 있다.

〉왜 정답?

3문단에서 부가 가치세는 '간접세의 일종'이라면서, '부가 가치세는 물건 값의 10% 정도를 부과한다.'라고 하였다. 이를 고려하면 간접세의 일종인 부가 가치세는 물건 값에 포함되어 있음을 알 수 있다. 이 때문에 4문단에서는 '어떤 물건이라도 사본 경험이 ~ 세금을 내며 살아가고 있는 것'이라고 하였으므로 빈칸에 들어가기에 적절한 말은 '부가 가치세'이다.

04 [정답] ③ ················· 내용 파악하기

> 윗글의 내용으로 적절하지 않은 것은?
>
> ① 개인뿐만 아니라 기업도 세금을 낸다.
> 기업도 직접세와 간접세를 냄.
> ② 세금은 국가의 살림을 꾸려나가는 데 쓰인다.
> 국가는 세금으로 국가의 살림을 꾸려 나감.
> ③ 세금을 납부하는 방식에 따라 비례세와 누진세로 나눌
> 직접세와 간접세로 나뉨.
> 수 있다.
> ④ 간접세는 세금을 납부하는 대상과 부담하는 대상이 서로
> 세금을 납부하는 대상은 상인이나 기업, 부담하는 대상은 소비자임.
> 다르다.
> ⑤ 직접세의 경우, 소득이 높을수록 부과하는 세율이 높게
> 소득액이 높을수록 직접세의 액수가 높아짐.
> 적용된다.

〉왜 정답?

③ 2문단에서 '세금은 그것을 납부하는 방식에 따라 직접세와 간접세로 나눌 수 있다.'라고 하였다. 이를 고려하면 세금을 납부하는 방식에 따라 세금을 나누면 비례세와 누진세가 아니라 직접세와 간접세로 나눔을 알 수 있다.

〉왜 오답?

① 2문단에서 '직접세는 개인이나 기업이 ~ 세금으로 내는 것'이라고 하였고, 4문단에서 '간접세의 경우 국가에 세금을 납부하는 대상은 ~ 상인이나 기업'이라고 하였다. 따라서 기업도 직접세와 간접세를 모두 납부한다는 것을 알 수 있다.

② 1문단에서 '일반적으로 국가는 국민들이 낸 세금으로 국가의 살림을 꾸려 나간다.'라고 하였다.

④ 4문단에서 간접세는 '세금을 납부하는 대상은 ~ 상인이나 기업이지만, 그 금액을 실제로 부담하는 대상은 소비자가 된다.'라고 하였다. 따라서 간접세는 세금을 납부하는 대상과 부담하는 대상이 다르다.

⑤ 2문단에서 '소득액이 높을수록 납부해야 할 직접세의 ~ 점점 높은 세율을 적용하는 세금을 누진세라고 한다.'라고 하였다. 따라서 직접세의 경우, 소득이 높을수록 부과되는 세율이 높게 적용된다는 것을 알 수 있다.

05 [정답] ② ················· 내용 파악하기

> 윗글의 간접세에 대한 설명으로 적절하지 않은 것은?
>
> ① 비례세에 해당한다.
> 간접세는 비례세에 해당함.
> ② 세금의 비율을 정할 때 소득을 고려한다.
> 소득에 상관없이 같은 물건을 사면 똑같은 금액의 간접세를 냄.
> ③ 물건을 사는 누구나 세금을 내고 있는 것이다.
> 물건을 사는 사람은 누구나 간접세를 냄.
> ④ 다른 사람과 똑같은 물건을 사면 똑같은 액수의 세금을
> 같은 물건을 사는 사람이라면 누구든 같은 금액을 간접세로 냄.
> 내게 된다.
> ⑤ 생산자가 물건을 거래하며 얻는 이득에 국가가 세금을
> 부가 가치세는 간접세의 일종임.
> 부과하는 것도 이에 속한다.

〉왜 정답?

② 2문단에서 '소득에 상관없이 같은 물건을 사는 사람이라면 누구든 같은 금액을 간접세로 내게 된다.'라고 하였다. 그러므로 간접세의 경우에는 세금의 비율을 정할 때 소득을 고려하지 않는다.

〉왜 오답?

① 2문단에서 간접세는 '소득에 상관없이 ~ 누구든 같은 금액을' 내는 것이라고 하면서 '소득 수준에 관계없이 누구나 같은 비율로 부과, 징수되는 세금을 비례세라고 한다.'라고 하였다. 따라서 간접세는 비례세에 해당한다.

③ 4문단에서 '물건을 사 본 경험이 있는 사람은 누구나 국가에 세금을 내며 살아가고 있는 것이다.'라고 하였다.

④ 2문단에서 '소득에 상관없이 같은 물건을 사는 사람이라면 누구든 같은 금액을 간접세로 내게 된다.'라고 하였다. 따라서 다른 사람과 똑같은 물건을 사면 똑같은 액수의 세금을 내게 될 것이다.

⑤ 3문단에서 '간접세의 일종인 부가 가치세는 기업이나 상인과 같은 생산자가 물건을 거래하며 얻는 이익에 국가가 세금을 부과하는 것이다.'라고 하였다. 따라서 생산자가 물건을 거래하며 얻는 이득에 국가가 세금을 부과하는 부가 가치세는 간접세에 속한다.

빅데이터란 무엇인가?

○ 핵심어 ▨ 문단 중심 문장 ▨ 전체 중심 문장

1 '데이터'란 관찰이나 실험, 조사로 얻은 사실이나 정보를 의미한다. 이와 관련된 개념으로 생겨난 개념이 '빅데이터'이다. 빅데이터는 디지털 환경에서 컴퓨터가 처리할 수 있는 문자, 숫자, 소리, 그림 따위의 형태로 된 정보를 의미한다. '빅(big)'이라는 단어에서 짐작할 수 있듯이 그 양이 매우 많으며, 지금도 정보가 축적되고 있다. 빅데이터는 고도로 정보화된 시대를 살아가는 우리의 생활을 어떻게 달라지게 하였을까?

2 빅데이터를 활용한 대표적인 사례로 서울시의 올빼미 심야 버스를 들 수 있다. 이 버스는 밤에만 운영되는 버스로, 이를 이용하는 사람들이 한정되어 있다. 그래서 서울시는 이 사람들을 효과적으로 실어 나를 수 있는 노선을 정확히 정해야 했다. 이 문제를 해결하는 데 도움이 된 것이 빅데이터이다. 서울시는 서울시 전체를 1km 단위로 나누고 통신사의 도움을 얻어 심야 시간대에 이루어진 통화량 데이터 30억 건을 분석하였다. 그리고 심야 택시의 위치 정보 데이터 60만 건을 분석하였다. 이러한 데이터를 교차 분석한 결과 사람들이 많이 모이는 장소와 요일을 알 수 있었고, 사람들이 많이 모이는 장소에서부터 사람들이 많이 거주하는 곳까지 운행하도록 시범 노선을 정하였다. 이후 시범 운행을 통해 그 효율성을 확인한 후, 현재는 버스 노선을 확정하여 밤 12시부터 새벽 5시까지 심야 버스를 운행하고 있다.

3 또 다른 사례로 미국의 범죄 예보 시스템을 들 수 있다. 미국의 경찰들은 범죄와 관련된 빅데이터를 분석하였다. 그 결과 과거에 범죄가 일어났던 지역에서 또 다른 범죄가 일어날 가능성이 있다는 사실을 밝혀냈고, 이를 바탕으로 범죄 예보 시스템을 만들었다. 그 결과 범죄의 발생 건수가 22%까지 감소했다고 한다.

4 서울시의 심야 버스나 미국의 범죄 예보 시스템은 빅데이터를 활용하여 우리 생활에 도움을 가져왔다. 그러나 빅데이터가 유용한 만큼, 빅데이터가 위험할 수 있다고 경고하는 사람들도 적지 않다. 그들은 빅데이터를 활용함으로써 우리들 개개인의 행동을 누군가가 감시할 수 있고, 또 특정 사람이 정보를 독점함으로써 사회를 자신들의 뜻대로 통제할 수 있는 거대한 권력이 생겨날 수 있다고 경고한다. 이러한 점을 고려할 때 빅데이터가 우리 사회에서 유용하게 쓰이려면 먼저 윤리적 측면의 교육이 강조되어야 하며, 정보를 주체적으로 받아들이기 위한 준비가 이루어져야 할 것이다.

1 문단 요약
빅데이터의 뜻과 특성

2 문단 요약
빅데이터를 활용한 사례 ① 서울시의 올빼미 심야 버스

3 문단 요약
빅데이터를 활용한 사례 ② 미국의 범죄 예보 시스템

[중심 문단]
4 문단 요약
빅데이터를 유용하게 쓰기 위한 태도

● **내용 :** 이 글은 빅데이터에 대해 설명하고 있다. 서울시의 올빼미 심야 버스와 미국의 범죄 예보 시스템을 사례로 들어 빅데이터의 유용성에 대해 설명하였다. 그러나 빅데이터는 위험성도 가지고 있기 때문에 빅데이터를 유용하게 사용하기 위해서는 철저한 교육과 준비가 이루어져야 한다.

● **주제 :** 빅데이터의 장단점과 빅데이터를 유용하게 활용하기 위해 필요한 자세

● **문단 간의 관계 :** 1문단에서는 빅데이터의 개념과 특성에 대해 설명하고 있다. 2문단과 3문단에서는 빅데이터를 활용한 사례를 구체적으로 제시하고 있다. 4문단에서는 빅데이터의 위험성을 제시한 후, 빅데이터를 유용하게 활용하기 위해 필요한 자세에 대해 언급하며 글을 마무리하고 있다.

● **글의 구조도**

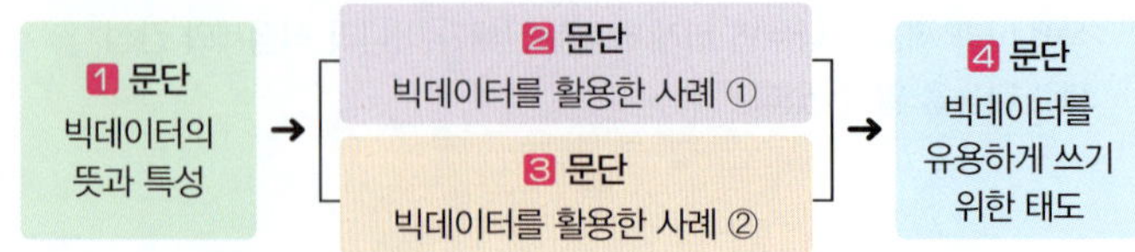

06 [정답] 빅데이터 ·············· 문단 요약하기

>왜 정답 ?

1문단에서 '빅데이터는 디지털 환경에서 ~ 문자, 숫자, 소리, 그림 따위의 형태로 된 정보를 의미한다.'라고 하였다. 따라서 빈칸에 들어가기에 적절한 말은 '빅데이터'이다.

07 [정답] ① ·············· 문단 간의 관계 파악하기

>왜 정답 ?

① 1문단에서 빅데이터와 데이터의 개념을 각각 설명하고 있지만, 그 두 가지의 우열을 가리고 있지는 않다.

08 [정답] ⑤ ·············· 전개 방식 파악하기

윗글에 대한 설명으로 적절하지 않은 것은?
① 빅데이터의 유용성을 제시하고 있다.
심야 버스의 노선 확정 사례 등을 들어 빅데이터의 유용성을 제시함.
② 빅데이터의 뜻을 명확하게 밝히고 있다.
데이터와 빅데이터의 의미를 명확하게 밝히고 있음.
③ 빅데이터를 활용한 구체적인 예를 제시하고 있다.
'서울시의 올빼미 심야 버스', '미국의 범죄 예보 시스템'
④ 빅데이터를 둘러싼 다양한 시선을 소개하고 있다.
빅데이터의 유용성과 위험성을 소개하고 있음.
⑤ 빅데이터를 분석하는 방법을 구체적으로 설명하고 있다.
지문에서 이야기하고 있지 않음.

>왜 정답 ?

⑤ 이 지문에서는 빅데이터의 유용성과 위험성에 대해 이야기하고 있지만, 빅데이터를 분석하는 방법을 구체적으로 설명하고 있지는 않다.

>왜 오답 ?

① 2문단에서는 서울시의 올빼미 심야 버스의 노선을 확정할 때, 3문단에서는 미국의 범죄 예보 시스템을 만들 때 빅데이터가 활용되었다고 설명하고 있다. 이를 통해 빅데이터가 유용하게 쓰일 수 있음을 드러내고 있다.
② 1문단에서 데이터와 빅데이터의 뜻을 밝히고 있다.
③ 2문단과 3문단에서 '올빼미 심야 버스'와 '범죄 예보 시스템'의 사례를 빅데이터를 활용한 구체적인 예로 제시하고 있다.
④ 2, 3문단에서는 빅데이터의 유용성을 드러내고, 4문단에서는 빅데이터의 위험성을 이야기하고 있다.

09 [정답] ④ ·············· 내용 파악하기

윗글의 내용으로 가장 적절한 것은?
① 빅데이터는 데이터가 만들어지기 전에 생겨난 개념이다.
빅데이터는 데이터와 관련된 개념으로 생겨남.
② 서울시는 빅데이터를 활용하여 범죄 예보 시스템을 만들었다.
미국의 경찰들이 만듦.
③ 관찰이나, 실험, 조사로 얻은 사실이나 정보를 빅데이터라고 한다.
데이터의 개념임.

④ 빅데이터를 유용하게 사용하려면 윤리적 측면의 교육이
빅데이터가 유용하게 쓰이려면 윤리적 측면의 교육이 먼저 강조되어야 함.
강조되어야 한다.
⑤ 디지털 환경에서 컴퓨터가 처리할 수 있는 문자, 소리 따
빅데이터의 개념임.
위의 형태로 된 정보를 데이터라고 한다.

>왜 정답 ?

④ 4문단에서 '빅데이터가 우리 사회에서 유용하게 쓰이려면 먼저 윤리적 측면의 교육이 강조되어야' 한다고 하였다.

>왜 오답 ?

① 1문단에서 데이터와 관련된 개념으로 생겨난 개념이 빅데이터'라고 하였다.
② 3문단에서 '미국의 경찰들'이 미국의 범죄 예보 시스템을 만들었다고 했다.
③ 2문단에서 "데이터'란 관찰이나 실험, 조사로 얻은 사실이나 정보를 의미한다.'라고 하였다.
⑤ 2문단에서 '빅데이터는 디지털 환경에서 ~ 그림 따위의 형태로 된 정보를 의미한다.'라고 하였다.

10 [정답] ② ·············· 내용 파악하기

〈보기〉는 윗글의 빅데이터와 관련된 내용을 정리한 것이다. 성격이 유사한 것끼리만 묶인 것은?

〈보기〉
㉠ 정보가 특정 사람에게 독점될 수 있다.
빅데이터의 위험성에 해당함.
㉡ 개인의 행동을 누군가 감시할 수도 있다.
빅데이터의 위험성에 해당함.
㉢ 빅데이터를 분석을 통해 심야 버스 노선을 확정할 수 있었다.
빅데이터의 유용성에 해당함.
㉣ 정보를 가진 사람이 자신의 뜻대로 사회를 통제하게 될 수도 있다.
빅데이터의 위험성에 해당함.
㉤ 빅데이터를 활용한 범죄 예보 시스템을 통해 범죄의 발생 건수를 줄일 수 있었다.
빅데이터의 유용성에 해당함.

① ㉠, ㉡, ㉢   ② ㉠, ㉡, ㉣   ③ ㉠, ㉡, ㉤
④ ㉡, ㉢, ㉣   ⑤ ㉢, ㉣, ㉤

>왜 정답 ?

2문단에서 빅데이터를 활용해 '올빼미 심야 버스'의 '노선을 확정'한 것(㉢)을 제시하고, 3문단에서는 빅데이터를 활용한 범죄 예보 시스템을 도입한 '결과 범죄의 발생 건수가 22%까지 감소했'다고 하였다.(㉤) 반면 4문단에서 '빅데이터를 활용함으로써 우리들 개개인의 행동을 누군가가 감시할 수 있고(㉡), 또 특정 사람이 정보를 독점함으로써(㉠) 사회를 자신들의 뜻대로 통제할 수 있는 거대한 권력이 생겨날 수 있다'고(㉣) 하였다.
이를 정리하면 빅데이터와 관련된 유용성을 제시한 것이 ㉢, ㉤이고, 빅데이터와 관련된 위험성을 설명한 것이 ㉠, ㉡, ㉣이다.

전문가가 되기 위해 필요한 시간

1 처음부터 자전거를 잘 탈 수 있을까? 두발 자전거를 자유자재로 타기 전까지 우리는 뒤에서 자전거를 잡아 주는 사람이 자전거에서 손을 뗄까봐 걱정하기도 하고, 브레이크를 잘못 잡아 넘어지기도 한다. 어느 정도 이러한 시간을 보내고 나서야 드디어 두발 자전거를 내가 원하는 방향으로 가게끔 탈 수 있게 된다.

1 문단 요약
두발 자전거를 자유자재로 타기 위해 필요한 시간

2 미국의 심리학자인 앤더스 에릭슨은 1993년에 '1만 시간의 법칙'이라는 이론을 담은 논문을 발표하였다. 이 법칙은 어떤 분야의 전문가가 되려면 최소 1만 시간 정도의 훈련을 해야 한다는 것이다. 자전거를 잘 타기 위해 1만 시간이 걸리지는 않겠지만, 우리가 자전거를 잘 타려고 노력하는 동안 우리의 뇌에서는 변화가 일어난다.

[중심 문단]
2 문단 요약
1만 시간의 법칙의 개념

3 우리의 뇌는 신경 세포인 '뉴런'으로 구성되어 있고, 한 사람의 뇌 속에는 1000억 개가 넘는 뉴런이 존재한다. 각 뉴런들을 연결하는 부위인 '시냅스'에서 화학 물질이 나오면 전기 신호가 각 뉴런으로 전달되는데, 우리의 뇌는 이를 통해 정보를 전달한다. 1만 시간의 법칙에 동조하는 사람들은 전기 화학 반응에 따라 반응하는 인간의 뇌가 1만 시간까지는 아닐지라도 오랜 시간동안 같은 전기 화학 물질에 노출되면 특정 현상이 발생하게 된다고 설명한다.

3 문단 요약
1만 시간 법칙에 동조하는 사람들의 주장

4 어떤 학자는 우리가 자전거를 타는 동작이나 구구단을 외우는 것처럼 어떠한 것을 반복하면 뉴런들의 시냅스 연결 부위가 강화된다고 주장한다. 또 다른 학자는 어떤 것을 반복하면 뉴런들 사이에서 신호를 전달하는 미엘린이 반복적인 학습의 결과로 두꺼워진다고 주장한다. 미엘린이 두꺼워질수록 전달하는 정보의 양이나 속도가 더욱 증가하는데, 미엘린이 충분히 두꺼워지려면 1만 시간 정도는 노력해야 한다는 것이다.

4 문단 요약
1만 시간 법칙에 동조하는 사람들의 주장의 구체적인 내용

5 이들의 주장에 따르면 우리가 자전거 타기를 연습하는 것처럼 반복적으로 학습을 하고 훈련을 하는 동안 우리의 뇌 안에서는 전기 화학 반응이 일어나며, 시냅스와 미엘린이 강화됨에 따라 충분히 능숙한 실력을 갖추게 된다. 그래서 우리가 어떤 분야의 전문가가 되고 싶다면, 1만 시간 혹은 그와 가까운 오랜 시간 동안 그것을 반복함으로써 뇌의 변화를 거쳐야 한다는 것이다.

5 문단 요약
1만 시간의 법칙의 타당성

- **내용 :** 이 글은 '1만 시간의 법칙'을 설명하면서 오랜 시간 동안 반복적으로 학습이나 훈련을 할 때 우리 뇌에서 특정 현상이 일어난다고 이야기하고 있다. 충분한 시간을 들여 반복적으로 훈련하면 뇌의 시냅스와 미엘린이 강화된다. 그러면 우리의 뇌에서 정보를 전달하는 속도나 양이 더욱 증가하게 되고, 이를 통해 능숙한 실력을 갖출 수 있게 된다.

- **주제 :** 뇌의 변화를 통해 살펴보는 1만 시간의 법칙

- **문단 간의 관계 :** 1문단에서는 자전거 타기라는 사례를 들고 있다. 2문단에서는 1만 시간의 법칙의 개념을 제시하고 있다. 3문단과 4문단에서는 1만 시간의 법칙에 동조하는 사람들의 주장을 소개하고, 5문단에서는 이들의 주장을 요약하고 있다.

- **글의 구조도**

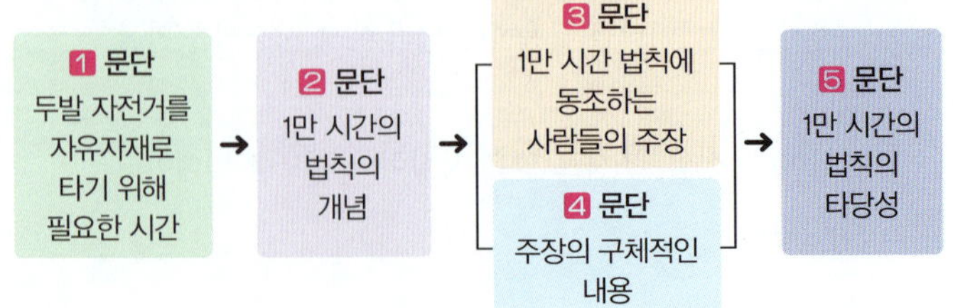

01 [정답] 1만 시간의 법칙 ·········· 문단 요약하기

>왜 정답?

2문단에서 '1만 시간의 법칙'은 '어떤 분야의 전문가가 되려면 최소 1만 시간 정도의 훈련을 해야 한다'는 내용의 이론이라고 했다. 따라서 빈칸에 들어가기에 적절한 말은 '1만 시간의 법칙'이다.

02 [정답] ③ ·········· 문단 간의 관계 파악하기

>왜 정답?

③ 5문단에서 '이들의 주장에 따르면'이라면서 3, 4문단에서 언급한 1만 시간의 법칙에 동조하는 학자들의 주장을 요약하여 제시하고 있다. 따라서 5문단에서 새로운 이론을 소개하고 있다고 설명하는 것은 적절하지 않다.

03 [정답] 미엘린, 정보 ·········· 내용 파악하기

> **윗글을 읽고 빈칸에 들어가기에 적절한 말을 순서대로 쓰시오.**
>
> 어떤 학자는 반복적인 학습의 결과로 (   )의 두께가 두꺼워지면, 전달하는 (   )의 양이나 속도가 증가하게
> 4문단 2~3번째 문장에 근거
> 된다고 주장한다.

>왜 정답?

4문단에서 어떤 학자는 '미엘린의 두께가 반복적인 학습의 결과로 두꺼워'지며, '미엘린이 두꺼워질수록 전달하는 정보의 양이나 속도가 더욱 증가'한다고 주장했다고 하였다. 따라서 빈칸에 들어가기에 적절한 말은 '미엘린', '정보'이다.

04 [정답] ⑤ ·········· 내용 파악하기

> **윗글의 내용으로 적절하지 않은 것은?**
>
> ① 우리의 뇌는 1000억 개 이상의 뉴런으로 구성되어 있다.
> 뇌 속에는 1000억 개가 넘는 뉴런이 존재함.
> ② 미엘린은 뉴런들 사이에서 신호를 전달하는 역할을 한다.
> 뉴런들 사이에서 신호를 전달함.
> ③ 반복적인 훈련을 하는 동안 우리 뇌에서는 변화가 일어난다.
> 우리의 뇌 안에서 전기 화학 반응이 일어남.
> ④ 각 뉴런들을 연결하는 부위인 시냅스에서는 화학 물질이 나온다.
> 화학 물질을 통해 전기 신호를 뉴런으로 전달함.
> ⑤ '1만 시간의 법칙' 이론은 뚜렷한 근거가 없어 모든 학자들에게 비판받는다.
> 3, 4, 5문단에 근거 → 1만 시간의 법칙에 동조하는 학자들

>왜 정답?

⑤ 4문단에서 '어떠한 것을 반복하면 뉴런들의 시냅스 연결 부위가 강화된다고 주장'하는 학자의 견해와 '뉴런들 사이에서 신호를 전달하는 미엘린의 두께가 반복적인 학습의 결과로 두꺼워진다고 주장'하는 학자의 견해를 소개하면서 1만 시간의 법칙 이론을 뒷받침하고 있다. 이를 고려하면 '1만 시간의 법칙' 이론은 과학적 근거를 바탕으로 하는 것이고, 비판이 아니라 동조하는 사람들이 있음을 알 수 있다.

>왜 오답?

① 3문단에서 '한 사람의 뇌 속에는 1,000억 개가 넘는 뉴런이 존재한다.'라고 하였다.
② 4문단에서 미엘린은 '뉴런들 사이에서 신호를 전달'한다고 하였다.
③ 5문단에서 '반복적으로 학습을 하고 훈련을 하는 동안 우리의 뇌 안에서는 전기 화학 반응이 일어'난다고 하였다.
④ 3문단에서 "시냅스'에서 화학 물질이 나오면 전기 신호가 각 뉴런으로 전달'된다고 하였다.

05 [정답] ④ ·········· 반응의 적절성 평가하기

> **윗글을 읽고 난 후의 반응으로 적절하지 않은 것은?**
>
> ① 우리 뇌의 신경 세포를 연구하는 학자들이 꽤 많군.
> 여러 학자들이 뇌의 신경 세포인 '뉴런'에 대해 자신의 주장을 펼치고 있음.
> ② 똑같은 연습을 매일 반복하면 시냅스와 미엘린이 점차 강화되겠군.
> 반복적으로 학습하고 훈련하는 동안 시냅스와 미엘린이 강화됨.
> ③ 운동선수들이 실력을 더 높이기 위해 끊임없이 훈련하는 이유를 알겠군.
> 오랜 시간 동안 반복적으로 훈련함으로써 뇌의 변화를 거치면 어떤 분야의 전문가가 될 수 있음.
> ④ 내가 아직도 자전거를 못 타는 이유는 1만 시간 동안 연습하지 않았기 때문이군.
> 자전거를 잘 타기 위해 반드시 1만 시간의 연습이 필요한 것은 아님.
> ⑤ '1만 시간'이란 어떤 분야의 전문가가 되는 데 필요한 오랜 시간을 의미하는 것이군.
> 전문가가 되고 싶다면, 1만 시간 혹은 그와 가까운 오랜 시간 동안 그것을 반복해야 함.

>왜 정답?

④ 2문단에서 '자전거를 잘 타기 위해 1만 시간이 걸리지는 않'을 것이라고 하였다. 이는 그만큼 오랜 시간 반복해야 한다는 의미일 뿐이다.

>왜 오답?

① 4문단에서 '뉴런들의 시냅스 연결 부위가 강화'되는 과정에 대한 연구와 '뉴런들 사이에서 신호를 전달하는 미엘린의 두께가' 두꺼워지는 과정에 대한 연구를 언급한 학자들의 주장을 제시하고 있다.
② 5문단에서 '반복적으로 학습을 하고 훈련을 하는 동인 시냅스와 미엘린이 강화'된다고 하였다.
③, ⑤ 5문단에서 '우리가 어떤 분야의 전문가가 되고 싶다면, 1만 시간 혹은 그와 가까운 오랜 시간 동안 그것을 반복함으로써 뇌의 변화를 거쳐야 하는 것이다.'라고 하였다.

죄수의 딜레마

○ 핵심어　　🟨 문단 중심 문장　　🟪 전체 중심 문장

1 경제학뿐만 아니라 심리학, 국제 정치학 등 다양한 방면에서의 상황을 설명하는 이론 가운데 '죄수의 딜레마'라는 것이 있다. 이 이론은 A와 B가 존재할 때, 서로에게 협력하면 둘에게 다 이익이 되는 상황을 만들 수 있는데, 그렇게 하지 않아 A와 B 모두가 다 불리해지는 상황을 설명해 준다.

2 서로 협력하여 범죄를 일으킨 것으로 추정되는 용의자 A와 B가 있다고 가정해 보자. 경찰은 두 사람을 각각 다른 방에 있게 한 후, 다음과 같은 조건을 건다. '당신(A)과 다른 용의자(B)가 모두 범죄를 인정한다면 징역 1년을 선고 받을 것이다. 다만, 다른 용의자(B)가 죄를 인정하고 공범인 당신(A)에 대해 자백하면 그(B)는 풀려날 것이고 당신(A)은 징역 10년을 선고 받게 될 것이다. 또한 당신(A)과 다른 용의자(B)가 모두 범죄를 인정하지 않는다면 징역 3개월을 선고 받을 것이다.'

3 위의 상황에서 두 명의 용의자가 서로 협력하여 죄를 인정하지 않으면 두 사람 모두 최선의 결과를 얻을 수 있다. 그러나 A와 B는 모두 상대방을 믿지 못해 범죄 사실을 털어놓을 확률이 높다. 서로를 배신한 A와 B는 모두 각각 징역 1년을 선고 받게 되고, 이는 A와 B 모두에게 손해를 가져온다.

4 이러한 죄수의 딜레마를 통해 세계적인 이슈도 설명할 수 있다. 2015년 파리에서 전 세계의 195개국이 지구 온난화를 일으키는 온실가스의 배출을 줄이기 위해 '파리기후변화협약'을 맺었다. 그런데 2017년 전 세계에서 온실가스를 두 번째로 많이 배출하는 미국이 이 협약에서 탈퇴하였다. 모든 나라들이 온실가스 배출을 줄이고자 협력한다면 모두가 이익을 얻게 된다. 그렇지만 온실가스를 많이 배출하는 나라인 미국이 온실가스를 줄이려는 노력을 하지 않는다면, 다른 나라들도 굳이 이를 지키지 않으려 할 것이다. 결국 전 세계 모든 사람들이 고통을 받게 될 것이므로 이는 '죄수의 딜레마'에 빠진 상황이라고 볼 수 있다.

5 이와 같은 딜레마 상황에 빠지지 않고 모든 사람에게 최선인 선택을 하려면 A와 B 같은 상황에 놓였을 때 서로가 서로를 배신하지 않을 것이라는 신뢰가 있어야 한다. 서로를 믿어야만 서로에게 ＿＿＿＿＿ ㉮ ＿＿＿＿＿.

---

1 문단 요약
죄수의 딜레마의 개념

2 문단 요약
죄수의 딜레마를 보여 주는 상황 가정

3 문단 요약
죄수의 딜레마를 보여 주는 상황의 결과

4 문단 요약
죄수의 딜레마를 통해 설명하는 세계적인 이슈

[중심 문단]
5 문단 요약
모든 사람이 최선의 선택을 하기 위한 조건 : 서로에 대한 신뢰

● **내용** : 이 글은 죄수의 딜레마의 개념을 소개하고, 구체적인 사례를 통해 죄수의 딜레마가 나타나는 상황을 설명하고 있다. 죄수의 딜레마에 빠지지 않고 모두에게 최선인 결과를 얻으려면 당사자들끼리 서로를 신뢰하고 협동해야 한다.

● **주제** : 죄수의 딜레마에 대한 이해와 모두에게 최선인 선택을 하는 방법

● **문단 간의 관계** : 1문단에서는 '죄수의 딜레마'를 소개하고, 2문단과 3문단에서는 용의자 A와 B의 상황을 가정하여 죄수의 딜레마에 대해 설명하고 있다. 4문단에서는 죄수의 딜레마로 세계적 이슈를 설명하고, 5문단에서는 모두에게 최선인 선택을 하기 위한 조건을 언급하며 글을 마무리하고 있다.

● **글의 구조도**

1 문단 죄수의 딜레마의 개념 → [**2 문단** 죄수의 딜레마를 보여 주는 상황 가정 / **3 문단** 상황의 결과] → **4 문단** 죄수의 딜레마를 통해 설명하는 세계적인 이슈 → **5 문단** 모든 사람이 최선의 선택을 하기 위한 조건

06 [정답] 죄수의 딜레마 ················· 문단 요약하기

>왜 정답?

1문단에서 '이 이론은 A와 B가 존재할 때, 서로에게 협력하면 둘에게 다 이익이 되는 상황을 만들 수 있는데, 그렇게 하지 않아 A와 B 모두가 다 불리해지는 상황을 설명해 준다.'라면서 '죄수의 딜레마'의 개념을 설명하고 있다. 따라서 빈칸에 들어가기에 적절한 말은 '죄수의 딜레마'이다.

07 [정답] ③ ················· 문단 간의 관계 파악하기

>왜 정답?

③ 5문단에서 '이와 같은 딜레마 상황에 빠지지 않고 모든 사람에게 최선인 선택을 하려면 A와 B 같은 상황에 놓였을 때 서로가 서로를 배신하지 않을 것이라는 신뢰가 있어야 한다.'라면서 4문단의 문제 상황에 대한 원인이 아니라, 해결 방안을 제시하고 있다.

08 [정답] 협력 ················· 내용 파악하기

> 윗글을 읽고 빈칸에 들어가기에 적절할 말을 쓰시오.
>
> 죄수의 딜레마에 빠진 용의자 A와 B가 가장 이득이 되는 선택을 하려면 서로 신뢰하고 (　　신뢰를 가져야 함　　)하여 죄를 인정하지 말아야 한다.

>왜 정답?

3문단에서 '두 명의 용의자가 서로 협력하여 죄를 인정하지 않으면 두 사람 모두 최선의 결과를 얻을 수 있다.'라고 하였다. 따라서 빈칸에 들어가기에 적절한 말은 '협력'이다.

09 [정답] ④ ················· 내용 파악하기

> 윗글의 내용으로 적절하지 <u>않은</u> 것은?
>
> ① 죄수의 딜레마에 빠진 사람들은 최선의 선택을 하지 못할 확률이 높다.　서로를 믿지 못해 손해를 볼 확률이 높음.
>
> ② 죄수의 딜레마는 경제학, 국제 정치학 방면에서 나타나는 상황도 설명할 수 있다.　경제학, 심리학, 국제 정치학 등에서의 상황을 설명하는 이론임.
>
> ③ 죄수의 딜레마에 빠진 사람들이 서로를 믿지 못하면 모두가 손해를 보는 결과를 얻게 된다.　서로를 믿지 못하면 모두 불리해짐.
>
> ④ 파리기후변화협약은 죄수의 딜레마 상황을 가장 효과적으로 벗어나는 방법을 보여 준 사례이다.　미국의 탈퇴로 인해 죄수의 딜레마에 빠진 상황을 보여 주는 사례임.
>
> ⑤ 온실가스 배출에 대한 미국의 선택은 다른 나라의 온실가스 배출에 대한 입장에 영향을 줄 수 있다.　미국이 온실 가스를 줄이려는 노력을 하지 않으면 다른 나라들도 노력을 하지 않을 것임.

>왜 정답?

④ 4문단에서 '전 세계에서 온실가스를 두 번째로 많이 배출하는 미국이' 파리기후변화협약을 탈퇴함으로써 '다른 나라들도 굳이 이를 지키지 않으려 할 것'이고, 이로 인해 '결국 전 세계 모든 사람들이 고통을 받게 될 것이므로 이는 '죄수의 딜레마'에 빠진 상황이라고 볼 수 있다.'라고 하였다.

>왜 오답?

① 3문단에서 죄수의 딜레마 상황에 빠진 용의자 A와 B는 '서로 협력'하면 '최선의 결과를 얻을 수 있'지만, 'A와 B는 모두 상대방을 믿지 못해 범죄 사실을 털어놓을 확률이 높다.'라고 하였다.

② 1문단에서 '경제학뿐만 아니라 심리학, 국제 정치학 등의' 상황을 '죄수의 딜레마'가 설명해 준다고 하였다.

③ 3문단에서 죄수의 딜레마 상황에 놓인 'A와 B는 모두 상대방을 믿지 못해' '서로를 배신'하고, '이는 A와 B 모두에게 손해를 가져온다.'라고 하였다.

⑤ 4문단에서 '온실가스를 많이 배출하는 나라인 미국이 ~ 다른 나라들도 굳이 이를 지키지 않으려 할 것이다.'라고 하였다.

10 [정답] ② ················· 반응의 적절성 평가하기

> ㉮의 내용으로 가장 적절한 것은?
>
> ① 범죄 사실을 털어놓을 수 있기 때문이다.　지문의 내용과 관련이 없음.
>
> ② 가장 좋은 결과를 얻을 수 있기 때문이다.　서로를 믿고 협력하면 최선의 결과를 얻을 수 있음.
>
> ③ 닥친 불리한 상황을 받아들일 수 있기 때문이다.　지문의 내용과 관련이 없음.
>
> ④ 가장 큰 이익과 손해를 따져 볼 수 있기 때문이다.　지문의 내용과 관련이 없음.
>
> ⑤ 보인 이전의 잘못된 행동을 반성할 수 있기 때문이다.　지문의 내용과 관련이 없음.

>왜 정답?

② ㉮는 죄수의 딜레마 상황에 빠졌을 때 '서로를 믿어야' 하는 이유를 설명한 부분이다. 3문단에서 죄수의 딜레마 상황에서 '두 명의 용의자가 서로 협력하여 죄를 인정하지 않으면 두 사람 모두 최선의 결과를 얻을 수 있다.'라고 하였으므로 죄수의 딜레마 상황에서 서로를 믿어야 하는 이유는 서로에게 가장 좋은 결과를 얻을 수 있기 때문임을 알 수 있다.

>왜 오답?

① 3문단에서 'A와 B는 모두 상대방을 믿지 못해 범죄 사실을 털어놓을 확률이 높다.'라고 하였다. 여기에서 용의자들이 범죄 사실을 털어놓는 대상은 상대방인 다른 용의자가 아니라 경찰이다. 따라서 용의사들이 서로를 믿으면 범죄 사실을 털어놓을 수 있다고 하기 어렵다.

③, ⑤ 자신에게 닥친 불리한 상황을 받아들이는 것, 이전의 잘못된 행동을 반성하는 것과 관련된 내용을 이야기하고 있지 않다.

④ 3문단에서 용의자들이 서로를 믿으면 가장 이득이 되는 선택인 '최선의 결과'를 얻을 수 있다고 하였다. 따라서 용의자들이 서로를 믿으면 가장 큰 이익과 손해를 따져볼 수 있다고 보기 어렵다.

DAY 17 · 사회

간접 광고

◯ 핵심어 ▨ 문단 중심 문장 ▨ 전체 중심 문장

1 간접 광고(Product Placement, Indirect Advertising, PPL)란 상업적 의도를 감춘 채 프로그램 내에 배치된 제품이나 기업의 상징물 등을 소비자가 인식하도록 만드는 광고를 의미한다. 2010년 1월부터 우리나라에서 간접 광고가 허용되면서 TV 드라마나 오락 프로그램에 특정 회사의 상품이나 로고가 등장하는 장면을 자주 보게 되었다.

2 간접 광고는 무엇이 문제일까? 지나친 간접 광고는 시청자가 TV 프로그램에 몰입하는 것을 방해한다. 또 시청자에게 특정 기업이나 상품 등을 무의식적으로 각인시킨다. 이렇게 되면 시청자들이 간접 광고가 다루는 대상을 무조건적으로 신뢰하는 일이 벌어질 수도 있다.

3 게다가 간접 광고로 인해 TV 드라마나 오락 프로그램의 완성도도 떨어진다. 광고주들은 간접 광고를 하는 대가로 해당 방송 프로그램의 제작비를 지원한다. 광고주들은 자신들이 광고하고 싶어 하는 상품의 간접 광고를 더욱 자주 넣으라고 프로그램 제작진을 압박하고, 그 결과 전체적인 프로그램의 흐름과는 상관없이 해당 제품이 자주 등장하여 프로그램의 완성도가 떨어지는 경우가 늘고 있다.

4 또 간접 광고는 시청자의 선택권을 빼앗기도 한다. 프로그램 앞뒤에 하는 광고는 채널을 돌리거나 유지함으로써 시청자가 볼 것인가 말 것인가를 선택할 수 있지만, 간접 광고는 프로그램 내에 포함되어 있어 그렇게 할 수 없다.

5 이러한 이유들로 인해 지나친 간접 광고가 일으키는 문제를 해결해야 한다는 사회적 목소리가 꾸준히 제기되고 있다. 관련된 법이나 규정을 명확히 하여 지나친 간접 광고를 막고, 법이나 규정을 어겼을 때에는 강력하게 법적 제재를 가함으로써 광고주들이나 방송사가 이를 어기지 못하게 해야 한다. 그리고 시청자들은 간접 광고가 주는 피해를 인식하고, 지나친 간접 광고에 대해 비판의 목소리를 높여야 한다.

---

1 문단 요약
간접 광고의 개념

2 문단 요약
지나친 간접 광고의 문제점 ① 몰입 방해, 제품과 기업의 무의식적 각인

3 문단 요약
지나친 간접 광고의 문제점 ② 프로그램의 완성도를 떨어뜨림.

4 문단 요약
지나친 간접 광고의 문제점 ③ 시청자의 선택권을 빼앗음.

[중심 문단]
5 문단 요약
지나친 간접 광고 문제점의 해결 방안

● **내용** : 이 글은 간접 광고의 개념을 소개하고, 지나친 간접 광고로 인해 생기는 문제점과 그 해결 방안에 대해 설명하고 있다. 지나친 간접 광고는 시청자의 몰입을 방해하고, 특정 기업이나 상품을 무의식적으로 각인시키며, 프로그램의 완성도를 떨어뜨리고, 시청자의 선택권을 빼앗는 등 많은 문제가 있다. 지나친 간접 광고의 문제점을 해결하려면 법적 차원에서 제재를 가하거나 시청자들의 의식 차원에서 비판을 하는 등의 해결 방안이 있다.

● **주제** : 지나친 간접 광고의 문제점과 해결 방안

● **글의 구조 파악** : 1문단에서는 간접 광고의 개념을 소개하고, 2~4문단에서는 지나친 간접 광고의 문제점을 설명하고 있다. 그리고 5문단에서는 이러한 간접 광고의 문제점을 해결할 수 있는 방안을 언급하며 글을 마무리하고 있다.

● **글의 구조도**

1 문단
간접 광고의 개념
→
2 문단
간접 광고의 문제점 ①
몰입 방해, 제품과 기업의 무의식적 각인

3 문단
간접 광고의 문제점 ②
프로그램의 완성도를 떨어뜨림.

4 문단
간접 광고의 문제점 ③
시청자의 선택권을 빼앗음.
→
5 문단
지나친 간접 광고 문제에 대한 해결 방안

다음은 윗글의 내용을 정리한 것이다. 빈칸에 들어가기에 적절한 말을 쓰시오.

> 1문단에서는 ☐☐☐의 개념을 제시하고 있고, 2~4문단에서는 지나친 간접 광고의 ☐☐☐을/를 설명하고 있다. 그리고 5문단에서는 이러한 간접 광고의 문제점을 해결할 수 강력한 법적 제재, 비판의 목소리 높이기 등
> 있는 방법을 제시하고 있다.

왜 정답 ?

1문단에서는 '간접 광고(Product Placement, Indirect Advertising, PPL)란 상업적 의도를 감춘 채 프로그램 내에 배치된 제품이나 기업의 상징물 등을 소비자가 인식하도록 만드는 광고를 의미한다.'라고 하면서 간접 광고의 개념을 제시하고 있다.

또한 2~4문단에서는 '시청자가 TV 프로그램에 몰입하는 것을 방해'하고, '시청자에게 특정 기업이나 상품 등을 무의식적으로 각인'시키고, '프로그램의 완성도도 떨어'뜨리고, '시청자의 선택권을 빼앗기도'하는 지나친 간접 광고의 문제점을 설명하고 있다.

따라서 빈칸에 들어가기에 적절한 말은 '간접 광고', '문제점'이다.

다음은 윗글에 대한 설명이다. 빈칸에 들어가기에 적절한 말을 쓰시오.

> 윗글에서는 간접 광고의 개념과 간접 광고의 문제점, 그리고 1문단 2~4문단 이 문제점에 대한 해결 방안에 대해 설명하고 있다. 이 글 전체의 5문단 핵심어는 '간접 광고'이고, 간접 광고가 무엇인지 설명하고 문제점과 해결 방안에 대해 이야기하고 있으므로 이 글의 주제는 '지나친 ☐☐☐의 문제점과 해결 방안'이다.

왜 정답 ?

이 지문에서는 간접 광고가 무엇인지를 소개하고, 지나친 간접 광고가 일으킬 수 있는 문제점에 대해 자세히 설명하고 있다. 이를 설명하는 이유는 간접 광고가 지닌 문제점을 해결해야 한다는 사회적 요구가 제기되고 있음을 알리고, 이를 해결할 수 있는 방안을 알려 주기 위해서이다. 따라서 빈칸에 들어가기에 적절한 말은 '간접 광고'이다.

간접 광고의 시작은?

영화 〈E.T.〉에는 주인공이 외계인 E.T.의 정체를 밝히기 위해 초콜릿으로 E.T.를 유인하는 장면이 등장한다. 이때 주인공은 미국의 대표적인 초콜릿 회사인 H사의 초콜릿 봉지를 들고 나타나는데, 이를 통해 H사는 영화를 본 사람들에게 자연스럽게 H사의 초콜릿은 물론, 브랜드 자체를 알리는 광고 효과를 누릴 수 있었다.

H사의 초콜릿은 영화 〈E.T.〉의 개봉 전에 비해 판매량이 65% 상승하였고, 경쟁사인 M사의 초콜릿을 제치고 판매 순위 1위에 오를 수 있었다고 한다.

이와 같은 H사의 간접 광고가 성공한 이후로, 영화를 비롯하여 각종 TV 프로그램에 간접 광고가 등장하기 시작했고 이는 지금까지 이어지고 있다. 최근에는 인터넷 매체의 발달로 각종 웹 드라마, 웹툰 등에까지 간접 광고가 등장하고 있는 상황이다.

키위는 어디에서 왔을까?

○ 핵심어　▬ 문단 중심 문장　▬ 전체 중심 문장

1 비타민 C가 오렌지의 2배, 비타민 E가 사과의 6배, 식이섬유소가 바나나의 5배가 들어 있으며 새콤달콤한 맛으로 인기를 얻고 있는 과일인 키위(kiwi fruit). 키위의 고향은 어디일까? '뉴질랜드'라고 대답하고 싶겠지만, 키위의 원래 고향은 중국이다. 원래 중국 양자강 연안에서 자랐던 키위의 본래 이름은 '양도(양따오, 揚桃)', '차이니스 구스베리(Chinese gooseberry)'였으며, 20세기에 중국에서 뉴질랜드로 전해져 오늘날의 키위가 되었다. 어쩌다가 우리는 키위를 뉴질랜드의 것이라고 여기게 되었을까?

2 중국에서 키위, 양도가 재배될 때에는 지금처럼 달콤하고 비교적 큰 크기의 과일이 아니었다. 선교사에 의해 중국에서 건너온 양도가 뉴질랜드에서 잘 자란다는 것을 알게 된 뉴질랜드 사람들은 양도의 품질을 개선하려고 노력했다. 그 결과, 1940년대에는 현재 우리가 먹는 것과 유사한 맛을 가진 품종으로 양도를 개량할 수 있었다.

3 양도는 왜 키위가 되었을까? 맛있어진 양도를 갖게 된 뉴질랜드 사람들은 양도를 영국에 이어 미국으로 수출하고자 하였다. 하지만 당시 미국과 중국의 사이가 좋지 않았다. 양도의 영어 이름인 '차이니스 구스베리'에서 중국을 의미하는 '차이니스'가 양도를 미국에 수출할 때 걸림돌이 된 것이다. 그래서 뉴질랜드 사람들은 뉴질랜드 사람들의 별명이자, 양도와 겉모습이 비슷한 새의 이름인 '키위'에서 이름을 따 양도에 '키위'라는 이름을 붙이게 되었다.

4 키위는 그럼 키위로만 불릴까? 그렇지는 않다. 우리나라에서 재배되면서 키위는 '참다래'라고 불리게 되었다. 우리나라에서 재배되는 참다래는 뉴질랜드산 키위에 비해 껍질이 더 녹갈색을 띠며 두껍고 털이 많다. 또 다소 불규칙한 모양이며 신맛이 더 강하다.

5 양도가 키위, 참다래가 된 것처럼 우리 주변의 다른 과일이나 농작물에서 이러한 예가 있는지를 확인해 보는 것은 어떨까? 먹는 재미뿐만 아니라, 새로운 것을 알게 되는 재미까지 느낄 수 있을 것이다.

[중심 문단]

1 문단 요약
키위의 특징과 유래

2 문단 요약
뉴질랜드 사람들에 의해 개량된 키위

3 문단 요약
키위가 키위로 불리게 된 이유

4 문단 요약
우리나라에서 참다래라고 불리는 키위

5 문단 요약
농작물 이름의 뿌리 찾기 제안

● **내용 :** 이 글은 우리에게 익숙한 키위의 이름과 품종이 변화해 온 과정을 설명하고 있다. 키위는 원래 '양도'라는 이름을 가진 중국의 과일이었으나, 뉴질랜드에서 재배되기 시작하면서 지금처럼 달콤한 맛을 내도록 품종이 개량되었고 이름도 키위로 바뀌게 되었다. 한편, 우리나라에서 재배되는 키위는 '참다래'라고 불린다.

● **주제 :** 키위의 유래

● **글의 구조 파악 :** 1문단에서는 키위의 원래 이름과 고향을 소개하고 있다. 2, 3문단에서는 키위의 변화 과정을 설명하고, 4문단에서는 키위가 우리나라에서는 참다래라고 불리고 있음을 설명하고 있다. 5문단에서는 농작물들의 이름 뿌리 찾기를 제안하며 글을 마무리하고 있다.

● **글의 구조도**

1 문단 키위의 특징과 유래 → **2 문단** 뉴질랜드 사람들에 의해 개량된 키위 / **3 문단** 키위가 키위로 불리게 된 이유 → **4 문단** 우리나라에서 참다래라고 불리는 키위 → **5 문단** 농작물 이름의 뿌리 찾기 제안

03 [정답] 키위, 참다래 ·········· 글의 구조 파악하기

왜 정답?

1문단에서 '비타민 C가 ~ 새콤달콤한 맛으로 인기를 얻고 있는 과일인 키위'라고 하면서 키위의 특징을 제시하고 있다. 또 4문단에서 '우리나라에서 재배되면서 키위는 '참다래'라고 불리게 되었다.'라고 하면서 우리나라에서 키위가 '참다래'라고 불림을 소개하고 있다. 따라서 빈칸에 들어가기에 적절한 말은 '키위', '참다래'이다.

04 [정답] 키위 ·········· 주제 찾기

왜 정답?

이 지문에서는 처음에 '양도'라는 이름을 가진 과일이 현재 '키위'로 불리게 된 이유와 현재의 맛을 가지게 된 과정을 설명하고 있다. 따라서 빈칸에 들어가기에 적절한 말은 '키위'이다.

05 [정답] 키위 ·········· 내용 파악하기

> 윗글을 읽고 빈칸에 들어가기에 적절한 말을 쓰시오.
>
> ( )의 본래 이름은 양도, 차이니스 구스베리였다. 선
> 1문단에 근거
> 교사에 의해 뉴질랜드로 건너가 재배되고, 뉴질랜드에서 이를 미국으로 수출하면서 오늘날의 이름으로 불리게 되었다.

왜 정답?

1문단에서 '키위의 본래 이름은 '양도(양따오, 揚桃)', '차이니스 구스베리(Chinese gooseberry)'였다'고 하였다. 따라서 빈칸에 들어가기에 적절한 말은 '키위'이다.

06 [정답] ③ ·········· 내용 파악하기

> 윗글에 언급된 내용으로 적절하지 <u>않은</u> 것은?
> ① 키위의 고향
> 1문단에 근거 → 뉴질랜드가 아닌 중국임.
> ② 키위가 가진 영양소
> 1문단에 근거 → 비타민 C, E, 식이섬유소가 풍부함.
> ③ 키위가 미국에서 재배된 시기
> 지문에서 설명하고 있지 않음.
> ④ 키위가 뉴질랜드로 전파된 과정
> 2문단에 근거 → 선교사에 의해 중국에서 뉴질랜드로 전파됨.
> ⑤ 키위와 우리나라 참다래의 차이점
> 4문단에 근거 → 크기, 껍질, 색, 맛 등에서 차이가 있음.

왜 정답?

③ 3문단에서 '맛있어진 양도를 갖게 된 뉴질랜드 사람들은 양도를 영국에 이어 미국으로 수출하고자 하였다.'라고 하였다. 그러나 미국에서 키위가 재배됐는지에 대해서는 이야기하고 있지 않다.

왜 오답?

① 1문단에서 키위는 '원래 중국 양자강 연안에서 자랐'다고 하였다.
② 1문단에서 키위는 '비타민 C가 오렌지의 2배, 비타민 E가 사과의 6배, 식이섬유소가 바나나의 5배가 들어 있'다고 하였다.
④ 2문단에서 뉴질랜드 사람들은 양도를 '선교사에 의해 중국에서' 전해 받게 되었다고 하였다.
⑤ 4문단에서 '우리나라에서 재배되는 참다래는 껍질이 더 녹갈색을 띠며 두껍고 털이 많다. 또 다소 불규칙한 모양이며 신맛이 더 강하다.'라고 하였다.

07 [정답] ② ·········· 반응의 적절성 평가하기

> 윗글을 읽고 난 후의 반응으로 적절하지 <u>않은</u> 것은?
> ① 국가 간의 관계가 물품을 사고파는 일에 영향을 줄 수 있
> 뉴질랜드가 키위를 미국에 수출하고자 할 때, 중국과 미국의 관계가 영향을 끼침.
> 겠구나.
> ② 1940년대 이전의 키위와 현재 우리가 먹고 있는 키위의
> 1940년대에 현재 우리가 먹는 것과 유사한 맛의 품종으로 개량됨.
> 맛은 같겠구나.
> ③ 뉴질랜드가 개량한 양도를 미국에 수출할 때, 영어 이름
> 양도의 영어 이름 중 일부인 '차이니스'가 수출의 걸림돌이 됨.
> 이 문제가 되었구나.
> ④ 양도에 키위라는 이름을 붙인 이유는 양도의 겉모습이
> 양도와 겉모습이 유사한 '키위' 새에서 이름을 따옴.
> 키위 새의 모습과 유사했기 때문이구나.
> ⑤ 선교사가 중국에서 뉴질랜드로 키위를 가져가지 않았다
> 면, 지금의 키위는 없을 수도 있겠구나.
> 선교사가 중국의 양도를 뉴질랜드로 전하여 키위가 지금의 맛과 이름을 갖게 됨.

왜 정답?

② 2문단에서 '중국에서 키위, 양도가 재배될 때에는 지금처럼 달콤하고 비교적 큰 크기의 과일이 아니었다.'라고 하였다. 또한 '1940년대에는 현재 우리가 먹는 것과 유사한 맛을 가진 품종으로 양도를 개량할 수 있었다.'라고 하였다. 따라서 1940년대 이전의 키위와 현대의 키위의 맛은 같은 것이 아니라, 다르다.

왜 오답?

①, ③ 3문단에서 '당시 미국과 중국의 사이가 좋지 않았다. ~ 수출할 때 걸림돌이다 된 것이다.'라고 하였다.
④ 3문단에서 '양도와 겉모습이 비슷한 새의 이름인 '키위'에서 이름을 따 양도에 '키위'라는 이름을 붙이게 되었다.'라고 하였다.
⑤ 2문단에서 '선교사에 의해 중국에서 건너온 양도가 뉴질랜드에서 잘 자란다는 것을 알게 된 뉴질랜드 사람들은 양도의 품질을 개선하려고 노력했'고, '그 결과, 양도를 개량할 수 있었다.'라고 하였다.

현대인과 장자의 사상

○ 핵심어　　▨ 문단 중심 문장　　▨ 전체 중심 문장

1 우리는 체육대회 때 1등으로 결승선을 통과하기 위해, 내가 바라는 대학교에 진학하기 위해 다른 사람들과 끊임없이 경쟁하는 사회를 살아가고 있다. 이러한 삶을 살다 보면 내가 이루지 못한 것을 이룬 사람들을 부러워하게 되고, 또 어느 순간에는 굉장히 지치게 된다.

　1문단의 핵심어
　경쟁하는 삶의 문제점

2 이러한 현대인들이 주목할 만한 철학자가 있다. 바로 무위(無爲)를 주장한 장자이다. 무위란 아무것도 하지 않는다는 것이 아니다. 누가 시키거나 혹은 사회가 정한 규칙을 그대로 따르는 것이 아니라, 자신의 마음에서 우러나오는 것을 하라는 의미이다. 장자는 인간이 욕망에 사로잡히지 않고, 주체적으로 생각하고 행동하는 것을 중시했다.

　2문단의 핵심어
　무위의 개념

3 장자가 중시한 무위와 반대되는 개념이 바로 인위(人爲)이다. 그는 사회 규범이나 권력, 재물, 인간이 가지고 있는 허위의식, 인간 중심적인 편견과 편견에서 비롯된 행동을 인위로 보았다. 또한 그는 사람들의 마음이 외부의 사물들과 접촉하여 지식이 생긴다고 보았고, 그렇기 때문에 지식에 따라 행동하는 것도 인위로 인식했다. 장자는 인위가 인간을 억압하는 것으로 보고 이를 배제할 것을 주장하였다.

　3문단의 핵심어
　인위의 개념
　장자가 인위를 배제할 것을 주장한 이유

4 장자는 인위를 배제하고 무위를 추구하면서, 자유로운 상태에서 자연에서 노니는 삶을 의미하는 '소요유'라는 말을 통해 삶에 대한 자신의 태도를 드러내었다. 그는 모든 억압을 거부하고 모두가 평등하고 조화로운 세계를 추구하는 이상을 꿈꾸었다.

　장자가 추구한 이상 : 소요유
　4문단의 핵심어

5 「지금 우리가 경쟁을 하는 것도 장자에 따르면 인위에 해당하는 것이다. 즉, 우리가 인위에 따라 행동하다보니 마음에서 우러나오는 것을 하지 못하게 되고, 이로 인해 피곤함을 느끼게 되는 것이다.」 모든 억압에서 벗어나 모두가 평등하고 조화롭게 사는 것을 추구한 장자. 장자의 사상은 지금의 우리에게 많은 생각을 하게 한다.

　「 」: 장자의 입장에서 현대인의 경쟁을 해석함.
　장자의 사상이 우리에게 주는 시사점
　5문단의 핵심어

---

1 문단 요약
다른 사람들과 경쟁하는 현대인

2 문단 요약
장자의 사상 ① 무위

3 문단 요약
장자의 사상 ② 인위

4 문단 요약
소요유를 통해 드러나는 장자의 이상

[중심 문단]
5 문단 요약
장자의 사상이 우리에게 주는 의미

● **내용 :** 이 글은 끊임없이 경쟁하며 살아가는 현대인에게 장자의 철학을 소개하고 바람직한 삶의 태도에 대해 생각하고 있다. 장자가 주장한 '무위'는 자신의 마음에서 우러나오는 행동을 하는 것을 의미한다. 반면, '인위'는 사회 규범이나 허위의식 등에서 비롯된 행동을 일컫는다. 장자는 이러한 인위가 인간을 억압한다고 보고, 이를 배제하고 무위에 따라 살아가는 '소요유'의 삶을 추구하였다.

● **주제 :** 현대인들의 삶에 의미가 있는 장자의 사상

● **글의 구조 파악 :** 1문단에서는 경쟁하며 살아가는 현대인들의 모습을 제시하고, 2문단과 3문단에서는 이러한 현대인들이 주목할 만한 철학자인 장자와, 그가 주장한 '무위'와 '인위'에 대해 설명하고 있다. 4문단에서는 '소요유'를 통해 장자의 이상을 설명하고, 5문단에서는 장자의 사상이 현대인들에게 의미가 있음을 밝히며 글을 마무리하고 있다.

● **글의 구조도**

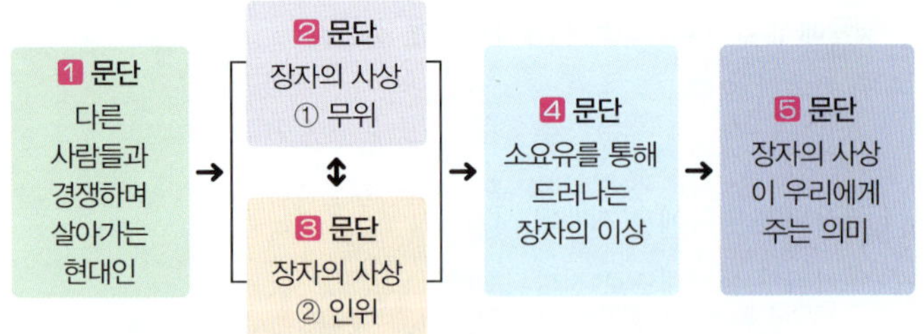

다음은 윗글의 내용을 정리한 것이다. 빈칸에 들어가기에 적절한 말을 쓰시오.

> 1문단에서는 경쟁하는 삶을 사는 현대인들의 다양한 모습을 제시하고, 2문단과 3문단에서는 ☐☐의 사상인 '무위'와 '인위'의 개념을 설명하고 있다. 그리고 4문단에서는 인위를 배제하는 삶인 '☐☐☐'을/를 통해 장자의 이상을 설명하고, 5문단에서는 이러한 장자의 사상이 현대인들에게 의미가 있음을 밝히고 있다.
> 억압에서 벗어나 평등하고 조화롭게 사는 것

> **왜** 정답 **?**

2문단에서는 장자가 중시한 '무위'의 개념을 설명하고, 3문단에서는 장자가 배제하고자 한 '인위'의 개념을 설명하고 있다.

그리고 4문단에서 '장자는 인위를 배제하고 무위를 추구하면서, 자유로운 상태에서 자연에서 노니는 삶을 의미하는 '소요유'라는 말을 통해 삶에 대한 자신의 태도를 드러내었다.'라고 하였다. 즉, 4문단에서는 '소요유'를 통해 장자의 이상을 설명하고 있는 것이다.

따라서 빈칸에 들어가기에 적절한 말은 '장자', '소요유'이다.

다음은 윗글에 대한 설명이다. 빈칸에 들어가기에 적절한 말을 쓰시오.

> 윗글에서는 장자의 사상 중 무위, 인위, 소요유에 대해 설명하고 있다. 이 글 전체의 핵심어는 '장자의 사상'이고, 경쟁을 하며 사는 현대인들에게 인위가 아니라, 무위를 주장한 장자의 사상이 의미가 있다고 이야기하고 있으므로 이 글의 주제는 '현대인들에게 의미가 있는 ☐☐의 사상'이다.
> 2, 3, 4문단

> **왜** 정답 **?**

이 지문에서는 현대인들에게 의미가 있는 장자의 사상을 소개하면서 무위, 인위, 소요유의 개념을 설명하고 있다. 따라서 빈칸에 들어가기에 적절한 말은 '장자'이다.

🐟 **장자와 나비**

호접지몽(胡蝶之夢)이라는 한자 성어가 있다. 이 한자 성어는 다른 말로 '장주지몽(莊周之夢)'이라고도 하는데, 이는 '장주의 꿈'이라는 의미이다. '장주'는 장자의 본명이므로, 장주지몽, 즉 호접지몽은 장자와 관련된 이야기이다.

장자는 어느 날 꿈에서 나비가 되어 날아다녔는데, 마치 꿈이 아니라 실제인 것만 같은 느낌이 들었다. 그러다가 잠에서 깨어 정신을 차려 보니 나비가 아닌 장자 본인으로 돌아와 있었다. 꿈에서 깨어난 장자는 꿈과 현실이 잘 구분이 되지 않았다. 그래서 장자는 자기가 꿈속에서 나비가 된 것인지, 원래 나비였던 자기가 꿈속에서 장자가 된 것인지 알 수 없게 되었다.

장자는 이러한 경험을 통해 '나와 외부의 사물은 본래 하나이던 것이 현실에서 갈라진 것에 불과하다.'라는 생각을 하게 되었다. 이러한 이야기에서 유래된 호접지몽은 외부의 사물, 특히 자연과 자신이 하나가 되는 물아일체의 경지를 가리키거나, 인생의 덧없음을 이르는 말로 흔히 쓰이고 있다.

명왕성의 비극적 운명

○ 핵심어　　▮ 문단 중심 문장　　▮ 전체 중심 문장

1 태양과 그것을 중심으로 공전하는 천체의 집합을 태양계라고 한다. 태양계에 속하는 행성에는 수성, 금성, 지구, 화성, 목성, 토성, 천왕성, 해왕성, 총 8개가 있다. 하지만 2006년 이전까지 태양계에 속하는 행성은 9개였다.

2 2006년에 국제천문연맹(IAU)은 행성의 조건을 발표했다. 태양을 중심으로 공전해야 하고, 구형에 가까운 모양을 지키는 능력이 있어야 하며, 주변의 천체를 끌어들여 위성으로 만들 수 있는 중력이 존재해야 행성이라고 하였다. 1930년에 발견되어 2006년까지 태양계 9번째 행성으로 대우받았던 명왕성은 이 조건을 갖추지 못했고, 결국 ㉠행성에서 퇴출하게 되고 말았다.

3 명왕성은 태양을 중심으로 공전한다는 조건을 갖추었지만, 큰 타원형 궤도로 회전하여 정상적인 행성의 궤도를 가지지 못한다. 게다가 명왕성은 충분한 중력을 가지고 있지 않아 해왕성 바깥쪽에서 태양의 주위를 도는 얼음 덩어리와 미행성체들의 집합체를 끌어들일 수 없다. 이와 같은 이유 때문에 명왕성은 왜소행성으로 분류됐다. 왜소행성은 소행성과 행성 중간 형태의 천체로, 태양 주위를 공전하지만 자체 중력으로 주위의 천체를 끌어당기지 못하는 특징이 있다.

4 가장 최근의 연구 결과에 따르면, 명왕성에서는 곧 대기마저 사라질 것이라고 한다. 호주 태즈메이니아대 천문학과 교수와 그 연구팀에 따르면 명왕성 북반부에 긴 가을과 겨울이 옴에 따라 2030년 즈음에는 명왕성의 대기가 얼어붙어 붕괴될 것으로 예측된다고 한다.

5 태양계의 행성으로 대우받다가 퇴출된 이후, 이제는 대기까지 사라질 위기에 처한 명왕성. 앞으로의 과학과 기술의 발달로 우리는 좀 더 명왕성에 대해 알게 되겠지만, 명왕성의 비극적인 운명은 변하지 않을 것만 같다.

---

1 문단 요약
태양계에 속하는 행성 수의 변화

2 문단 요약
명왕성이 태양계 행성이 아니게 된 이유

3 문단 요약
명왕성이 왜소행성으로 분류된 이유

4 문단 요약
명왕성의 미래 예측

[중심 문단]
5 문단 요약
명왕성의 비극적 운명

● **내용** : 이 글은 명왕성이 태양계 행성이 아니게 된 배경과 현재 명왕성의 상황을 설명하고, 명왕성의 미래를 예측하고 있다. 태양계의 행성 중 하나였던 명왕성은 국제천문연맹에서 발표한 행성의 조건을 충족하지 못해서 행성이 아닌 왜소행성으로 분류되었다. 연구 결과에 따르면, 명왕성은 곧 대기마저 사라질 것이라고 한다.

● **주제** : 명왕성의 비극적 운명

● **글의 구조 파악** : 1문단에서는 태양계에 속하는 행성 수가 9개에서 8개로 변했음을 언급하고 있다. 2문단에서는 명왕성이 태양계의 행성이 아니게 된 배경을 설명하고, 3문단에서는 명왕성이 왜소행성으로 분류된 이유를 설명하고 있다. 4문단에서는 연구 결과를 통해 명왕성의 미래를 예측하고, 5문단에서는 명왕성의 비극적인 운명을 언급하며 글을 마무리하고 있다.

● **글의 구조도**

1 문단 태양계에 속하는 행성 수의 변화 → **2 문단** 명왕성이 태양계 행성이 아니게 된 이유 / **3 문단** 명왕성이 왜소행성으로 분류된 이유 → **4 문단** 명왕성의 미래 예측 → **5 문단** 명왕성의 비극적 운명

03 [정답] 명왕성, 왜소행성 ·················· 글의 구조 파악하기

>왜 정답?

2문단에서는 '국제천문연맹(IAU)'이 발표한 '행성의 조건'을 나열하고, '명왕성은 이 조건을 갖추지 못했고, 결국 행성에서 퇴출하게 되고 말았다.'라고 하면서 명왕성이 태양계 행성이 아니게 된 배경을 언급하고 있다. 또한 3문단에서는 행성의 조건에 완전히 부합하지 못하는 명왕성의 특성을 제시하고, '이와 같은 이유 때문에 명왕성은 왜소행성으로 분류됐다.'라며 명왕성이 왜소행성으로 분류된 이유를 설명하고 있다. 따라서 빈칸에 들어가기에 적절한 말은 '명왕성', '왜소행성'이다.

04 [정답] 명왕성 ·················· 주제 찾기

>왜 정답?

이 지문에서는 명왕성이 태양계 행성이 아니게 된 배경과 현재 왜소행성으로 분류되었음을 설명하고, 곧 대기까지 사라질 것이라고 예측하고 있다. 따라서 빈칸에 들어가기에 적절한 말은 '명왕성'이다.

05 [정답] 명왕성 ·················· 내용 파악하기

> 윗글을 읽고 빈칸에 들어가기에 적절한 말을 쓰시오.
>
> 2006년 국제천문연맹(IAU)의 발표 이후 (   )은/는 태
> **2문단에 근거**
> 양계 행성의 목록에서 사라지게 되었다.

>왜 정답?

2문단에서 '2006년에 국제천문연맹(IAU)은 행성의 조건을 발표했'는데, '명왕성은 이 조건을 갖추지 못했고, 결국 행성에서 퇴출하게 되고 말았다.'라고 하였다. 따라서 빈칸에 들어가기에 적절한 말은 '명왕성'이다.

06 [정답] ⑤ ·················· 내용 파악하기

> **윗글의 내용으로 적절하지 않은 것은?**
>
> ① 지구는 태양을 중심으로 공전하는 천체의 집합 중 하나이다.
> **지구는 태양계에 속한 행성임.**
> ② 명왕성은 스스로의 힘으로 주변의 천체를 끌어당기지 못
> **왜소행성은 자체 중력으로 주위의 천체를 끌어당기지 못함.**
> 한다.
> ③ 국제천문연맹이 정한 행성의 조건을 기준으로 태양계에
> **명왕성을 태양계 행성에서 퇴출하는 기준이 됨.**
> 속하는 행성이 결정된다.
> ④ 한 연구팀의 연구 결과를 고려하면 명왕성의 대기는
> **2030년 즈음에 명왕성의 대기가 사라질 것이라고 예측함.**
> 2030년 즈음에 사라질 것이다.
> ⑤ 2006년 이후에, 태양을 중심으로 공전하는 행성은 태양을
> **2006년에 명왕성이 제외됨으로써 9개에서 8개가 됨.**
> 제외하고 모두 9개가 되었다.

>왜 정답?

⑤ 1문단에서 '태양과 그것을 중심으로 공전하는 천체의 집합을 태양계라고' 하는데, '2006년 이전까지 태양계에 속하는 행성은 9개였'지만 현재는 '총 8개'라고 하였다. 이를 고려하면 2006년 이후에 태양계에 속하면서 태양을 중심으로 공전하는 행성은 모두 9개가 아니라 8개가 되었음을 알 수 있다.

>왜 오답?

① 1문단에서 '태양과 그것을 중심으로 공전하는 천체의 집합을 태양계라고' 하면서 여기에는 지구도 포함된다고 하였다.

② 3문단에서 '왜소행성은 ~ 천체를 끌어당기지 못하는 특징이 있다.'라고 하였다.

③ 2문단에서 명왕성은 국제천문연맹(IAU)에서 발표한 행성의 조건을 갖추지 못했기 때문에 '행성에서 퇴출하게 되'었다고 하였다. 따라서 국제천문연맹이 정한 행성의 조건을 기준으로 태양계에 속하는 행성이 결정됨을 알 수 있다.

④ 4문단에서 '호주 태즈메이니아대 천문학과 교수 연구팀에 따르면 ~ 붕괴될 것이라고 예측된다고 한다.'라고 하였다.

07 [정답] ③ ·················· 내용 추론하기

> **㉠의 이유로 적절하지 않은 것은?**
> **행성에서 퇴출하게 되고 말았다.**
> ① 명왕성은 충분한 중력을 가지고 있지 않기 때문이다.
> **3문단에 근거 → 주변의 천체를 끌어들이지 못함.**
> ② 명왕성은 회전하는 궤도가 정상적인 궤도의 모습과 달랐
> **명왕성은 큰 타원형 궤도로 회전하여 정상적인 행성의 궤도를 가지지 못함.**
> 기 때문이다.
> ③ 명왕성은 태양을 중심으로 공전해야 한다는 조건을 갖추
> **명왕성은 태양을 중심으로 공전해야 한다는 조건은 갖추었음.**
> 지 못하였기 때문이다.
> ④ 명왕성은 주변의 천체를 위성으로 만들 수 있는 힘을 가
> **명왕성은 충분한 중력을 갖고 있지 않아서 주변의 천체들을 끌어들이지 못함.**
> 지지 않았기 때문이다.
> ⑤ 명왕성은 태양의 주위를 도는 얼음 덩어리와 미행성체들
> **명왕성은 중력이 충분하지 않아 태양 주위를 도는 얼음 덩어리와 미행성체들의 집합체를 끌어들이지 못했기 때문이다. 체를 끌어들일 수 없음.**
> 의 집합체를 끌어들이지 못했기 때문이다.

>왜 정답?

③ 3문단에서 '명왕성은 태양을 중심으로 공전한다는 조건을 갖추었다'고 하였다. 따라서 명왕성이 태양을 중심으로 공전해야 한다는 조건을 갖추지 못하였다는 것은 적절하지 않다.

>왜 오답?

① 3문단에서 '명왕성은 충분한 중력을 가지고 있지 않'다고 하였다.

② 3문단에서 명왕성이 '큰 타원형 궤도로 회전하여 정상적인 행성의 궤도를 가지지 못했다.'라고 하였다.

④ 2문단에서 행성에는 '주변의 천체를 끌어들여 위성으로 만들 수 있는 중력이 존재해야' 한다고 하였는데, 3문단에서 '명왕성은 충분한 중력을 가지지 않았다고 하였다.

⑤ 3문단에서 '명왕성은 충분한 중력을 가지고 있지 않아 해왕성 바깥쪽에서 태양의 주위를 도는 얼음 덩어리와 미행성체들의 집합체를 끌어들일 수 없었다.'라고 하였다.

추석 연휴가 고작 하루였다고?

○ 핵심어　▮ 문단 중심 문장　▮ 전체 중심 문장

1 지금은 추석과 설날이 우리나라 최대의 명절로 손꼽히고 있지만, 추석은 원래 이렇게까지 큰 명절은 아니었다고 한다. 조선 시대 때만 하더라도 설날에는 7일 동안 쉬었으며, 정월 대보름과 단오에 각각 3일간 쉬었던 것에 비해 추석 때에는 딱 하루만 쉬었다고 한다. 현재 설날과 추석 모두 명절 당일을 포함하여 앞, 뒤로 하루씩의 연휴가 덧붙어 최소한 3일을 쉬게 되는 것과는 다르다.

2 그렇다면 언제부터 추석이 설과 어깨를 나란히 하는 명절이 된 것일까? 이 질문에 대해 어떤 학자는 개화기 이후 우리나라에 유입된 서양 문화의 영향 때문이라고 설명한다. 서양 문화가 유입되면서 서양에도 추수 감사절과 같은 가을 명절이 있음을 알게 되었고, 한국은 추석, 중국은 중추절, 일본은 오봉과 같은 가을 명절을 대표 명절로 격상했다는 것이다.

3 한편 ㉠사회적 변화로 인해 추석이 큰 명절이 되었다고 보는 학자들도 있다. 대한민국 정부가 수립된 이듬해인 1949년에 추석이 법으로써 공휴일로 제정되었지만, 추석 당일 앞뒤로 쉬는 3일 연휴가 법으로 확정된 것은 1989년 이후이다. 그 전까지는 추석을 맞이하여 하루 만에 고향에 다녀오려는 사람들 때문에 교통이 매우 혼잡했는데, 이 때문에 추석을 3일 연휴로 하는 법이 생겼다는 것이다.

4 어찌되었든 신라의 가배(嘉俳)*에서 유래하였다고 하는 추석에는 햅쌀로 송편을 빚고 햇과일 따위의 음식을 장만하여 차례를 지내는 풍속이 지속되고 있다. 지금부터라도 추석을 그냥 휴일이라고만 여길 것이 아니라, 추석의 역사에 대해 알아보고 가족들과 즐거운 시간을 보내기 위해 어떠한 노력을 기울일지 생각해 보자. 추석이 더욱 알찬 시간이 될 것이다.

* 가배 : 신라 유리왕 때에 매년 음력 7월 16일부터 8월 14일까지 궁중에서 하던 놀이

[중심 문단]

1 문단 요약
현재와 달리 큰 명절이 아니었던 추석

2 문단 요약
추석이 큰 명절이 된 이유 ①
서양 문화의 영향

3 문단 요약
추석이 큰 명절이 된 이유 ②
사회적 변화

4 문단 요약
추석의 유래와 추석을 맞이하는 태도

● **내용 :** 이 글은 추석이 설날과 함께 민족의 큰 명절로 자리 잡게 된 이유에 대해 설명하고 있다. 어떤 학자는 추석이 큰 명절로 자리매김한 것이 서양 문화의 영향이라고 주장하고, 어떤 학자는 사회적 변화 때문이라고 주장한다. 한편 추석은 신라 시대의 가배에서 유래하였다고 한다.

● **주제 :** 추석이 큰 명절이 된 이유

● **글의 구조 파악 :** 1문단에서는 추석이 과거에는 현재와 달리 그렇게 큰 명절이 아니었음을 이야기하고 있다. 2문단과 3문단에서는 추석이 큰 명절이 된 이유를 학자들의 의견을 통해 설명하고 있다. 한편 4문단에서는 추석의 유래를 소개하고, 추석을 맞이하는 태도를 언급하며 글을 마무리하고 있다.

● **글의 구조도**

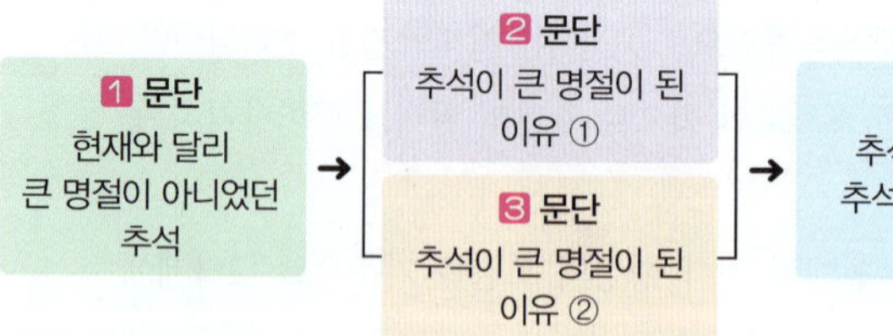

01 [정답] 추석, 학자 ·············· 글의 구조 파악하기

>왜 정답 ?

1문단에서 추석이 과거에는 큰 명절이 아니었다고 했다. 추석이 설과 어깨를 나란히 하는 명절이 된 이유를 2문단에서는 '서양의 영향 때문이라고 설명'하는 학자의 견해를, 3문단에서는 '사회적 변화로 인해 추석이 큰 명절이 되었다고 보는 학자'의 견해를 제시하고 있다. 따라서 빈칸에 들어가기에 적절한 말은 '추석,' '학자'이다.

02 [정답] 추석 ·············· 주제 찾기

>왜 정답 ?

이 지문에서는 추석이 설날과 함께 민족의 큰 명절로 자리 잡게 된 이유를 설명하고 있다. 따라서 빈칸에 들어가기에 적절한 말은 '추석'이다.

03 [정답] 가배 ·············· 내용 파악하기

> **윗글을 읽고 빈칸에 들어가기에 적절한 말을 쓰시오.**
>
> 우리나라 최대의 명절 중 하나로 손꼽히는 추석은 신라의
> (　　　　)로부터 비롯되었다고 한다. 이날에는 햅쌀, 햇과일
> 등으로 음식을 장만하여 차례를 지내는 풍속이 이어지고 있다.
> 4문단에 근거

>왜 정답 ?

4문단에서 추석은 '신라의 가배에서 유래하였다고' 설명하고 있다.

04 [정답] ④ ·············· 내용 파악하기

> **윗글의 내용으로 적절하지 않은 것은?**
>
> ① 중국과 일본에도 중추절, 오봉이라는 가을 명절이 존재한다.
> 중국의 중추절, 일본의 오봉은 가을 명절임.
>
> ② 조선 시대 때에는 설날이 가장 길게 쉬었던 최대의 명절이었다.
> 조선 시대 때에는 설날에 7일을 쉬었음.
>
> ③ 현재 설날과 추석은 조선 시대 때 단오와 같이 최소한 3일간 쉰다.
> 현재의 설날과 추석, 조선 시대의 단오 때에는 모두 3일간 쉼.
>
> ④ 대한민국 정부가 수립된 바로 그 해에 추석이 공휴일로 제정되었다.
> 1949년에 추석이 공휴일로 제정됨.
>
> ⑤ 어떤 학자는 서양의 문화인 추수 감사절의 영향으로 추석이 우리나라 최대의 명절이 되었다고 본다.
> 서양 문물의 유입으로 한국의 가을 명절도 대표 명절로 격상됐다는 견해가 있음.

>왜 정답 ?

④ 3문단에서 '대한민국 정부가 수립된 이듬해인 1949년에 추석이 법으로써 공휴일로 제정되었'다고 하였다. '이듬해'는 그 다음 해를 의미하므로, 추석은 대한민국 정부가 수립된 바로 그 해에 공휴일로 제정된 것이 아니다.

>왜 오답 ?

① 2문단에서 '한국은 추석, 중국은 중추절, 일본은 오봉과 같은 가을 명절을 대표 명절로 격상했다는 것이다.'라고 하였다.

② 1문단에서 '조선 시대 때만 하더라도 설날에는 7일 동안 쉬었'다고 하였다.

③ 1문단에서 '조선 시대 때만 하더라도 ~ 단오 때 각각 3일간 쉬었'다고 하였고, '현재 설날과 추석 모두 ~ 최소한 3일을' 쉰다고 하였다.

⑤ 2문단에서 '서양 문화가 유입되면서 ~ 대표 명절로 격상했다는 것이다.'라고 하였다.

05 [정답] ④ ·············· 내용 파악하기

> **㉠의 내용으로 가장 적절한 것은?**
> 사회적 변화
>
> ① 1949년부터 추석에는 3일간 쉬는 것이 법으로 확정되었다.
> 1989년 이후 3일 연휴가 법으로 확정됨.
>
> ② 1980년대 이후로 교통수단이 발달하면서 고향으로 가는 방법이 다양해졌다.
> 지문에서 설명하고 있지 않음.
>
> ③ 서양의 새로운 문화가 유입되면서 추석 연휴를 길게 늘리자는 요구가 생겨났다.
> 지문에서 설명하고 있지 않음.
>
> ④ 하루만 쉬는 명절이었던 추석이 교통 체증으로 인해 3일 동안 쉬는 명절이 되었다.
> 하루 만에 고향을 다녀오려는 사람들로 교통이 매우 혼잡하였음.
>
> ⑤ 1980년대에는 추석에 교통이 혼잡하여 고향에 가는 대신 여가를 즐기려는 사람들이 많아졌다.
> 지문에서 설명하고 있지 않음.

>왜 정답 ?

④ 3문단에서 '추석을 맞이하여 하루 만에 고향에 다녀오려는 사람들 때문에 교통이 매우 혼잡했는데, 이 때문에 추석을 3일 연휴로 하는 법이 생겼다는 것이다.'라고 하였다. 따라서 하루뿐인 추석 연휴가 때문에 교통 체증이 심해진 것 때문에 추석이 3일을 쉬는 큰 명절이 되었다고 볼 수 있고, 이를 '사회적 변화(㉠)'에 해당한다고 할 수 있다.

>왜 오답 ?

① 3문단에서 '추석 당일 앞뒤로 쉬는 3일 연휴가 법으로 확정된 것은 1989년 이후이다.'라고 하였다.

② 이 지문에서 1980년대 이후로 교통수단이 발달했는지에 대해서는 이야기하고 있지 않다.

③ 2문단에서 '서양 문화가 유입되면서' 추석이 '대표 명절로 격상'됐다고 하였다. 그러나 이 지문에서 서양의 새로운 문화가 유입되면서 추석 연휴를 길게 늘리자는 요구가 생겨났는지에 대해서는 이야기하고 있지 않다.

⑤ 이 지문에서 1980년대에 추석에 교통이 혼잡하여 고향에 가는 대신 여가를 즐기려는 사람들이 많아졌는지에 대해서는 이야기하고 있지 않다.

음악을 사랑한 세종대왕

○ 핵심어　■ 문단 중심 문장　■ 전체 중심 문장

1 우리나라 역사 상 가장 위대한 사람을 꼽으라면 많은 사람들이 세종대왕을 꼽을 것이다. 조선의 제4대 왕인 세종은 집현전을 두어 학문을 장려하였고, 훈민정음을 창제하였으며, 다양한 과학 기구를 만들었고, 왜구를 진정시키는 등 무수히 많은 업적을 남겼다. 그는 모든 측면에서 뛰어난 인물이었는데, 특히 음악에도 조예가 깊었다. 작곡을 하고 악보를 제작하기도 했던 세종대왕, 그가 음악에 관심을 가진 이유는 무엇일까?

2 고려 시대부터 조선 시대까지 우리의 궁중 음악으로는 '향악'이 존재하였다. 그러나 조선 초기에는 왕실에서 주관하는 제사 의례 때 우리의 것인 향악이 아니라, 중국에서 들여온 음악을 사용하였다. 세종은 돌아가신 임금과 왕후들의 제사 때 중국 음악을 쓰는 것에 반대하면서 제사 의례 때 사용하는 우리 고유의 음악을 만들기로 하였다.

3 하지만 제사 의례에 쓰일 음악을 만드는 것은 어려운 일이었다. 훈민정음을 창제하고 반포할 때처럼 당시의 신하들 가운데 중국의 음악 대신 우리의 음악을 만드는 것에 반대하는 세력이 많았기 때문이다. 그래서 세종은 신하들의 반대를 무릅쓰고 우리의 음악을 스스로 만들기 시작했다. 신하들은 왕이 만든 음악일지라도 국가의 제사 의례 때 쓰는 것은 안 된다고 반대했고, 결국 세종의 둘째 아들인 '세조' 때에 이르러서야 세종이 만든 음악이 제사 의례 때 사용되기 시작했다.

4 조선 시대에 종묘에서 역대 제왕의 제사를 지낼 때에 쓰던 음악을 '종묘제례악'이라고 한다. 이 종묘제례악 가운데 세종이 작곡한 곡으로는 〈여민락〉, 〈보태평〉, 〈정대업〉 등이 있다. 이는 종묘 제례와 더불어 2001년에는 유네스코 세계 무형 유산으로 지정되었다.

5 매년 5월 첫째 주 일요일이 되면 서울 종로의 종묘에서는 종묘제향행사가 열린다. 이 행사에서 세종이 작곡한 음악을 포함한 종묘제례악을 들어볼 수 있다. 세종 대왕이 어떠한 곡을 작곡했는지 궁금하다면 이 행사에 참여해 보자. 세종의 음악적 재능을 엿볼 수 있을 것이다.

---

1 문단 요약
음악에도 조예가 깊었던 세종

[중심 문단]
2 문단 요약
세종이 제사 의례 때 쓰는 우리 고유의 음악을 만들기로 한 이유

3 문단 요약
우리의 음악을 만드는 것에 반대한 신하들

4 문단 요약
종묘제례악 중 세종이 작곡한 곡 소개

5 문단 요약
종묘제향행사 참여 권유

● **내용** : 이 글은 세종대왕이 제사 의례에 쓰일 종묘제례악을 만들게 된 배경과 그 과정을 설명하고 있다. 세종은 왕실에서 주관하는 제사 의례 때 중국 음악을 사용하는 것에 반대하고, 우리 고유의 음악을 만들었다. 하지만 신하들의 반대로 세종이 만든 음악은 세조 때에 이르러서야 사용될 수 있었다.

● **주제** : 세종이 만든 종묘제례악

● **글의 구조 파악** : 1문단에서는 세종이 음악에도 관심이 많았음을 언급하고, 2문단에서는 세종이 우리 고유의 제사 의례 음악을 만들게 된 배경을 설명하고 있다. 3문단에서는 세종이 신하들의 반대에 부딪혔음을 언급하고, 4문단에서는 종묘제례악과 세종이 작곡한 곡을 소개하고 있다. 5문단에서는 세종이 만든 종묘제례악을 들어볼 수 있는 기회를 소개하며 글을 마무리하고 있다.

● **글의 구조도**

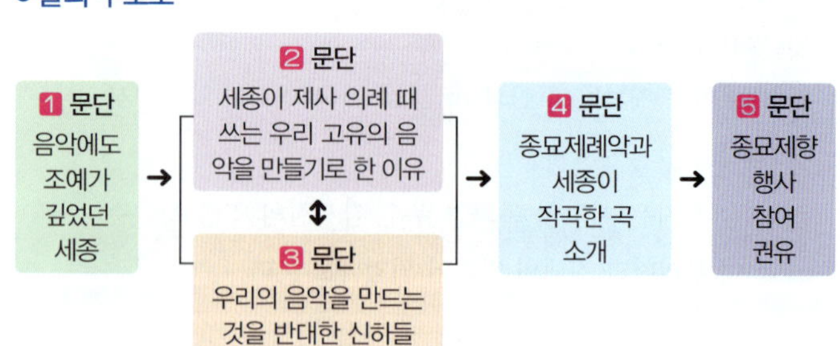

06 [정답] 세종, 종묘제례악 ·············· 글의 구조 파악하기

>왜 정답?

1문단에서 세종이 '특히 음악에도 조예가 깊었다.'라고 하였다. 또한 4문단에서는 '조선 시대에 종묘에서 역대 제왕의 제사를 지낼 때에 쓰던 음악을 '종묘제례악'이라고 한다.'라고 하면서 종묘제례악에 관해 소개하고 있다. 따라서 빈칸에 들어가기에 적절한 말은 '세종', '종묘제례악'이다.

07 [정답] 세종 ······························· 주제 찾기

>왜 정답?

이 지문에서는 세종이 음악에도 조예가 깊었다면서, 세종이 종묘제례악곡을 만든 배경과 그 과정을 설명하고 있다. 따라서 빈칸에 들어가기에 적절한 말은 '세종'이다.

08 [정답] 음악 ···························· 내용 파악하기

> **윗글을 읽고 빈칸에 공통적으로 들어가기에 적절한 말을 쓰시오.**
>
> 세종은 제사 의례 때 향약, 즉 우리 고유의 (   )이/가
> <u>2문단에 근거</u>
> 아닌 중국 (   )을/를 쓰는 것에 반대했기 때문에 제사 의례에 쓰일 우리 고유의 음악을 만들었다.

>왜 정답?

2문단에서 '세종은 돌아가신 임금과 왕후들의 제사 때 중국 음악을 쓰는 것에 반대하면서 제사 의례 때 사용하는 우리 고유의 음악을 만들기로 하였다.'라고 하였다. 따라서 빈칸에 공통적으로 들어가기에 적절한 말은 '음악'이다.

09 [정답] ⑤ ···························· 내용 파악하기

> **윗글의 내용으로 적절하지 않은 것은?**
>
> ① 세종은 과학뿐만 아니라 음악에도 관심이 많았다.
> <u>세종은 작곡을 하고 악보를 제작하기도 함.</u>
> ② 세종은 제사 의례 때 우리 고유의 음악을 쓰기를 바랐다.
> <u>제사 때 중국 음악보다 우리 고유의 음악을 사용하기를 바람.</u>
> ③ 오늘날에도 종묘제향행사에 가면 세종이 직접 작곡한 음악을 들어볼 수 있다.
> <u>종묘제향행사에서는 세종이 작곡한 음악을 포함한 종묘제례악을 들어볼 수 있음.</u>
> ④ 세종이 제사 의례에 쓰일 우리 음악을 만들기로 하자, 많은 신하들이 반대했다.
> <u>우리 음악을 만드는 것에 반대하는 신하들이 많았음.</u>
> ⑤ 조선 시대의 역대 제왕을 기리고자 제사를 지낼 때에는 세종이 작곡한 종묘제례악만 사용한다.
> <u>세종이 작곡한 곡은 일부임.</u>

>왜 정답?

⑤ 4문단에서 '조선 시대에 종묘에서 역대 제왕의 제사를 지낼 때에 쓰던 음악을 '종묘제례악'이라고' 하는데, '이 종묘제례악 가운데 세종이 작곡한 곡으로는 〈여민락〉, 〈보태평〉, 〈정대업〉 등이 있다.'라고 하였다. 이를 고려하면 세종이 작곡한 곡은 종묘제례악 중 일부라는 것을 추측할 수 있다.

>왜 오답?

① 1문단에서 세종이 '음악에도 조예가 깊었'다고 하였다.
② 2문단에서 '세종은 ~ 제사 의례 때 사용하는 우리 고유의 음악을 만들기로 하였다.'라고 하였다.
③ 5문단에서 종묘제향행사에 가면 '세종이 작곡한 음악을 포함한 종묘제례악을 들어볼 수 있다.'라고 하였다.
④ 3문단에서 '당시의 신하들 가운데 중국의 음악 대신 우리의 음악을 만드는 것에 반대하는 세력이 많았'다고 하였다.

10 [정답] ② ······················ 반응의 적절성 평가하기

> **윗글을 읽고 난 후의 반응으로 적절하지 않은 것은?**
>
> ① 세종대왕은 국가 제사 때 쓸 음악을 직접 만들었구나.
> <u>2문단에 근거 → 세종은 국가 제사 때 쓸 음악을 직접 만듦.</u>
> ② 고려 시대에는 우리의 음악이 없어서 제사 때 중국의 음악만 사용했구나.
> <u>고려 시대부터 조선 시대까지 궁중 음악으로 '향악'이 존재함.</u>
> ③ 〈정대업〉은 돌아가신 임금, 왕후들의 제사 때 쓰이는 궁중 음악의 하나이구나.
> <u>〈정대업〉은 종묘제례악 중 한 곡임.</u>
> ④ 세종대왕의 신하들은 훈민정음을 창제하고 반포할 때에도 반대를 많이 했구나.
> <u>당시 신하들은 중국의 것 대신 우리의 것을 쓰는 것에 반대하였음.</u>
> ⑤ 궁중의 제사 의례 때 쓰이는 우리 고유의 음악은 중국 음악을 대체하기 위해서 만든 것이구나.
> <u>세종은 제사 의례 때 쓰이는 중국 음악을 반대하고 우리 고유의 음악을 만듦.</u>

>왜 정답?

② 2문단에서 '고려 시대부터 조선 시대까지 우리의 궁중 음악으로는 '향악'이 존재하였다.'라고 하였다. 따라서 고려 시대 때 우리의 음악이 없었다고 반응하는 것은 적절하지 않다.

>왜 오답?

① 2문단에서 세종은 '제사 의례 때 사용하는 우리 고유의 음악을 만들기로 하였다.'라고 하였다.
③ 4문단에서 '조선 시대에 종묘에서 역대 제왕의 제사를 지낼 때에 쓰던 음악을 '종묘제례악'이라고'하면서, '이 종묘제례악 가운데 세종이 작곡한 곡으로는 〈여민락〉, 〈보태평〉, 〈정대업〉 등이 있다.'라고 하였다.
④ 3문단에서 '당시의 신하들 가운데 중국의 음악 대신 우리의 음악을 만드는 것'과 마찬가지로 '훈민정음을 창제하고 반포'하는 것에도 '반대하는 세력이 많았'다고 하였다.
⑤ 2문단에서 '세종은 돌아가신 임금과 왕후들의 제사 때 중국 음악을 쓰는 것에 반대하면서 제사 의례 때 사용하는 우리 고유의 음악을 만들기로 하였다.'라고 하였다.

경쟁을 하면서 공생할 수 있을까?

○ 핵심어　　▭ 문단 중심 문장　　▭ 전체 중심 문장

1 체육 대회의 100m 달리기를 생각해 보자. "준비, 땅!"하는 소리에 맞추어 모두 1등으로 결승선을 넘기 위해 총알처럼 달려 나간다. 다른 친구들을 모두 제쳐야만 1등을 할 수 있기 때문에, 모두가 경쟁을 한다.

2 인간만 경쟁을 하는 것일까? 러시아의 생태학자 게오르기 가우세는 경쟁적으로 먹이를 구하는 두 종을 연구했다. 그 결과 먹이를 더 잘 구하는 종(A)이 먹이를 잘 못 구하는 종(B)보다 빨리 번식하였고, 결국 번식을 잘 하지 못한 종(B)은 그 지역에서 사라지게 되었다고 한다. 이 연구 결과에서 볼 수 있듯이 인간뿐만 아니라, 살아 있는 생명체들은 살아남기 위해 경쟁을 한다.

3 그렇다면 모든 생명체들은 경쟁만 하고 살아가는 것일까? 썩은 생선에서 나쁜 냄새를 나게 하는 암모니아를 먹고 사는 박테리아 1과 박테리아 2가 있다. 암모니아는 시간이 지나면서 점차 아질산으로 바뀌는데, 박테리아 1은 암모니아를 먹고 박테리아 2는 암모니아 가운데 아질산만 먹는다. 이 박테리아들은 각각 한 가지만을 먹을 뿐, 서로의 것을 욕심내지 않는다. 이 박테리아들은 서로를 존중하며, 공존하고 있는 것이다. 생태학자들은 박테리아 1과 2처럼 살아가는 데에 있어 같은 자원을 필요로 하는 서로 다른 종들이 자원을 나누어 공존하는 경우를 '생태지위 분할'이라고 부른다.

4 우리는 흔히 경쟁을 하게 되면 공생하기는 어렵다고 생각한다. 그러나 위의 박테리아의 사례에서 볼 수 있듯이 자연 속의 여러 생명체들은 서로 다른 생명체들과 공간과 자원을 공유하며 공생하고 있다. 이는 우리의 삶에도 적용된다. 모두가 경쟁하는 과정에서 서로의 것을 욕심내지 않고 서로를 존중한다면, 경쟁만 하는 각박한 세상에서 모두 조화롭게 공생할 수 있을 것이다.

---

1 문단 요약
서로 경쟁하는 인간의 모습

2 문단 요약
살아남기 위해 경쟁하는 생명체들

3 문단 요약
서로 공존하는 박테리아

[중심 문단]
4 문단 요약
경쟁하면서도 공생하기 위해 필요한 존중의 자세

- **내용 :** 이 글은 인간뿐만 아니라, 살아 있는 모든 생명체들이 생존을 위해 경쟁한다는 사실을 밝히고, 서로 존중한다면 공생할 수 있다고 설명하고 있다. 서로 존중하며 공존하는 박테리아의 사례를 통해 우리가 서로를 존중한다면 경쟁하면서도 공생할 수 있다.

- **주제 :** 경쟁과 공생을 하는 삶의 태도

- **글의 구조 파악 :** 1문단과 2문단에서는 구체적인 사례를 통해 인간을 비롯한 모든 생명체들이 경쟁하는 모습을 제시하고, 3문단에서는 공존하며 살아가는 박테리아의 사례를 들어 경쟁하면서도 공생하는 것이 가능함을 설명하고 있다. 4문단에서는 공생하기 위해서는 존중의 태도가 중요함을 강조하며 글을 마무리하고 있다.

● **글의 구조도**

1 문단 서로 경쟁하는 인간의 모습	
2 문단 살아남기 위해 경쟁하는 생명체들	→ 3 문단 서로 공존하는 박테리아 → 4 문단 경쟁하면서도 공생하기 위해 필요한 존중의 자세

01 [정답] 경쟁, 박테리아 ·········· 글의 구조 파악하기

>왜 정답?

1문단에서는 체육 대회에서 달리기를 하는 상황을 사례로 제시하고, '모두가 경쟁을 한다.'라면서 '경쟁'에 대해 언급하고 있다. 또한 3문단에서는 '서로를 존중하며, 공존하'는 '박테리아'의 예를 들고 있다. 따라서 빈칸에 들어가기에 적절한 말은 '경쟁', '박테리아'이다.

02 [정답] 경쟁, 공생 ·········· 주제 찾기

>왜 정답?

이 지문에서는 경쟁 사회에서 서로 존중하면 공생할 수 있다고 설명하고 있다. 따라서 빈칸에 들어가기에 적절한 말은 '경쟁', '공생'이다.

03 [정답] 경쟁, 공존 ·········· 내용 파악하기

> 윗글을 읽고 빈칸에 들어가기에 알맞은 적절한 말을 쓰시오.
>
> 살아 있는 생명체들은 살아남기 위해 (   )을/를 하기도
> 2문단에 근거
> 하고 공간과 자연을 공유하며 (   )하기도 한다.
> 3문단에 근거

>왜 정답?

2문단에서 '살아 있는 생명체들은 살아남기 위해 경쟁을 한다.'라고 하였다. 그러나 3문단에서 '암모니아를 먹고 사는 박테리아'들처럼 '같은 자원을 필요로 하는 서로 다른 종들이 자원을 나누어 공존하는' 경우도 있다고 하였다. 따라서 빈칸에 들어가기에 적절한 말은 '경쟁'과 '공존'이다.

04 [정답] ④ ·········· 내용 파악하기

> 윗글의 내용으로 적절하지 않은 것은?
>
> ① 암모니아 때문에 썩은 생선에서 좋지 않은 냄새가 난다.
> 썩은 생선의 나쁜 냄새는 암모니아 때문에 생겨남.
> ② 먹이를 잘 구하는 생명체는 그렇지 못한 종보다 더 오래
> 먹이를 잘 구하지 못하는 생명체는 그 지역에서 사라지게 됨.
> 살아남을 수 있다.
> ③ 박테리아 1, 2의 사례는 경쟁을 하게 되더라도 공생할 수
> 박테리아 1, 2는 같은 자원(암모니아)을 필요로 하지만, 자원을 나누어 공존함.
> 있다는 사실을 보여 준다.
> ④ 달리기를 할 때 1등을 하기 위해 모두가 달려가는 예에
> 서 볼 수 있듯 인간은 경쟁하는 것을 목표로 살아간다.
> 인간이 경쟁 자체를 목표로 살아간다고 볼 수는 없음.
> ⑤ 생태지위 분할은 같은 자원을 필요로 하는 서로 다른 종
> 3문단에 근거
> 들이 자원을 나누어 함께 살아가는 경우를 일컫는다.

>왜 정답?

④ 1문단에서 달리기에서 서로 경쟁하는 인간의 모습을 제시하고 있다. 2문단의 내용을 고려할 때 인간 역시 살아 있는 생명체로, 살아남기 위해 경쟁하는 것이라고 볼 수 있다. 또한 4문단에 따르면 인간도 '서로의 것을 욕심내지 않고 서로를 존중한다면' 모두가 조화롭게 공생하는 삶을 살 수 있다. 따라서 인간이 경쟁 자체를 목표로 살아간다고 볼 수는 없다.

>왜 오답?

① 3문단에서 '썩은 생선에서 나쁜 냄새를 나게 하는 암모니아'라고 하였다.

② 2문단에서 연구 결과, '먹이를 더 잘 구하는 종(A)이 먹이를 잘 못 구하는 종(B)보다 빨리 번식하였고, 결국 번식을 잘 하지 못한 종(B)은 그 지역에서 사라지게 되었다고 한다.'라고 하였다. 따라서 먹이를 잘 구하는 생명체가 더 오래 살아남는다는 것을 알 수 있다.

③ 3문단에서 '암모니아를 먹고 사는 박테리아'들은 '같은 자원을 필요로 하'더라도 '서로를 존중하며, 공존하고 있'다고 하였다.

⑤ 3문단에서 '생태지위 분할'은 '살아갈 때 같은 자원을 필요로 하는 서로 다른 종들이 자원을 나누어 공존하는 경우'를 가리킨다고 하였다.

05 [정답] ① ·········· 전개 방식 파악하기

> 윗글에 대한 설명으로 가장 적절한 것은?
>
> ① 구체적인 사례를 들고 있다.
> 1~3문단에 근거 → 100m 달리기, 가우세의 연구, 박테리아 1, 2의 사례
> ② 통계 자료를 제시하여 신뢰도를 높이고 있다.
> 통계 자료를 제시하고 있지는 않음.
> ③ 찬성 측과 반대 측의 주장과 근거를 제시하고 있다.
> 찬성 측과 반대 측의 주장과 근거를 제시하고 있지 않음.
> ④ 반대되는 견해를 가진 학자들의 의견을 소개하고 있다.
> 반대되는 견해를 가진 학자들의 의견을 소개하고 있지 않음.
> ⑤ 문제가 되는 상황을 제시하고, 이를 악화시키는 요소들
> 문제 상황을 악화시키는 요소들을 소개하고 있지 않음.
> 을 소개하고 있다.

>왜 정답?

① 1문단에서 '체육 대회의 100m 달리기'를 사례로 제시하였고, 2문단에서 생태학자 게오르기 기우세의 연구 사례를 소개하고 있다. 또한 3문단에서 '암모니아를 먹고 사는 박테리아 1과 박테리아 2'의 공존 사례를 제시하고 있다.

>왜 오답?

② 이 지문에서 통계 자료를 제시하고 있지는 않다.

③ 이 지문에서 찬성 측과 반대 측의 주장과 근거를 제시하고 있지는 않다.

④ 이 지문에서 반대되는 견해를 가진 학자들의 의견을 소개하고 있지는 않다. 게오르기 기후세의 연구 결과만 소개하고 있을 뿐이다.

⑤ 4문단에서 '경쟁만 하는 각박한 세상'을 문제가 되는 상황으로 제시했다고 볼 수도 있다. 그러나 이 지문에서 문제 상황을 악화시키는 요소들을 소개하고 있지는 않다.

유추란 무엇인가?

1 무엇인가를 알아내는 방법 중 하나로 유추가 있다. 유추란 두 개의 사물이 여러 면에서 비슷하다는 것을 근거로 다른 속성도 유사할 것이라고 미루어 짐작하는 것을 의미한다. 학문 또는 예술 활동에서뿐만 아니라, 우리도 일상생활에서 유추를 흔히 사용하고 있다.

1문단의 핵심어 / 유추의 개념

2 유추는 'ⓐ알고자 하는 대상과 그 특성 확정 – ⓑ알고 있는 대상과의 비교 – ⓒ결론 내리기'의 과정을 통해 이루어진다. 『동물원에 가서 '까마귀'를 처음 본 어린 아이가 그것이 날 수 있는가의 여부를 판단하는 과정을 생각해 보자. 이 경우 '알고자 하는 대상'은 '까마귀'이며, 그 특성은 '날 수 있는가?'이므로 이를 확정하면 [A] '까마귀가 날 수 있는가?'가 된다. 그리고 아이가 자신이 이미 알고 있는 '까치'를 떠올리고는 까마귀와 까치 사이에 '검은 깃털이 있다', '다리가 둘이다', '날개가 있다' 등의 공통점을 발견하면 그것이 비교의 과정이 된다. 마지막으로 아이가 '까치는 난다'라는 특성을 확인한 후 '까마귀도 날 것이다'라고 결론을 내리면 유추의 과정이 끝난다.』

2문단의 핵심어 / 『 』: 구체적인 사례를 유추가 이루어지는 과정을 제시함.

3 많은 논리학자들은 유추를 통해 알아낸 정보가 옳다는 보장이 없기 때문에 유추가 판단을 내리는 데에 있어서 적절하지 않다고 주장하기도 한다. 위의 경우 '까마귀가 난다'라는 것은 옳은 결론이다. 그런데 똑같은 방법으로 '타조'에 대해 '타조가 난다'라는 결론을 내리면 이는 사실에 어긋난, 틀린 결론이 된다. 이는 비교 대상으로 공통점이 가장 많은 대상을 선택하지 않았기 때문에 생기는 오류이다.

논리학자들이 지적하는 유추의 문제점 / 3문단의 핵심어 / 비교 대상의 선택을 잘못해서 일어난 오류

4 타조의 예처럼 유추는 옳지 않은 결론을 내릴 가능성이 있지만, 우리의 삶에 꼭 필요한 사고 방법이다. 우리는 모든 것을 직접 경험하지 못해도 유추와 같은 방법으로 모르고 있던 것을 알아내어 더 많은 지식을 쌓을 수 있기 때문이다.

4문단의 핵심어 / 유추가 우리 삶에 필요한 이유

[중심 문단]

1 문단 요약
유추의 개념

2 문단 요약
유추의 과정

3 문단 요약
유추의 과정에서 생길 수 있는 오류

4 문단 요약
유추가 우리 삶에 필요한 이유

● **내용 :** 이 글은 유추의 개념과, 유추가 일어나는 과정을 설명하고 있다. 특히 까마귀와 까치의 사례를 통해 유추가 일어나는 과정을 구체적으로 설명하고 있다. 한편, 유추가 이루어지는 과정에서 논리적으로 오류가 생길 수도 있지만, 그럼에도 유추는 우리의 삶에 꼭 필요하다. 유추는 우리가 직접 경험하지 못한 사실에 관한 지식도 알아낼 수 있게 해 주기 때문이다.

● **주제 :** 유추의 개념과 과정 및 필요성

● **글의 구조 파악 :** 1문단에서는 유추의 개념을 제시하고 있으며, 2문단에서는 유추의 과정을 세 단계로 나누어 설명하고 있다. 3문단에서는 유추의 한계에 대해 언급하고 있으며, 4문단에서는 이러한 한계에도 우리의 삶에 유추가 필요한 이유를 밝히며 글을 마무리하고 있다.

● **글의 구조도**

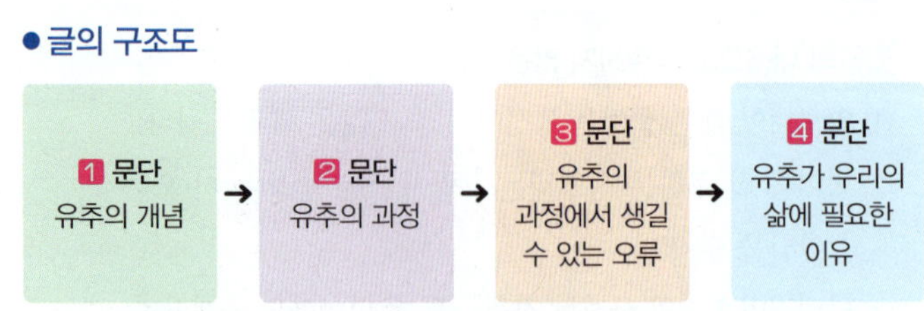

06 [정답] 유추, 오류 ·········· 글의 구조 파악하기

〉왜 정답?

2문단에서 '유추는 '알고자 하는 대상과 그 특성 확정 – 알고 있는 대상과의 비교 – 결론 내리기'의 과정을 통해 이루어진다.'라고 하면서 유추의 과정을 설명하고 있다. 또한 3문단에서 '유추를 통해 알아낸 정보가 옳다는 보장이 없기 때문에 유추가 판단을 내리는 데에 있어서 적절하지 않다'고 보는 학자들의 견해를 소개하면서 유추의 과정에서 생길 수 있는 오류를 제시하고 있다. 따라서 빈칸에 들어가기에 적절한 말은 '유추'와 '오류' 이다.

07 [정답] 유추 ·········· 주제 찾기

〉왜 정답?

이 지문에서는 두 개의 사물이 여러 면에서 비슷하다는 것을 근거로 다른 속성도 유추할 것이라고 미루어 짐작하는 것을 의미하는 유추에 대해 설명하고 있다. 따라서 빈칸에 들어가기에 적절한 말은 '유추'이다.

08 [정답] 유추 ·········· 내용 파악하기

> 윗글을 읽고 빈칸에 공통적으로 들어가기에 적절한 말을 쓰시오.
>
> 많은 논리학자들이 (   )이/가 판단을 내리는 데 적절하지 않다고 주장하는 근거는 (   )을/를 통해 알아낸 정보가 틀린 결론일 수도 있기 때문이다. 3문단에 근거

〉왜 정답?

3문단에서 논리학자들이 '유추가 판단을 내리는 데에 있어서 적절하지 않다고 주장'하는 이유는 '유추를 통해 알아낸 정보가 옳다는 보장이 없기 때문'이라고 하였다. 따라서 빈칸에 공통적으로 들어가기에 적절한 말은 '유추'이다.

09 [정답] ⑤ ·········· 내용 파악하기

> 윗글의 내용으로 적절하지 않은 것은?
>
> ① 유추는 학문과 예술 분야에서만이 아니라 일상생활에서도 흔히 사용된다. 유추는 일상생활에서도 흔히 사용됨.
> ② 유추를 할 때에는 공통점이 가장 많은 대상을 비교 대상으로 선정해야 한다. 공통점이 가장 많은 대상을 선택하지 않으면 오류가 생길 수 있음.
> ③ 직접 경험하지 못한 것을 알아내고자 할 때에 유추의 방법을 사용할 수 있다. 유추를 통해 직접 경험하지 못해도 모르고 있던 것을 알아낼 수 있음.
> ④ 유추는 두 대상의 비슷한 특성을 근거로 하여 미루어 짐작하는 사고 방법이다. 사물이 비슷하다는 근거로 다른 특성도 비슷할 것이라고 생각하는 것임.
> ⑤ 유추를 할 때에는 가장 먼저 자신이 알고 있는 대상과 알자고 하는 대상을 비교해야 한다. 알고자 하는 대상과 그 특성을 확정하는 것이 먼저임.

〉왜 정답?

⑤ 2문단에서 '유추는 '알고자 하는 대상과 그 특성 확정 – 알고 있는 대상과의 비교 – 결론 내리기'의 과정을 통해 이루어진다.'라고 하였다. 따라서 유추를 할 때에는 알고자 하는 대상과 그 특성을 확정하는 과정이 가장 먼저 이루어진다.

〉왜 오답?

① 1문단에서 '학문 또는 예술 활동에서뿐만 아니라, 우리도 일상생활에서 유추를 흔히 사용하고 있다.'라고 하였다.
② 3문단에서 유추를 할 때 '비교 대상으로 공통점이 가장 많은 대상을 선택하지 않'으면 '사실에 어긋난, 틀린 결론'을 얻게 된다고 했다.
③ 4문단에서 '우리는 모든 것을 직접 경험하지 못해도 유추와 같은 방법으로 더 많은 지식을 쌓을 수 있다'고 하였다.
④ 1문단에서 '유추란 ~ 미루어 짐작하는 것을 의미한다.'라고 하였다.

10 [정답] ④ ·········· 반응의 적절성 평가하기

> 윗글을 바탕으로 [A]를 이해한 것으로 적절하지 않은 것은?
>
> ① ㉠의 과정에서 아이가 '타조는 날 수 있는가?'라고 확정한다면 틀린 결론을 내리게 된다. 타조와 까치를 비교하여 결론을 내린다면 오류가 생길 수 있음.
> ② ㉡의 과정에서 아이는 '까치'를 비교 대상으로 선정했다. 자신이 알고 있는 까치를 떠올리고 까마귀와 비교함.
> ③ ㉡의 과정에서 아이는 까마귀와 까치가 모두 '새'라는 공통점을 떠올릴 수도 있다. 공통점을 발견하는 것이 비교의 과정임.
> ④ ㉡의 과정에서 아이는 까마귀와 까치의 공통점뿐만 아니라 차이점까지도 떠올려야 한다. 공통점이 가장 많은 대상과의 비교를 해야 옳은 결론을 내릴 수 있음.
> ⑤ ㉢에서 아이는 '까마귀도 날 것이다'라는 옳은 결론을 내렸다. '까마귀가 난다'라는 것은 옳은 결론임.

〉왜 정답?

④ 2문단에서 까마귀와 까치 사이의 '공통점을 발견하면 그것이 비교의 과정이 된다.'라고 하였다. 그러나 알고 있는 대상과 비교하는 ㉡의 과정에서 두 대상 사이의 차이점까지도 떠올려야 하는지에 대해서는 이 지문에서 이야기하지 않았다.

〉왜 오답?

① 3문단에서 '똑같은 방법으로 '타조'에 대해 '타조가 난다'라는 결론을 내리면, 이는 사실에 어긋난, 틀린 결론이 된다.'라고 하였다. 따라서 ㉠에서 '타조가 날 수 있는가?'라고 확정한 후에 [A]의 과정을 거치면 옳은 결론을 내릴 수 없을 것이다.
② 2문단에서 아이가 ㉡의 과정에서 까마귀와 비교할 대상으로 '자신이 이미 알고 있는 '까치'를 떠올'렸다고 하였다.
③ 2문단에서 까마귀와 까치 사이의 '공통점을 발견하면 그것이 비교의 과정이 된다.'라고 하였다. 따라서 아이는 ㉡의 과정에서 까치와 까마귀 사이의 공통점을 떠올릴 것이다.
⑤ 3문단에서 "까마귀가 난다'는 것은 옳은 결론이다.'라고 하였다. 2문단에서 아이는 ㉢의 과정에서 "까마귀도 날 것이다'라고 결론을 내'렸다고 하였다. 따라서 아이는 옳은 결론을 내린 것이다.

장애인의 반대는 정상인?

○ 핵심어 ▨ 문단 중심 문장 ▨ 전체 중심 문장

1 1980년대 초까지만 하더라도 신체의 일부에 장애가 있거나 정신 능력이 원활하지 못해 일상생활이나 사회생활에서 어려움이 있는 사람을 '장애자(障礙者)'라고 불렀다. 그러나 장애인 관련 단체들은 '장애자'의 '자(者)'가 '놈', 즉 사람을 낮추어 이르는 말이기 때문에 이를 바꿔야 한다는 의견을 제시했고, 이에 사람을 의미하는 한자인 '인(人)' 자를 써서 '장애인(障礙人)'이라고 부르게 되었다.

2 한 때 친구를 의미하는 한자인 '우(友)'를 써서 '장애우(障礙友)'라는 표현이 쓰이기도 하였다. 그러나 장애인 스스로가 자신을 장애우라고 부르는 것은 부자연스럽고, 장애인이 아닌 사람의 입장만 강조된 표현이기 때문에 현재는 사용하고 있지 않다.

3 그렇다면 장애를 가진 사람을 장애인이라고 한다면 장애를 가지지 않은 사람은 무엇이라고 불러야 할까? 정상인? 비장애인? 표준국어대사전에 따르면 정상인은 '상태가 특별한 변동이나 탈이 없이 제대로인 사람'이다. 그렇다면 장애인은 '상태가 특별한 변동이나 탈이 있는 제대로 되지 않은 사람'을 가리키는 것일까?

4 정상인이라는 표현은 정상과 반대되는 개념으로 장애를 생각하여, 장애는 정상이 아니라는 생각을 담고 있다. 이는 장애를 가지지 않은 사람의 시선에서 만들어진 단어로, 장애인들에 대한 우리의 편견을 드러낸다. 장애인의 관점에서 만들어진 단어인 '비장애인'을 제외하면, 장애를 가지지 않은 사람들을 일컫는 단어들은 대부분 장애를 가지지 않은 사람들의 관점에서 만들어진 단어라고 볼 수 있다.

5 장애인들도 우리 사회의 구성원으로, 비장애인들과 함께 우리 사회를 이끌어 나가고 있다. 비장애인들이 장애인들에 대한 편견을 버리고 장애인들을 인정하고 존중하면 우리 사회는 좀 더 풍요롭고, 다양한 가치를 추구하는 사회가 될 것이다.

---

1 문단 요약
'장애인'을 부르는 명칭의 변화

2 문단 요약
'장애우'라는 표현이 쓰이지 않는 이유

3 문단 요약
'정상인'이라는 명칭이 가진 문제

[중심 문단]
4 문단 요약
비장애인을 부르는 명칭에 담긴 편견

5 문단 요약
장애인을 대하는 바람직한 태도

- **내용 :** 이 글은 장애와 비장애인을 일컫는 표현들을 소개하고, 각 표현에 담긴 의미와 문제점에 대해 설명하고 있다. 특히 '장애우'는 장애인이 아닌 사람의 입장만 강조된 표현이어서 쓰이지 않게 되었다. 장애인은 비장애인과 함께 우리 사회를 이끌어 나가는 존재이므로 장애인들을 인정하고 존중하는 태도를 가져야 한다.

- **주제 :** 장애인과 비장애인을 부르는 적절한 표현

- **글의 구조 파악 :** 1문단과 2문단에서는 장애인을 부르는 명칭에 대해 소개하고, 그와 관련된 문제점을 설명하고 있다. 3문단에서는 장애를 가지지 않은 사람을 어떻게 부르는지에 대해 의문을 제기하고, 4문단에서는 이에 대해 답하고 있다. 5문단에서는 이를 바탕으로 장애인을 대하는 바람직한 태도를 제시하며 글을 마무리하고 있다.

- **글의 구조도**

1 문단		2 문단		3 문단		5 문단
'장애인'을 부르는 명칭의 변화	→	'장애우'라는 표현이 쓰이지 않는 이유	→	'정상인'이라는 명칭이 가진 문제	→	장애인을 대하는 바람직한 태도
				4 문단 비장애인을 부르는 명칭에 담긴 편견		

01 [정답] 장애인, 편견 ···················· 글의 구조 파악하기

>왜 정답?

1문단과 2문단에서는 장애인을 부르는 명칭인 '장애자', '장애인', '장애우'의 의미를 설명하고 있다. 또한 5문단에서 '비장애인들이 장애인들에 대한 편견을 버리고 장애인들을 인정하고 존중하면 ~ 사회가 될 것이다.'라면서 장애인을 대하는 바람직한 태도를 제시하고 있다. 따라서 빈칸에 들어가기에 적절한 말은 '장애인', '편견'이다.

02 [정답] 장애인 ··························· 주제 찾기

>왜 정답?

이 지문에서는 장애인과 비장애인을 부르는 명칭이 변화해 온 과정을 설명하면서 장애인을 대하는 바람직한 태도에 대해 이야기하고 있다. 따라서 빈칸에 들어가기에 적절한 말은 '장애인'이다.

03 [정답] 장애인, 비장애인 ················ 내용 파악하기

> 윗글을 읽고 빈칸에 들어가기에 적절한 말을 쓰시오.
>
> (   )와/과 (   )은/는 모두 우리 사회의 구성
> 원이며, 우리 사회를 함께 이끌어나가고 있다.
> <u>5문단에 근거</u>

>왜 정답?

5문단에서 '장애인들도 우리 사회의 구성원으로, 비장애인들과 함께 우리 사회를 이끌어 나가고 있다.'라고 하였다. 따라서 빈칸에 들어가기에 적절한 말은 '장애인', '비장애인'이다.

04 [정답] ④ ···························· 내용 파악하기

> 윗글의 내용으로 적절하지 않은 것은?
>
> ① '장애우'는 장애를 가진 사람들이 스스로를 부르기에 부
> '친구'를 의미하는 '우'를 장애인 스스로가 쓰기에 부자연스러움.
> 자연스러운 표현이다.
> ② 1980년대 이전에 장애를 가진 사람을 부르던 명칭은 현
> 1980년대 초까지는 장애자로 부르다가 이후 장애인으로 바뀜.
> 재 다른 명칭으로 교체되었다.
> ③ 장애인 관련 단체들은 '장애자'가 장애를 가진 사람을 낮
> 장애자의 '자'는 '놈'을 의미하여, '사람'을 의미하는 '인'으로 바뀜.
> 추어 표현한다고 생각하였다.
> ④ '장애우, 정상인, 비장애인'은 모두 장애를 가지지 않은
> '비장애인'은 장애인의 관점에서 만들어진 단어임.
> 사람들의 편견이 반영된 표현이다.
> ⑤ 장애를 가지지 않은 사람을 '정상인'이라고 표현하는 것
> 장애는 정상이 아니라는 생각을 담고 있는 표현임.
> 은 장애가 정상이 아니라는 생각을 반영한다.

>왜 정답?

④ 4문단에서 '비장애인'은 '장애인의 관점에서 만들어진 단어'라고 하였다. 따라서 비장애인이 장애를 가지지 않은 사람들의 편견이 반영된 단어라고 볼 수는 없다.

>왜 오답?

① 2문단에서 '장애인 스스로가 자신을 장애우라고 부르는 것은 부자연스럽'다고 하였다.
② 1문단에서 1980년대 초까지 '장애자'라고 불렀다가 그 이후 '장애인'이라고 부르게 되었다고 했다.
③ 1문단에서 '장애인 관련 단체들은 ~ '장애인(障礙人)'이라고 부르게 되었다.'라고 하였다.
⑤ 4문단에서 "정상인'이라는 표현은 ~ 장애는 정상이 아니라는 생각을 담고 있다.'라고 하였다.

05 [정답] ④ ···························· 전개 방식 파악하기

> 윗글에 대한 설명으로 적절하지 않은 것은?
>
> ① 질문을 던지며 문제가 되는 인식에 대해 의문을 제기하
> 3문단에 근거 → 장애를 가지지 않은 사람을 어떻게 불러야 하는지에 대한 의문
> 고 있다.
> ② 시간이 지나면서 특정 명칭이 변화하게 된 과정을 설명
> 1문단에 근거 → 1980년대 초 이후 '장애자'가 '장애인'으로 바뀐 과정을 설명함.
> 하고 있다.
> ③ 단어의 의미를 설명하며 그 속에 담긴 인식의 문제점을
> 3문단, 4문단에 근거 → '정상인'의 의미와 그 속에 담긴 편견을 지적함.
> 지적하고 있다.
> ④ 다양한 근거를 들어 사람들이 일반적으로 가지고 있는
> 4문단, 5문단에 근거 → 장애인들에 대한 사람들의 편견을 지적함.
> 편견에 동의하고 있다.
> ⑤ 구체적인 이유를 제시하며 특정 명칭이 쓰이지 않게 된
> 1문단에 근거 → '장애자'는 사람을 낮추어 부르는 '놈'의 의미를 담고 있으므로 쓰이지 않게 됨.
> 배경을 설명하고 있다.

>왜 정답?

④ 4문단에서 정상인이라는 표현이 장애를 가지지 않은 사람들의 편견을 드러내고 있음을 지적하고, 5문단에서는 비장애인들이 장애인들에 대한 편견을 버려야 한다고 주장하고 있다. 따라서 이 지문에서는 사람들이 일반적으로 가지고 있는 편견에 동의하고 있다고 볼 수는 없다.

>왜 오답?

① 3문단에서 장애를 가지지 않은 사람을 무엇이라 불러야 하냐면서 의문을 제기하고 있다.
②, ⑤ 1문단에서 '자(者)'가, '놈'. 즉 사람을 낮추어 부르는 말이라는 구체적인 근거를 들어 '장애자'라는 명칭이 쓰이지 않게 된 배경을 설명하고 있다.
③ 3문단에서 '정상인'의 의미를 설명하고, 4문단에서 이에 담긴 장애인에 대한 편견을 지적하고 있다.

우리 삶을 바꾸어 놓을 드론

○ 핵심어   ▨ 문단 중심 문장   ▨ 전체 중심 문장

1 드론(Drone)이란, 사람이 타지 않은 채 먼 거리에서 무선 전파로 조종할 수 있는 비행기를 가리킨다. 2000년대 초반에 군사용 무인 항공기로 개발된 드론은 최근 군사용을 넘어 다양한 범위에서 많이 사용되고 있다. 여러 TV 프로그램에서는 드론으로 촬영한 영상을 보여 주기도 하고, 일부 사람들은 취미로 드론을 날리기도 한다.

2 최근 기술의 발달로 드론이 더 가볍고 작아지면서 주택가나 사무실 등에서도 드론을 날리는 것이 가능해졌다. 그 결과 2017년에는 미국 기업인 아마존이 드론을 활용하여 물품 배송을 실시하겠다고 발표하기도 했다. 2019년 4월에 미국 연방항공청에서 미국 내에서 드론을 이용하여 공중 배송 사업을 시작할 수 있도록 허가하였기 때문에, 드론을 이용한 물품 배송은 곧 실현될 것으로 보인다.

3 드론은 인명 구조용으로도 활용할 수 있다. 높은 산 속에 응급 환자가 생기면 보통은 헬기를 통해 환자를 구조한다. 하지만 헬기가 뜨는 데에는 기상 등 많은 요소들이 영향을 미치기 때문에 조건이 맞지 않으면 환자를 빠르게 구조하기 어렵다. 드론을 활용하면 어떨까? 응급 환자가 신고 전화를 걸면 드론이 먼저 날아오고, 이 드론을 통해 환자는 응급 처치를 하는 방법을 안내받을 수 있다. 게다가 미래에 기술이 더 발달하면 응급 환자를 드론에 태우고 병원으로 이송할 수도 있게 될 것이다.

4 또 산불이 발생할 경우에도 드론은 유용하게 쓰일 수 있다. 산불이 났을 때에는 불이 난 정확한 위치를 빨리 파악하는 것이 중요한데, 드론을 보내면 그것이 가능해진다. 그리고 산불이 난 위치를 확인한 후에는 드론을 이용하여 그 위치에 소화 미사일을 쏘면 불이 초기에 진압될 수 있다.

5 하지만 ⓘ드론이 꼭 유용하기만 한 것은 아니다. 가장 큰 문제는 고성능 카메라나 통신 장비 등이 장착된 드론을 이용하여 타인의 사생활을 침해하거나 범죄에 악용할 수 있다는 점이다. 드론의 지속적인 개발과 함께, 개인의 사생활과 안전이 범죄로부터 보호받을 수 있는 장치를 마련해야 드론의 발전으로부터 얻는 사회적 이익이 더욱 커질 것이다.

---

1 문단 요약
드론의 개념과 활용

2 문단 요약
드론의 발달

3 문단 요약
드론의 쓰임 ① 인명 구조

4 문단 요약
드론의 쓰임 ② 산불 진압

[중심 문단]
5 문단 요약
드론으로 인해 발생할 수 있는 문제와 해결 방안

● **내용 :** 이 글은 드론의 개념을 소개하고, 드론이 활용되는 분야가 점점 더 다양해짐을 알리고 있다. 처음에 군사용으로 개발된 드론은 기술이 발달함에 따라 물품 배송, 인명 구조, 산불 진압 등 유용한 용도로 쓰이고 있고, 쓰일 예정이다. 다만 드론으로 인해 사생활 침해와 관련한 각종 범죄가 발생할 수 있으므로, 이에 대한 보호 장치를 마련해야 드론의 발전으로부터 얻는 사회적 이익을 극대화할 수 있다.

● **주제 :** 드론의 활용과 문제점 및 해결 방안

● **글의 구조 파악 :** 1문단에서는 드론의 개념과 활용에 대해 소개하고 있다. 2문단에서는 드론의 발달을 제시하고, 3문단과 4문단에서는 드론의 유용한 쓰임을 설명하고 있다. 5문단에서는 드론으로 인해 발생할 수 있는 문제와 그 해결 방안을 언급하며 글을 마무리하고 있다.

● **글의 구조도**

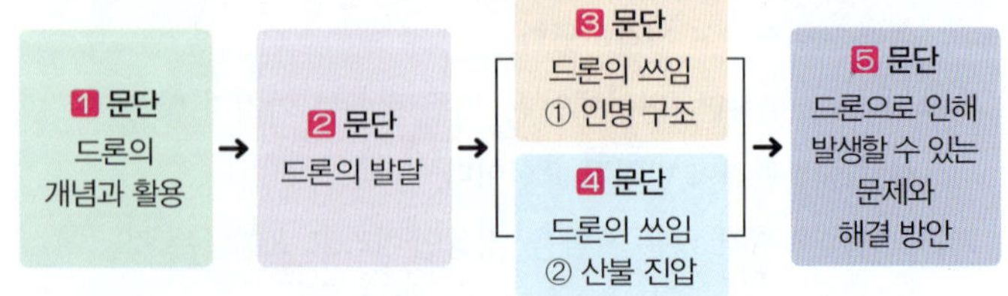

06 [정답] 드론, 문제 ┈┈┈┈┈┈┈┈┈ 글의 구조 파악하기

〉왜 정답?

1문단에서 '드론(Drone)이란, 사람이 타지 않은 채 먼 거리에서 무선 전파로 조종할 수 있는 비행기를 가리킨다.'라면서 드론의 개념을 설명하고 있다. 또 5문단에서는 '타인의 사생활을 침해하거나 범죄에 악용할 수 있다는 점'을 드론으로 인해 발생할 수 있는 문제로 제시하고, 그에 대한 해결 방안을 설명하고 있다. 따라서 빈칸에 들어가기에 적절한 말은 '드론', '문제'이다.

07 [정답] 드론 ┈┈┈┈┈┈┈┈┈┈┈┈┈┈ 주제 찾기

〉왜 정답?

이 지문에서는 드론에 대해 소개하고, 드론의 활용 양상과 바람직한 활용 방안에 대해 이야기하고 있다. 따라서 빈칸에 들어가기에 적절한 말은 '드론'이다.

08 [정답] 헬기 ┈┈┈┈┈┈┈┈┈┈┈┈ 내용 파악하기

> **윗글을 읽고 빈칸에 들어가기에 적절한 말을 쓰시오.**
>
> 높은 산 속에서 응급 환자가 발생했을 때, 보통은 ( ) 로 환자를 구조하지만 기상 등의 영향으로 긴급 구조가 쉽지 않은 경우가 있다. 그러나 드론을 활용하면 드론이 먼저 환자에게 날아가서 환자에게 응급 처치를 하는 방법을 안내할 수 있다.
> (3문단에 근거)

〉왜 정답?

3문단에서 '높은 산 속에 응급 환자가 생기면 보통은 헬기를 통해 환자를 구조'하지만, 기상 등 많은 요소들이 영향을 미쳐 빠르게 구조하는 것이 어려울 수 있다고 하였다.

09 [정답] ③ ┈┈┈┈┈┈┈┈┈┈┈┈ 내용 파악하기

> **윗글의 내용으로 적절하지 않은 것은?**
>
> ① 드론은 2000년대 초반에 군사용으로 개발되었다.
> (2000년대 초반에 군사용 무인 항공기로 개발되었음.)
> ② 처음 개발되었던 드론에 비해 현재의 드론은 더 작고 가볍다.
> (최근 기술의 발달로 드론이 더 가볍고 작아짐.)
> ③ 2017년부터 미국에서는 드론을 활용하여 물품을 배송하기 시작했다.
> (아마존이 드론을 활용하여 물품을 배송하겠다고 발표함.)
> ④ 미국 내에서 공중 배송 사업을 하기 위해서는 연방항공청이 허가를 해 주어야 한다.
> (미국 연방항공청의 허가로 인해 드론을 이용한 물품 배송은 곧 실현될 것임.)
> ⑤ 드론은 사람이 타지 않고도 전파를 통해 조정할 수 있는 비행 물체를 가리킨다.
> (사람이 타지 않고 먼 거리에서 무선 전파로 조종하는 비행기를 의미함.)

〉왜 정답?

③ 2문단에서 '2017년에는 미국 기업인 아마존이 드론을 활용하여 배송을 실시하겠다고 발표'했고, '2019년 4월에 미국 연방항공청에서 미국 내에서 드론을 이용하여 공중 배송 사업을 시작할 수 있도록 허가하였기 때문에, 드론을 이용한 물품 배송은 곧 실현될 것으로 보인다.'라고 하였다. 따라서 2017년에는 드론을 통한 배송이 시작되지 않았다.

〉왜 오답?

① 1문단에서 드론은 '2000년대 초반에 군사용 무인 항공기로 개발'되었다고 하였다.
② 2문단에서 '최근 기술의 발달로 드론이 더 가볍고 작아지'고 있다고 하였다.
④ 2문단에서 '미국 연방항공청'이 허가했기 때문에 '드론을 이용한 물품 배송은 곧 실현될 것으로 보인다.'라고 하였다. 따라서 미국에서 공중 배송 사업을 하려면 미국 연방항공청이 허가를 해 주어야 함을 알 수 있다.
⑤ 1문단에서 '드론(Drone)이란, 사람이 타지 않은 채 먼 거리에서 무선 전파로 조정할 수 있는 비행기를 가리킨다.'라고 하였다.

10 [정답] ④ ┈┈┈┈┈┈┈┈┈ 반응의 적절성 평가하기

> **㉠의 이유로 가장 적절한 것은?**
> (드론이 꼭 유용하기만 한 것은 아니다.)
> ① 드론을 개발하는 데에 비용이 많이 들기 때문이다.
> (지문에서 이야기하고 있지 않음.)
> ② 드론을 사용하는 것에 대한 법률이 까다롭기 때문이다.
> (지문에서 이야기하고 있지 않음.)
> ③ 드론이 개인의 필요를 모두 만족시킬 수는 없기 때문이다.
> (지문에서 이야기하고 있지 않음.)
> ④ 드론으로 인한 사생활 침해 문제가 발생할 수 있기 때문이다.
> (드론에 장착된 고성능 카메라나 통신 장비 등으로 사생활 침해가 일어날 수 있음.)
> ⑤ 고성능 카메라의 가격이 드론으로 인해 높아질 수 있기 때문이다.
> (지문에서 이야기하고 있지 않음.)

〉왜 정답?

④ 5문단에서 '고성능 카메라나 통신 장비 등이 장착된 드론을 이용하여 타인의 사생활을 침해하거나 범죄에 악용할 수 있다는 점'을 드론이 꼭 유용하기만 한 것은 아닌(㉠) 이유로 들고 있다.

〉왜 오답?

① 이 지문에서 드론을 개발하는 데에 드는 비용에 대해 언급하고 있지는 않다.
② 이 지문에서 드론을 사용하는 것에 대한 법률에 대해 언급하고 있지는 않다.
③ 이 지문에서 드론이 개인적 필요를 모두 만족시킬 수 있는지에 대해 언급하고 있지는 않다.
⑤ 이 지문에서 고성능 카메라의 가격에 대해 언급하고 있지는 않다.

노는 게 잘못인가요?

○ 핵심어 　▨ 문단 중심 문장 　▨ 전체 중심 문장

1 어린이들의 대통령인 뽀로로도 <u>노는 것</u>이 제일 좋다고 하고, 시험이 끝난 주말에는
1문단의 핵심어
많은 친구들이 놀 계획을 세우는 것을 보면 인간과 노는 것은 뗄 수 없어 보인다. **과연**
인간은 언제부터 놀았을까?
인간의 놀이가 시작된 시점에 대한 의문을 제기함.

2 인간이 언제부터 놀았냐는 질문에 답을 하려면 꽤 오랜 시간을 거슬러 올라가야 한
다. 많은 사람들이 농사를 지으며 살았던 농경 사회 시대에는 힘들고 고된 농사일을 즐
농경 시대에 했던 놀이의 예 : 노동요
겁게 하기 위해 <u>노동요</u>, 즉 노래를 부르며 일을 했다. 이는 어업을 할 때에도 적용되었
2문단의 핵심어
다. 우리나라에는 다양한 ㉠〈뱃노래〉가 전해지는데, 이 노래들은 배를 닦는 내용부터
고기를 잡는 내용까지 종류도 다양하다. **이를 통해 인간은 오랜 시간 전부터 일을 할 때**
놀이의 유래가 오래되었음.
도 놀았음을 알 수 있다.

3 네덜란드의 학자 '요한 하위징아' 역시 오래전부터 인간들은 <u>놀이</u>를 하면서 살아왔다
3문단의 핵심어
고 주장한다. **그는 모든 문화 현상이 놀이에서 시작되었다면서 놀이 속에서 비로소 문**
놀이가 모든 문화 현상의 바탕이 되었다고 주장함.
화가 발달했다고 설명한다. 그는 노는 행위가 생존에 직결되지 않고 자유로우며 목적을
갖지 않지만, 점차 생활 전체를 보완하고 문화의 기능을 갖는 필수적인 것으로 발전했
다고 보았다.

4 우리가 매일매일 놀기만 한다면 어떻게 될까? 만약 노는 것을 매일매일 해야 한다
면, 그것은 더 이상 노는 것이 될 수 없다. **진정한 놀이는 잠시 일상생활에서 벗어나서**
4문단의 핵심어
이루어지는 것이기 때문에, 그것이 매일매일 해야 하는 일이 되는 순간 놀이는 놀이가
진정한 놀이의 의미
아니게 되는 것이다.

5 「어린아이들이 하는 <u>놀이</u>는 아이들의 심신 발달에 중요한 역할을 한다. 청소년이나
「♪ 놀이의 긍정적 효과　5문단의 핵심어
성인들이 하는 놀이는 일상생활이나 일에서 생기는 스트레스를 해소하고 기분을 전환
하며, 피로를 푸는데 도움이 된다.」 **지나치게 노느라 일상생활을 제대로 하지 못하면 문**
제가 되겠지만, 그렇지 않다면 놀이는 우리의 삶에서 긍정적인 역할을 한다. 이번 주말
에는 친구들과 즐거운 놀이를 해 보자. 일상생활에 활력이 찾아올 것이다.

---

1 문단 요약
놀이의 유래에 대한 의문

2 문단 요약
오래 전부터 행해져 왔던 놀이

3 문단 요약
모든 문화 현상의 바탕이 된 놀이

4 문단 요약
진정한 놀이의 의미

[중심 문단]
5 문단 요약
놀이의 긍정적 효과

● **내용 :** 이 글은 인간의 놀이가 언제부터 나타났는지를 소개하
고 놀이의 긍정적 효과에 대해 설명하고 있다. 네덜란드 학자
의 주장을 통해 인간의 놀이가 오래전부터 지속되어 왔음을 설
명하고, 진정한 놀이는 잠시 일상생활에서 벗어나 이루어지는
것이라고 정의하였다.

● **주제 :** 인간의 놀이의 유래와 긍정적 역할

● **글의 구조 파악 :** 1문단에서는 놀이가 언제부터 시작되었는지
의문을 드러내고 있다. 2문단에서는 노동요를 예로 들고, 3문
단에서는 놀이가 문화 현상의 바탕이 되었다는 학자의 견해를
제시하고 있다. 4문단에서는 진정한 놀이의 의미를 밝히고, 5
문단에서는 놀이가 우리 삶에 미치는 긍정적 영향을 언급하며
글을 마무리하고 있다.

● **글의 구조도**

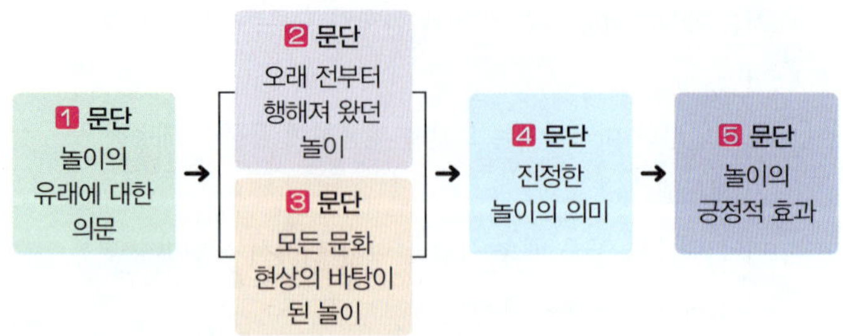

01 [정답] 놀이, 문화 현상 ·········· 글의 구조 파악하기

>왜 정답?

1문단에서는 인간이 언제부터 놀았는지에 대해 질문을 던지고 있다. 또한 3문단에서는 '모든 문화 현상이 놀이에서 시작되었다'고 주장한 네덜란드의 학자 '요한 하위징아'의 견해를 소개하고 있다. 따라서 빈칸에 들어가기에 적절한 말은 '놀이', '문화 현상'이다.

02 [정답] 놀이 ·········· 주제 찾기

>왜 정답?

이 지문에서는 인간의 삶에 있어서 놀이의 역할과 기능을 밝히고 있다. 따라서 빈칸에 들어가기에 적절한 말은 '놀이'이다.

03 [정답] 심신, 스트레스 ·········· 내용 파악하기

> 윗글을 읽고 빈칸에 들어가기에 적절한 말을 순서대로 쓰시오.
>
> 놀이는 아이들의 (   ) 발달, 청소년이나 성인들의
> 5문단에 근거
> (   ) 해소에 도움을 준다. 따라서 지나치게 놀면 일상생
> 활을 하는 데에 문제가 될 수 있지만, 그렇지 않다면 놀이는 우리
> 의 삶에 긍정적인 영향을 미친다.

>왜 정답?

5문단에서 '어린아이들이 하는 놀이는 아이들의 심신 발달에 중요한 역할을' 하고, '청소년이나 성인들이 하는 놀이는 일상생활이나 일에서 생기는 스트레스를 해소'해 준다고 하였다. 따라서 빈칸에 들어가기에 적절한 말은 '심신', '스트레스'이다.

04 [정답] ③ ·········· 내용 파악하기

> **윗글의 내용으로 적절하지 않은 것은?**
> ① 농경 사회 시대에 노래는 놀이의 한 형태였다.
> 농경 사회 시대에는 노동요가 놀이의 역할을 함.
> ② 진정한 놀이는 일상에서 벗어날 때 이루어진다.
> 진정한 놀이는 잠시 일상생활에서 벗어나서 이루어짐.
> ③ 놀이는 모든 문화 현상을 새롭게 바꾸려는 목적으로 생
> 놀이는 목적을 갖지 않음.
> 겨났다.
> ④ 노는 것이 매일 해야 하는 일이 되면 더 이상 놀이가 아
> 노는 것을 매일 해야 한다면, 그것은 더 이상 노는 것이 아님.
> 니게 된다.
> ⑤ 요한 하위징아는 놀이가 생활을 보완하는 필수적인 것으
> 놀이는 생활 전체를 보완하는 것으로 발전함.
> 로 발전했다고 보았다.

>왜 정답?

③ 3문단에서 요한 하위징아는 '노는 행위가 ~ 목적을 갖지 않'는다고 보았다고 하였다. 따라서 놀이가 모든 문화 현상을 새롭게 바꾸려는 목적으로 생겨났다는 것은 적절하지 않다.

>왜 오답?

① 2문단에서 '농경 사회 시대에는 힘들고 고된 농사일을 하기 위해 노동요, 즉 노래를 부르며 일을 했'는데, 이것은 '인간은 오랜 시간 전부터 일을 할 때도 놀았음'을 나타낸다고 하였다.
② 4문단에서 '진정한 놀이는 잠시 일상생활에서 벗어나서 이루어지는 것'이라고 하였다.
④ 4문단에서 '만약 노는 것을 매일매일 해야 한다면, 그것은 더 이상 노는 것이 될 수 없다.'라고 하였다.
⑤ 3문단에서 요한 하위징아는 '노는 것은 ~ 점차 생활 전체를 보완하고, 문화 기능을 갖는 필수적인 것으로 발전했다고 보았다.'라고 하였다.

05 [정답] ① ·········· 내용 파악하기

> **⊙에 대한 설명으로 적절하지 않은 것은?**
> 〈뱃노래〉
> ① 생존에 직결되는 다양한 주제를 담고 있었다.
> 놀이 자체는 생존과 직결되는 행위가 아님.
> ② 일을 할 때에도 놀이와 함께 하였음을 보여 준다.
> 노동을 하면서 노래를 만들어 부름.
> ③ 인간의 놀이가 오래 전부터 이어져 왔음을 드러낸다.
> 인간의 놀이가 오래 전에 시작되었음을 보여 줌.
> ④ 힘들고 고된 노동을 이겨 내기 위한 하나의 방법이었다.
> 힘들고 고된 일을 하기 위해 노동요를 부르며 일함.
> ⑤ 어업과 관련된 배, 물고기 등을 소재로 하여 창작되었다.
> 배를 닦는 내용, 고기 잡아 터는 내용 등이 노래로 불림.

>왜 정답?

① 3문단에서 요한 하위징아에 따르면 '노는 행위가 생존에 직결되지 않'는다고 하였다. 이를 고려하면 2문단의 〈뱃노래〉(⊙)는 일을 하며 부른 노래이자, 놀이의 일종이었으므로 생존에 직결되는 주제를 담고 있지 않았을 것임을 알 수 있다.

>왜 오답?

② 2문단에서 〈뱃노래〉(⊙)와 같은 노동요는 인간이 '일을 할 때도 놀았음을' 보여 주는 것이라고 하였다.
③ 2문단에서 〈뱃노래〉(⊙)와 같은 노동요는 인간이 '일을 할 때도 놀았음을' 보여 주는 것으로, 그 기원을 알기 위해서는 '꽤 오랜 시간을 거슬러 올라가야 한다.'라고 하였다.
④ 2문단에서 '농경 사회 시대에는 힘들고 고된 농사일을 즐겁게 하기 위해 노동요'를 부르며 일을 했는데, '이는 어업을 할 때에도 적용'되어 〈뱃노래〉(⊙)와 같은 노동요가 전해진다고 하였다.
⑤ 2문단에서 우리나라에 전해지는 〈뱃노래〉(⊙)는 '배를 닦는 내용부터 고기를 잡는 내용까지 종류도 다양하다.'라고 하였다.

아기가 어른보다 추위를 덜 타는 이유

○ 핵심어   ▨ 문단 중심 문장   ▨ 전체 중심 문장

1 맛있는 삼겹살을 구워 먹는다고 생각해 보자. 삼겹살을 굽는 판의 아래에는 보통 통을 두는데, 이 통에는 비계라 불리는 돼지고기의 지방이 모이게 된다. 시간이 지나면 이 지방은 하얗게 굳는데, 이 때문에 모든 지방이 하얗다고 생각하는 사람들이 많다.

2 하지만 모든 지방이 하얀 것은 아니다. 우리 몸속의 지방 세포는 '갈색 지방 조직'과 '백색 지방 조직'으로 이루어져 있다. 백색 지방 조직은 우리가 흔히 알고 있는 흰색의 지방 조직으로, 과잉 영양분인 지방을 저장하는 역할을 한다. 그리고 갈색 지방 조직 안에는 지방 조직을 갈색으로 보이게 하는 갈색 미토콘드리아가 들어 있는데, 갈색 지방 조직은 백색 지방 조직에서 원료 공급을 받아 열을 발생시키는 역할을 한다.

3 우리는 추위를 느끼면 몸을 떨게 된다. 우리의 몸이 추위에 맞서 체온을 올리기 위해 저절로 몸을 떨게 만드는 것이다. 혹은 우리가 일부러 몸을 움직여 열을 내려고 하기도 한다. 하지만 근육이 충분히 발달하지 못한 신생아들은 추워도 몸을 떨 수 없다. 그럼에도 신생아들은 어른보다 추위를 잘 견딘다. 그 이유는 바로 신생아들이 열을 발생시키는 갈색 지방 조직을 많이 갖고 있기 때문이다.

4 연구 결과에 따르면 성인은 전체 몸의 지방 중 갈색 지방 조직이 0.1%도 채 되지 않는다고 한다. 반면 신생아의 경우 전체 몸의 지방 가운데 약 5%가 갈색 지방 조직으로 구성되어 있어, 많은 열을 생성하기 때문에 추위를 덜 느끼게 된다고 한다. 다만 신생아가 성인으로 커 가는 동안 갈색 지방 조직이 점차 줄어들게 된다.

5 만약 내가 다른 사람보다 추위를 많이 탄다면 갈색 지방 조직을 상대적으로 적게 갖고 있기 때문이라고 추측할 수 있다. 학자들은 갈색 지방 조직을 늘리려면 꾸준히 운동을 해야 한다고 조언한다. 추위를 많이 타는 사람이라면, 꾸준히 운동을 함으로써 갈색 지방 조직을 늘려 추위에도 강한 몸을 만들어 보자.

---

1 문단 요약
일반적으로 많이 보게 되는 하얀 색의 지방

2 문단 요약
백색 지방 조직과 갈색 지방 조직

[중심 문단]
3 문단 요약
어른에 비해 신생아들이 추위를 잘 견디는 이유 : 갈색 지방 조직

4 문단 요약
어른에 비해 신생아들이 추위를 잘 견디는 이유 보충

5 문단 요약
운동을 통해 늘릴 수 있는 갈색 지방 조직

● **내용** : 이 글은 우리 몸속의 지방 세포 중 갈색 지방 조직의 역할을 바탕으로 신생아가 성인보다 추위를 잘 견디는 이유를 설명하고 있다. 신생아는 성인에 비해 몸의 근육이 충분히 발달하지 못해 몸을 떨어 열을 낼 수 없다. 그럼에도 신생아는 몸속의 갈색 지방 조직의 비율이 어른보다 높아서 추위를 잘 견딘다. 갈색 지방 조직이 체내에서 열을 발생시키는 역할을 하기 때문이다.

● **주제** : 신생아가 어른에 비해 추위를 덜 느끼는 이유

● **글의 구조 파악** : 1문단에서는 지방에 대한 일반적인 인식을 제시하고, 2문단에서는 지방을 백색 지방 조직과 갈색 지방 조직으로 나누어 설명하고 있다. 3문단과 4문단에서는 신생아가 어른에 비해 추위를 잘 견디는 이유를 갈색 지방 조직의 역할을 통해 설명하고 있다. 5문단에서는 갈색 지방 조직을 늘리는 방법을 제시하며 글을 마무리하고 있다.

● **글의 구조도**

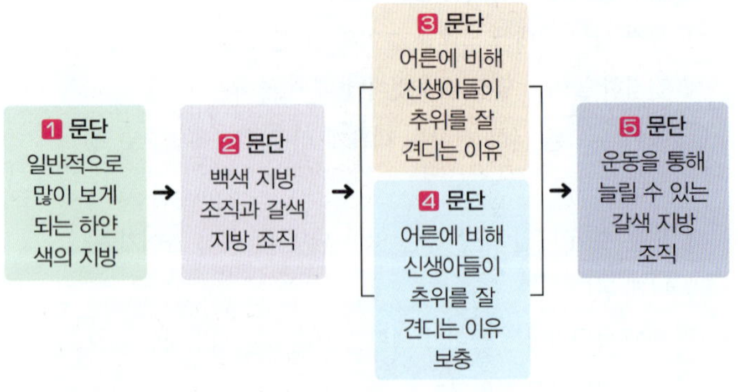

06 [정답] 갈색, 신생아 ·············· 글의 구조 파악하기

> **왜 정답?**

2문단에서 '우리 몸속의 지방 세포는 '갈색 지방 조직'과 '백색 지방 조직'으로 이루어져 있다.'라고 하면서 지방 세포의 구성 요소를 설명하고 있다. 3문단에서는 '신생아들은 어른보다 추위를 잘 견'딘다는 사실을 제시하고 있다. 따라서 빈칸에 들어가기에 적절한 말은 '갈색', '신생아'이다.

07 [정답] 신생아 ·············· 주제 찾기

> **왜 정답?**

이 지문에서는 갈색 지방 조직의 역할을 바탕으로 신생아가 성인보다 추위를 잘 견디는 이유를 설명하고 있다. 따라서 빈칸에 들어가기에 적절한 말은 '신생아'이다.

08 [정답] 미토콘드리아 ·············· 핵심어 찾기

> 윗글을 읽고 빈칸에 들어가기에 적절한 말을 쓰시오.
>
> 갈색 지방 조직은 지방 조직 안에 있는 갈색 (   )
> 2문단에 근거
> 때문에 갈색으로 보이게 된다.

> **왜 정답?**

2문단에서 '갈색 지방 조직 안에는 지방 조직을 갈색으로 보이게 하는 갈색 미토콘드리아가 들어 있'다고 하였다.

09 [정답] ④ ·············· 내용 파악하기

> 윗글에서 언급된 내용으로 적절하지 않은 것은?
> ① 성인이 추위를 견디는 방법
> 몸을 떨거나 움직여서 체온을 올림.
> ② 지방 조직의 종류와 각각의 역할
> 갈색 지방 조직과 지방을 저장하는 백색 지방 조직으로 이루어짐.
> ③ 신생아가 성인보다 추위에 강한 이유
> 성인보다 몸 속 갈색 지방 조직의 비율이 높아서 추위를 덜 느낌.
> ④ 인류가 추위를 극복해 온 방법과 그 한계
> 지문에서 이야기하고 있지 않음.
> ⑤ 성인과 신생아의 몸 속 갈색 지방 조직의 구성 차이
> 성인은 지방 중 0.1%가 갈색 지방 조직인 반면, 신생아는 5%가 갈색 지방 조직임.

> **왜 정답?**

④ 이 지문에서는 신생아가 성인보다 추위를 잘 견디는 이유로 갈색 지방 조직의 비율을 이야기하고 있을 뿐, 인류가 추위를 극복해 온 방법과 그 한계에 대해 이야기하고 있지는 않다.

> **왜 오답?**

① 3문단에서 성인은 추위를 느끼면 '추위에 맞서 체온을 올리기 위해 저절로 몸을 떨'거나 '일부러 몸을 움직여 열을 내려고 하기도 한다.'라고 하였다.

② 2문단에서 '우리 몸속의 지방 세포는 '갈색 지방 조직'과 '백색 지방 조직'으로 이루어져 있'는데, '백색 지방 조직은 ~ 과잉 영양분인 지방을 저장하는 역할을' 하고, '갈색 지방 조직은 ~ 열을 발생시키는 역할을 한다.'라고 하였다.

③, ⑤ 4문단에서 '성인은 전체 몸의 지방 중 갈색 지방 조직이 0.1%도 채 되지 않는' 반면, '신생아의 경우 전체 몸의 지방 가운데 약 5%가 갈색 지방으로 구성되어 있어, 많은 열을 생성하기 때문에 추위를 덜 느끼게 된다고 한다.'라고 하였다.

10 [정답] ⑤ ·············· 반응의 적절성 평가하기

> 윗글을 읽고 난 후의 반응으로 적절하지 않은 것은?
> ① 추운 날씨에 몸을 자꾸 움직이면 몸에서 열이 나서 덜 춥
> 몸을 움직이면 몸에서 열이 남.
> 겠군.
> ② 삼겹살의 기름 때문에 모든 지방이 하얗다고 오해하는
> 하얗게 굳는 삼겹살의 지방 때문에 모든 지방이 하얗다고 잘못 생각하게 됨.
> 사람들이 있군.
> ③ 갓 태어난 아기들은 근육이 충분히 발달하지 못해서 마
> 근육이 충분히 발달하지 못한 신생아들은 추워도 몸을 떨 수 없음.
> 음대로 움직이기 어렵겠군.
> ④ 신생아의 몸속 지방 중에서 갈색 지방 조직이 차지하는
> 신생아가 성인으로 성장할 때 갈색 지방 세포는 점차 줄어듦.
> 비율은 성인이 될수록 줄어드는군.
> ⑤ 친구보다 내가 추위를 더 많이 타는 이유는 내가 갈색 지
> 추위를 많이 타는 것은 갈색 지방을 덜 가지고 있기 때문임.
> 방 조직을 더 가지고 있기 때문이겠군.

> **왜 정답?**

⑤ 5문단에서 '만약 내가 다른 사람보다 추위를 많이 탄다면 갈색 지방 조직을 상대적으로 적게 갖고 있기 때문이라고 추측할 수 있다.'라고 하였다. 따라서 추위를 더 많이 타는 사람은 다른 사람보다 갈색 지방을 덜 가지고 있을 것이라고 추측할 수 있다.

> **왜 오답?**

① 3문단에서 우리는 추위를 느끼면 '열을 내'기 위해서 '일부러 몸을 움직'인다고 하였다.

② 1문단에서 돼지고기의 지방은 '시간이 지나면' '하얗게 굳'는데, '이 때문에 우리는 모든 지방이 하얗다고 생각'하게 된다고 하였다. 그러나 2문단에서 우리의 생각과는 다르게 '모든 지방이 하얀 것은 아니다.'라고 하였다.

③ 3문단에서 '근육이 충분히 발달하지 못한 신생아들은 추워도 몸을 떨 수 없다.'라고 하였다.

④ 4문단에서 '신생아가 성인으로 커 가는 동안 갈색 지방 세포가 점차 줄어들게 된다.'라고 하였다.

원근법과 서양의 철학

▲ 그림 A

▲ 그림 B

1 그림 A와 B 중 어떤 그림이 더 실제로 우리의 눈앞에서 공간이 펼쳐져 있는 것처럼 느껴지는가? 대부분의 사람이 A라고 답할 것이다. 이 두 그림의 차이는 '원근법'이 적용되었는가, 그렇지 않은가의 차이이다. 원근법이란, 일정한 시점에서 본 물체와 공간을 눈으로 보는 것과 같이 멀고 가까움을 느낄 수 있도록 평면 위에 표현하는 방법이다.

2 원근법이 처음 체계화된 것은 15세기의 건축가 브루넬레스코에 의해서이다. 그는 쭉 뻗은 길을 바라보면 멀어질수록 길 양 끝이 하나의 점으로 모이고, 주변의 사물이 작아지는 것에 주목했다. 길 양 끝이 하나로 모이는 점을 소실점이라고 하는데, 브루넬레스코는 주변의 사물이 작아지고 이들이 하나의 점으로 모인다는 것을 최초로 확인하였다.

3 이후 마사치오가 피렌체의 산타마리아노벨라 성당의 벽화 〈삼위일체〉에서 원근법을 최초로 실현하였다. 〈삼위일체〉에는 성부, 성자, 성령이 그려져 있는데, 원근법 덕분에 사람들은 그림 속의 성부, 성자, 성령을 더욱 생생하게 느끼게 되었다. 이러한 원근법이 사용된 그림은 유럽 곳곳에 퍼져나가기 시작하였고, 사람들은 화가들에게 원근법을 활용해 그림을 그릴 것을 요구하게 되었다.

4 원근법은 근대의 철학과도 밀접한 연관이 있다. 원근법은 하나의 시점에서 사물을 바라보는 것을 전제하는데, 이는 세계의 중심이 개인이라는 근대적 사고관과 연결된다. 또 원근법에 의해 공간들이 질서 있게 구현될 수 있었는데, 근대 철학자들은 이것이 이성적인 논리를 중시하는 세계관을 보여 준다고 생각했다. 이와 같은 근대 철학과의 연관 덕분에 원근법은 더욱 공고하게 정착될 수 있었다.

1 문단 요약
원근법의 개념

2 문단 요약
브루넬레스코에 의해 체계화된 원근법

3 문단 요약
마사치오에 의해 실현된 원근법

[중심 문단]
4 문단 요약
원근법과 근대 철학의 연관성

● **내용 :** 이 글은 원근법의 개념을 바탕으로 원근법과 근대 철학 사이의 연관성을 설명하고 있다. 원근법은 일정한 시점에서 사물을 바라보는 것을 전제하고, 원근법에 의해 공간들이 질서 있게 구현된다는 특징이 있다. 이러한 특징들은 세계의 중심이 개인이라고 여기고, 이성적 논리를 중시하는 근대 철학과 관련이 있다.

● **주제 :** 원근법의 개념과 근대 철학과의 연관성

● **글의 구조 파악 :** 1문단에서는 원근법의 개념을 소개하고, 2문단과 3문단에서는 원근법이 체계화되고 실현된 과정을 설명하고 있다. 4문단에서는 원근법과 근대 철학의 연관성을 제시하며 글을 마무리하고 있다.

● **글의 구조도**

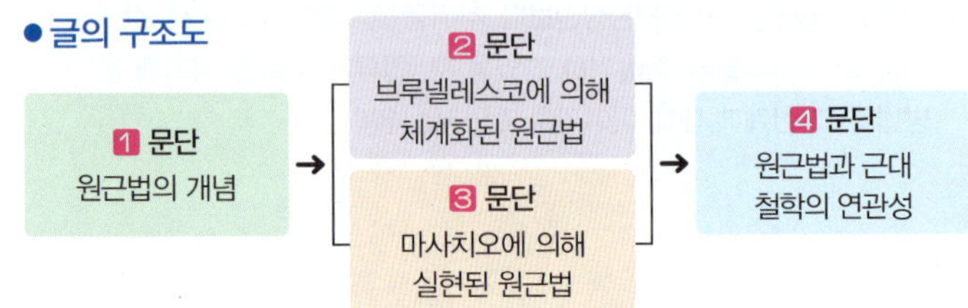

01 [정답] 원근법, 철학 ················ 글의 구조 파악하기

⟩왜 정답?

1문단에서는 '원근법'의 개념을 설명하고 있고, 4문단에서는 '원근법은 근대의 철학과도 밀접한 연관이 있다.'라고 하면서 원근법에 나타나는 특성이 근대 철학의 내용과 관련이 있음을 제시하고 있다. 따라서 빈칸에 들어가기에 적절한 말은 '원근법', '철학'이다.

02 [정답] 원근법, 근대 ················ 주제 찾기

⟩왜 정답?

이 지문에서는 원근법이 무엇인지 설명하고, 원근법과 근대 철학 사이의 관계를 밝히고 있다. 따라서 빈칸에 들어가기에 적절한 말은 '원근법', '근대'이다.

03 [정답] 개인 ················ 내용 파악하기

> 윗글을 읽고 빈칸에 들어가기에 적절한 말을 쓰시오.
>
> 원근법은 근대 철학과 관련이 있다. 원근법이 하나의 시점에서 사물을 바라보는 것을 전제로 하듯, 근대적 사고관 역시 세계의 중심이 (   )(이)라고 보기 때문이다.
> 4문단에 근거

⟩왜 정답?

4문단에서 '원근법은 하나의 시점에서 사물을 바라보는 것을 전제하는데, 이는 세계의 중심이 개인이라는 근대적 사고관과 연결된다.'라고 하였다. 따라서 빈칸에 들어가기에 적절한 말은 '개인'이다.

04 [정답] ④ ················ 내용 파악하기

> 윗글의 내용으로 적절하지 않은 것은?
>
> ① 원근법이 적용된 그림은 눈앞에 공간이 펼쳐져 있는 것
> 원근법은 눈으로 보는 것과 같이 멀고 가까움을 느낄 수 있도록 표현하는 방법임.
> 처럼 느껴지게 한다.
> ② 마사치오는 피렌체의 산타마리아노벨라 성당의 벽화 〈삼
> 〈삼위일체〉는 마사치오가 원근법을 최초로 실현하여 만든 작품임.
> 위일체〉를 그렸다.
> ③ 브루넬레스코는 길게 뻗은 길의 양 끝이 하나의 점으로
> 길게 뻗은 길의 양끝이 하나로 모이는 소실점에 주목함.
> 모인다는 사실에 주목했다.
> ④ 마사치오는 유럽에 원근법을 널리 알리기 위한 목적으로
> 지문에서 이야기하고 있지 않음.
> 〈삼위일체〉를 그렸다.
> ⑤ 〈삼위일체〉 속의 성부, 성자, 성령의 모습은 이전의 작
> 최초로 원근법을 적용하여 그린 벽화이므로 이전 작품과는 차이점이 있음.
> 품들에서와 달리 원근법이 적용된 모습이었다.

⟩왜 정답?

④ 3문단에서 '마사치오가 피렌체의 산타마리아노벨라 성당의 벽화 〈삼위일체〉에서 원근법을 최초로 실현하였다.'라고 하였다. 그러나 이 지문에서 마사치오가 〈삼위일체〉를 왜 그렸는지, 즉 제작한 목적에 대해서는 이야기하고 있지 않다.

⟩왜 오답?

① 1문단에서 '원근법이란, 일정한 시점에서 본 물체와 공간을 눈으로 보는 것과 같이 멀고 가까움을 느낄 수 있도록 평면 위에 표현하는 방법이다.'라고 하였다.

② 3문단에서 '마사치오가 피렌체의 산타마리아노벨라 성당의 벽화 〈삼위일체〉에서 원근법을 최초로 실현하였다.'라고 하였다.

③ 2문단에서 브루넬레스코는 '쭉 뻗은 길을 바라보면 ~ 작아지는 것에 주목했다.'라고 하였다.

⑤ 3문단에서 '〈삼위일체〉에는 성부, 성자, 성령이 그려져 있는데,' 이 작품에 '최초로 실현'된 '원근법 덕분에 사람들은 그림 속의 성부, 성자, 성령을 더욱 생생하게 느끼게 되었다.'라고 하였다.

05 [정답] ② ················ 전개 방식 파악하기

> 윗글에 대한 설명으로 적절하지 않은 것은?
>
> ① 구체적인 작품들을 예로 들어 독자의 이해를 돕고 있다.
> 그림 A와 B, 마사치오의 〈삼위일체〉를 예시로 들어 원근법을 설명함.
> ② 중심 대상으로 인해 발생한 사회적 문제를 비판하고 있다.
> 지문에서 이야기하고 있지 않음.
> ③ 실존했던 인물들을 언급하며 중심 대상의 역사를 설명하
> 브루넬레스코와 마사치오의 업적에 대해 설명하면서 원근법의 역사를 설명함.
> 고 있다.
> ④ 서로 다른 두 영역 간의 공통점을 통해 그 연관성을 설명
> 원근법과 근대 철학 사이의 연관성을 설명함.
> 하고 있다.
> ⑤ 질문을 던지고, 그에 대한 답을 예상해서 답함으로써 독
> 1문단에 근거 → 그림 A와 B 중에 실제 눈앞에서 보는 것 같은 그림은 어떤 것인지 묻고 답함.
> 자의 흥미를 이끌고 있다.

⟩왜 정답?

② 이 지문에서는 원근법 때문에 발생한 사회적 문제에 대해서 이야기하고 있지는 않다.

⟩왜 오답?

① 1문단에서 '그림 A와 B를 비교해 보자.'라고 하면서 구체적인 작품을 예로 들고 있고, 3문단에서는 〈삼위일체〉를 예로 들어 원근법에 대한 독자의 이해를 돕고 있다.

③ 2문단에서는 '원근법'을 '처음 체계화'한 '브루넬레스코'를 언급하고, 3문단에서는 〈삼위일체〉를 통해 '원근법을 최초로 실현'한 '마사치오'를 언급하여 중심 대상인 원근법의 역사를 설명하고 있다.

④ 4문단에서 '원근법은 근대 철학의 시작과도 밀접한 연관이 있다.'라고 하면서 예술에 속하는 원근법과 근대 철학 사이의 연관성을 설명하고 있다.

⑤ 1문단에서 '어떠한 그림을 보면 ~ A라고 답할 것이다.'라고 하면서 질문을 던지고, 그에 대한 답을 예상하고 있다.

무역은 모두에게 똑같은 이익을 줄까?

○ 핵심어　▨ 문단 중심 문장　▨ 전체 중심 문장

1 무역이란 지역과 지역, 나라와 나라 사이에 서로 물건을 사고파는 일을 의미한다. 국
1문단의 핵심어　　　　　　　　　　　　　　무역의 개념
가 간의 무역을 통해 신발이나 자동차와 같은 상품뿐만 아니라, 기술이나 서비스, 자본
등이 이동하게 되며, 이 과정에서 국가의 이익이 발생하게 된다. 그렇다면 무역에 참여
질문을 통해 화제를 제시함.
하는 모든 국가들은 모두 똑같은 이익을 얻을까?

2 우리나라와 미국의 자유무역협정(FTA)이 이루어질 때, 우리나라에서는 이를 찬성하
는 의견과 반대하는 의견이 공존했다. 자동차와 섬유 등을 수출하는 입장의 사람들은
한미 FTA를 찬성했지만, 국내 축산 업계는 소고기 수입 등의 이유로 이를 격렬하게 반
대했다. 이와 같은 사례는 무역을 통해 이익을 보는 사람이 있다면 손해를 보는 사람도
2문단의 핵심어　　　　　　　　　한미 FTA의 사례를 통해 무역의 양면성을 제시함.
있을 수 있다는 것을 보여 준다.

3 「세계무역기구(WTO)는 1955년부터 2015년까지의 세계 무역 규모가 150배 이상 증
「」: 무역에 참여하는 국가 간의 이득에 차이가 있다는 근거
가했다고 발표했다. 무역 규모의 증가와 함께 전 세계 국내 총생산(GDP)도 빠르게 증가
하였다. 기존의 선진국과 신흥 공업국의 GDP 규모가 전 세계 GDP의 85%를 차지하고
있는 상황을 고려하면 무역을 통해 상대적으로 이득을 많이 보는 나라는 대부분 선진국
3문단의 핵심어
과 신흥 공업국임을 알 수 있다.」

4 우리가 자주 먹는 초콜릿의 원료인 카카오 열매를 재배하여 판매하는 사람은 상대적
으로 ㉠가난한 나라의 농부이다. 하지만 이 원료를 수입하여 초콜릿을 만들어 소비자에
원료 제공 : 상대적으로 적은 이익을 가져감.
게 비싼 값으로 판매하는 주체는 선진국이나 신흥 공업국의 기업이다. 기업들은 더 많
원료를 가공하여 상품 판매 : 상대적으로 많은 이익을 가져감.
은 이익을 얻기 위해 원료의 가격을 낮추려고 하고, 이 과정에서 가난한 농업국과 선진
국이 가져가는 이득 차이는 점점 더 벌어진다.
4문단의 핵심어

5 그렇다면 초콜릿의 경우에서처럼 선진국이나 신흥 공업국이 아닌 국가는 왜 무역을
5문단의 핵심어
하는 것일까? 가난한 국가들은 선진국과 같은 부유한 국가에서 기술, 자본 등의 도움을
받고자 무역에 응하는 경우가 많다. 즉, 어쨌든 이득이 있기 때문에 무역을 하는 것이다.
선진국, 신흥 공업국이 아닌 국가가 무역을 하는 이유

6 세계의 여러 나라는 자국의 이익을 위해 무역에 참여하지만, 무역을 한다고 해서 모
무역의 목적과 결과　　　　　　　6문단의 핵심어
든 국가들이 똑같은 이익을 얻는 것은 아니다. 무역이 활발히 이루어진다고 해도 국가
간의 이익이 차이가 나기 때문에 각 나라의 경제적 격차는 더욱 심화될 수도 있다.

---

1 문단 요약
무역에 참여하는 국가들이 얻는 이익에 대한 의문

2 문단 요약
한미 FTA의 사례

3 문단 요약
무역에 참여하는 국가 간의 이득 차이

4 문단 요약
무역에 참여하는 국가들의 이득에 차이가 나는 이유

5 문단 요약
상대적으로 이득이 적은 국가들이 무역을 하는 이유

[중심 문단]
6 문단 요약
나라 간 경제적 격차를 심화시킬 수 있는 무역

● **내용** : 이 글은 무역의 개념과 특징을 설명하며 무역을 통해
국가 간의 이익 차이가 발생하는 이유를 설명하고 있다.

● **주제** : 국가들의 경제적 격차를 심화시킬 수 있는 무역

● **글의 구조 파악** : 1문단에서는 무역의 개념과 특징을 설명하
고, 2문단에서는 사례를 들어 무역의 양면성을 제시하고 있다.
3~5문단에서는 무역으로부터 얻는 국가 간의 이득의 차이에
대해 설명하고, 6문단에서는 무역이 국가 간의 경제적 격차를
심화시킬 수 있음을 언급하고 있다.

● **글의 구조도**

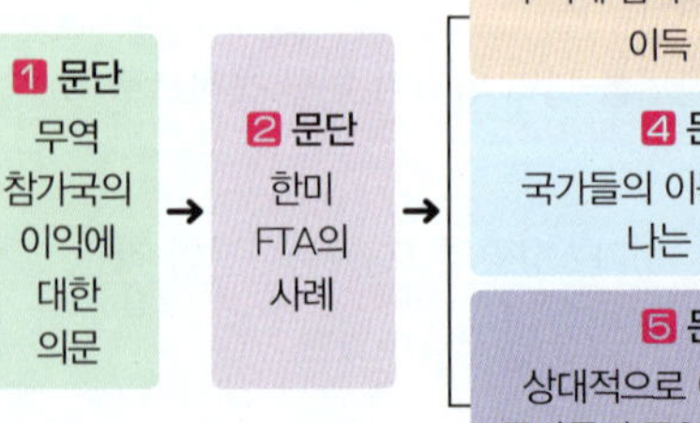

06 [정답] 이득, 격차 ·· 글의 구조 파악하기

>왜 정답?

1문단에서는 '무역에 참여하는 모든 국가들은 모두 똑같은 이익을 얻을까?'라며 의문을 제기하고 있다. 또 6문단에서는 무역을 통해 '각 나라의 경제적 격차는 더욱 심화될 수도 있다'고 하였다. 따라서 빈칸에 들어가기에 적절한 말은 '이득', '격차'이다.

07 [정답] 무역 ·· 주제 찾기

>왜 정답?

이 지문에서는 무역에 대해 설명하고, 무역을 하는 국가가 모두 같은 이익을 얻는 것이 아니라고 이야기하고 있다. 따라서 빈칸에 들어가기에 적절한 말은 '무역'이다.

08 [정답] 선진국, 수입 ····························· 내용 파악하기

> **윗글을 읽고 빈칸에 들어가기에 적절한 말을 순서대로 쓰시오.**
>
> 상대적으로 가난한 국가의 농부가 카카오 열매를 재배하면,
> (　　　　)(이)나 신흥 공업국의 기업이 이를 (　　　　)하여
> 　　　　　　　4문단 2번째 문장에 근거
> 초콜릿을 만들고 비싼 값에 소비자에게 판매한다.

>왜 정답?

4문단에서 '초콜릿을 만드는 카카오 열매를 재배하여 판매하는 사람은 상대적으로 가난한 나라의 농부'이지만, '이 원료를 수입하여 초콜릿을 만들어 소비자에게 비싼 값으로 판매하는 주체는 선진국이나 신흥 공업국의 기업이다.'라고 하였다. 따라서 빈칸에 들어가기에 적절한 말은 '선진국', '수입'이다.

09 [정답] ⑤ ·· 내용 파악하기

> **윗글의 내용으로 적절하지 않은 것은?**
>
> ① 약 60년 동안 세계 무역 규모는 150배 이상 증가하였다.
> 　　1955년부터 2015년까지 약 150배 이상 증가함.
> ② 우리나라의 자동차 업계에서는 한미 FTA를 찬성하였다.
> 　　자동차, 섬유 등을 수출하는 입장에서는 한미 FTA를 찬성함.
> ③ 무역은 지역 간, 국가 간에 물건을 사고파는 일을 가리킨다.
> 　　무역은 지역, 국가 간 물건, 서비스, 기술 등을 사고파는 일을 의미함.
> ④ 선진국과 신흥 공업국의 GDP 규모는 전 세계 GDP의
> 　　기존의 선진국, 신흥 공업국의 국내 총생산 규모는 전 세계의 85%를 차지함.
> 　　85%를 차지한다.
> ⑤ 각국이 무역에 참여하는 이유는 무역으로 모두 국가가
> 　　무역으로 모든 국가가 똑같은 이익을 얻을 수 없음.
> 　　똑같은 이익을 얻을 수 있기 때문이다.

>왜 정답?

⑤ 6문단에서 '세계의 여러 나라는 자국의 이익을 얻기 위해 무역에 참여하지만, 무역을 한다고 해서 모든 국가들이 똑같은 이익을 얻는 것은 아니다.'라고 하였다.

>왜 오답?

① 3문단에서 '세계무역기구(WTO)는 1955년부터 2015년까지의 세계 무역 규모는 150배 이상 증가했다고 발표했다.'라고 하였다.

② 2문단에서 우리나라와 미국의 자유무역협정이 이루어질 때 '자동차와 섬유 등을 수출하는 입장의 사람들은 한미 FTA를 찬성'했다고 하였다.

③ 1문단에서 '무역이란 지역과 지역, 나라와 나라 사이에 서로 물건을 사고파는 일을 의미한다.'라고 하였다.

④ 3문단에서 '기존의 선진국과 신흥 공업국의 GDP 규모가 전 세계의 85%를 차지하고 있는 상황'이라고 하였다.

10 [정답] ⑤ ·· 내용 추론하기

> **㉠이 무역에 참여하는 이유로 가장 적절한 것은?**
> 가난한 나라의 농부
> ① 더 많은 국가들과 자유무역협정을 맺기 위해
> 　　지문에서 이야기하고 있지 않음.
> ② 원료의 가격을 낮추고 상품을 비싸게 팔기 위해
> 　　선진국이나 신흥 공업국의 기업이 무역에 참여하는 이유임.
> ③ 선진국이나 신흥 공업국으로부터 돈만 빌리기 위해
> 　　기술, 자본 등의 도움을 받고자 함.
> ④ 소비자에게 비싼 값에 원료를 팔아 이익을 얻기 위해
> 　　가난한 나라의 농부는 선진국이나 신흥 공업국의 기업들에게 원료를 팖.
> ⑤ 선진국이나 신흥 공업국과의 거래를 통해 이익을 얻기
> 　　적은 이득이라도 얻기 위해 무역에 참여함.
> 　　위해

>왜 정답?

⑤ 5문단에서 '가난한 국가들은 선진국과 같은 부유한 국가에서 기술, 자본 등의 도움을 받을' 수 있다는 점에서 '이득이 있기 때문에 무역을 하는 것이다.'라고 하였다. 이를 고려하면 무역에 참여하는 나라들은 이익 때문에 무역을 한다는 것을 알 수 있다. 따라서 '가난한 나라의 농부(㉠)' 역시 선진국이나 신흥 공업국과의 거래를 통해 일정 부분 얻는 이득이 있기 때문에 무역에 참여한다고 추측할 수 있다.

>왜 오답?

① 이 지문에서 무역에 참여하는 이유로 더 많은 국가들과 자유무역협정을 맺을 수 있다는 것은 이야기하지 않았다.

② 4문단에서 '초콜릿을 만들어 소비자에게 비싼 값으로 판매하는' '기업들은 더 많은 이익을 얻기 위해 원료의 가격을 낮추려고 한다.'라고 하였다. 따라서 '가난한 나라의 농부(㉠)'가 원료의 가격을 낮추고 상품을 비싸게 팔기 위해 무역에 참여한다고 볼 수는 없다.

③ 5문단에서 '가난한 국가들은 선진국과 같은 부유한 국가에서 기술, 자본 등의 도움을 받을 수 있다고 하였다. 따라서 돈만을 빌리기 위해 무역에 참여한다고 볼 수는 있다.

④ 4문단에서 '초콜릿의 원료'를 '재배하여 판매하는 사람은' '가난한 나라의 농부(㉠)'이지만, 이 '원료를 수입하는' '주체는 선진국이나 신흥 공업국의 기업이다.'라고 하였다.

우유를 마시면 배가 아픈 이유

○ 핵심어 ▮ 문단 중심 문장 ▮ 전체 중심 문장

1 민하는 어릴 때 날마다 (우유)를 마실 정도로 우유를 좋아했다. 하지만 초등학생 때부터 우유보다는 다른 음료수를 즐겨 찾게 되었고, 중학생인 지금은 우유만 마시면 배가 아프다. 왜 어릴 때는 괜찮았는데, 지금은 우유만 마시면 배가 아플까?

2 민하처럼 우유를 마시면 배가 아프고, 설사를 하게 되는 것을 (유당 분해 효소 결핍증) 또는 (유당불내증)이라고 한다. 이것은 우유 속의 영양분인 유당을 우리가 소화할 수 있는 포도당과 갈락토스라는 것으로 분해하는 효소인 락타아제가 모자라서 생긴다. 보통 아기들의 몸은 락타아제를 분비하여 유당을 소화할 수 있지만, 성인이 되면 몸에서 락타아제가 더 이상 분비되지 않는다. 그래서 민하는 어릴 때는 우유를 마셔도 배가 아프지 않았지만, 중학생이 된 지금은 몸속에 락타아제가 부족하여 우유를 마시면 설사를 하고 배가 아프게 된 것이다.

3 그렇다면 (유당 분해 효소 결핍증)은 전 세계인이 갖고 있을까? 설문 조사 결과에 따르면 한국인 4명 중 3명이 유당 분해 효소 결핍증을 갖고 있다고 한다. 하지만 전 세계인이 이를 갖고 있는 것은 아니다. 유당 분해 효소 결핍증은 유럽 국가, 특히 북유럽에 살고 있는 사람들에게는 잘 나타나지 않는다고 한다.

4 인간의 몸속에는 (락타아제)를 분비하게 하는 유전자가 있는데, 이를 가진 사람들이 많은 지역과 젖소가 많이 살고 있는 지역이 겹친다는 연구 결과가 2003년에 발표되었다. 이 연구를 진행한 학자들은 젖소가 많이 길러지는 지역에 사는 사람들은 우유를 생존을 위한 식량으로 삼았고, 그 결과 우유를 먹고 소화시키는 유전자가 많아지는 방향으로 인체가 발달하였다고 보았다.

5 이러한 연구 결과를 고려하면, 한국인과 달리 북유럽 사람들이 유당을 잘 소화할 수 있는 것은 (유전자) 때문임을 알 수 있다. 즉, 인간이 생활하는 지역의 특성이 인간의 식생활에 변화를 가져오고, 이것이 유전자에까지 영향을 미친 것이다.

---

1 문단 요약
어릴 때와 달리 우유를 소화하지 못하는 민하의 예

2 문단 요약
유당 분해 효소 결핍증이 생기는 이유

3 문단 요약
전 세계인에게서 나타나는 것이 아닌 유당 분해 효소 결핍증

4 문단 요약
거주 지역과 락타아제를 분비하는 유전자의 관련성

[중심 문단]
5 문단 요약
거주 지역의 특성이 식생활과 유전자에 미치는 영향

● **내용** : 이 글은 유당 분해 효소 결핍증을 소개하고, 이와 관련하여 인간의 거주 지역이 식생활과 유전자에 미치는 영향에 대해 설명하고 있다. 유당 분해 효소 결핍증은 락타아제를 분비하게 하는 유전자가 체내에 부족하기 때문에 생긴다. 연구 결과 인간이 생활하는 지역의 특성은 인간의 식생활과 유전자에까지 영향을 미친다는 것이 밝혀졌다.

● **주제** : 유당 분해 효소 결핍증과 거주 지역이 인간의 식생활과 유전자에 미치는 영향

● **글의 구조 파악** : 1문단과 2문단에서는 민하의 예를 통해 유당 분해 효소 결핍증을 소개하고 있다. 3문단에서는 유당 분해 효소 결핍증이 나타나는 비율이 국가별로 차이가 있음을 밝히고, 4문단과 5문단에서 연구 결과를 통해 그 원인을 제시하고 있다.

● **글의 구조도**

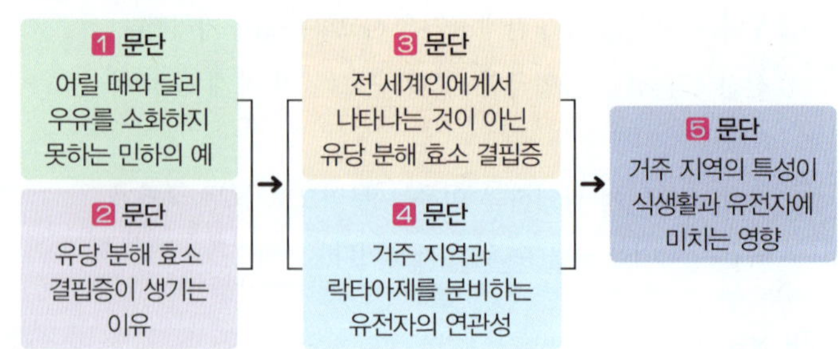

01 [정답] 유당, 유전자 ·················· 글의 구조 파악하기

>왜 정답?

2문단에서 '민하'와 같은 증세를 보이는 것을 '유당 분해 효소 결핍증 또는 유당불내증이라고 한다.'라고 하면서 유당 분해 효소 결핍증에 대해 설명하고 있다. 또 5문단에서는 '한국인과 달리 북유럽 사람들이 유당을 잘 소화할 수 있는 것은 유전자 때문임을 알 수 있다.'라고 하였다. 따라서 빈칸에 들어가기에 적절한 말은 '유당', '유전자'이다.

02 [정답] 유당 분해 효소 결핍증 ·················· 주제 찾기

>왜 정답?

이 지문에서는 유당 분해 효소 결핍증을 소개하고, 이와 관련하여 인간의 거주지역이 식생활과 유전자에 미치는 영향에 대해 설명하고 있다. 따라서 빈칸에 들어가기에 적절한 말은 '유당 분해 효소 결핍증'이다.

03 [정답] 락타아제 ·················· 내용 파악하기

> 윗글을 읽고 빈칸에 들어가기에 적절한 말을 쓰시오.
>
> 우유를 먹으면 배가 아픈 이유는 우유 속의 유당을 분해하여 소
> 2문단에 근거
> 화할 수 있게 만드는 효소인 (   )이/가 부족하기 때문이다.

>왜 정답?

2문단에서 우유를 마시면 배가 아픈 증상을 보이는 유당 분해 효소 결핍증은 '우유 속의 영양분인 유당을 우리가 소화할 수 있는 포도당과 갈락토스라는 것으로 분해하는 효소인 락타아제가 모자라서 생긴다.'라고 하였다. 따라서 빈칸에 들어가기에 적절한 말은 '락타아제'이다.

04 [정답] ④ ·················· 내용 파악하기

> 윗글의 내용으로 적절하지 않은 것은?
>
> ① 아기들은 보통 몸에서 유당의 소화를 돕는 효소가 분비
> 아기들은 몸은 락타아제를 분비하여 유당을 소화함.
> 된다.
> ② 한국인은 절반 이상의 확률로 유당 분해 효소 결핍증을
> 한국인 4명 중 3명이 유당 분해 효소 결핍증을 가지고 있음.
> 가지고 있다.
> ③ 우유 속의 유당이 포도당과 갈락토스로 분해되어야 우리
> 우유 속 유당을 소화하려면 포도당과 갈락토스로 분해해야 함.
> 가 우유를 소화할 수 있다.
> ④ 어릴 때 유당 분해 효소 결핍증이 나타나지 않으면 성인
> 중학생이 된 민하는 어릴 때와 달리 우유를 소화하지 못함.
> 이 되어서도 나타나지 않는다.
> ⑤ 북유럽 사람들은 우리나라 사람들보다 락타아제를 분비
> 락타아제를 분비하게 하는 유전자를 가진 사람들이 우유 소화를 잘할 수 있음.
> 하게 하는 유전자를 가지고 있는 경우가 많다.

>왜 정답?

④ 2문단에서 민하의 예를 통해 '성인이 되면 몸에서 락타아제가 더 이상 분비되지 않'기 때문에 '어릴 때는 우유를 마셔도 배가 아프지 않았'더라도 크면서 유당 분해 효소 결핍증을 가질 수 있다고 했다.

>왜 오답?

① 2문단에서 '아기들의 몸은 락타아제를 분비하여 유당을 소화할 수 있'다고 하였다.
② 3문단에서 '한국인 4명 중 3명이 ~ 갖고 있다고 한다.'라고 하였다.
③ 2문단에서 '우유 속의 영양분인 유당을 우리가 소화할 수 있는 포도당과 갈락토스라는 것으로 분해'해야 한다고 하였다.
⑤ 2문단에서 유당 분해 효소 결핍증은 '락타아제가 모자라서 생긴다.'라고 하였다. 또 3문단에서 '한국인 4명 중 3명이 유당 분해 효소 결핍증'이라고 했고, '북유럽에서 살고 있는 사람들에게는 잘 나타나지 않는다.'라고 하였다. 따라서 북유럽 사람들은 우리나라 사람들보다 락타아제를 분비하게 하는 유전자를 가지고 있는 경우가 많다는 것을 알 수 있다.

05 [정답] ⑤ ·················· 내용 파악하기

> 〈보기〉는 윗글의 내용을 요약한 것이다. ㉮의 내용으로 가장 적절한 것은?
>
> ─── 〈보기〉 ───
> 연구 결과에 따르면, 젖소가 많은 지역에는 우유를 잘 소화시키는 사람의 수도 많다. 왜냐하면 ____㉮____.
>
> ① 젖소가 살기 좋은 지역은 사람에게도 살기 좋기 때문이다.
> 지문에서 이야기하고 있지 않음.
> ② 인간은 자신의 식생활에 맞춰 거주 지역을 정하기 때문
> 5문단에 근거 → 거주 지역을 바탕으로 식생활이 정해짐.
> 이다.
> ③ 젖소 고기가 유당을 분해하는 유전자를 만드는 데 도움
> 지문에서 이야기하고 있지 않음.
> 이 되기 때문이다.
> ④ 우유를 소화시키지 못하는 사람들은 다른 지역으로 이주
> 지문에서 이야기하고 있지 않음.
> 하였기 때문이다.
> ⑤ 인간의 거주 환경이 식생활, 나아가 유전자의 발달에까
> 4문단, 5문단에 근거 → 거주 환경은 식생활과 유전자의 발달에까지 영향을 미침.
> 지 영향을 미치기 때문이다.

>왜 정답?

⑤ 4문단에서 '젖소가 많이 길러지는 지역에 사는 사람들은 우유를 생존을 위한 식량으로 삼았고, 그 결과 우유를 먹고 소화시키는 유전자가 많아지는 방향으로 인체가 발달'하게 됐다고 하였다. 또한 5문단에서 '인간이 생활하는 지역의 특성이 인간의 식생활에 변화를 가져오고, 이것이 유전자에까지 영향을 미친'다고 하였다.

>왜 오답?

② 5문단에서 '인간이 생활하는 지역의 특성이 인간의 식생활에 변화를 가져'온다고 하였다.
①, ③, ④ 이 지문에서 관련된 내용을 이야기하고 있지 않다.

그림 한 점에 1000억 원이 넘는다고?

○ 핵심어　▢ 문단 중심 문장　▢ 전체 중심 문장

1 최근 ㉠한 연예인이 그린 그림이 1,800만 원에 팔렸다고 한다. 또 ㉡모네의 〈건초더미〉라는 작품은 2019년에 열린 경매에서 1억 1070달러(약 1316억 원)에 낙찰되었다고 한다. 이 낙찰 금액은 역대 모네 작품 가운데 가장 높았으며, 지금까지 국제 경매에서 팔린 그림 가운데 9번째로 높은 가격이었다. **여기에서 도대체 그림의 가치는 어떻게 정해지는 것인지에 대한 궁금증이 생긴다.**
→ 그림의 가치가 정해지는 원리에 대한 의문을 제기함.

2 **우선 미술 작품의 가격에 영향을 미치는 요소로는 재료비와 인건비 등의 제작비를 들 수 있다.** 보통 하나의 작품을 만들 때 드는 제작비는 쉽게 예측할 수 있다. 캔버스의 크기, 드는 물감의 양 등은 수치화할 수 있기 때문이다.

3 하지만 단순히 제작비만이 그림의 가치를 정하는데 영향을 끼치는 것은 아니다. **작품의 가치를 정하는 데에 있어 가장 중요한 요인은 바로 작품의 예술적 가치와 작가의 상업적 가치이다.** 이 두 가지는 사람들마다 다르게 평가할 수 있기 때문에 물감의 양처럼 측정하기는 어렵다. 게다가 시대나 지역에 따라 그 작품과 작가를 평가하는 것이 달라지기 때문에 변동 폭도 매우 크다. 영국의 유명 작가인 허스트가 무명일 때 그의 작품은 1억 원 정도에 판매되었으나, 그가 유명해진 뒤에는 그의 작품들의 가격이 몇 백 억 대로 상승하기도 했다는 점을 고려하면, 이러한 사실은 더욱 분명해진다.

4 **지금까지 살펴본 것을 고려하면 그림의 가치에 영향을 미치는 것은 제작비와 작품, 작가의 가치라고 할 수 있다.** 일부 사람들은 작품 가격에 너무 거품이 심하다고 불평을 하기도 한다. 하지만 한 작가가 똑같은 작품은 단 한 개만을 남긴다는 것 때문에 미술 작품의 가치는 예로부터 높게 평가되어 왔고, 앞으로도 높게 평가될 것이다. 주변 친구들의 그림이나 낙서도 쉽게 지나치지 말고 유심히 살펴보자. 언젠가 그 친구가 유명한 사람이 된다면, 그들의 그림이나 낙서의 가치도 높아질 것이니 말이다.

---

1 문단 요약
그림의 가치를 어떻게 정하는지에 대한 의문

2 문단 요약
미술 작품의 가격에 영향을 미치는 요소 ① 제작비

3 문단 요약
미술 작품의 가격에 영향을 미치는 요소 ② 작품의 예술적 가치와 작가의 상업적 가치

[중심 문단]
4 문단 요약
그림의 가치가 높게 평가되는 이유

- **내용 :** 이 글은 미술 작품의 가격에 영향을 미치는 요소들에 대해 설명하고 있다. 미술 작품의 가격은 제작비뿐만 아니라, 작품과 작가의 가치에 의해서 결정된다. 그런데 작품과 작가의 가치는 정확히 측정하기가 어렵고, 그 변동 폭이 매우 크다. 한편, 모든 미술 작품은 세상에 딱 하나만 존재한다는 점에서 그 가치가 높게 평가될 수밖에 없다.
- **주제 :** 미술 작품의 가격에 영향을 미치는 요소
- **글의 구조 파악 :** 1문단에서는 그림의 가치가 정해지는 원리에 대해 의문을 드러내고, 2문단과 3문단에서는 이에 영향을 미치는 요소들을 설명하고 있다. 4문단에서는 그림의 가치가 높게 평가되는 이유를 언급하며 글을 마무리하고 있다.

- **글의 구조도**

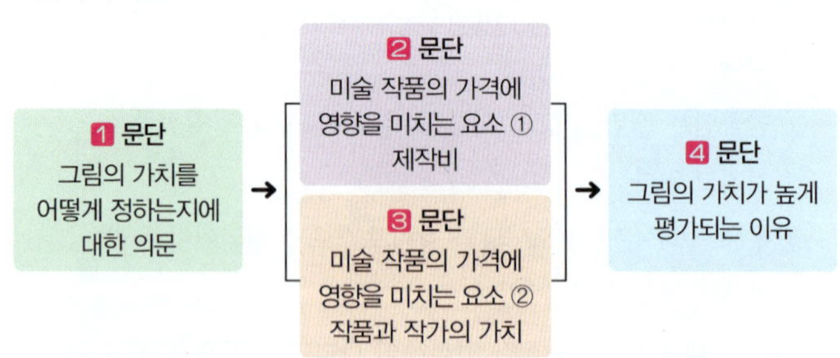

①, ④ 이 지문에서 '한 연예인이 그린 그림(㉠)'과 '모네의 〈건초더미〉(㉡)'가 전 세계적으로 예술적 가치를 인정받았는지, 작품의 가치에 비해 과대평가되었다고 문제가 제기되었는지에 대해서 이야기하고 있지 않다.

② 1문단에서 '한 연예인이 그린 그림(㉠)'은 '1,800만원에 팔렸'고, '모네의 〈건초더미〉(㉡)라는 작품'은 '경매에서 1억 1070달러(약 1316억 원)에 낙찰되었다고 한다.'라고 하였다. 이를 낮은 가격이라고 보기는 어렵다.

③ 2문단에서 '미술 작품의 가격에 영향을 미치는 요소'에는 재료비'가 포함된다고 하였다. 그러나 이 지문에서 '한 연예인이 그린 그림(㉠)'과 '모네의 〈건초더미〉(㉡)'에 재료비가 많이 들어 작품의 가격이 높게 매겨졌는지에 대해서는 이야기하고 있지 않다.

06 [정답] 작가, 가치 ·················· 글의 구조 파악하기

>왜 정답?

3문단에서 '작품의 가치를 정하는 데에 있어 가장 중요한 요인은 바로 작품의 예술적 가치와 작가의 상업적 가치이다.'라면서 미술 작품의 가격에 영향을 미치는 요소를 제시하고 있다. 또한 4문단에서는 '한 작가가 똑같은 작품은 단 한 개만을 남긴다는 것 때문에 미술 작품의 가치는 예로부터 높게 평가되어 왔'다고 하면서 그림의 가치가 높게 평가되는 이유를 밝히고 있다. 따라서 빈칸에 들어가기에 적절한 말은 '작가', '가치'이다.

07 [정답] 가치 ·················· 주제 찾기

>왜 정답?

이 지문에서는 미술 작품의 가격, 즉 가치에 영향을 미치는 요소들에 대해 설명하고 있다. 따라서 빈칸에 들어가기에 적절한 말은 '가치'이다.

08 [정답] 작품 ·················· 내용 파악하기

> 윗글을 읽고 빈칸에 들어가기에 적절한 말을 쓰시오.
>
> 예로부터 미술 작품의 가치가 높게 평가되어 온 이유는 한 작
> 가가 똑같은 (   )은/는 단 한 개만 남기기 때문이다.
> _{4문단 3번째 문장에 근거}

>왜 정답?

4문단에서 '한 작가가 똑같은 작품은 단 한 개만을 남긴다는 것 때문에 미술 작품의 가치는 예로부터 높게 평가되어 왔'다고 하였다. 따라서 빈칸에 들어가기에 적절한 말은 '작품'이다.

09 [정답] ⑤ ·················· 내용 파악하기

> 모네의 〈건초더미〉
> ㉠, ㉡의 공통점으로 가장 적절한 것은?
> 한 연예인이 그린 그림
> ① 전 세계적으로 예술적 가치를 인정받았다.
>   지문에서 이야기하고 있지 않음.
> ② 작품의 가격이 높게 정해지기 어려움을 보여 준다.
>   1문단에 근거 → 1,800만원, 1억 1070달러라는 가격으로 팔림.
> ③ 재료비가 많이 들어 작품의 가격이 높게 매겨졌다.
>   지문에서 이야기하고 있지 않음.
> ④ 작품의 가치에 비해 과대평가되었다고 문제가 제기되었다.
>   지문에서 이야기하고 있지 않음.
> ⑤ 작품을 창작한 작가의 상업적 가치가 작품 가격에 반영
>   3문단에 근거 → 연예인과 모네는 모두 유명인이라는 점에서 상업적 가치가
>   되었다.   높다고 할 수 있음.

>왜 정답?

⑤ 3문단에서 '작품의 가치를 정하는 데에 있어 가장 중요한 요인은 바로 작품의 예술적 가치와 작가의 상업적 가치이다.'라고 하였다. ㉠을 그린 연예인과 ㉡을 그린 모네는 모두 유명인이다. 따라서 '한 연예인이 그린 그림(㉠)'과 '모네의 〈건초더미〉(㉡)'는 모두 작가의 상업적 가치가 작품 가격에 반영되었다는 공통점이 있다.

10 [정답] ⑤ ·················· 반응의 적절성 평가하기

> 윗글을 읽고 난 후의 반응으로 적절하지 <u>않은</u> 것은?
> ① 작품의 예술적 가치는 구체적인 양으로 측정해 내기 어
>   물감의 양처럼 측정하기 어려움.
>   렵겠군.
> ② 미술 작품을 보고 느끼는 작품의 가치는 사람마다 다를
>   작품의 가치는 사람마다 다르게 느낄 수 있음.
>   수 있겠군.
> ③ 한 작가의 똑같은 작품이라도 시대에 따라 평가는 달라
>   시대나 지역에 따라 작가, 작품에 대한 평가는 다를 수 있음.
>   질 수 있겠군.
> ④ 작품 제작에 사용되는 물감의 양과 캔버스의 크기 등은
>   재료비, 인건비 등의 제작비는 수치화하여 예측할 수 있음.
>   상대적으로 쉽게 비용을 예측할 수 있겠군.
> ⑤ 허스트의 작품의 가격이 오른 것은 기존과 달리 작품에
>   그의 유명세가 더해졌기 때문임.
>   들어간 제작비가 반영되었기 때문이군.

>왜 정답?

⑤ 3문단에서 '영국의 유명 작가인 허스트'가 그린 작품의 가격은 '그가 유명해진 뒤'로 '몇 백 억대로 상승하기도 했'다고 하였다. 따라서 허스트의 작품의 가격이 오른 것은 그가 유명해짐으로써 작가의 상업적 가치가 상승했기 때문이지, 제작비가 반영되었기 때문이 아니다.

>왜 오답?

①, ② 3문단에서 '작품의 예술적 가치와 작가의 상업적 가치는 ~ 물감의 양처럼 측정하기는 어렵다.'라고 하였다.

③ 3문단에서 '시대나 지역에 따라 그 작품과 작가를 평가하는 것이 달라'진다고 하였다.

④ 2문단에서 '하나의 작품을 만들 때 드는 제작비는 쉽게 예측할 수 있다.'라고 하였다.

수학 공식과 개념을 머릿속에 사진으로 저장!

형상기억 수학 공식집

[고등 수학 공식집]

- [고1용] 고1 수학
- [인문계용] 수학 I + 수학 II + 확률과 통계
- [자연계용] 수학 I + 수학 II + 확률과 통계 + 미적분 + 기하

[중등 수학 공식집]

- [학년편] 중1 수학 / 중2 수학 / 중3 수학
- [종합편] 3개년 수학 종합 (중1+중2+중3)

---

❶ 개념의 압축 정리 + 공식의 형상화

내신 + 수능 대비를 위한 교과서 핵심 개념과 공식을 쉽게 공부할 수 있도록 압축 정리하였습니다. 또, 추상적인 개념이나 공식을 형상화하여 머릿속에 확실히 각인시킵니다.

❷ 한 권으로 끝내는 개념 + 공식 총정리

수학은 연계 + 계통 학습이 매우 중요합니다. 초등부터 고등까지 수학 개념의 연계 과정을 알 수 있게 단계별로 관련 내용을 정리하여 개념의 이해를 돕고, 확장 개념에 대한 수학적 사고력을 높여줍니다.

❸ 공식을 문제에 적용하는 훈련으로 수학 실력 완성

수학 공식은 단순히 외우기만 해서는 안 됩니다. 핵심 개념 문제와 종합 연습 문제를 통해 문제에 어떻게 적용하고 풀어야 하는지를 단계별로 학습하면 공식과 개념을 한 층 더 깊게 이해 할 수 있어 수학 실력이 쑥쑥 오릅니다.

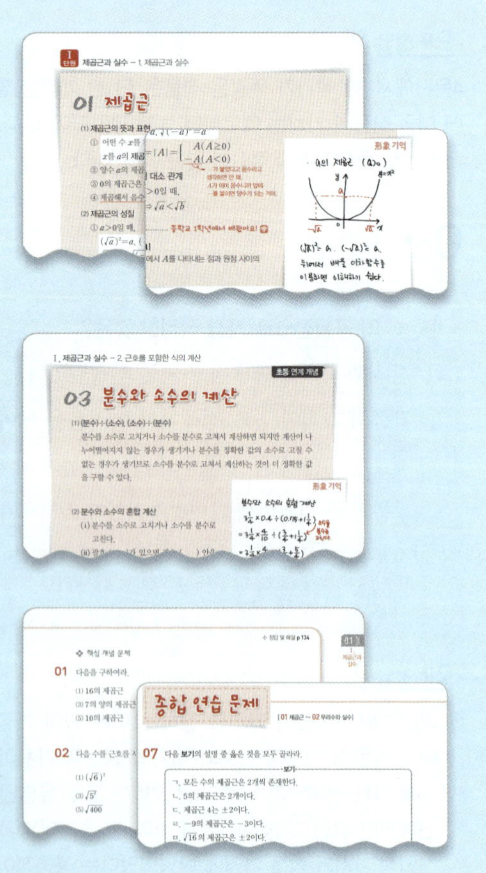

자이스토리
수학 시리즈

★ 초등 수학

- 세분화된 유형 문제로 새 교과서 개념 완성
- 서술형 문제 단계별 집중 훈련 ・ 문장제 문제 힌트 체크, 식 세우기

  ❶ 개념 확인 문제　　　　❷ 시험 유형 문제

  ❸ 고난도 유형 문제　　　❹ 서술형 완성 문제

  ❺ 단원 총정리 문제　　　❻ 생활 속 수학 스토리

1-1, 1-2, 2-1, 2-2
3-1, 3-2, 4-1, 4-2
5-1, 5-2, 6-1, 6-2

★ 중등 수학

- 세분화된 유형 문제로 개념 적용 반복 훈련
- 서술형 문제를 단계별로 익히는 서술형 완전 학습

  ❶ 개념 다지기　　　　　　❷ 유형 다지기

  ❸ 잘 틀리는 유형 훈련+1UP　❹ 서술형 다지기 STEP 1, 2

  ❺ 최고난도 만점 문제　　　❻ 단계적 풀이와 오답 피하기

중등 수학1 (상), (하)
중등 수학2 (상), (하)
중등 수학3 (상), (하)

★ 고등 수학

- 촘촘한 유형 분류와 난이도순 기출 문제 배열
- 1등급, 2등급 킬러 문제 집중 학습 + 특강 해설

  ❶ 출제 경향에 따른 개념정리

  ❷ 출제 유형에 따른 기출문제

  ❸ 1등급 킬러, 2등급 킬러 문제만을 위한 풀이 단서 체크

  ❹ 1등급 풀이 Tip, 1등급 심화 특강

  ❺ 다양한 풀이법 + 실수, 함정, 주의까지 분석한 입체 첨삭 해설

고등 수학(상)	고3 수학 I
고등 수학(하)	고3 수학 II
고2 수학 I	고3 미적분
고2 수학 II	고3 확률과 통계
고2 미적분	고난도 1등급 수학 (인문/자연)
고2 확률과 통계	
기하 (고2, 3)	전국연합 모의고사 고1 수학
	연도별 모의고사 고3 수학

MEMO

MEMO

 MEMO

MEMO

MEMO

현직 '국어 선생님'들이
중, 고등학생들을 위해 집필한 문법 기본서!!!

패턴국어 문법 시리즈!

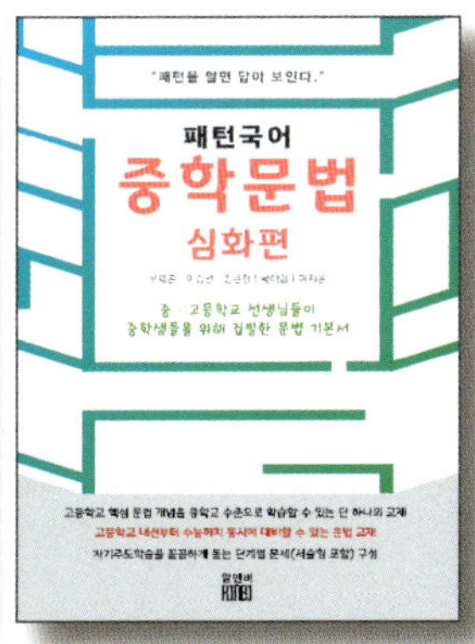

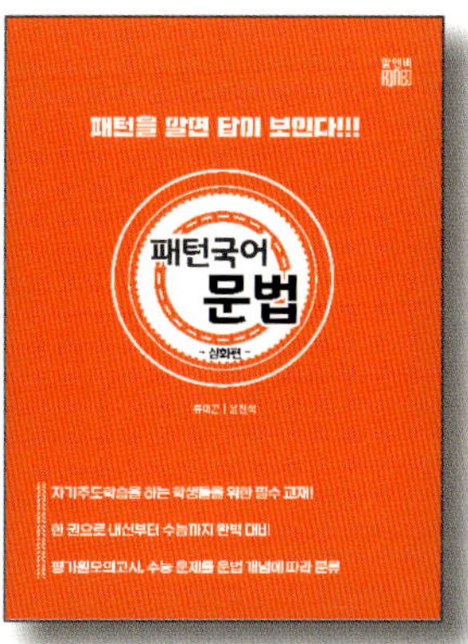

패턴을 알면 답이 보인다!!!

패턴국어 중학문법(중1 ~ 중3 대상)

2015 교육과정 중학교 전학년 국어 문법 성취기준 총망라

중학교 내신과 고등학교 문법 기초의 두 마리 토끼를 잡다

자기주도학습을 꼼꼼하게 돕는 단계별 문제(서술형 포함) 구성

패턴국어 중학문법 심화편(중3 ~ 예비 고1 대상)

고등학교 핵심 문법 개념을 중학교 수준으로 학습할 수 있는 단 하나의 교재

고등학교 내신부터 수능까지 동시에 대비할 수 있는 문법 교재

자기주도학습을 꼼꼼하게 돕는 단계별 문제(서술형 포함) 구성

패턴국어 고등문법 기본편(예비 고1 ~ 고2 대상)

고등학교 국어 문법의 기본서

2015-2021년 1, 2학년 전국연합합력평가 모든 문제 총망라

중세 국어 문법도 핵심만 알기 쉽게 정리

패턴국어 문법 심화편(고2 ~ 고3 대상)

자기주도학습을 하는 학생들을 위한 필수 교재!

한 권으로 내신부터 수능까지 완벽 대비

평가원모의고사, 수능 문제를 문법 개념에 따라 분류

알앤비 | 이메일 : rnbbooks@daum.net / 주소 : 서울시 서초구 반포대로 300, 6층

'국어 선생님'들이
중, 고등학생들을 위해 집필한 문학 기본서!!!
패턴국어 문학 시리즈!

패턴을 알면 답이 보인다!!!

패턴국어 중학문학 현대시(중1 ~ 중3 대상)
다양한 현대시를 접해 고등학교 문학 수업에 대비
문학사적 가치가 높은 작가들의 작품을 중심으로 선별
다양한 문제 유형을 통해 작품에 대한 핵심 내용 익히기

패턴국어 중학문학 현대소설(근간)

패턴국어 고등문학 현대시 1(고1~고3)
2014년~2021년까지 평가원에서 다룬 모든 현대시 작품 수록
한 번에 내신과 수능 모두 대비하도록 새로운 문제와 기출문제 제공
작품의 전문을 읽으며 스스로 분석하고 문제에 적용

패턴국어 고등문학 현대시 2~3(근간)

패턴국어 고등문학 고전시가(근간)

지문 이해 특강과 문제 풀이 특강으로 국어가 쉬워진다!

대한민국 No.1 수능 기출 문제집

자이스토리
국어 시리즈

독서 실전 [고3]
독서 기본 [고1,2]
국어 기본 [고1]

– 독해 공식, 문제 유형별 꿀팁으로 쉽고 빠르게 독해법 마스터!
- 지문이 길고 어려워지는 독서 시험의 최신 경향에 꼭 맞는 학습법을 알려드립니다.
- 독해 공식과 지문 이해 특강, 문제 풀이 특강을 통해 지문 분석 훈련과 문제 풀이 훈련을 할 수 있습니다.

문학 실전 [고3]
문학 기본 [고1,2]
국어 기본 [고1]

– 갈래별 독해 공식으로 쉽게 분석하고 빠르게 독해한다!
- 갈래별 대표 유형의 문제 풀이 특강을 통해 정답을 한눈에 파악할 수 있습니다.
- 어려운 갈래 복합 영역의 문제를 많이 수록하여 충분히 연습할 수 있도록 했습니다.

화법과 작문 실전 [고2,3]
언어와 매체 실전 [고2,3]
언어와 매체 기본 [고1,2]

– 선택 과목을 세분화하여 언어와 매체, 화법과 작문을 집중적으로 훈련!
- 문법의 핵심 개념을 쉽게 이해할 수 있도록 도식화, 시각화하였습니다.
- 확인 문제와 예상 문제로 내신을 준비하고, 기출문제로 수능을 완벽히 대비할 수 있습니다.

고전 시가 총정리 [고1, 2, 3]

– 어려운 고전 시가를 단계별 기출문제로 총정리!
- 작품 갈래별 독해 공식으로 작품을 완벽하게 이해할 수 있습니다.
- 고1·2 학평 및 확인 문제로 내신까지 대비할 수 있습니다.
- 최신 7개년 고3 학평, 평가원, 수능 문제로 완벽하게 수능 대비 실전 훈련을 할 수 있습니다.

수능 국어 개념어 총정리 [고1, 2, 3]

– 기출문제로 실전 개념어를 익히면 국어가 쉬워진다!
- 완벽한 개념어 완성을 위해 문학, 독서, 화작 영역의 필수 개념어를 선정하였습니다.
- 명쾌하게 정리된 개념어를 익힌 후 확인 문제와 기출문제를 통해 실전에 적용할 수 있습니다.

국어 독해력을 키우는 실전 어휘 [고1, 2, 3]

– 빠르고 정확한 지문 독해를 위해 어휘력을 키우자!
- Ⅰ독서, Ⅱ문학, Ⅲ수능 중요 어휘 등 지문 특성별로 실전 어휘를 학습할 수 있습니다.
- 어휘 학습을 한 후 실제 지문에서 어휘를 확인·적용함으로써 독해력을 향상시킬 수 있습니다.

자이스토리 **국어** 시리즈